Renaissance der
Höflichkeit
—
Fragen zur Etikette im
21. Jahrhundert

Die Deutsche Bibliothek verzeichnet diese Publikation
in der Deutschen Nationalbibliografie.
Detaillierte bibliografische Daten sind im Internet über
http://dnb.ddb.de abrufbar.

—

ISBN 978-3-938666-34-0

—

© 2008 by DOM publishers
www.dom-publishers.com

—

—

Ilustrationen
Natascha Meuser, Berlin

—

Lektorat
Sybille Kalinka, Hamburg

—

Grafik, Layout
Rüdiger Fandler, Berlin

—

Druck
SNP Leefung, Shenzhen

Renaissance der Höflichkeit

—

Fragen zur Etikette im 21. Jahrhundert

—

Salka Schwarz

DOM
publishers

«Anstand ist klassenlos.»

{**Klaus von Dohnanyi**}

«Leuten von gewissem Stande und einer
nicht ganz gemeinen Erziehung
ist das [was eine feine Erziehung verrät]
in der ersten Jugend schon eingeprägt worden;
nur erinnere ich, daß diese kleinen Dinge
in mancher Leute Augen keine kleinen Dinge
sind und daß oft unsre zeitliche Wohlfahrt
in solcher Leute Händen ist.»

{Freiherr von Knigge, Über den Umgang mit Menschen, S. 64-65}

... wusste bereits ein kluger Aristokrat im 18. Jahrhundert. Und seit einiger Zeit wird vielen Menschen erneut bewusst, wie wichtig die «kleinen Dinge» auch heute noch sein können. Doch das allein ist nicht der Grund dafür, dass es in den letzten zehn Jahren zu einer Renaissance der Höflichkeit in unserer Gesellschaft kam, und es ist auch nicht das alleinige Motiv für mich, Ihnen mehr von diesen «kleinen Dingen» zu berichten. Meine eigentliche Absicht ist eine andere.

Dieses Buch ist ein geordnetes Sammelsurium von kleinen Texten, die nicht nur darstellen, was Höflichkeit in nahezu allen Lebensbereichen – im Beruf, privat und in Gesellschaft – ausmacht, sondern die den verschiedenen Etiketteregeln gleichzeitig auch genauer nachspüren. Jeder Text gibt nicht nur Antwort auf eine konkrete Benimm-Frage, sondern erhebt darüber hinaus den Anspruch, Ihnen als Leser etwas Neues, etwas Interessantes und Unterhaltsames zu bieten – mal detaillierter und mal im Überblick. Einige Texte beschreiben darüber hinaus die jeweiligen historischen Entstehungszusammenhänge heutiger Umgangsformen. Schließlich sind manche der heute teils schwer nachvollziehbar erscheinenden Etiketteregeln, die aus Traditionsbewusstsein und Respekt vor der Geschichte ihre

Gültigkeit behalten haben, nur mit einem Blick in die Vergangenheit zu erklären. Oft haben die heute gültigen Regeln aber auch aus rein pragmatischen Gründen ihre Berechtigung, oder sie sind einfach logisch. Häufig treffen freilich mehrere dieser Gründe gleichzeitig zu. Manche der Texte wollen darüber hinaus sensibel machen für Themen, die zwar in engem Zusammenhang mit Etikette stehen und daher nicht vernachlässigt werden dürfen, die jedoch in dem hier gegebenen Rahmen gar nicht ausführlich beantwortet werden können und zu denen ein Spezialist noch viel mehr zu sagen weiß – zum Thema Protokoll oder Kommunikation oder Wein oder Schmuck beispielsweise.

Wie sehr die Etikette unser tägliches Miteinander in allen Lebensbereichen berührt, macht die hier zusammengestellte bunte Vielfalt deutlich. Etikette ist aus keinem Lebensbereich fortzudenken. Ebenso wenig wie Höflichkeit, die als Sprache der Herzensbildung und als Statussymbol sogar zu einer Art ästhetischer Repräsentation gesamtgesellschaftlicher Etikette avanciert. Höflichkeit ist also auch eine wunderbare Chance, einen Beitrag zum sozialen Frieden in unserer Gesellschaft zu leisten. Höflichkeit ist – wie ein herzliches Lächeln – unwiderstehlich und wird meist sofort belohnt.

Doch welches Auftreten wird von anderen als höflich und damit wertschätzend empfunden? Und was umfasst der heutige Etikettekanon? Was sind gute Manieren und was ist schlechtes Benehmen? Und was sind nunmehr die «kleinen Dinge»? Auch auf diese Fragen möchte ich in diesem Buch Antworten geben.

Dabei liegt mir daran, Ihnen – auf klare und nötigenfalls auch unverblümte Weise – Wissen zu vermitteln, das vor allem nützlich und interessant ist. Dieses Wissen befähigt Sie, zu erkennen, welches Auftreten in verschiedenen Situationen Ihres persönlichen Lebens angemessen ist. Darüber hinaus werden Sie mit der Kenntnis der Regeln Ihre eigene individuelle Mischung finden, so dass trotz aller Regeln Ihre Individualität, Ihre Persönlichkeit, nicht zu kurz kommt. Sie werden erkennen, dass Ihr Auftreten «nur angemessen» sein muss, um als Wertschätzung des anderen aufgefasst zu werden. Sie werden verstehen, dass die Renaissance der Höflichkeit den menschlichen Grundbedürfnissen nach Respekt und Achtung entgegenkommt. Außerdem wünsche ich mir, dass es Ihnen Freude bereitet, zu erkennen, wie sich eins zum anderen fügt und sich aus Geboten und Verboten, Konventionen und Kodizes, Traditionen und Neuheiten, Sitten und Gebräuchen, Diplomatien und Empfehlungen ein großes Ganzes ergibt – die Etikette des 21. Jahrhunderts. Etikette ist die Basis, auf der unser gesellschaftliches Miteinanderumgehen sehr erleichtert wird und auf der es zudem auch noch angenehmer wird, in der Gesellschaft anderer zu sein.

Mit zwei Zitaten aus der Feder des bereits erwähnten Herrn verrate ich Ihnen schon einmal, was sich hinter dem «nur angemessenen» Auftreten verbirgt: einerseits nämlich die Forderung «Lerne den Ton der Gesellschaft annehmen, in welcher Du Dich befindest» {**Über den Umgang mit Menschen, S. 50**} und auf der anderen Seite der Appell «Sci, was Du bist, immer ganz und immer derselbe» {**Über den Umgang mit Menschen, S. 68**}. Der, der das schrieb, war kein Geringerer als Freiherr Adolph von Knigge. Er wird sehr häufig in dem vorliegenden Buch zu Wort kommen und Sie werden sehen, wie zeitgemäß seine Ansichten teilweise noch heute sind. Und manche von Ihnen werden staunen, dass er ein ganz anderer Mensch war, als sie bisher zu wissen glaubten. Auch das ist mein Anliegen: Ich möchte Sie neugierig machen, den Bestseller *Über den Umgang mit Menschen* zu lesen, in dem der berühmte Adlige 1788 den normalen Bürgern die Geheimkodes der höheren Gesellschaft für den esprit de conduite – die Kunst des Umgangs mit Menschen – verriet.

Und so schließt sich dann auch der Kreis: Nicht nur jeder Einzelne, sondern unsere gesamte Gesellschaft verlangt nach einer Renaissance der Höflichkeit, nach den «kleinen Dingen» genauso wie nach den offenkundigen Zeichen für Wertschätzung. Insbesondere die Wirtschaft und sogar die Politik, wie man in letzter Zeit beobachten darf, erkennt, dass Höflichkeit, sozialer Anstand und guter Stil Kommunikationsstrategien sind, die Erfolg versprechen – und das auf jedem Parkett der Welt.

Dieses Buch setzt sich aus Kolumnen und aus Antworten auf Leserbriefe oder aus Fragen meiner Seminarteilnehmer und Klienten zusammen; teilweise sind diese Texte – in kürzerer Form – bereits veröffentlicht worden. Da jeder Text in sich abgeschlossen ist, können Sie das Buch entweder von der ersten bis zur letzten Seite durchlesen oder aber mal hier und mal dort eine Antwort bekommen. Manche Frage hätte ich zwar ganz einfach mit Ja oder Nein oder mit einem einzigen Satz beantworten können, doch ich habe viel lieber etwas weiter ausgeholt, weil die Kenntnis der Hintergründe zum Verstehen meist unerlässlich ist und auch, weil es einfach interessant ist, Herleitungen nachzuvollziehen.

So kommt es, dass Wiederholungen sich nicht ganz vermeiden ließen; schließlich gehören viele Erklärungen und Hintergründe in die verschiedensten Zusammenhänge. Allen Texten jedoch ist gemein, dass ich stets und mit Absicht eher auf eine formelle Einladung, eher auf das Gourmetrestaurant, eher auf glattes Parkett, eher auf ein hochoffizielles Ereignis eingegangen bin, denn ich bin mir gewiss, dass derjenige, der sich dort sicher und souverän zu bewegen weiß und in solchen schwierigeren Situationen nicht in Verlegenheit kommt, auch bei zwangloseren Zusammenkünften mühelos den richtigen Ton treffen wird.

Die Idee, aus den einzelnen Texten ein Buch zu machen, verdanke ich meinen Lesern und Klienten. Für die Möglichkeit, dieses Vorhaben in die Tat umzusetzen, bin ich der Redaktion vom *Trierischen Volksfreund* und namentlich Herrn Dr. André Uzulis, dem Chefredakteur vom *Nordkurier*, zu Dank verpflichtet. Mein besonderer Dank gilt den interessierten Lesern beider Zeitungen. Ebenso danke ich meinen Seminarteilnehmern und Klienten, von deren Erfahrungen ich profitieren durfte, für ihr großes Interesse, für ihre vielen Anregungen und dafür, dass sie mir immer wieder versicherten: *Besonders gut fand ich, dass Sie so pingelig waren.*

Selbstverständlich steht es Ihnen, liebe Leser, frei, andere Ansichten als die in dem vorliegenden Buch beschriebenen zu haben und mir zu widersprechen. Darüber diskutiere ich gern mit Ihnen. Doch zunächst bitte ich Sie um einen Vorschuss an Sympathie für die Sache, denn ohne Sympathie würde ein Verstehen erschwert.

Zum Schluss noch ein paar Worte zur Verwendung geschlechtsspezifischer Bezeichnungen. Natürlich ist es mir wichtig, Frauen und Männer gleichermaßen anzusprechen, und immer dann, wenn nicht explizit von Frauen oder Männern die Rede ist bzw. wenn es aus dem Kontext erkennbar ist, sind selbstverständlich beide Geschlechter gemeint. Ich habe bewusst darauf verzichtet, über *ihn* oder *sie*, *die Gastgeberin* oder *den Gastgeber*, *den Kunden* oder *die Kundin*, *weibliche* und *männliche Führungskräfte* etc. zu schreiben, um die manchmal verzwickten Darstellungen nicht zusätzlich noch umständlich zu formulieren. Und darüber hinaus gehe ich davon aus, dass moderne Menschen heute – zumindest was Fragen der Umgangsformen betrifft – auf solche geschlechtsspezifischen Formulierungen selbstbewusst verzichten können.

Inhalt

Inhalt

Rangfolgen und Hierarchien – privat und im Beruf

Inhalt

Inhalt

{6. Kapitel}

Kommunikation – mit Stil ans Ziel

Inhalt

{7. Kapitel}

Gemeinsamer Genuss beim langsamen Essen

Ein Blick zurück

Ein Blick zurück

Knigge war ganz anders

Wer war Freiherr Adolph von Knigge?

Er war einer der bedeutendsten deutschen Aufklärer des 18. Jahrhunderts, begeisterter Freimaurer, scharfsinniger Philosoph und streitbarer Publizist: Freiherr Adolph Franz Friedrich Ludwig von Knigge, salopp einfach Knigge. Doch prominent wurde er vor allem mit seinem von Anfang an missverstandenen Werk *Über den Umgang mit Menschen* – durch dieses Buch wurde sein Name zum Synonym für Anstandsregeln und gute Kinderstube.

Der Zicken-Knigge – Business Knigge – Der neue Knigge – Party-Knigge – Der Knigge für Hund und Halter – Kinder-Knigge – Der Autofahrer-Knigge ...

Mit all diesen mehr oder weniger ernst gemeinten Ratgebern hat Freiherr von Knigge nur wenig zu tun. Er hat weder über den richtigen Umgang mit Messer, Gabel und Löffel am Esstische philosophiert noch jemals verboten, Fisch oder Gemüse mit dem Messer zu schneiden. Auch die Frage, wann und wo welcher Abendanzug angemessen ist und ob der Handkuss unter freiem Himmel schicklich sei, war ihm keine Zeile wert.

Der berühmte Adlige konnte nicht ahnen, dass er einmal als Etikettehüter und Erfinder der feinen Manieren in die Geschichte eingehen und dass sein Werk schon kurz nach seinem Tod, nach diversen Erweiterungen und Verschlimmbesserungen, zur Benimmfibel reduziert werden würde. Zwar wurden bereits im 19. Jahrhundert diese textlichen Redigierungen weitestgehend rückgängig gemacht, doch auch heute noch – 200 Jahre nach seinem Tod – kann bei jeder vermeintlich passenden Gelegenheit gefahrlos der angebliche *Knigge* zitiert werden. Und das ist wohl nur dadurch zu erklären, dass kaum einer das Original seines Bestsellers je gelesen hat.

Tatsächlich ist Freiherr von Knigges Hauptwerk *Über den Umgang mit Menschen* vielmehr eine recht weitsichtige Betrachtung über den individuellen und gesellschaftlichen Anstand in Deutschland. Zugleich ist seine Sammlung philosophischer Ratschläge und soziologischer Betrachtungen eine sowohl praktische als auch höchst aktuelle Anleitung, um «... die Kunst des Umgangs mit Menschen – ...; die Kunst, sich bemerkbar, geltend, geachtet zu machen, ...; sich ungezwungen in den Ton jeder Gesellschaft stimmen zu können, ohne weder Eigentümlichkeit des Charakters zu verlieren, noch sich zu niedriger Schmeichelei herabzulassen» {**Über den Umgang mit Menschen, S. 23**} zu erlernen.

Doch mit seiner insofern vernünftigen, ganz pragmatischen und obendrein verblüffend en vogue erscheinenden Lebensphilosophie gab der revolutionäre Edelmann als Wegbereiter für Demokratie und Aufklärung 1788 – ein Jahr vor der Französischen Revolution – jungen Männern des aufstiegsorientierten Bürgertums in Deutschland die Umgangsformen des Adels und somit die Geheimkodes des damaligen guten Stils in die Hand. Dessen war er sich als politischer Journalist auch wohlbewusst, und ebenso konnte er sich denken, dass man bei Hofe seine Publikationen nicht gern sehen würde – ging dem Adel doch so die Exklusivität der guten Manieren verloren, die auch damals schon als Statussymbol Voraussetzung für Karrieren, Macht und Einfluss waren.

Gerade aber gegen diesen Despotismus der Aristokratie kämpfte Freiherr von Knigge an und bereits der erste Satz seines Buches – «Jeder Mensch gilt in dieser Welt nur so viel, als wozu er sich selbst macht.» {**Über den Umgang mit Menschen, S. 37**} – und darüber hinaus solche Ratschläge wie «Man messe sein Betragen gegen Hofleute pünktlich nach dem ihrigen gegen uns ab und gehe ihnen keinen Schritt entgegen. Diese Menschengattung nimmt eine Handbreit, wo man ihnen einen Fingerbreit einräumt. Man erwidere Stolz mit Stolz, Kälte mit Kälte, Freundlichkeit mit Freundlichkeit, gebe aber nicht mehr und nicht weniger als man empfängt.» {**Über den Umgang mit Menschen, S. 323**} machten aus seinem Standpunkt zur Klassenfrage keinen Hehl und führten unausweichlich zu Ressentiments aufseiten seiner Standesgenossen.

Freiherr von Knigge – 1752 geboren und früh verwaist – trat bereits als Jurastudent nach dem Vorbild seines Vaters einer Freimaurerloge bei; Logen boten ihm und der bürgerlichen Aufklärungsbewegung in der Zeit vor der Französischen Revolution den notwendigen intellektuellen Freiraum für ihre Ideen. Ihn begeisterten die Ideale der Französischen Revolution; er sympathisierte mit dem von der Aufklärung beeinflussten Bürgertum und er trat für dessen soziale und politische Gleichstellung mit dem Adel ein. Sein Streben nach Rechtsgleichheit des Bürgertums und somit gegen die Privilegierung der Adelsstände verband ihn zwar mit prominenten Gleichgesinnten seiner Zeit wie Friedrich Gottlieb Klopstock, Johann Wolfgang von Goethe, Johann Gottfried Herder oder Friedrich von Schiller, setzte ihn aber auch der immer heftiger werdenden Kritik des deutschen Adels aus. Man beschuldigte ihn, ein Klassenverräter und Volksaufwiegler zu sein, und bewertete seine Schriften als getarnte Empfehlung zur Revolution. Das machte ihn zum blaublütigen Außenseiter und führte letztlich zum Bruch mit dem Adel. 1792 strich er daraufhin selbst das Adelsprädikat *von* aus seinem Namen. Er nannte sich fortan nicht mehr Freiherr von Knigge, sondern freier Herr Knigge.

Obwohl der freie Herr (von) Knigge das deutsche Volk mit seinen immer wieder geäußerten revolutionären Positionen wie wohl kein zweiter deutscher Schriftsteller seiner Zeit polarisierte, bescherte ihm *Über den Umgang mit Menschen* doch bereits zu Lebzeiten großen Erfolg. Das Werk fehlte in keinem bürgerlichen Bücherregal und avancierte zu einem Klassiker der deutschen Geistes- und Sozialgeschichte. Der Freigeist Knigge starb am 6. Mai 1796 in Bremen.

PS: Freiherr Adolph heiratete im August 1773 das wohlhabende Kasseler Hoffräulein Henriette von Baumbach, ein Jahr später wurde das einzige Kind Philippine Auguste Amalie geboren. Seine Tochter heiratete 1793 den Offizier Freiherrn Claus Friedrich von Reden, so dass es keine direkten Nachkommen des Freiherrn Adolph Franz Friedrich Ludwig von Knigge mit dem heutigen Familiennamen *Freiherr Knigge* geben kann.

Etikette

Woher stammt der Begriff *Etikette*?

Der Begriff *Etikette* wird heute in Nachschlagewerken als die Gesamtheit der von den höfischen Sitten abgeleiteten Umgangsformen definiert. *Etikette* stammt von dem französischen Wort étiquette – Aufschreibezettel. Auf den étiquettes waren die an Adelshöfen zugelassenen Personen ihrem Rang nach aufgelistet. Demnach steht der Begriff *Etikette* ganz eng mit den Begriffen *Zeremoniell* und *Protokoll* in Zusammenhang, mit denen man auch heute noch die Gesamtheit der Vorschriften und Regeln, insbesondere das Rangreglement, eines Adelshauses oder eines Staates bei feierlichen Anlässen bezeichnet.

Dass der Begriff *Etikette* aus dem Französischen kommt, verwundert nicht, da ja auch sonst eigentlich alles, was heute unter Etikette verstanden wird, französischen Ursprungs ist – stammt es doch aus den französischen Adelshäusern des 16. und 17. Jahrhunderts. In jener Zeit haben sich die europäischen Adelshäuser von den französischen Höfen nicht nur die feinen Manieren abgeschaut, sondern den gesamten Lebensstil übernommen. In sämtliche Höfe Europas hielt nun nicht nur der gleiche Geschmack, sondern auch die gleiche Sprache Einzug. Indem man nämlich fortan Französisch sprach, verfügte man über ein weiteres, besonderes und für jeden deutliches Instrument, um sich von all denen, die nicht zur Noblesse gehörten, abzugrenzen.

Der Begriff *Etikette* wird auch immer wieder namentlich mit Ludwig XIV. (1643-1715), dem sogenannten Sonnenkönig, in Verbindung gebracht. Der absolutistische französische Herrscher mit dem fürstlich-barocken Lebensstil liebte Regelmäßigkeit und Ordnung bis ins Detail. Jedes Zeremoniell der Etikette am Hofe, wie beispielsweise die Regelung darüber, wer den König am Morgen wecken durfte, wer ihm beim Ankleiden helfen oder wer durch welche Tür kommend ihm das Frühstück bringen durfte, hatte seinen eigenen Prestigewert und war als Fetisch peinlichst genau geregelt. Dieses Zeremoniell brachte den Rang und die Würde jedes Privilegierten zum Ausdruck und sorgte gleichzeitig als Zeugnis von der Gunst des Königs für Neid, Konkurrenz, Machtkämpfe und Spannungen, insbesondere unter den rivalisierenden Spitzengruppen.

Manfred Elias macht dies in seinem Werk *Die höfische Gesellschaft* deutlich, wenn er schreibt, dass es sich «nicht um eine rationale Organisation im modernen Sinne [handelte], [...] sondern um einen Organisationstypus, bei dem jeder Aktus den Prestigecharakter erhielt, der mit ihm als Symbol der jeweiligen Machtverteilung verbunden war» {**Die höfische Gesellschaft, S. 145**}.

Auch wenn die Apparatur des Zeremoniells nicht von Ludwig XIV. geschaffen worden war, so baute er sie doch aus, festigte und nutzte sie. So gelang es ihm, seinen Machtspielraum eben mithilfe eines ausgewogenen Systems von spezifischen Strategien, die als Prestige-, Abgrenzungs- und Statussymbol dienten und somit den Adel gewissermaßen gefügig machten, zu bewahren. Insofern war die höfische Etikette für ihn nicht eine bloße Zeremonie, sondern sowohl Distanzierungs- als auch Machtinstrument zur Beherrschung der Untertanen. «Der sichtbarste Ausdruck für diese völlige Abgestelltheit der Herrschaft auf die Person des Königs und ihre Erhöhung oder Abhebung ist die Etikette.» {**Die höfische Gesellschaft, S. 203**}

Seit jener Zeit ist das Wort *Etikette* mit dem höfischen Zeremoniell und den feinen Manieren bei Hofe verknüpft. Wohl wegen dieser elitären Herkunft stößt der Ausdruck *Etikette* bei vielen Menschen nicht nur Sympathie; er hat auch einen negativen Beigeschmack, da er zwangsläufig auch an die Gefahr von Fehlverhalten und Peinlichkeiten erinnert. Dabei sind unsere Umgangsformen und die heutige Etikette längst keine gespreizten Benimmregeln mehr; sie sind nichts Negatives, nichts Dogmatisches. Vielmehr soll Etikette heute den Rahmen bieten, in dem die Würde der Menschen gegenseitig geachtet wird und somit die Kommunikation mit jedermann zu einem Vergnügen werden kann. Dies verlangt vor allem Takt und Einfühlungsvermögen.

Heute kann mit der situationsabhängigen und rollengerechten Anwendung von Etiketteregeln im ganz normalen Leben gelingen, was dem Freiherrn von Knigge damals vorschwebte: ein höfliches und respektvolles Miteinanderumgehen.

Logisch, nützlich und tief verwurzelt

Woher kommen eigentlich unsere heutigen Umgangsformen?

Auf der einen Seite soll gar nicht erst der Versuch unternommen werden, den Ursprung und die Geschichte all unserer Umgangsformen darzulegen oder zu erklären, wann welche Manieren gut oder schlecht sind. Es sollen hier nur wenige bescheidene Bemühungen unternommen werden, und nicht mehr. Ganz um einen solchen Versuch herum kommt man nämlich aus dem Grund nicht, da einige Regeln unseres modernen Etikettekanons eben nicht logisch oder nützlich, sondern allein vor historischem Hintergrund verständlich sind. Logische und nützliche Regeln setzen sich freilich leichter durch als jene, die nur mit einem Blick in die Vergangenheit zu verstehen und schließlich nur so auch zu akzeptieren sind. Dabei müssen wir nur wenige Jahrhunderte zurückschauen, um diese schließlich allgemein anerkannten Sitten und Gebräuche aus Respekt vor der Geschichte sowie aus Sympathie respektieren zu können.

Sobald Menschen in einer Gesellschaft zusammenleben, müssen Regeln her, das ist sicher keine Frage. Gebote und Verbote – das sind Verhaltensregeln, die als Gesetzesnormen gelten, und solche, auf die man sich innerhalb einer Gesellschaftsgruppe geeinigt hat. Letztere Verhaltensnormen, auch Benimmregeln und Umgangsformen genannt, sind seit Tausenden Jahren von sämtlichen Kulturvölkern schriftlich dokumentiert. Von allgemeinen philosophischen Anschauungen, über Erziehungsratschläge bis hin zu detaillierten Benimmregeln beim Essen richteten diese Regeln sich jedoch nur an die Mitglieder der jeweils herrschenden Schicht, die – unabhängig von ihren Leistungen und Fähigkeiten – in der neueren Soziologie als *Eliten* bezeichnet werden.

Diese oft bis ins Kleinste festgelegten Verhaltensnormen waren seit jeher nicht nur Klassenmerkmal, sondern auch Statussymbol, mit denen sich die Mitglieder einer Klasse von denen, die nicht zu ihnen gehören (sollen), abgrenzen (wollen). Und das ist heute im Wesentlichen nicht anders. Wie der Dortmunder Soziologe und Eliteforscher Professor Michael Hartmann in seinen Forschungen 2005 bestätigt fand, umgibt sich beispielsweise auch die deutsche Wirtschaftselite am liebsten mit Neulingen, die ihnen im Verhalten und im Aussehen ähneln – da kommt es eben auch auf die Nuancen an, man erkennt sich intuitiv.

Wenn es nun um die moderne gute Erziehung geht, ist zwar die gesamte menschliche Entwicklung von Bedeutung, doch die heute noch am deutlichsten sichtbaren Spuren hat das Mittelalter hinterlassen: zum einen die Ritterzeit – sämtliche Begrüßungsrituale und Regeln zum Protokoll stammen aus dieser Zeit – und zum anderen die höfische Etikette. Überbleibsel der höfischen Etiketteregeln finden wir insbesondere in den Kavaliers- und Höflichkeitsgesten, in den immer noch sehr strengen Tisch- und Essmanieren, aber auch in der festlichen Kleidung.

Dass das so ist, verdanken wir vor allem der Annäherung von bürgerlichen und höfischen Umgangsformen und der damit verbundenen allgemeinen Verfeinerung der Sitten im ausgehenden Mittelalter. Es war ein Prozess von mehreren Hundert Jahren, bei dem die von Hofleuten lediglich für ihre eigene Erziehung aufgeschriebenen – und streng bewachten – Verhaltensnormen durch die jeweils niedrigstehendere Schicht ausgekundschaftet und imitiert wurden. Doch wenn die Bürger diese Verhaltensnormen übernahmen, fügten die Höfe augenblicklich noch diffizilere Regeln hinzu – so dass den aufstiegsinteressierten Bürgern wieder nicht die letzten Finessen in den Umgangsformen der feinen Gesellschaft bekannt waren, mit denen der Adel seine Stellung nach unten und nach oben hin zu demonstrieren wusste.

Doch die neureichen Bürger wollten partout dabei sein und sich ihrerseits nach unten abgrenzen. So ging es dann hin und her: Sobald sich die Bürger die aktuellen Benimmregeln angeeignet hatten, legte man bei Hofe nach. Das Ergebnis waren übertriebene und sinnentleerte komplizierte Regeln, mit denen wir uns heute gar nicht mehr auskennen würden. Letztendlich geblieben sind logische, nützliche, angenehme sowie wie auch einige willkürlich erscheinende Regeln, die nur historisch zu erklären sind – und außerdem das schöne Wort *Höflichkeit*.

Erst gegen Ende des 18. Jahrhunderts kam es unter dem Druck des Bürgertums, dessen Wohlstand und Bildung stetig zunahm, und von Teilen der höfischen Gesellschaft, die fasziniert waren von aufklärerischen Ideen zu Gerechtigkeit, Vernünftigkeit, Menschlichkeit und Bildung für alle, zu einer Entwicklung in der bürgerlichen Gesellschaft, die bis heute anhält – dem Prozess der Zivilisation (von lat. *civis* = Bürger).

Umgangsformen heute

Zeitgemäße Umgangsformen sind keine strikten Anstandsregeln und kein dogmatischer Formenzwang, sie sind vielmehr getragen von dem Respekt und der Achtung dem anderen gegenüber, sowie situations- und rollenabhängig. Das hat zwar auf der einen Seite vor allem viele Vorteile, doch auf der anderen Seite kommt es – gerade weil die Regeln heute so variabel anzuwenden sind – auch zu großen Unsicherheiten.

Gibt es denn heute überhaupt noch so strenge Benimmregeln?

Dafür gibt es ganz unterschiedliche Ursachen:

1. **Das Nebeneinander moderner und traditioneller Umgangsformen**
   So bleibt eine ältere, traditionell erzogene Frau bei der Begrüßung sitzen, weil sie es als ein Privileg ansieht, sitzen bleiben zu dürfen, während eine jüngere Frau aufsteht – weil sie mit ihrem Gegenüber auf Augenhöhe sein möchte.
2. **Die Demokratisierung der Umgangsformen seit der 68er-Bewegung**
   Mit dem Generalverdacht der Achtundsechziger gegenüber Autorität und Hierarchien sind zwar viele sinnentleerte Regelungen abgeschafft worden, gleichzeitig jedoch auch solche Regeln, die die Möglichkeit bieten, durch das eigene Verhalten und Aussehen Respekt auszudrücken.
3. **Die fortschreitende Globalisierung**
   Neben den nationalen Regeln werden interkulturelle Kompetenzen immer wichtiger.
4. **Die neuen Kommunikationstechniken mit dem Bedarf an entsprechenden Umgangsformen**
   Hier ist ein ganz neuer Etikettekanon entstanden, die sogenannte Netikette – Etikette im Netz.
5. **Die Emanzipation der Frau**
   Sie hat wahrscheinlich zu den größten Verunsicherungen geführt – bei Frauen und bei Männern. Frauen sind heute gleichberechtigt, selbstständig und berufstätig. Das führte auch zu einer Differenzierung der Umgangsformen – für das Privatleben einerseits und für das Berufsleben andererseits.

Heute muss man also auf ein vielschichtiges Repertoire an Verhaltensweisen zurückgreifen können und wissen, welcher Ton angemessen ist, um in der jeweiligen Situation souverän aufzutreten. Weil es aber so viele verschiedene, vom jeweiligen Kontext abhängige richtige Verhaltensweisen gibt, ist es immer wichtig zu prüfen, ob man sich in einer privaten oder in einer beruflichen Situation befindet, ob es sich um ein offizielles oder um ein inoffizielles Ereignis handelt und mit welchen Personen man zusammen ist. Die Voraussetzung für adäquates Verhalten ist allerdings, dass man sich immer klar der Rolle, die man gerade verkörpert, bewusst ist.

Doch egal, wo man sich befindet, ob auf einem Ball, im Schwimmbad oder im Büro, ob zusammen mit Kindern oder älteren Menschen, mit Ausländern oder Landsleuten, mit dem Vorstand oder Mitarbeitern; egal, ob man selbst gerade als Gastgeberin oder Gast, Mitarbeiter oder Chefin, Vater beim Klassenausflug, Spieler auf der Ersatzbank oder Ausländer auftritt: Man muss authentisch bleiben, um glaubwürdig zu sein. Mitmenschen sollten sich darauf verlassen können, dass man sich immer so und nicht anders verhalten wird. Niemand sollte sich verstellen, verbiegen oder vorgeben, ein anderer Mensch zu sein.

Parkettsicherheit ist Übungssache. Man kann sie trainieren, indem man sich unter verschiedene Menschengruppen mischt und jede Gelegenheit bewusst nutzt, mit Menschen aus unterschiedlichen Milieus zu kommunizieren, um so die eigene Sicherheit im Auftreten gegenüber jedermann zu erhöhen. Das kann im Taxi oder im Supermarkt sein, beim Zusammentreffen mit Jugendlichen und mit dem Vorstandsvorsitzenden, der zufällig im Fahrstuhl steht; es lässt sich mal in einer Studentenkneipe ausprobieren und mal in einem Gourmetrestaurant. Doch nur, wenn das Verhalten wirklich zu dem Menschen gehört, wenn es also von Herzen kommt und überzeugend wirkt – dann ist es glaubwürdig und sympathisch.

Gut gemeint und trotzdem falsch

Unsere heutigen Etiketteregeln sind ohne Zweifel das Resultat einer sehr langen Entwicklung und haben insofern vieles mitgemacht – Zeiten, in denen sie ein deutliches äußeres Zeichen von Wohlstand, Macht und somit Distanz waren, und Zeiten, in denen jegliche Spielformen einer kultivierten Gesellschaft vielen Deutschen als Sinnbild von Heuchelei und Dogmatismus nicht mehr zeitgemäß erschienen. Und es darf nicht unterschätzt werden, dass die Unterscheidungsmerkmale für eine gute Erziehung, für guten Geschmack sowie für persönliche Kultur erst vor weniger als hundert Jahren unters Volk gebracht wurden und nur peu à peu allgemein anerkannt werden. Nur so ist es wohl zu erklären, dass einige Überlieferungen ein wenig durcheinandergeraten sind und richtiggestellt werden sollten, zumal sie meist auch heute noch up to date sind ...

Kennen Sie die meistverbreiteten Irrtümer über Etiketteregeln?

Die Ansicht, dass der Mann der Frau auch zuerst *in* den Mantel hilft, ist nicht nur unlogisch, sondern kann obendrein auch als egoistisches Verhalten interpretiert werden.	Beim In-den-Mantel-Helfen zieht zunächst der Mann seinen Mantel an und hilft erst dann der Frau in ihren Mantel, damit sie nicht unnötig lange im warmen Mantel warten muss.
Dass es die Frau, als die Ranghöhere, ist, die dem Mann die Du-Anrede anbietet, ist nicht ganz richtig.	Ob die Frau dem Mann oder der Mann der Frau die Du-Anrede anbietet, ist heute egal, weil die früher sowieso eine reine Männersache war.

Die Auffassung, dass der Mann beim Treppe-Hinaufgehen vor der Frau geht, ist schon längst nicht mehr höflich und heute weder schicklich noch zweckdienlich. 1788 war es zwar noch richtig, «daß man auf steilen Treppen im Hinuntersteigen die Frauenzimmer vorausgehn, im Hinaufsteigen aber sie folgen lassen müsse» {Über den Umgang mit Menschen, S. 64}.

Heute aber geht beim Treppe-Hinaufsteigen die Frau voraneweg, damit der Mann die Frau schützen kann, falls sie fallen sollte.

Die Behauptung, dass es neuerdings falsch wäre, *guten Appetit* und *Gesundheit* zu sagen, ist nicht richtig.

Es war nämlich noch nie stilvoll und wirklich höflich, *Guten Appetit* und *Gesundheit* zu sagen.

Die Annahme, dass der Ehrenplatz auf der rechten Seite ist, weil auf der linken Seite das Schwert der Ritter hing, ist nicht konsequent zu Ende gedacht.

Der Ehrenplatz ist nicht rechts, weil der Degen und das Schwert links hingen. Diese hingen aufgrund der allgemeinen Rechtshändigkeit links, und aus demselben Grund wurde die rechte Seite als die stärkere, bessere, wichtigere Seite angesehen. Wer begleitet wird, geht rechts, und rechts neben den Gastgebern sitzen und stehen die Ehrengäste – überall auf der Welt.

Die Überzeugung, dass Ehepaare an einer festlichen Tafel nebeneinander platziert werden sollen, ist verbreitet, aber ratsam ist das nicht.

Außer bei einem Ball und bei der Platzierung von Jubelpaaren an einer Hochzeitstafel werden Paare nach klassischer Sitzordnung nicht nebeneinander platziert.

Die Schlussfolgerung, ein *dunkler Anzug* müsse ein schwarzer Anzug sein, ist übereilt und lässt vermuten, dass der Träger kein Mann von Welt und kein Gentleman ist.

Ein *dunkler Anzug* ist für den Mann dunkelblau oder dunkelgrau, doch keinesfalls schwarz. Schwarz ist die Anzugfarbe für traurige Anlässe, für akademische Ehrungen und für den Anzug eines Kellners.

Die Ableitung, dass zu weißem Fleisch und Fisch nur Weißwein passt, während Rotwein zu dunklem Fleisch serviert werden muss, war noch nie akzeptabel.

Wein sollte geschmacklich mit den Speisen harmonieren und nicht in Abhängigkeit von der Farbe des Fleisches gewählt werden. Vielmehr sind Zubereitungsart und Zutaten entscheidend dafür, welcher Wein passend ist. Diese Ansicht ist weder neu noch modern, sondern vielversprechend.

Der größte Irrtum besteht jedoch darin, anzunehmen, dass die anderen die Regeln wohl auch nicht kennen und man daher nicht so darauf achten müsse, die gesellschaftlichen Normen einzuhalten. Vielmehr ist es so, dass die meisten Menschen sich an eine weitere allgemein bekannte Regel halten: Man sollte andere nicht unnötig auf ihre Fehler aufmerksam machen ...

Gesundheit! (für mich)

Ganz stimmt das so nicht. Richtig ist vielmehr, dass es noch nie höflich und taktvoll war, Gesundheit zu sagen, wenn jemand niest. Ein Blick in die Vergangenheit soll das erklären: Das *Gesundheit*-Sagen hat sich im Mittelalter etabliert, zur Zeit der Pest. Ein Symptom der Lungenpest ist häufiges Niesen, und aus Angst vor einer möglichen Ansteckung wünschten Menschen, in deren Gegenwart geniest wurde, rasch *Gesundheit* oder *Helf Gott* – und zwar sich selbst, nicht dem Kranken.

Stimmt es, dass man heute nicht mehr *Gesundheit* sagt, wenn einer niest?

Andere Erkältungssymptome hat man zu jener Zeit schon gekannt, doch das Niesen war noch wenig verbreitet und trat erst viel später mit der allgemeinen Zunahme von Allergien häufiger auf.

Auch in der Zeit nach den Pestepidemien nahmen die Menschen noch an, dass ein Niesen auf eine schwere Krankheit hindeuten könnte, und wünschten sich nach wie vor sicherheitshalber selbst *Gesundheit*. Irgendwann kannte dann kaum einer mehr den ursprünglichen Zusammenhang, so dass sich im 20. Jahrhundert das *Gesundheit*-Sagen in fast allen gesellschaftlichen Schichten durchgesetzt hatte.

So weit, so gut. Inzwischen weiß jeder, dass es nichts Schlimmes ist, wenn jemand niesen muss, und dass somit kein Grund zur Panik besteht – weder man selbst noch der Niesende dürfte sich in ernsthafter Gefahr befinden. Es gibt aber auch noch weitere Gründe, ein wohlwollendes *Gesundheit* zu unterlassen. Der Betreffende ist oft gar nicht krank, sondern niest wegen einer Allergie oder einer kleinen Reizung der Nase. Doch sieht er in diesem Moment vielleicht nicht am vorteilhaftesten aus, und das Letzte, was er sich in dieser Situation wünscht, ist vermutlich, dass alle Aufmerksamkeit auf ihn gelenkt wird. Daher sollte eine solch kleine Störung einfach ignoriert werden, wie andere unbedeutende Zwischenfälle auch.

Entschuldigen muss sich auch der Niesende nicht, aus demselben Grund. Wer während einer Unterhaltung im kleinen Kreis von einem Niesdrang überrascht wird, muss nicht unbedingt um *Verzeihung* für die Störung bitten – weil er das wohl kaum ernsthaft so meint und weil *Verzeihung* in diesem Fall lediglich eine Floskel wäre. Außerdem stört er damit noch mehr und provoziert ein *Gesundheit* als Antwort, zumindest für den eventuell noch folgenden zweiten Nieser.

Fazit: *Gesundheit* zu sagen, ist sicher gut gemeint, höflich ist es de facto jedoch nicht und ist es auch nie gewesen.

PS: Wünscht Ihnen jedoch jemand freundlich *Gesundheit*, sagen Sie doch einfach ebenso freundlich *danke* und unterlassen Sie bitte einen besserwisserisch strafenden Blick. Das wäre doch mindestens ebenso unhöflich.

Einflüsse der 68er-Generation

Wie hat die 68er-Generation unsere heutigen Umgangsformen beeinflusst?

In der Folge von Hippie-Zeit und Flower-Power-Bewegung, in der Jugendliche mit langen Haaren und fantasievoller Kleidung, mit ihrem Lebensstil und ihrer Musik gegen antiquierte, patriarchalische, bürgerliche Konventionen, aber auch gegen Rassendiskriminierung und Klassenunterschiede demonstrierten, entstanden in Deutschland und Frankreich zahlreiche Kommunen, in denen der Traum vom friedlichen Miteinander gelebt werden sollte. Die Auslöser für diese Bewegung waren vielfältig: von der vernachlässigten Aufarbeitung der Nazivergangenheit über den Vietnamkrieg bis hin zum Unmut der Studenten über eine fehlende Hochschulreform.

Die sogenannte 68er-Generation in Deutschland, mit ihrem Generalverdacht gegenüber Autorität und Hierarchien, empfand die etablierte bürgerliche Wohlstandsgesellschaft mit Klassenunterschieden und Leistungsdruck als heuchlerisch und oberflächlich. Die Achtundsechziger kämpften gegen Autoritätshörigkeit, sahen die kapitalistische Konsumgesellschaft als Ursache für gesellschaftliche Ungerechtigkeit an, und die steifen Etiketteregeln der Fünfzigerjahre betrachteten sie als den Inbegriff aller Bigotterie.

Insbesondere die kritischen Gesellschaftstheorien des Philosophen Theodor W. Adorno (1903-1969) als führendem Kopf der Frankfurter Schule inspirierten fast eine ganze Generation von Studenten, sich für eine gesellschaftliche Revolution einzusetzen. Aus der ursprünglichen Protestbewegung entwickelte sich dann schnell eine Jugendkultur, deren Nachwirkungen bis heute erkennbar sind.

Erwachsen geworden, prangerten die Achtundsechziger nach wie vor jegliche Autoritätshörigkeit an und erzogen ihre Kinder Anfang der Siebzigerjahre daher oft antiautoritär. Dabei wurden nicht nur streng autoritäre und undemokratische Erziehungsmaßstäbe abgelehnt, sondern obendrein jegliche Höflichkeitsformen in Frage gestellt. Gutes Benehmen und Höflichkeit galten als spießig, pure Heuchelei und waren schon allein deswegen weitestgehend verpönt.

Als Folge ist zwar unsere Gesellschaftsstruktur dank der 68er-Generation – der zumeist junge Intellektuelle der eigentlichen Oberschicht angehörten – wesentlich demokratischer geworden. Es wurde der Grundstein für die feministische und für die Friedensbewegung gelegt. Andererseits wurden in dieser Zeit gleich viele sinnvolle und wichtige Höflichkeitsgesten, die Respekt und Achtung vor dem anderen ausdrücken und die auch das Miteinanderumgehen deutlich einfacher und angenehmer machen, mit verworfen. Im Ergebnis ist aus einer Schicht, die man heute als bildungsnah bezeichnen würde, fast eine ganze Generation junger Menschen herangewachsen, die Höflichkeitsregeln zum Teil gar nicht mehr kennen.

Wieder eine Generation später wird dieses Erziehungsdefizit jedoch – nicht zuletzt selbst von den Achtundsechzigern und ihren Kinder – bereits derart als Belastung empfunden, dass sich die Gesellschaft mittlerweile nahezu geschlossen energisch gegen das Phänomen einer weitverbreiteten Unhöflichkeit wehrt – mit Abwertung und Ausgrenzung.

Insbesondere die Wirtschaftselite widersetzt sich; junge Menschen sind also nicht nur aus privaten, sondern auch aus beruflichen Gründen gut beraten, sich neben der sowieso vorausgesetzten Fachkompetenz auch eine gewisse soziale Kompetenz – die sogenannten Soft Skills – anzueignen. Sowohl auf dem nationalen als auch auf dem globalen Markt sind gute Manieren wieder eine wichtige Voraussetzung für beruflichen und privaten Erfolg.

Der Stellenwert, den Respekt und Achtung gegenüber jedermann in einer Gesellschaft einnehmen, wird überall auf der Welt als Zeichen von Humanität und Kultur gewertet. Die Erfahrung aus den Sechziger- und Siebzigerjahren hat deutlich gemacht, dass Respekt und Achtung allein mit Worten nicht auszudrücken sind. Vielmehr müssen darüber hinaus auch das Verhalten und das Aussehen in der Situation stimmig sein, damit beides auch so interpretiert werden kann. Doch erst wenn die Umgangsformen glaubwürdig sind, souverän wirken und zu dem Menschen gehören, werden sie als respektvoll erlebt und nicht als äußerlich aufgesetzt. Wer nun die Kodes für angemessenes Auftreten nicht kennt, wird – trotz guten Willens – von höflichen Menschen unweigerlich als respektlos und damit als unsympathisch und möglicherweise als ungebildet erlebt.

Die heute in Deutschland zu beobachtende Renaissance der Höflichkeit – als Konglomerat aus traditionellen und modernen Regeln, aus beruflichen und privaten Regeln, aus nationalen Regeln und zunehmend wichtiger werdenden interkulturellen Kompetenzen – ist im weitesten Sinne auch eine Reaktion auf die Achtundsechziger.

Begrüßung in friedlicher Absicht

Woher kommen die verschiedenen Gepflogenheiten für Begrüßung und Verabschiedung?

Unsere Begrüßungsrituale haben eine lange Geschichte. So auch der für Begrüßung und Verabschiedung so wichtige Handschlag. Diese Geste stammt aus dem Mittelalter, genauer gesagt, aus der Ritterzeit. Die ausgestreckte ungeschützte, nackte rechte Hand, also jene Hand, in der sonst die Waffe getragen wurde, galt als Friedensgruß. Wurde sie ergriffen, konnten sich beide Seiten auf die friedliche Gesinnung des Gegenübers verlassen. Das ist heute eigentlich nicht anders. Nach wie vor wird es als grobe Unhöflichkeit empfunden, einen angebotenen Handschlag zu verweigern. Und auch die Tatsache, dass viele Menschen nur einen Handschlag mit der unbekleideten Hand als wirklich höflich ansehen, hat mit der Herkunft dieser Geste zu tun. Daher wird nach wie vor empfohlen, zur Begrüßung den Handschuh auszuziehen – jedenfalls dann, wenn einer mit dem Ausziehen den Anfang macht.

Um aus dem Handschlag eine Begrüßung zu machen, die wirklich Wertschätzung ausdrückt, gilt es Folgendes zu beachten: Er sollte weder zu fest noch zu locker, weder zu lang noch zu kurz, nicht geschüttelt, immer mit freundlichem Blickkontakt und einem Moment Zeit erfolgen – als nonverbales Angebot für ein wenigstens kurzes Gespräch. Haben Sie für diesen Moment einfach keine Zeit, ist ein freundliches *Hallo, ... ich bin in Eile ... wir sehen uns später* höflicher. Unhöflich ist ein Handschlag auch, wenn geltende Rangfolgen missachtet werden; so ist es das Recht des in der Situation Ranghöheren, den Handschlag anzubieten. Männer haben darüber hinaus beim Handschlag unbedingt ihre Jacke geschlossen zu halten. Und wichtig ist auch dies: Heute wird ein Handschlag erst als höflich empfunden, wenn die Ausführung im Stehen erfolgt – ausgenommen von dieser Forderung sind nur diejenigen, die nicht stehen können, und Damen alter Schule.

Wer diese Regel beachtet, wird von selbst auf solche fragwürdigen Begrüßungen wie den dominanten Beidhand-Griff oder ein Schulter- oder Oberarmtätscheln verzichten.

Auch die Gepflogenheit, zur Begrüßung den Hut zu ziehen, haben wir den mittelalterlichen Rittern zu verdanken. Sie öffneten ihr Visier oder nahmen den Helm ganz ab – einerseits, um sich zu erkennen zu geben, andererseits als Zeichen des Wohlwollens und der friedlichen Absicht. Zog doch der Ritter nur mit geschütztem Kopf in den Krieg – ohne Helm stellte er hingegen keine große Gefahr dar. Heute gilt das Männer-Hut-Ziehen noch immer als Geste des Respekts.

Und sogar die Wange-an-Wange-Form der Begrüßung stammt aus der Ritterzeit. Mit dieser feierlichen Umarmung, der sogenannten Akkolade, wurden Ritter in den Ritterorden aufgenommen. Wer sich für diese vertraute Begrüßung entscheidet, sollte von einem zusätzlichen Handschlag absehen – das wäre doppelt gemoppelt. Eine Begrüßung ist genug. Ob man jedoch links oder rechts beginnen soll, ob zwei-, drei- oder viermal geküsst wird, wird auf der ganzen Welt vollkommen unterschiedlich gehandhabt. In manchen Regionen ist diese Abfolge jedoch teilweise fest geregelt. So wird beispielsweise in Frankreich, wo diese Begrüßungsform sozusagen obligatorisch ist, nach einem Nord-Süd-Gefälle geküsst. In Nordfrankreich und in Paris sind vier Küsse obligatorisch, in Zentralfrankreich meist drei und in Südfrankreich ist selbst das zu angeberisch, da reichen zwei Küsschen aus. In Deutschland hat sich diese hier relativ neue Begrüßungsform zwar auch etabliert, doch feste Regeln dafür gibt es hierzulande noch nicht. Die meisten Menschen beginnen an der rechten Wange ihres Gegenübers, ehe sie zur linken wechseln, und küssen dabei jeweils einen Hauch in die Luft. Denn eins ist wichtig: Richtig geküsst wird hier nicht und schon gar nicht auf die Wange!

Auch die immer noch gern gesehene leichte Verbeugung bei der Begrüßung – der (ergebenste) Diener – ist ebenfalls historisch zu erklären. Der Diener ist auf den höfischen Kniefall zurückzuführen. Als Ausdruck völliger Untergebenheit kniete ein Mann nieder und senkte dabei den Kopf, so dass er nicht sehen konnte, was sein Gegner im Schilde führte. Später entwickelte sich der Kniefall über das

Kopfsenken zum leichten Kopfnicken und ist bis heute reine Männersache, die im Übrigen auch heute noch sehr gut ankommt – gegenüber Männern und Frauen.

Und der Knicks. Leserinnen, die vor mehr als 50 Jahren erzogen wurden, haben ihn noch erlebt. Er stammt – wie sollte es anders sein – vom Hofknicks ab und wird auch heute noch an manchen Höfen praktiziert. Beim Hofknicks wurde der rechte Fuß hinter den linken gestellt, der Oberkörper etwas geneigt, beide Knie gebeugt und das Körpergewicht auf das hintere Bein verlagert. Der bürgerliche Mädchen-knicks war einfach nur ein kurzes Einknicken beider Knie, ohne einen Fuß nach hinten zu stellen. Heute müssen Mädchen allerdings auch das nicht mehr lernen.

Das entblößte Haupt

Warum sollen Männer in geschlossenen Räumen den Hut abnehmen?

Die Sitte, dass der Männerhut in bestimmten Situationen abgenommen wird, lässt sich mit einem Blick in die Vergangenheit erklären: Es gehörte zum Ehren-kodex der Ritter, den Helm abzunehmen, wenn sie ihre friedliche Absicht bekun-den oder sich ergeben wollten, und es gehörte genauso zum Ehrenkodex edler, meist adliger Ritter, nicht weiter auf denjenigen einzuhauen, der helm- und somit schutzlos war. Und da in diesem Sinne Frauen sowieso wehrlos waren, wurde das Hut-Abnehmen von ihnen zu keiner Zeit gefordert. Heute ist das Hut-Ziehen auch für Männer nicht mehr der Ausdruck von Ergebenheit, sondern lediglich eine schöne Geste des Respekts.

Männer sollten also ihre Kopfbedeckung – auch Mützen – abnehmen, sobald sie einen Raum betreten. Im Freien ist das Abnehmen des Hutes – jedoch nicht der Mütze – dann erforderlich, wenn sie mit einer anderen Person sprechen; vor allem jedoch beim Zusammentreffen mit Frauen. Zum Grüßen im Vorbeigehen reicht es, den Hut lediglich zu lüften; es genügt aber nicht, nur kurz mit dem Finger an die Hutkrempe zu tippen. Das wäre zu wenig. Für den Augenkontakt ist es wichtig, dass der Hut von der Seite der zu grüßenden Person weg gelüpft wird. Im *Umgang mit Menschen* legte der junge Freiherr von Knigge besonders betont Wert darauf, dass Männer ihre Hüte zum Gruß nicht einfach irgendwie abnehmen sollten – die Geste sei vielmehr mit Stil auszuführen. So war es bereits damals richtig, «wenn man jemand im Vorbeigehen grüßen will, den Hut auf der Seite abzuziehen, wo der Fremde nicht geht, damit man ihn nicht damit berühre und sein Gesicht nicht vor ihm verberge» {**Über den Umgang mit Menschen, S. 64**}. Darüber hinaus ist auch heute noch darauf zu achten, dass die Innenseite des Hutes keinesfalls den Blicken ande-rer zugewendet wird. Nur Bettler halten den Hut anders.

Moderne Männer, die sich stil- und respektvoll verhalten wollen, nehmen also ihren Hut ab, sobald sie einen Raum betreten – bei uns und in anderen Ländern, gestern, heute und morgen wohl auch.

Insbesondere in christlichen Kirchen muss es für Männer selbstverständlich sein, den Hut abzunehmen und entblößten Hauptes Achtung auszudrücken. Das gilt für den Zylinder bei einer Hochzeit ebenso wie für das Basecap oder die Pudelmütze. Für Frauen gilt diese Forderung in Deutschland nicht. Anders in südeuropäischen Ländern. Dort ist es für Frauen sogar Pflicht, beim Betreten einer christlichen Kirche den Kopf zu bedecken, entweder mit einem Hut oder mit einem Tuch. In Moscheen und Synagogen tragen sowohl Männer als auch Frauen eine Kopfbedeckung.

Der Damenhut ist ansonsten vor allem Kopfschmuck und bleibt daher bei Hochzeiten, bei Partys, bei Empfängen, selbst im Theater, wenn er nicht zu groß ist, und natürlich beim Pferderennen, wo er sogar etwas aufsehenerregender sein darf, auf dem Kopf. Selbst im Café muss eine Frau ihren Hut nicht absetzen. Bei einem großen Essen im Restaurant und bei privaten Einladungen sollten freilich auch Frauen den Hut abnehmen. Immer dann, wenn der Hut die Sicht anderer stören könnte, nehmen auch Frauen aus Rücksicht den Hut vom Kopf.

Hände in den Taschen und andere Ungezogenheiten

Wenn Menschen, egal, welchen Alters, bei Begrüßung und Vorstellung oder während einer Unterhaltung eine oder gar beide Hände in den Hosentaschen verbergen, mögen manche diese Haltung lässig finden, die allermeisten Menschen – nicht nur ältere – betrachten dies jedoch als grobe Respektlosigkeit. Dabei ist es ganz egal, ob Sie aus Verlegenheit, aus Mangel an Selbstsicherheit oder aus reiner Bequemlichkeit die Hände versteckt halten: Entscheidend ist, wie diese Botschaft beim Gegenüber ankommt.

Ist es immer noch undenkbar, die Hände in den Hosentaschen zu haben oder die Jacke beim Aufstehen nicht zu schließen?

Spannen Sie also Ihre Gesäßmuskeln leicht an, so dass Sie so gerade wie möglich stehen, ohne dabei steif zu wirken. In dieser aufrechten Haltung suchen Sie sich einen festen Standpunkt und schauen Ihrem Gegenüber freundlich und offen in die Augen. Gehen und stehen Sie dabei bewusst und lassen Sie Ihren Körper mit ganz entspannten Händen und Armen sprechen; indem Sie gleichsam auch ichhaft Haltung annehmen, werden Sie der Hosentaschen-Versuchung viel leichter widerstehen können. Sie und Ihre sicher ausgeführten Bewegungen und Gesten wirken so nicht nur souverän, sondern auch professionell, kompetent und sympathisch. Der historische Hintergrund: Sie zeigen Ihre Hände und signalisieren damit, dass Sie in friedlicher Absicht kommen und weder eine Waffe noch sonst etwas zu verbergen haben.

Es wird auch von vielen Menschen – insbesondere von Frauen – als grobe Ungezogenheit empfunden, wenn ein Mann mit offener Jacke dasteht oder sogar mit ausgezogener Jacke, im Oberhemd. Männer sollten beim Aufstehen ganz automatisch ihre Jacke schließen. Sie signalisieren damit ihrem Gegenüber: *Ich ordne für Sie meine Kleidung.* Hintergrund ist, dass es das heute bekannte Oberhemd früher noch nicht gab. Früher hätte ein Mann mit offen stehender Jacke schlicht in Wäsche dagestanden. Diesen Hintergrund gibt es für Frauen zwar nicht, aber dennoch sollten auch sie zumindest in offiziellen Situationen gleichermaßen handeln – auch, weil eine geschlossene Jacke einfach besser aussieht.

Wenn auch nicht überall auf der Welt und nicht einmal überall in Europa, so wird doch in Deutschland von fast jedem ein fehlender Blickkontakt während der Begrüßung oder im Gespräch als unhöflich empfunden. Der so brüskierte Gesprächspartner wird unterstellen, dass der umherschweifende Blick auf der Suche nach was Besserem ist. 1788 bereits heißt es bei Freiherr von Knigge dazu, «daß man dem, mit welchem man spricht, frei und offen, doch nicht starr und frech in das Gesicht schauen» solle {**Über den Umgang mit Menschen, S. 63**}.

Die Liste noch geltender Unhöflichkeiten ließe sich noch fortsetzen, doch an dieser Stelle sei zu guter Letzt gesagt: Es ist in keiner Situation entschuldbar, mit glühender Zigarette – ob in der Hand oder kurz abgelegt – eine Person zu begrüßen. Eine höfliche Begrüßung verlangt, die Zigarette auszudämpfen.

Hände in den Hosentaschen, suchender Blick, offene Jacke oder Zigarette in der Hand erleben die allermeisten Menschen als praktizierte Respektlosigkeit, doch die wohl gröbste Unhöflichkeit bleibt es, einen freundlichen Gruß nicht zu erwidern oder eine zur Begrüßung ausgestreckte Hand nicht anzunehmen, egal, ob der Gruß nach allen Regeln der Etikette ausgeführt wurde oder nicht.

Rangfolgen und Hierarchien – privat und im Beruf

Rangfolgen und Hierarchien – privat und im Beruf

Protokoll, das diplomatische Zeremoniell

Was versteht man in Deutschland unter *Protokoll*?

Der Begriff *Protokoll* geht auf höfische Gepflogenheiten zurück und umschreibt die repräsentativen Rituale und die zeremoniellen Regeln der bürgerlichen Gesellschaft, die bei feierlichen Anlässen im staatlichen und religiösen Bereich Anwendung finden. Bereits an der Tafel des Königs saßen die ranghöheren Herzöge und Fürsten in der Nähe des Königs und die rangniederen Grafen – protokollgemäß – am Rande der Tafel.

Bei allen offiziellen und repräsentativen Veranstaltungen – wie beispielsweise Staatsbesuchen, offiziellen Feierlichkeiten, nationalen und internationalen Konferenzen, Amtswechseln, Verabschiedungen sowie Empfängen, Banketten und offiziellen Essen – sind früher wie heute, hier und überall auf der Welt zeremonielle Regeln – das Protokoll – unverzichtbar. Das Protokoll ist gewissermaßen eine international verständliche und sichtbare Sprache der Wertschätzung, die den ordnenden Rahmen für jede Veranstaltung schaffen soll.

Über das protokollarische Handeln werden unverkennbar und offensichtlich der Rang und die Würde des Gastes und damit verbunden seine gesellschaftliche Stellung und die Achtung, die er genießt, aber auch gewisse Absichten des Gastgebers deutlich gemacht. Insofern schafft das Protokoll die beabsichtigte Atmosphäre für Gespräche und Verhandlungen – im Interesse der Gastgeber. Die Aufgaben des staatlichen Protokolls reichen von der Gestaltung staatlicher Repräsentation bis hin zu Einzelfragen des angemessenen Umgangs mit Gästen. Hierzu gehören die Reihenfolge der Begrüßung, die korrekte Anrede, die Platzierung bei Gesprächen oder bei einem Essen sowie die Auswahl und die Übergabezeremonie eines passenden Gastgeschenkes.

Und wenn man nur die vielfältigen Schwierigkeiten bedenkt, die sich allein aus der Rangfolge von Staaten ergeben, so wird schnell deutlich, dass das Protokoll eigentlich eine Wissenschaft für sich ist und außerdem ein wichtiges politisches Instrument darstellt.

Nun zu glauben, Protokoll, Rangordnungen und -listen seien etwas, womit sich allein die Protokollabteilungen der Bundesregierung und international operierende Konzerne abplagen müssen, wäre weit gefehlt. Vielmehr ist es bei allen offiziellen Veranstaltungen – im kleinen wie im großen Rahmen – nicht nur unverzichtbar, sondern auch eine wichtige Gastgeberaufgabe, die Gäste in eine gewisse Rangfolge zu bringen. Da diese Rangfolge für jeden Gast ein sichtbares Zeichen der Wertschätzung seiner Person, vielleicht aber auch der von ihm vertretenen Institution oder gar des von ihm repräsentierten Staates ist, führen Fehler fast zwangsläufig zu peinlichen (diplomatischen) Verstimmungen. Gastgeber, die es dagegen ganz versäumen, jeden einzelnen Gast seinem Status gemäß in die Gästeliste einzuordnen, riskieren ebenso zwangsläufig, ihn im wahrsten Sinne des Wortes herabzusetzen. Und das könnte auch Folgen haben – früher oder eben später einmal. Daher ist die Beachtung des Protokolls die Mühe wert und, mit viel Fingerspitzengefühl, nicht ganz so kompliziert, wie es scheint.

Rang – Ordnung muss sein

Die Bundesrepublik Deutschland, wie auch andere große Nationen, verfügt zwar über keine offizielle Rangliste, doch mittlerweile ist es Praxis, dass das Protokoll Inland hinsichtlich der Repräsentanten der Verfassungsorgane des Bundes sich an folgender Rangfolge orientiert, deren erste fünf Ränge so besetzt sind:

Welche protokollarische Rangordnung existiert in Deutschland?

1. Bundespräsidentin oder Bundespräsident
2. Präsidentin oder Präsident des Deutschen Bundestages
3. Bundeskanzlerin oder Bundeskanzler
4. Präsidentin oder Präsident des Bundesrates
5. Präsidentin oder Präsident des Bundesverfassungsgerichts

Auch diese Rangordnung ist nicht verbindlich festgelegt, sondern dient vielmehr als Orientierungshilfe; starre Rangordnungen könnten der Verschiedenartigkeit staatlicher Anlässe gar nicht vollends gerecht werden. Taktgefühl und Sensibilität ist da genauso gefragt wie flexibles Reagieren. Immer wieder müssen die Protokollabteilungen der Bundesrepublik den Gesamtzusammenhang der Veranstaltung und eine Vielzahl von Details beachten. Da man nicht umhinkommt, bei offiziellen Veranstaltungen Begrüßung, Nennung der Anwesenden, Platzierung, Rednerreihenfolge etc. in eine gewisse Ordnung und Reihenfolge zu bringen, bleibt einem nichts weiter übrig, als die Gäste nach einer bestimmten Rangordnung zu sortieren.

Eine Hilfe bei der Aufstellung von Gästen bietet da ein Ordnungsprinzip der protokollarischen Rangfolge, das auf jedes Ereignis übertragbar ist:

▸ Bund vor Land vor Kommune

▸ höchste Repräsentanten der Versammlung
   (Bundespräsident, Oberbürgermeisterin, Bürgermeister, Landrätin etc.)

▸ gewählte politische Repräsentanten vor Amtsträgern,
   also Mandatsträger vor Beamten

▸ Wissenschaft vor Industrie

▸ Regierung vor Richtern

▸ hohe Militärs vor Kirchenvertretern

▸ Angehörige fremder Institutionen vor eigenen gleichen Ranges

▸ Ehepartner werden bei gemeinsamen Auftritten protokollarisch gleichgestellt,
   sie nehmen dann den Rang des geladenen Partners ein

Insbesondere bei gleichem Rang innerhalb des Ordnungsprinzips gilt:

▸ Ausländer vor Inländern

▸ Lebens- oder Dienstalter vor Alphabet

▸ Frauen vor Männern

▸ Beachtung auch der sozialen Anerkennung

Wer so seine Gäste in eine Reihenfolge bringt, ordnet sie analog der protokollarischen Rangordnung. Und dennoch werden Fragen offenbleiben, weil man schwer einschätzen kann, ob nun der berühmte Künstler ranghöher als der junge Bundestagsabgeordnete ist. Gesunder Menschverstand und Taktgefühl sind notwendig, damit sich das gesellschaftliche Ansehen der Gäste in der Rangordnung widerspiegelt.

Die Top 70

Bisher blieb es in Deutschland lediglich bei dem Versuch, dem Protokoll der Bundesrepublik Deutschland eine verbindlich festgelegte Entscheidungshilfe für eine offizielle Rangfolgenbildung an die Hand zu geben – ist doch das Zusammenspiel von Rang und Status zu komplex, um es zu schematisieren.

Was ist die Top-70-Liste?

Die sogenannte Top-70-Liste ist ein nicht offizieller Versuch, protokollarisch relevante Persönlichkeiten in eine nummerische Rangfolge zu bringen. Die Liste muss ständig diskutiert und überarbeitet werden und erspart dem Protokoll nicht, auch Sprachkenntnisse, Anlass, Rahmen und Gästekreis zusätzlich zu berücksichtigen. Es sind also weder Schematismus noch Prinzipienreiterei gefragt, sondern Flexibilität und Feingefühl.

Die 20 Erstgelisteten sind:

1. Bundespräsident oder Bundespräsidentin
2. Staatsoberhäupter fremder Staaten (einschließlich kaiserliche und königliche Mitglieder regierender Häuser)
3. Regierungschefs fremder Länder
4. Bundeskanzler/Bundeskanzlerin
5. Präsident oder Präsidentin des Deutschen Bundestages
6. Präsident oder Präsidentin des Bundesrates
7. Präsident oder Präsidentin des Bundesverfassungsgerichts
8. Doyen des Diplomatischen Korps
9. ausländische Botschafter oder Botschafterinnen in der Reihenfolge des Datums der Überreichung ihres Beglaubigungsschreibens
10. stellvertretende Regierungschefs ausländischer Staaten
11. ehemalige Bundespräsidenten oder -präsidentinnen
12. Vorsitzender der Deutschen Bischofskonferenz bzw. die oder der Vorsitzende des Rates der Evangelischen Kirche in Deutschland (nach Dienstalter) und der Vorsitzende des Zentralrats der Juden
13. Generalsekretär oder Generalsekretärin der Vereinten Nationen
14. Generalsekretär oder Generalsekretärin der NATO
15. Präsident oder Präsidentin des Europäischen Parlaments
16. Präsident oder Präsidentin der Versammlung des Europarates
17. Präsident oder Präsidentin des Rates der Europäischen Gemeinschaft
18. Präsident oder Präsidentin der Kommission der Europäischen Gemeinschaft
19. Präsident oder Präsidentin der Europäischen Zentralbank
20. ehemaliger Bundeskanzler oder ehemalige Bundeskanzlerin

Rangfolgen im Alltag

Alter geht vor Schönheit – gilt diese Rangordnung auch im Beruf?

Hierarchien gilt es nicht nur bei offiziellen Veranstaltungen zu berücksichtigen, sondern bei allen Begegnungen mit anderen Menschen – privat, im Beruf und in Gesellschaft. Für die in unserer Gesellschaft und in unserer Kultur geltenden Rangfolgen gibt es also feste Regeln, die im Allgemeinen unserer Kulturtradition entsprechen. Dabei handelt es sich in erster Linie um Höflichkeits-Rangfolgen. Sie beruhen auf folgenden traditionellen Grundsätzen:

- ▸ Ein jüngerer Mensch soll einem älteren Menschen etwas Gutes tun.

- ▸ Ein Mann soll einer Frau etwas Gutes tun.

Daraus folgen Rangfolgen, die heute nur noch auf privatem und gesellschaftlichem Parkett gelten, dort aber von allergrößter Bedeutung sind. Sie setzen in privaten und gesellschaftlichen Situationen die beruflichen Hierarchien außer Kraft – wenn das angemessen ist.

- ▸ Deutlich Ältere sind ranghöher als deutlich Jüngere.

- ▸ Frauen sind ranghöher als Männer.

- ▸ Ausländische Gäste sind ranghöher als ein Inländer gleichen Rangs.

- ▸ Fremde sind ranghöher als Verwandte.

- ▸ Eine Gruppe ist ranghöher als ein Einzelner.

Im Geschäftsleben werden die hierarchischen Rangfolgen von anderen Prioritäten bestimmt; hier zählt allein und ausschließlich die Autorität im Unternehmen. Höflichkeitsrangfolgen gelten nur bei gleicher Autorität im Unternehmen.

▸ Die Person, die in der Hierarchie des Unternehmens höher steht, ist ranghöher (Vorgesetzte sind ranghöher als Mitarbeiter).

▸ Alter, Geschlecht und Nationalität sind nur bei gleichem Rang von Bedeutung.

Eine Sonderrolle hat der Gastgeber inne – sowohl im Geschäfts- als auch im Privatleben. Gastgeber haben Heimrecht, was aber nichts über ihren Rang, sondern vielmehr etwas über ihre Rechte und Pflichten als Gastgeber aussagt.

Immer wenn es um solche Fragen geht wie: Wer wird wem in welcher Reihenfolge vorgestellt? Wer gibt wem zuerst die Hand? Wer überreicht zuerst die Visitenkarte? Wer bittet um die Du-Anrede? Wer sitzt wo? Wer wird von jemandem auf dessen rechter Seite begleitet? Wer hat Vortritt?, dann sind Rangfolgen zu beachten – aus Respekt! Das gilt im Privaten wie im Geschäftlichen.

Die starke Seite

Wenn Sie als Mann in einer privaten Situation eine Frau begleiten, die nicht wesentlich jünger ist als Sie, dann gelten zwei Höflichkeitsregeln: Frauen haben Vortritt und sie haben die Ehre, an der rechten Seite des Mannes gehen zu dürfen – mit Ausnahmen natürlich.

Wie begleite ich eine Frau richtig?

Das Schwert hing auf der linken Seite des Ritters, und somit musste das Hoffräulein, das er begleitete, auf seiner rechten Seite gehen. Das ist auch eine schöne Erklärung für den Grundsatz: Rechts schützt links. Doch um zu verstehen, weshalb die rechte Seite allgemein bevorzugt wird, kann man in der Ursachenforschung noch einen Schritt weiter gehen. Seit jeher und überall auf der Welt wird die rechte Hand eines Menschen als die stärkere Hand angesehen – denn die allermeisten Menschen sind Rechtshänder. Der Ritter trug sein Schwert links, so dass er es mit der rechten, stärkeren Hand schnell ziehen konnte; ebenso zog der Cowboy seinen Colt im Allgemeinen mit der Rechten. Aus demselben Grund führt ein Tänzer die Tänzerin an seiner rechten Seite und fast alle Radfahrer schieben ihr Rad auf der rechten

Seite, weil sie meist zuerst mit dem rechten Bein aufs Fahrrad steigen. Usw. Daher bildete sich allgemein die Assoziation: Die Person, die an jemandes rechter Seite geht, steht oder sitzt, ist die zu schützende, die höherrangige, die zu ehrende Person. Im Privatleben geht die Frau rechts vom Mann; im Beruf wird der Kunde unabhängig von Alter und Geschlecht rechts von der Mitarbeiterin oder dem Mitarbeiter durchs Unternehmen geführt, und der Ehrengast sitzt, ganz egal, ob in privaten, beruflichen oder gesellschaftlichen Zusammenhängen, rechts vom Gastgeber. Doch auch diese Regel gestattet Ausnahmen: nämlich dann, wenn auf der rechten Seite Unwegsamkeiten, eine große Pfütze oder andere Missliebigkeiten lauern oder wenn es auf der linken Seite Interessanteres zu sehen gibt. Aus *Rechts ist stärker* wurde *Rechts ist wichtiger*, womit auch die protokollarische Grundfrage jeder nationalen und internationalen Steh- und Sitzformation entstanden ist: *Wer wird die Ehre haben, an der rechten Seite der Gastgeber positioniert zu werden?*

Manchmal ist der Gang, der Weg oder die Tür zu schmal, um nebeneinander zu gehen, so dass in einer Zweierkonstellation eine Person vorgehen muss. Basierend auf dem Schützergedanken *Wer vorgeht, ist wichtiger* geht aus dem Beispiel oben die Frau, der Kunde, der Ehrengast vor – wenn er den Weg kennt oder wenn er sich nicht verlaufen kann. In den Fahrstuhl geht also in einer privaten Situation die Frau zuerst hinein, der Mann betätigt den Fahrstuhlknopf, und in der richtigen Etage gelandet, steigt die Frau zuerst aus dem Fahrstuhl aus. Bei einem schmalen Gang mit vielen Quergängen und Türen dagegen würde die ortskundige Mitarbeiterin vorausgehen, um dem Kunden den Weg zu zeigen. Da dies streng genommen jedoch ein Regelbruch ist, sollte die Mitarbeiterin etwa mit den Worten *Ich gehe einmal vor und zeige Ihnen den Weg* ihre Entscheidung entschuldigen.

Türaufhalten mit Stil

Wer hält wem wie die Tür auf, und wie ist das bei einer Drehtür?

Eine Tür stilvoll für eine « wichtigere » Person aufzuhalten und eine Tür nur festzuhalten, damit sie der nachfolgenden Person nicht an den Kopf fällt, sind zwei ganz verschiedene Dinge, wobei das Zweite so selbstverständlich sein sollte, dass es hier nicht weiter kommentiert werden muss.

Den Ablauf des gekonnten Türaufhaltens sollten alle beteiligten Personen kennen, damit es selbstverständlich und auch unaufdringlich wirkt. Leider ist das häufig nicht der Fall, und so kommt es vor, dass selbst wenn lediglich einer Person die Tür aufgehalten wird, ein peinliches Durcheinander entsteht.

In einer privaten Situation sollte ein Mann einer Frau die Tür folgendermaßen aufhalten:

Egal, in welche Richtung die Tür sich öffnen lässt, sollte der Mann darum bemüht sein, der Frau beim Türaufhalten so lange wie möglich seine Vorderseite zuzuwenden. Ist die Tür in Gehrichtung zu öffnen, muss der Mann eventuell einen Schritt vorgehen, um die Tür zu öffnen. Der Mann geht in diesem Fall zuerst durch die Tür hindurch und wartet mit dem Gesicht zur Frau gewandt, bis sie passiert hat. Während die Frau mit einem Schritt zur Seite auf ihn wartet, schließt er die Türe und übernimmt anschließend auf ihrer linken Seite wieder die Führung.

Öffnet sich die Türe auf die Personen zu, zieht der Mann die Tür in seine Richtung, dreht sich mit dem Gesicht zur Frau und lässt sie hindurchgehen. Danach geht er selbst und übernimmt auf ihrer linken Seite wieder die Führung. Während er noch draußen steht, um die Tür zu schließen, muss sie auf ihn warten und darf nicht schon mal vorgehen, denn es ist eben auch höflich, ehrliche Aufmerksamkeiten souverän annehmen zu können! Bei einer Drehtür geht in gleicher Situation die Frau voran, egal, ob die Drehtür automatisch oder manuell betrieben wird. In letzterem Fall sollte der Mann das Drehtempo der Tür an den Schritt der Frau anpassen.

Dass in einer anderen Situation selbstverständlich die Rollen getauscht werden können, muss heute wohl nicht mehr betont werden. Es lassen sich die verschiedensten Situationen meistern, wenn nur klar ist, dass Höflichkeitsgesten lediglich dann höflich sind, wenn sie situations- und rollengerecht angewendet werden. Ist die Frau beispielsweise die Gastgeberin oder die in der Situation rangniedere Person, hält selbstverständlich sie die Tür für ihn auf, und auch dann, wenn er schweres Gepäck zu tragen hat. Entscheidend ist einmal mehr, dass sich alle Beteiligten ihrer Rolle bewusst sind.

Treppen hoch und runter

Wer geht auf der Treppe vor – der Mann oder die Frau?

Die Etiketteregel, dass ein Mann beim Treppe-Hinaufgehen nicht hinter einer Frau gehen dürfe, stammt aus einer Zeit, als Frauen noch bodenlange, pompöse Röcke trugen. Weil sie beim Treppensteigen ihren langen Rock etwas raffen musste, hätte er ja einen Blick auf ihre Knöchel erhaschen können, wenn er hinter ihr ging. Und das entsprach nicht den sittlichen Vorstellungen der damaligen Zeit. Erst seit dem Ende des 19. Jahrhunderts, als die Rocklänge von bodenlang auf knöchelkurz hinaufwanderte, ist der Anblick eines weiblichen Knöchels kein Grund zum Erröten mehr, und es erscheint wichtiger, die Frau von hinten stützen zu können, falls sie einmal straucheln sollte. Daher geht der Mann in privaten Situationen hinter der Frau. Auch im Geschäftsleben wird der höherrangigen Person der Vortritt gelassen: Der Kunde geht vor dem Mitarbeiter – unabhängig von Alter und Geschlecht der Beteiligten. Gleiches gilt für gesellschaftliche Anlässe. Hier lässt beispielsweise der Gastgeber den Gast vorgehen.

Seit über 100 Jahren ist es also de facto höflicher, wenn die schützende Person beim Treppe-Hinaufsteigen nachfolgt. Doch Etiketteregeln werden von einer Generation zur nächsten weitergegeben und so halten sie sich meist viel länger als nötig – wie auch diese veraltete Regel. Auch die verschiedenen Rocklängen – insbesondere die Mini-Mini-Mode – im letzten Jahrhundert trugen dazu bei, dass bis heute viele Männer und Frauen die Treppen-Etikette falsch auslegen, obwohl kaum die Gefahr besteht, dass ein Vorangehen der Frau zu gewagt sein könnte, und obwohl dies bereits seit Mitte des 20. Jahrhunderts in modernen Benimmbüchern nachgeschlagen werden kann.

Im Privatleben geht der Mann hinter der Frau; im Beruf geht – ganz unabhängig von Alter und Geschlecht – die Mitarbeiterin hinter dem Kunden. Privat, im Beruf und in Gesellschaft geht – ganz unabhängig von Alter und Geschlecht – der Gastgeber hinter dem Ehrengast die Treppe hinauf, um die wichtigere Person von hinten zu schützen – wenn auch nur symbolisch, versteht sich.

Beim Treppe-Hinabgehen hingegen gilt der Höflichkeitsgrundsatz *Wer vorgeht, ist wichtiger* nicht; vielmehr ist es hier, wenn auch aus demselben Grund wie oben, gerade umgekehrt. Im Privatleben geht der Mann vor der Frau; im Beruf geht – ganz unabhängig von Alter und Geschlecht – die Mitarbeiterin vor dem Kunden, und privat, im Beruf und in Gesellschaft geht – ganz unabhängig von Alter und Geschlecht – der Gastgeber vor dem Ehrengast die Treppe hinunter, um die wichtigere Person zu stützen, falls sie stolpern sollte. So kann die schützende Person der wichtigeren Person beim Hinabsteigen auch die Hand reichen, um die Stufen gefahrloser nehmen zu können. Wenn es beim Treppe-, Leiter- oder Kletterpfad-Erklimmen sinnvoll ist, dann geht selbstverständlich auch beim Hinaufgehen die Schützerperson vorneweg. Beim Ein- und Aussteigen in Busse und Bahnen gilt diese Höflichkeitsregel selbstverständlich ebenso.

Sitzordnung im Auto

Ganz richtig, selbst im Auto wird über die Sitzordnung eine Hierarchie unter den Fahrgästen deutlich gemacht. Immer dann, wenn Rangfolgen eine Rolle spielen, sollten diese peinlichst genau beachtet werden – aus Höflichkeit und aus Respekt. Welcher Sitzplatz für die in der Situation ranghöchste Person vorgesehen ist, hängt jedoch maßgeblich davon ab, wer den Wagen steuern wird.

Gibt es wirklich auch eine Sitzordnung fürs Auto?

Der Wagen wird von einem Chauffeur, der auch ein Taxifahrer sein kann, gesteuert: Fährt ein Chauffeur den Wagen, sollte der in der Situation ranghöchsten Person der Platz hinten rechts – als Ehrenplatz – angeboten werden. Die in der Situation zweitranghöchste Person sollte hinten links platziert werden. Und die in der Situation rangniedrigste Person sitzt neben dem Fahrer. In einem Taxi wird das die Person sein, die auch die Rechnung bezahlt. Das kann der Gastgeber sein, falls zwei hochrangige Gäste eingeladen sind; das kann der Assistent sein, wenn der Gastgeber sinnvollerweise neben dem Gast Platz nimmt.

Natürlich kann die ranghöchste Person, wenn sie das wünscht, den Platz selbst wählen. Gegebenenfalls bevorzugt sie den Platz neben dem Fahrer, um besser die Aussicht genießen zu können, oder etwa, weil sie etwas mehr Beinfreiheit schätzt. Allerdings wird sie diesen Wunsch – um die normale Sitzordnung wissend – kommunizieren, etwa: *Vielen Dank für den Ehrenplatz, doch ich würde gern etwas von der Stadt sehen. Ich möchte gern vorn sitzen.*

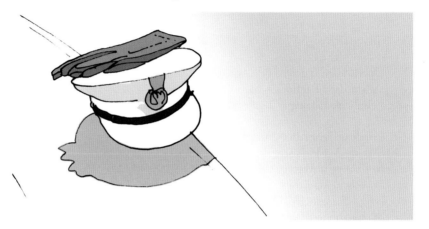

Der Wagen wird vom Gastgeber selbst gelenkt: In diesem Fall, wenn der Fahrer gleichzeitig der Gastgeber ist und seinen Gast persönlich fährt, ist der Platz vorne rechts, also die Beifahrerseite, der Ehrenplatz für die in der Situation ranghöchste Person. Entsprechend sitzt die in der Situation zweitranghöchste Person hinten rechts und die in der Situation rangniedrigste Person hinten links.

Diese Sitzordnung gilt entsprechend auch im Privatleben, und wenn man einmal beobachtet, wer bei offiziellen Veranstaltungen wo aus dem Wagen steigt, wird man genau diese Sitzordnung erkennen können.

Selbstverständlich sollten Gastgeber ihren Mitfahrgästen die Wagentür aufhalten und ihnen gegebenenfalls beim Ein- und Aussteigen behilflich sein – sowohl privat als auch beruflich und in Gesellschaft. Männer sowieso, aber auch Frauen können auf diese Weise ihre erste Gastgeberpflicht wahrnehmen und ihren Gästen symbolisch die Tür öffnen, womit sie letztlich deutlich machen, auf wessen Territorium man sich befindet. Beim Einsteigen wird also der Gastgeber als Letzter in den Wagen einsteigen. Beim Aussteigen dagegen wird die Tür meist nur besonders hochrangigen Persönlichkeiten aufgehalten. Die Fahrgäste werden diese Geste als angenehm und höflich empfinden und nicht davon ausgehen, man würde ihnen nicht zutrauen, die Tür nicht auch selbst öffnen zu können – so die Geste souverän ausgeführt wird.

Begrüßung ist Ehrensache

Muss man seinem Chef immer als Erster die Hand geben?

Falls Sie den Eindruck haben, dass es Ihrem Chef eigentlich gar nicht recht ist, wenn Sie ihm von sich aus die Hand zum Gruß reichen, haben Sie das richtig beobachtet. Es wird ihn sicherlich irritieren, aber er ist vermutlich ein höflicher Mensch. Das beweist er, indem er den von Ihnen angebotenen Handschlag annimmt und indem er Sie nicht darauf aufmerksam macht, dass Sie mit Ihrem vorschnellen Handeln einen Höflichkeitsfauxpas begehen.

Unzweifelhaft kennt Ihr Chef die für den Gruß und die Begrüßung per Handschlag geltenden klassischen Regeln, die sich an dem Rang der beteiligten Personen orientieren. Vorweggenommen: Höfliche Menschen grüßen, sobald sie den anderen sehen. Traditionell gelten allerdings historisch gewachsene und kulturell überlieferte Rangfolgen, wonach die rangniedere Person (in diesem Fall sind Sie das) die ranghöhere Person (Ihr Chef) zuerst grüßt. Und die ranghöhere Person entscheidet dann darüber, ob sie der rangniederen Person zur Begrüßung auch die Hand reichen möchte.

Da es sich um eine rein geschäftliche Situation handelt, bestimmt allein die berufliche Autorität und die Hierarchie im Unternehmen über die Rangfolgen. Die Person, die in der Firmenhierarchie höher steht, wird als ranghöher angesehen. Da ist der Chef immer dem Mitarbeiter gegenüber höherstehend – unabhängig vom Alter und Geschlecht. Dementsprechend grüßt beispielsweise die ältere Mitarbeiterin – formal! – den jüngeren Vorgesetzten zuerst, und der jüngere Vorgesetzte entscheidet dann, ob er ihr zur Begrüßung die Hand reicht. Sie grüßen Ihren Chef und der entscheidet, ob er Sie anfassen möchte, um es bildhaft zu sagen. Da der Händedruck an sich bereits als ein besonderer Ausdruck von Höflichkeit angesehen wird, versteht es sich von selbst, dass auch sämtlichen mit ihm in Verbindung stehenden Regeln der Etikette größte Beachtung geschenkt wird. Wer diese Regeln der Wertschätzung verletzt, muss unweigerlich damit rechnen, dass solches Verhalten gnadenlos in die Kategorie *schlechte Kinderstube* einsortiert wird.

Um aus dem Reichen der Hand einen Handschlag zu machen, gibt es noch einige Qualitätsanforderungen: Ein gelungener Handschlag ist nicht zu fest und nicht zu locker; nicht zu lang und nicht zu kurz; nicht geschüttelt und erfolgt immer im Stehen, mit Blickkontakt und geschlossener Jacke, und er verlangt immer einen Moment Zeit – als nonverbales Angebot für ein wenigstens kurzes Gespräch.

Handschlag – ohne geht's auch

Muss man sich zwingend mit dem Handschlag begrüßen?

In gegenseitigem Einvernehmen ist sowohl eine Begrüßung als auch eine Verabschiedung ohne Handschlag nicht weniger höflich und auch nicht weniger respektvoll als eine mit Händedruck.

Sobald jedoch nur eine Person nicht dieser Ansicht ist, sollte eine ausgestreckte Hand als Angebot zum Handschlag (fast) immer angenommen werden, selbst dann, wenn die Regeln für einen korrekten Handschlag missachtet wurden. Das ist nicht nur dann der Fall, wenn hierarchische Grundregeln und Höflichkeitsrangfolgen missachtet werden, sondern auch, wenn der Handschlag nur im Vorbeigehen ohne Blickkontakt, sitzend oder auf andere Art unhöflich ist.

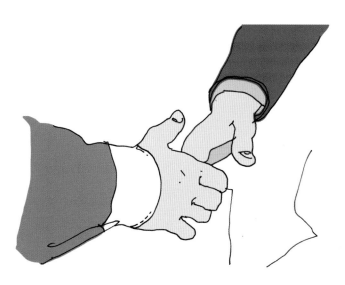

Allemal höflich ist es, auf den Handschlag zu verzichten, wenn:

▸ Sie Menschen im Hausflur treffen, auf dem Gang oder bei Begegnungen, wo Handreichen einfach unüblich ist

▸ Sie erkältet sind oder wenn Sie mit dem Handschlag jemanden mit einer anderen Krankheit anstecken könnten

▸ Sie sich verspätet haben und alle anderen bereits sitzen. Dann sollten Sie still und unauffällig Platz nehmen

▸ Sie in einer großen Runde von mehr als 8 Personen zusammenkommen. Achten Sie dann auf die körpersprachlichen Signale: Ist das Handreichen erwünscht oder nicht?

▸ Sie sich zu einer Smalltalk-Runde dazugesellen

▸ Sie die Personen in dem, was sie tun, unterbrechen müssten

▸ Sie sich einmal darüber verständigt haben – beispielsweise bei der täglichen Begrüßung im Büro

Achten Sie auf Signale und Gesten, die Ihnen sagen könnten, dass das Handreichen gerade unerwünscht ist. Legt beispielsweise Ihr Gegenüber den Stift nicht aus der Hand, macht keine Anstalten aufzustehen, wendet sich Ihnen nicht körperlich zu oder unterbricht sein Tun nicht, sollte das als Signal für Sie ausreichend sein, auf den Handschlag zu verzichten. Respektieren Sie stets und uneingeschränkt Grußgewohnheiten ausländischer Gäste. Zwingen Sie ihnen keinen Handschlag auf, wenn dieser in dem entsprechenden Land, beispielsweise in Japan, unbekannt oder zumindest unbeliebt ist. Achten Sie dann besonders auf die Körpersprache Ihres Gegenübers und fassen Sie, wenn Ihnen die Hand gereicht wird, nicht allzu fest zu – erst recht nicht, wenn der Handschlag für Ihren Geschmack zu lasch ausfallen sollte.

Nutzen Sie den Handschlag, wenn Sie einer Situation oder einer Begegnung mehr Bedeutung verleihen wollen. Das können geschäftliche Erstkontakte sein, aber auch seltene Besuche. Reichen Sie einer Person die Hand, die Sie lange nicht gesehen haben oder lange nicht sehen werden. Und einem Vertragsabschluss können Sie mit einem Handschlag noch mehr Bedeutung verleihen – auch im Privatleben.

Der Handkuss muss gekonnt sein

Wie, wann und wo ist ein Handkuss heute noch passend – wenn überhaupt?

Der Handkuss ist eine Form der Begrüßung, die mit dem spanischen Hofzeremoniell (vielleicht abgeleitet aus der lateinischen Liturgie, nach der es seit dem 4. Jahrhundert Brauch war, dem Bischof die Hand beziehungsweise den Bischofsring zu küssen) Ende des 16. Jahrhunderts nach Deutschland kam. Er war ursprünglich eine Geste der Ehrerbietung gegenüber einer hochgestellten (älteren und verheirateten) Frau. Bis Mitte des 20. Jahrhunderts war diese Geste auch in Deutschland fester Bestandteil der Erziehung von höheren Töchtern und Söhnen. Nach mal mehr, mal weniger großer Beliebtheit ist er heute jedoch selbst in der Oberschicht aus der Mode gekommen und als Begrüßungsform zumindest umstritten – obwohl er hin und wieder sogar in aller Öffentlichkeit beobachtet werden kann.

Betrachtet man die Geschichte des Handkusses, wird klar, warum er heute kaum mehr ausgeführt wird. Schließlich sind unsere Umgangsformen entweder logisch zu erklären oder sie haben eine historische Rechtfertigung. Das ist auch beim Handkuss so, und diese Hintergründe liefern gleich drei mögliche Gründe, weshalb er mittlerweile meist unangebracht erscheint:

Der schwerwiegendste Grund: Früher galt nämlich der Handkuss als besonderes Zeichen der Ehrerbietung gegenüber verehrenswerten Damen, also nur gegenüber verheirateten oder älteren Frauen. Erfreulicherweise unterscheiden wir heute – auch per Gesetz – nicht mehr zwischen verheirateten (höhergestellten) und unverheirateten (niedriger gestellten) Frauen, was nicht nur zur Folge hat, dass es keine besondere Wertschätzung für verheiratete Frauen mehr gibt, sondern auch, dass der Handkuss als Ehefrauen-Exklusiv-Verehrung überflüssig geworden ist. Wer die Sache andersherum betrachtet, würde hingegen von einem höflichen Mann erwarten, dass er sich bei den handkusswilligen Frauen quasi durchküssen müsste.

Der logische Grund: Da Männer mit dem Handkuss üblicherweise nur Frauen verehren und Frauen auf Privatgesellschaften ohnehin ranghöher als Männer sind, ist es für Männer, die sich dessen bewusst sind, gar nicht nötig, Frauen darüber hinaus ihre Wertschätzung auszudrücken. Es wäre schon schön, wenn Männer darauf achteten, dass außerhalb des Geschäftslebens allein die Frauen das Recht haben, über die Form der Begrüßung zu entscheiden. Ein respektvoller Handschlag ist Wertschätzung genug.

Der verständliche Grund: Eine dritte Erklärung könnte auch in seinem Schwierigkeitsgrad begründet sein – so ein Handkuss ist nämlich nicht die einfachste Sache der Welt und bedarf neben der Kenntnis einiger Regeln auch der Übung.

Zwei Handkusswillige sollten das Ritual auch beherrschen, damit der Handkuss stilgerecht gelingt; wobei selbstverständlich die Frau das Zeichen dafür gibt und ein höflicher Mann das Angebot annimmt. Voraussetzung ist ein gesellschaftlicher Anlass in festlicher Atmosphäre, der nicht unter freiem Himmel stattfindet, wobei die Baumkronen im Garten ebenfalls als Dach durchgehen.

Das Zeremoniell beginnt – in einem größeren Abstand als beim Handschlag üblich –, indem der Mann nur mit Zeige- und Mittelfinger seiner rechten Hand die zum Handkuss locker dargereichte Hand der Frau lediglich an den Fingerspitzen ergreift und sie behutsam ungefähr bis in ihre Brusthöhe führt. Mit einer Verbeugung verneigt sich der Mann vor der Frau, deutet in ungefähr 1 cm Entfernung einen flüchtigen Kuss auf ihren Handrücken an – ohne währenddessen seine Lippen zum Kuss zu schürzen – und verweilt einen Augenblick in dieser Haltung. Das kann unglaublich elegant aussehen. In Wahrheit ist der Handkuss also gar kein Handkuss, sondern eine tiefe Verbeugung vor der Frau, bei der der Mann ihre Fingerspitzen hält.

Obendrein ist der Handkuss in der Öffentlichkeit, also auf der Straße tabu; im Geschäftsleben ist er unangebracht, und eine Liebeserklärung ist er – traditionell gesehen – sowieso keinesfalls. In anderen Ländern ist das allerdings anders.

Wangenküsschen – nur ein Hauch

«Wenn man nach einem Festessen die Gastgeberin auf beide Wangen küsst, erspart man sich die Serviette», sagte der österreichische Erzähler Alexander Roda-Roda. So ist bereits gesagt, wie es nicht ausschauen sollte. Achten Sie vielmehr darauf, dass Sie Ihr Gegenüber nicht auf die Wange selbst, sondern ohne die Wange zu berühren daran vorbei in die Luft küssen. Genau genommen wird überhaupt nicht geküsst. *Faire la bise* heißt diese Geste in Frankreich, und wörtlich bedeutet das *ein kühles Lüftchen machen* – was bereits darauf hindeutet, dass an der Wange vorbeigehaucht wird, sogar ohne den Mund zum Kuss zu formen. Und niemals wird der Wangenkuss nur einmal ausgeführt, sondern meist zweimal, manchmal auch drei- oder viermal im Wechsel zwischen rechter und linker Seite – je nach regionaler Sitte. Seinen Ursprung hat dieser Gruß in der ritterlichen Akkolade, einer feierlichen Umarmung, mit der Ritter in den Orden aufgenommen wurden.

Wie begrüßt man sich in Deutschland stilvoll mit dem Wangenküsschen?

Bei dieser Form des Grüßens und Verabschiedens dringt man unweigerlich in die allein der Familie, besten Freunden und sehr guten Bekannten vorbehaltene persönliche Distanzzone ein. Da viele Menschen ganz instinktiv diese Grenzüberschreitung durch Fremde nicht mögen, sollte man sensibel auf die zu- oder abgewandte Körpersprache des anderen achtgeben und diese Geste niemals erzwingen – weder als in der konkreten Situation Ranghöherer noch als Rangniederer. Und obwohl *faire la bise* hier gar nicht so beliebt ist, möchten viele Menschen den Wangenkuss dennoch haben, immerhin ist er ein deutliches Zeichen dafür, dazuzugehören. Und wer will das nicht? Da aber das Begrüßungsküsschen in Deutschland noch relativ neu ist und es sich auch nur in bestimmten Kreisen, dort aber rasend schnell, durchsetzt, wissen viele nicht souverän damit umzugehen. Häufig passiert es nämlich, dass zunächst die Hand zum Handschlag ergriffen und dann auch noch die Person zum Wangenkuss herangezogen wird. Das ist zu viel. Eine Begrüßung reicht.

Unsicherheit besteht in Deutschland auch, weil man sich nicht sicher sein kann, zu welcher Kopfseite sich der andere zuerst hinwendet, und wie oft, so dass es vorkommen kann, dass man sich versehentlich – womöglich schmerzhaft – in der Mitte trifft. Nun ist es zwar noch kein ungeschriebenes Gesetz, doch scheint es sich in Deutschland durchzusetzen, zweimal zu küssen – einmal an der rechten Wange des anderen vorbei und dann entlang der linken Wange. Zwar fühlt sich derjenige, der auf diese Weise begrüßt wird, nun dazugehörig, doch wirklich dazu gehört erst derjenige, der mit einer festen Einmal-Umarmung – mit oder ohne Kuss an die Wange – bedacht wird. Sowohl die eine wie auch die andere Form der Begrüßung gehört selbstredend nicht ins Geschäftsleben.

PS: In früheren Zeiten wurde die Umarmung auch benutzt, um den anderen gleichzeitig nach Waffen abzutasten, so dass sie eher als Sicherheitsmaßnahme zu bewerten war.

Verabschieden und Dank

Gibt es einen richtigen Zeitpunkt, um sich zu verabschieden?

Sie ahnen es sicher schon: Ganz klar, diese Zeitpunkte gibt es natürlich. Dabei ist es wichtig, genau auf die Einladung zu achten. Handelt es sich um eine Frühstückseinladung, sollten Sie vor dem Mittag gehen; bei einer Einladung zur Kaffeetafel ist der Zeitpunkt vor dem Abendessen richtig. Und bei einer Abendesseneinladung sollten Sie sich nicht gleich nach dem Dessert und auch nicht viel später als eine Stunde nach dem Digestif verabschieden. Nur wenn Sie ausdrücklich und glaubhaft – wie mit *Ich hatte dich noch zum Abendessen eingeplant* – gebeten werden, können Sie bleiben. Doch zieren Sie sich dann nicht lange und bleiben Sie auch nur, wenn Sie sich über die Einladung freuen.

Allerdings, sobald der Gastgeber oder derjenige, der in der Situation die rang-höchste Person ist, das Zeichen zum Aufbruch gibt, sollten Sie Ihr Glas leeren und spätestens nach zehn Minuten sich mit einem Dank für die Einladung, für das interessante Gespräch oder für was auch immer verabschieden und aufbrechen. Vermeiden Sie ständige Ankündigungen wie *Ich werd' dann mal bald gehen* oder *Na, dann werd ich bald aufbrechen* – so, als ob Sie nur aufgehalten werden wollen. Insbesondere dann, wenn Sie nicht aufgehalten werden, sollten Sie so-gar schnell gehen. Falls Sie sich als Erster verabschieden, verbreiten Sie keinesfalls Aufbruchstimmung, solange der Abend noch nicht ganz beendet ist. Ist es schon unhöflich, vorzeitig zu gehen, wäre es geradezu unverzeihlich, wenn Sie mit Ihrem Verhalten die Runde sprengten. Wünschen Sie also noch einen schönen Abend und gehen Sie zügig und unauffällig, und vermeiden Sie es auch, die Gastgeber in unangebrachte Gespräche zwischen Tür und Angel zu verwickeln.

Handelt es sich nun um große gesellschaftliche Veranstaltungen, muss sowohl auf feste Programmpunkte als auch auf den Stil und die Größe der Veranstaltung ge-achtet werden. Obendrein soll kein Gast vor den geladenen Ehrengästen gehen und bei einem gesetzten Essen nicht, ehe die Tafel aufgehoben ist. Müssen Sie dennoch früher gehen – etwa in einem Notfall –, vermeiden Sie das große Händeschütteln und verlassen Sie die Veranstaltung mit oder ohne Entschuldigung unauffällig. In solchen Fällen ist es eine schöne, eigentlich unverzichtbare Geste des Respekts, sich am nächsten Tag – telefonisch vielleicht – für die Einladung zu bedanken und mögli-cherweise sogar einen schönen Blumenstrauß als Entschuldigung vorbeizuschicken.

Verabschiedung – auch wichtig

Wie und in welcher Reihenfolge verabschiedet man sich?

Jede Feier hat auch einmal ein Ende, und Höflichkeit ist für die Verabschiedung genauso wichtig wie für die Begrüßung. Schön, wenn Sie auch daran denken, denn somit nutzen Sie die Chance für einen positiven letzten Eindruck – und der letzte Eindruck ist, wie wir wissen, der nachhaltigste. Etiketteregeln für die Verabschiedung lassen sich als Empfehlungen (fast) verallgemeinern.

Verabschieden Sie sich – wenn Sie nicht zur Tür gebracht werden – immer zuerst von den Gastgebern und verbinden Sie die Verabschiedung mit einem wiederholten Dank für die Einladung und für den unterhaltsamen Abend, beispielsweise. Verabschieden Sie sich zusätzlich – sofern die Situation es zulässt – von Ihren Gesprächspartnern. Berücksichtigen Sie dabei in kleineren Gruppen von bis zu sechs Personen respektvoll Hierarchien, Alter und Geschlecht. Innerhalb einer größeren Gruppe gehen Sie allerdings einfach reihum. In einer beruflichen Situation verabschieden Sie sich zuerst von der in der Situation ranghöchsten Person; auf privatem Parkett zuerst von den Frauen oder von den Älteren. Schauen Sie Ihrem Gegenüber dabei in die Augen und verbinden Sie den Abschied gegebenenfalls mit einem Dank für das schöne Gespräch.

Innerhalb einer Gruppe sollten Sie jede Person möglichst auf die gleiche Weise verabschieden, damit sich niemand zurückgesetzt oder ausgegrenzt fühlt. Verabschieden Sie daher alle Menschen möglichst mit gleicher Wertschätzung, auch wenn zwischen Handschlag und Küsschen mit Umarmung eine große Spannbreite möglich ist – vielleicht lächeln Sie beim Handschlag ein klein bisschen mehr.

Ein *Auf Wiedersehen* ohne Handschlag ist allerdings auch nicht unhöflich, zum Beispiel im Restaurant, wenn noch alle sitzen und sich unterhalten, oder bei häufigen Zusammentreffen in großen Gruppen. Ohne Handschlag sollten Sie sich jedoch nicht verabschieden, wenn Sie wissen, dass Sie jemanden über längere Zeit nicht mehr sehen werden. Obligatorisch ist diese Verabschiedung im Geschäftsleben nach Verhandlungen.

Doch in manchen Fällen entscheiden vielleicht gar nicht Sie über die Form der Verabschiedung. Wie bei der Begrüßung entscheidet nämlich die in der Situation ranghöhere Person darüber, ob es bei der Verabschiedung zum Anfassen kommt: Die in der Situation rangniedere Person sagt vielleicht *Auf Wiedersehen* und die in der Situation ranghöhere Person reicht zum Abschied die Hand. Die Gastgeber nehmen – wie immer – eine Sonderrolle ein und haben nicht nur die Pflicht, ihre Gäste zu begrüßen und zu verabschieden, sondern auch das Recht, beim Begrüßen zuerst den Namen ihrer Gäste zu erfahren, falls ihnen diese noch nicht bekannt sind. Nur auf Veranstaltungen mit anonymem Charakter – Vernissagen, Messen, Bällen – können Sie einfach verschwinden, ohne sich von irgendjemandem persönlich zu verabschieden.

Nicht zuletzt: Es ist auch in Deutschland durchaus üblich, sich am nächsten Tag noch einmal für eine private Einladung zu bedanken, mit einem Anruf oder bei großen Einladungen auch mit einer Karte, einem Brief oder mit einem Blumenstrauß. Bei engeren Beziehungen und wenn der Empfänger diese Form der Kommunikation schätzt, dürfen Sie sich auch per SMS oder E-Mail bedanken.

Wer wie welchen Namen erfährt

Zwei Begriffsdefinitionen vorab: Bei offiziellen Gelegenheiten und im beruflichen Zusammenhang – immer wenn die Situation formellen Charakter hat – oder auch, wenn etwa ein Redner einseitig den Zuhörern vorgestellt wird, wird eher der Begriff *Vorstellen* verwendet, wohingegen im privaten Bereich eher von *Bekanntmachen* die Rede ist. Sowohl im offiziellen Rahmen als auch in privaten Situationen gibt es bestimmte Regeln.

Wen stellt man wem wie zuerst vor?

Obwohl das heutige Bekanntmachen nicht mehr so strengen Regeln unterworfen ist wie früher, geht es doch darum, Höflichkeitsrangfolgen zu respektieren. Es ist schließlich noch gar nicht so lange her, da war es schier undenkbar, dass Menschen miteinander sprachen, die nicht vorher durch eine dritte Person miteinander bekannt gemacht wurden.

Sich selbst vorzustellen war schlichtweg unmöglich. Wohl deshalb finden es die meisten Menschen auch heute noch eher unangenehm, wenn sie gezwungen sind, sich selbst vorzustellen oder bekannt zu machen. Grundsätzlich gilt in allen Situationen, dass die jeweils ranghöhere Person das Recht hat, den Namen der rangniederen Person zuerst zu erfahren. So erfährt die Frau im Privatleben den Namen des Mannes und die wesentlich ältere Person den der wesentlich jüngeren Person zuerst. Im Berufsleben erfährt die in der betrieblichen Hierarchie ranghöhere Person den Namen der rangniederen Person zuerst. Gastgeber haben in ihrer Sonderrolle das Recht, den Namen ihrer Gäste zuerst zu erfahren.

Schön ist es, auch um den Einstieg in ein Gespräch zu erleichtern, neben dem Nennen des Vor- und Familiennamens auch noch ein paar Worte zu der Person hinzuzufügen. *Das ist meine Tochter Eva und das ist meine frühere Lehrerin Petra Krause.* Titel und Grade gehören beim Bekanntmachen und Vorstellen durch Dritte selbstverständlich dazu, und Ehepartner werden jeweils mit ihrem eigenen Vor- und Familiennamen sowie mit dem jeweils eigenen Titel oder Grad genannt.

Wirklich prominente Personen werden allerdings nicht vorgestellt *Das ist der Bundespräsident* ist nicht nur gegenüber dem Bundespräsidenten, sondern auch gegenüber der Person, der man unterstellt, ihn nicht zu kennen, unhöflich. In einer Vorstellungs- und Bekanntmachungssituation sollten die Beteiligten die Zeremonie still und aufmerksam abwarten und sich darum bemühen, den Namen gut zu verstehen. Erst wenn beide Namen genannt wurden, ist es richtig, den anderen mit dem Namen zu begrüßen. Wobei die ranghöhere Person der rangniederen Person die Hand reicht, und nicht umgekehrt.

Leider kommt es aber viel zu häufig vor, dass Personen in dem Augenblick, wo sie durch eine dritte Person bekannt gemacht werden, sich zusätzlich selbst vorstellen. Leider wissen sie die Ehre, durch einen Dritten bekannt gemacht zu werden, offenbar nicht zu schätzen.

Von Männern und Gattinnen

Ist das Vorstellen der Ehefrau als *Gattin* noch angebracht?

Wenn Sie als *Gattin* vorgestellt werden, dann sicher nicht durch Ihren Mann, sondern durch eine dritte Person, etwa mit den Worten *Das ist die Gattin von Herrn Soundso.* Denn für Ihren Mann sind Sie einfach nur seine Frau und er ist lediglich Ihr Mann – und das wurde auch früher schon so gehalten.

Früher richtete man einem sehr viel höhergestellten Mann herzliche Grüße an die *verehrte Frau Gemahlin* aus, worauf dieser antwortete: *Ich werde meiner Frau gern Ihre Grüße ausrichten.* Kannte man diesen Herrn dann bereits etwas besser, konnte man sich bei ihm nach seiner *verehrten Gattin* erkundigen. Worauf er wiederum von seiner *Frau* zu sprechen hatte. Gleiches galt für den *Gemahl* und für den *Gatten.* Bei sehr viel höherrangigen Personen erkundigte man sich also nach dem Gemahl oder der Gemahlin, kannte man sich etwas besser, ließ man Grüße an den Gatten oder die Gattin ausrichten, und erst Freunden konnte man sagen *Bring doch deinen Mann mit* und *Deine Frau ist auch eingeladen.* Doch vom eigenen Ehemann sprach man selbst nur als *mein Mann* und von der Ehefrau als *meine Frau.* Nach dem *Herrn Gemahl* fragte man Frauen, die mit *gnädige Frau* angesprochen wurden, nach dem *Gatten* auch Frauen, bei denen *verehrte Frau* ausreichend war. Wie dem auch sei, Gemahl und Gemahlin, Gatte und Gattin sind überholt, wobei die *Gattin* mit ihrem *Gatten* seit jeher überaus umstritten waren, und die Anrede mit *gnädige*, *verehrte* und *werte* Frauen und Männer wirkt inzwischen auch antiquiert.

Aber so schnell, wie es vielen lieb wäre, sind solche traditionellen Formen nicht aus der Welt zu schaffen, und daher ist es wichtig, sie wenn überhaupt, dann auch richtig zu verwenden.

Darüber hinaus sind alle Floskeln wie *Gestatten Sie ...*, *Erlauben Sie ...*, *Darf ich ...*, *Habe die Ehre*, *Angenehm* und *Sehr erfreut* aus der Mode gekommen. Lassen Sie alle Unterwürfigkeiten weg und sagen Sie einfach *Das ist ...*, *Guten Tag* oder einfach etwas Nettes, was ehrlich gemeint ist, beispielsweise *Wie schön, dass wir uns endlich persönlich kennenlernen. Wir hatten ja bereits oft miteinander telefoniert. Meine Wenigkeit* ist heute einfach *ich*; auch wenn Bescheidenheit immer noch gern gesehen ist – in dieser Form jedoch nicht mehr.

Floskeln sind zumeist nicht wirklich so gemeint und werden aus diesem Grund nicht mehr gern gehört. Was soll man auch antworten? *Nein, ich möchte Ihre Frau gar nicht kennenlernen* oder *Ja, ich erlaube Ihnen, mir Ihren Mitarbeiter vorzustellen*? Lassen Sie es doch gar nicht darauf ankommen, dass Ihr Gegenüber so etwas auch nur denkt.

Sich selbst bekannt machen

Ist es noch zeitgemäß, sich mit *Mein Name ist Herr oder Frau Soundso* vorzustellen?

Es ist noch gar nicht so lange her, da wäre es undenkbar gewesen, selbst die Initiative zu ergreifen und fremden Menschen den eigenen Namen kundzutun. Es gab zwar immer erfinderische Frauen, die etwa, um den Kavaliersgrundsatz *Ein Mann soll einer Frau aufheben, was ihr runterfällt* wissend, das berühmte Taschentuch fallen ließen – falls es ganz dringend war, fielen sie sogar selbst in Ohnmacht. Denn in solchen Situationen durfte sich der Retter dann auch selbst vorstellen, und die Frau durfte es ebenfalls. Doch ohne solche «zufälligen» Begebenheiten war man auf die Hilfe anderer angewiesen, um einander kennenlernen zu können.

Daher gilt auch heute noch vielen das eigene Bekanntmachen als zweite Wahl. Angenehmer finden es die meisten Menschen, wenn sie durch eine dritte Person miteinander bekannt gemacht werden – auch, weil beim Selbstvorstellen alles, was unter den Begriff *Titel* fällt, nicht genannt wird.

Gestatten Sie, dass ich mich vorstelle? Meier mein Name.
Erlauben Sie mir, mich Ihnen bekannt zu machen? Ich heiße Müller.
Ich darf mich vorstellen: Schulze.

Leider gehören solche antiquierten Formulierungen immer noch zum Alltag und lassen so manchen stilkundigen Menschen zumindest zusammenzucken. Formulierungen mit dem Zusatz *Frau* zur Namensnennung, wie *Ich bin Frau Groß, guten Tag,* sind ebenfalls nicht mehr zeitgemäß. Als Mann den Zusatz *Herr* zu benutzen, war dagegen schon immer verpönt. Einfach nur den Nachnamen – quasi statt einer Begrüßung – zu nennen, ist noch unhöflicher. Gegen diese Möglichkeit spricht einerseits: Ein verbal entgegengeschleuderter Familienname wirkt nicht nur äußerst knapp und unverbindlich, sondern auch wenig souverän. Da darüber hinaus das erste Wort beziehungsweise die ersten Silben eines Wortes nicht richtig wahrgenommen werden, riskiert man damit, überhaupt nicht gehört zu werden. Die Chance, dass der Name – insbesondere ein schwieriger oder ein genuschelter Name – korrekt verstanden wird, ist sehr gering. Da hilft es nur, nachzufragen und sich den Namen wiederholen zu lassen, falls man ihn sich merken möchte.

Ich heiße ... oder *Mein Name ist ...* wird zudem von Verhaltensforschern als *Das ist zwar mein Name, aber das bin ich nicht* interpretiert. Kurz: Die heute empfohlene, moderne Form ist schlicht: *Ich bin Salka Schwarz,* zusammen mit dem jeweiligen Tagesgruß, jedoch ohne die Nennung von irgendwelchen Titeln. Das

Ich bin ... klingt selbstbewusst und gibt dem anderen genug Zeit, sich auf die gleich darauf folgende Namensnennung vorzubereiten. Zusätzlich sollten zum Namen nützliche Informationen gegeben werden.

Ich bin Anne Richter, die Tochter Ihres Schulfreundes, Carl Richter. Guten Tag. oder *Guten Tag. Ich bin Robert Berger, der Leiter der Marketingabteilung* ...

Bedenken Sie bitte, dass es immer eine besondere Wertschätzung ist, den Namen einer Person zu erfahren bzw. den eigenen Namen anderen anzuvertrauen. Daher gilt in jedem Fall: Stellen Sie sich anderen nur vor, wenn es wichtig ist und wenn Sie wirklich wollen, dass derjenige sich Ihren Namen merken soll. Stehen Sie dazu auf, wenn Sie in dem Moment sitzen sollten, schauen Sie Ihrem Gegenüber freundlich in die Augen und nehmen Sie sich Zeit für ein wenigstens kurzes Gespräch. Dabei sollten Sie hin und wieder den Namen Ihres Gegenübers benutzen, so prägt sich der Name besser ein.

Auch beim Selbstvorstellen ist es wichtig, Rangfolgen zu berücksichtigen. Denn auch hier gilt: Die in dieser Situation ranghöhere Person hat das Recht, den Namen der rangniederen Person zuerst zu erfahren. So wie im Privatleben zuerst der Mann der Frau seinen Namen sagt, bevor die Frau entscheidet, ob sie auch ihm ihren Namen nennen möchte, und die wesentlich jüngere Person sich zuerst der wesentlich älteren Person bekannt macht. Im Berufsleben wird sich als Erster der Rangniedere dem Ranghöheren vorstellen. Der Gast nennt dem Gastgeber zuerst seinen Namen.

Du oder *Sie*?

Wenn Sie aus dem Alter raus sind, sich nur mit Ihrem Vornamen vorstellen zu können, und auch die Zeiten vorbei sind, in denen *meine Freunde auch gleich deine Freunde* sind, ist es in den meisten Situationen unumgänglich, um die Du-Anrede förmlich und zu einer geeigneten Gelegenheit zu bitten. Fremde Menschen duzen sich in Deutschland – ohne darum zu bitten –, wenn sie eine Lebenswelt miteinander teilen: beispielsweise Studenten, Männer beim Bau, Szene-Gänger und (fast) alle, die zusammen Sport treiben.

Wer wird geduzt und wer gesiezt?

Dieses Freizeit-Du gilt immer über Hierarchieebenen hinweg. Außerdem duzt man sich auch ab 1000 m über dem Meeresspiegel – auf der Hütte oder beim Skifahren, manchmal nur für diese Zeit. Ebenso ist jeder mit jedem per Du, der sich dem närrischen Treiben beim Fasching oder Karneval anschließt – von Weiberfastnacht über Rosenmontag bis Aschermittwoch. Dann ist alles vorbei und wieder vergessen.

Im Geschäftsleben ist das allgemeine Duzen hauptsächlich in kreativen Branchen und in bestimmten Berufen üblich; auch in multinationalen Konzernen mit angelsächsischer Prägung, in denen das *you* in Verbindung mit dem Vornamen keineswegs auf flache Hierarchien hindeutet oder gar auf Vertrautheit. Die Anrede mit dem Vornamen bedeutet in solchen Häusern, jedenfalls was die Hierarchien betrifft, gar nichts.

Ansonsten sprechen sich in Deutschland erwachsene Menschen in der deutschen Sprache normalerweise mit *Sie* an.

So lange siezen wir uns allerdings noch nicht: Das *Sie* ist nämlich ein Ergebnis der Entwicklung der deutschen Sprache seit dem Frühmittelalter. Noch zu Beginn des Frühmittelalters war das *Du* die einzige Anredeform. Erst im Hoch- und Spätmittelalter kam für hochgestellte Personen das Bedeutung signalisierende großgeschriebene *Ihr* dazu, als Pronomen des Pluralis Majestatis *Eure Gnaden* – nicht nur als Anrede für Edle, sondern allgemein auch als respektvolle Anrede für Fremde.

Der Herr duzte den Kutscher und der Kutscher sprach den Herrn mit *Ihr* an. Für sich selbst benutzten die Edlen das *Wir – Unsere Gnaden*. Hoher Status war mit Vielzahl verbunden. Der Plural verdeutlichte, dass der Herr als Teil eines Ganzen angesehen wurde, und war somit ein deutliches Zeichen für größere Distanz. Im 17. und 18. Jahrhundert wurde das *Ihr* auch vom Bürgertum übernommen, so dass die höheren Stände, um sich nach unten abzugrenzen, von der 2. zur 3. grammatikalischen Person Plural und damit dem großgeschriebenen *Sie* übergingen – als Pronomen für den Plural *Ihre Gnaden*.

Zu Beginn des 19. Jahrhunderts – nach dem Zeitalter der Aufklärung und nach der Französischen Revolution – wurde auch das *Sie* von den Bürgern als Anrede übernommen. In Deutschland ließ der Adel sich weiterhin nicht direkt mit dem Familiennamen ansprechen, sondern mit Anreden wie *Hoheit, Durchlaucht, Erlaucht* etc. Diese Anredeform diente ihm bis zur Entstehung der Weimarer Verfassung zur deutlicheren Abgrenzung gegenüber dem Bürgertum.

Seit 1919 sind auch in Deutschland nur noch das vertraute *Du* und das distanzierte *Sie* in der Anrede üblich.

Bitten oder bieten mit Risiko!

Bietet man die Du-Anrede nun jemandem an oder bittet man darum, zur Du-Anrede überzugehen? Ist das eine Wortklauberei oder ein himmelweiter Unterschied? Gewöhnlich wird niemand etwas dabei finden, ein Angebot einfach mit einem *Nein danke, das möchte ich nicht* abzulehnen, wohingegen kein höflicher Mensch eine Bitte ohne Begründung ausschlagen würde. Denn eine Begründung kann man von dem erwarten, der ein – erst mal gut gemeintes – Ansinnen ausschlägt. Bittet man daher um die Du-Anrede? Oder bietet das zukünftige Duzen derjenige, der in der Situation der Ranghöhere ist, dem in der Situation Rangniederen an?

Hierarchien sind gewiss ausschlaggebend, wenn es um die heikle Duz-Anfrage geht, doch ausnahmsweise geschlechtsneutral. Vielmehr zählt das Alter. Und das hat historische Gründe.

Früher war es nämlich allein Männersache, das Risiko einer Ablehnung auf sich zu nehmen, da eine solche Unternehmung nur zu leicht dem guten Ruf einer Dame hätte schaden können. «Es wirkt nie schön, wenn eine Frau hierbei der aktive Teil ist» heißt es da 1955 im *Einmaleins des guten Tons* {**Einmaleins des guten Tons, S. 132**} von Gertrud Oheim. Und im *Buch der Etikette* von 1957 liest man: «Das *Du* zwischen den Geschlechtern kann nur vom Herrn ausgehen, der es in höflicher Form vorsichtig erbitten muß – nach Möglichkeit jedoch erst dann, wenn er gewiß sein darf, keiner peinlichen Ablehnung zu begegnen.» {**Das Buch der Etikette, S. 451**}

Abgeleitet aus dieser alten Regel, ist es heute egal, ob der Mann aktiv wird oder die Frau. Und daher ist es – vielleicht kann man sich so einigen – mal eine Bitte und mal ein Angebot und doch jeweils als ein Vorschlag zu verstehen. Prinzipiell gelten auch in dieser Frage wieder die üblichen Hierarchien: In Bezug auf die Du-Frage sind bei ungefähr gleichem Alter Männer und Frauen gleichrangig, wobei nicht ein paar Jahre, sondern Generationsunterschiede ausschlaggebend sind.

Es ist heute vollkommen in Ordnung, wenn eine Frau einen älteren Mann daraufhin anspricht; erst recht, wenn sich beide gut kennen. Umgekehrt könnte der Mann die Frau, sogar nach alter Schule, ebenfalls um das *Du* bitten – natürlich nur, wenn er sicher sein kann, dass die Frau sich darüber freut.

Einmal mehr kommt es auf den Kontext an, ob das *Du* als ein Angebot, als Bitte oder Vorschlag verstanden werden soll. Der Tonfall und die Wortwahl sind entscheidend dafür, wie der Antrag beim Gegenüber ankommt.

Zu bedenken ist freilich, dass die Du-Anrede eine Entscheidung fürs Leben ist. Zurücknehmen geht nicht – es sei denn, man will mit demjenigen aus gutem Grund absolut nichts mehr zu tun haben. Wer sich dessen bewusst ist, geht mit Feingefühl und Sensibilität vor und wählt eine geschickte Formulierung, die auch eine Rückzugsmöglichkeit offen lässt, ohne dass es peinlich wird.

Du und *Sie* als Potpourri

Duzen unter Kollegen – wie sollte man sich im Umgang mit Fremden verhalten?

Dass im Geschäftsleben ausschließlich dem in der Hierarchie des Unternehmens Höherstehenden erlaubt ist, den Vorschlag zu machen, vom reservierten *Sie* zum zwanglosen *Du* überzugehen, wird wohl kaum jemand in Frage stellen. Bei gleichem Rang wird möglicherweise die dienstältere Person oder nach längerer Zusammenarbeit einfach die Person, die das *Du* für vorteilhaft erachtet, den Antrag zum Duzen stellen. Wenn das gegenseitige Duzen schon im Privatleben nicht völlig unproblematisch ist, wiegen die damit verbundenen Konsequenzen im Geschäftsleben ungleich schwerer, so dass im Beruf immer noch derjenige am besten beraten ist, der sich im Unternehmen mit überhaupt niemandem duzt. Denn was den schriftlichen, aber auch persönlichen Umgang betrifft, stehen Duz-Freunde im Berufsleben unweigerlich vor diversen Fragen.

Für Geschäftskorrespondenz, die nicht unter den sich duzenden Kollegen und Partnern bleibt, empfiehlt es sich, bei der offiziellen Siez-Form zu bleiben. Allerdings sollten dem Schreiben dann auf einem Extrabogen ein paar persönlichere Worte beigelegt werden. In Gegenwart von Kunden wird Duz-Freunden häufig die offizielle Siez-Form empfohlen, was allerdings nur gut ankommen kann, wenn es glaubwürdig ist und auch bei späteren Begegnungen unter veränderten Umständen konsequent durchgehalten wird. Inkonsequentes Verhalten könnte dazu führen, dass sich der Kunde oder der Gast möglicherweise hintergangen fühlt – und das wäre sicher schlimmer als ein offenes, ehrliches *Du*, das man gegebenenfalls gleich zu Beginn erklären kann.

Ansonsten erfordert das gelegentliche Siezen unter Duz-Freunden viel Fingerspitzengefühl sowie Konsequenz beim Schummeln. Das ist anstrengend und verlangt höchste Konzentration – welche dann vielleicht bei den eigentlichen Themen der Begegnung fehlt. Wird dagegen die Duz-Situation gleich zu Beginn des Gesprächs aufgeklärt, ist diese Ehrlichkeit ein Signal und Indiz für Vertrauen und Glaubwürdigkeit. Daher die Empfehlung: entweder *Sie* oder *Du*, kein Mischmasch.

Hamburger Sie und *Münchner Du*

Seit den Neunzigerjahren hat sich auch in Deutschland die Anrede mit Vornamen und *Sie* durchgesetzt; das ist die deutsche Übersetzung für die im internationalen, angelsächsisch geprägten Kontext gebräuchliche Anrede mit *you* + Vornamen. Diese Anredeform wird als *Hamburger Sie* bezeichnet.

Was ist das *Hamburger Sie* und das *Münchner Du*?

In vielen Arbeitsteams mit angelsächsischer Prägung oder in multinationalen Unternehmen sprechen sich die Mitarbeiter über Hierarchien hinweg so an. So gehört das *Hamburger Sie* bereits in vielen internationalen Konzernen, aber auch in der IT-Branche und in kreativen Berufen inzwischen zum Firmenimage – innovativ, modern, international, amerikanisch.

Doch Vorsicht, selbst wenn das Duzen zur Firmenphilosophie gehört, ist dies noch längst kein Zeichen für flache Hierarchien oder gar für einen generell freundschaftlichen Umgangston mit der Firmenleitung. Und es ist sogar weitaus tückischer, sämtliche Signale, die auf Hierarchien, auf Macht und somit Distanz hindeuten, richtig zu interpretieren. Es gilt hier also umso mehr, die hinter amerikanischer Lässigkeit verborgenen Hierarchien und Machtverhältnisse innerhalb eines Unternehmens aufmerksam wahrzunehmen.

Eine weitere Form des *Hamburger Sie* ist die distanzierte, einseitige Anrede mit Vorname und *Sie*, die früher nur dem Dienstpersonal galt. Heute sollten Angestellte im privaten Haushalt allerdings als Dienstleister behandelt werden, und das sollte sich nun mal in der gleichberechtigten Form der Anrede niederschlagen. *Hans, der Rasen muss wieder mal gemäht werden, Maria, bringen Sie bitte den Tee* ist nicht mehr zeitgemäß, und nur wenn Maria und Hans diese Anredeform ausdrücklich wünschen, ist das traditionell begründet wohl akzeptabel. Die einseitige Form des *Hamburger Sie* benutzen heute auch Gymnasiallehrer gegenüber Abiturienten, Eltern gegenüber den erwachsen gewordenen Freunden ihrer Kinder, Kunden gegenüber Mitarbeitern beim Frisör – häufig allerdings, ohne um Erlaubnis zu bitten.

Eine zum Schmunzeln verführende Anrede-Alternative ist das sogenannte *Münchner Du*. Diese Form mit *Du* + Familienname *(Frau Müller, kommst du mal her!)* hört man nicht mehr nur auf dem Viktualienmarkt in München, sondern mittlerweile im ganzen Land – vor allem unter Mitarbeitern in Kaufhäusern und Supermärkten.

Duzen – lieber nicht?

Wie lehnt man auf höfliche Weise ein Angebot eines Kollegen zum Duzen ab?

Ganz unproblematisch ist das Duzen in Deutschland ja nur im engsten Freundes- und Familienkreis. Insofern ist es nur allzu verständlich, wenn man nicht mit jedem Menschen per Du sein möchte. Die Sie-Anrede als die in der deutschen Sprache übliche Anredeform ist weder ein Hinweis auf Sympathie noch auf Antipathie. Die Anrede mit *Sie* ist neutral und vereinfacht daher einen sachlichen und korrekten Umgangston – selbst in kritischen Situationen. Gleichzeitig sichert das *Sie* in der Anrede auch mehr Distanz, die gerade im Berufsleben erforderlich ist.

Am einfachsten ist es, wenn Sie Duz-Angebote im Unternehmen konsequent ablehnen – über Hierarchien hinweg und unabhängig von Sympathien. Auf diese Weise wird sich niemand zurückgesetzt fühlen, und Ihnen bleibt es erspart, sich nicht ständig neue Argumente ausdenken zu müssen; immerhin ist es eine Frage des Anstands, eine Ablehnung zu begründen und dies so zu formulieren, dass Ihr Gegenüber sich nicht gekränkt fühlt.

Lehnen Sie das Duz-Angebot freundlich ab und flankieren Ihre Entscheidung mit besonderer Freundlichkeit oder sogar einer Einladung auf einen gemeinsamen Kaffee, wird Ihre Konsequenz sicher nicht als verletzender Affront gewertet. Eine freundliche Absage könnte so klingen:

Ihr Angebot ehrt mich, vielen Dank dafür. Ich fürchte jedoch, dass ich es später schwer hätte, den anderen Kollegen gegenüber Nein zu sagen, und ich möchte mich im Berufsleben gar nicht duzen. Deshalb verstehen Sie es bitte, dass ich lieber beim «Sie» bleiben möchte.

Leichter wird dies beiden Personen fallen, wenn bereits der Wunsch um die Du-Anrede in gleichem Maße Fingerspitzengefühl aufwies:

Wir arbeiten zwar noch nicht allzu lange zusammen, aber wollen wir nicht zum «Du» übergehen? Ich würde mich sehr freuen! Doch wenn Sie lieber beim «Sie» bleiben wollen, dann verstehe ich das. Schließlich arbeiten wir schon jetzt – so oder so – wunderbar zusammen.

Wenn Sie bereits ahnen, dass bald ein solches Ansinnen auf Sie zukommen könnte, sollten Sie sich möglichst nicht überraschen lassen. Bereiten Sie sich doch innerlich darauf vor, damit Sie sich ganz bewusst dafür oder dagegen entscheiden. Und nehmen Sie sich bei einer überraschenden Anfrage die Zeit, in Gedanken bis zehn zu zählen, bevor Sie sich entscheiden.

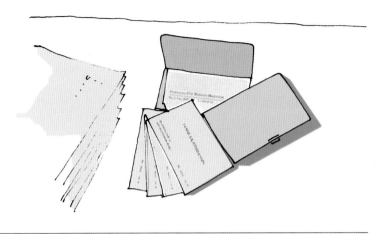

Visitenkarten sind ein kleines Geschenk

Visitenkarten gehören heute in nahezu allen Bereichen und Ebenen zum Geschäfts-leben – jeder Geschäftsmann und jede Geschäftsfrau hat sie. Da jedoch die allermei-sten sich über den eigentlichen Wert einer Visitenkarte, als Vertrauensvorschuss, nicht im Klaren sind und daher nicht wissen, wie man wem wann eine Visitenkarte übergeben sollte, geht diesbezüglich alles drunter und drüber. Wer glaubt, Visiten-karten könnten wahllos überall verteilt und immerzu getauscht werden, irrt.

Wie überreicht man wem stilvoll die Visitenkarte?

Auch wenn es tatsächlich heute lockerer zugeht, ist es zumindest gut zu wissen, was man alles falsch machen kann.

Da wäre zunächst die falsche Annahme, Visitenkarten auf Geschäftskarten zu re-duzieren. Im Privatleben und in Gesellschaft werden nämlich ausgesprochen vor-nehme Visitenkarten benutzt, die außer dem Namen wenige oder gar keine zusätz-lichen Informationen aufweisen. Die private Karte – als Besucherkarte – ist sogar der Vorgänger unserer heutigen Visitenkarte, die synonyme Wortbedeutung macht das noch deutlich. Da es allerdings nicht mehr üblich ist, sich als Besucher mit einer Besucherkarte vorzustellen und offenbar der Begriff *Visite* neutraler klingt, hat sich die Bezeichnung Visitenkarte für private wie geschäftliche Karten durchgesetzt.

Geschäftskarten können, wie der Name schon sagt, allein im Geschäftsleben un-problematisch überreicht werden. Im Smoking Geschäftskarten zu tauschen, gilt nach wie vor als unpassend.

Wer gibt wem die Visitenkarte?

Das Überreichen der Visitenkarte ist durchaus mit den Regeln bei der Vorstellung vergleichbar. Wenn man sich bewusst ist, welche Informationen auf einer Visitenkarte abgedruckt sind, wird schnell deutlich, dass der in der Situation Rangniedere seine Visitenkarte zuerst überreicht und damit die berechtigte Hoffnung hegen kann, im Gegenzug die Visitenkarte des in der Situation Ranghöheren zu erhalten. Das ist die einzige elegante und sowohl im Geschäftsleben als auch auf jedem anderen Parkett akzeptable Möglichkeit, von einem in der Situation Ranghöheren eine Karte zu erbitten. Man muss gleichwohl damit rechnen, keine Visitenkarte zurückzubekommen, und darf dann hoffen, irgendwann doch einen Anruf zu erhalten.

▶ In der Situation Ranghöhere können auch einfach so um die Visitenkarte ihres Gegenübers bitten: *Geben Sie mir doch Ihre Visitenkarte*, oder auch mit dem Tausch den Anfang machen.

▶ Auch Personen, die deutlich machen, dass sie die Dienstleistung des anderen in Anspruch zu nehmen gedenken, können direkt und einseitig um die Visitenkarte des anderen bitten.

▶ Bei Gleichrangigkeit und auch bei ähnlichem Rang macht einfach einer den Anfang.

▶ Bei geschäftlichen Antrittsbesuchen übergibt der Gast, egal, ob Kunde oder Vertreter, ungefragt die Visitenkarte bereits bei der Begrüßung, spätestens jedoch beim einander Vorstellen.

Wie wird die Visitenkarte stilvoll übergeben?

▶ Visitenkarten sollten – wie ein kleines Geschenk – nur in die Hand übergeben werden – mit Blickkontakt, einem Lächeln und einem Dank.

▶ Tauschen Sie Visitenkarten nach Möglichkeit im Stehen.

▶ Wer eine Visitenkarte bekommt, sollte sie in die Hand nehmen, sofort lesen und sich den Namen einprägen. Gegebenenfalls kann man sich kurz über den Inhalt der Visitenkarte oder über die Herkunft und die korrekte Aussprache des Namens austauschen.

▶ Keinesfalls darf auf die Visitenkarte etwas aufgeschrieben werden, solange der Geber noch anwesend ist.

Kodes und Neujahrsgrüße auf der Visitenkarte

Was bedeutet p.f.n.a.?

Die frühere, nur für private Zwecke genutzte Besucherkarte war mit diffizilen Etiketteregeln verbunden. Sie schrieben sowohl die Größe von Herren-, Damen- und Kinderkarten vor als auch die spezifischen Informationen auf der jeweiligen Karte, aus denen sogar ersichtlich war, ob die Dame verheiratet war.

Darüber hinaus war äußerst kompliziert vorgegeben, welche Anzahl von Karten an wen zu übergeben waren – je nach Geschlecht und Familienstand der Besucher und der Gastgeber. Auch die Form der Übergabe, Begleitworte mit und ohne Blumen und allerlei mehr machten das Visitenkartenübergeben zu einer Wissenschaft, bei der sogar umgeknickte rechte Ränder eine wichtige Rolle spielten. Wer irgendwo vorsprach und niemanden antraf, gab die Visitenkarte mit einem umgeknickten rechten Rand ab, das wurde in ganz Europa verstanden.

Was heute wie ein überzüchtetes gesellschaftliches Ritual anmutet, war mitnichten sinnentleert, sondern ein Zeichen dafür, ob sich jemand in der Gesellschaft auskannte und die Spielregeln verstand – Kodes also, wie heute.

Handschriftliche Vermerke auf Besucherkarten werden auch heute noch vornehmlich in Diplomatischen Korps benutzt. International einheitlich werden, um Missverständnisse zu vermeiden, französische Abkürzungen verwendet und in die (früher dafür frei bleibende) linke Ecke der Karte geschrieben. Ein solcher Vermerk ist beispielsweise *p.f.n.a. – um Ihnen Glück fürs neue Jahr zu wünschen.*

p.c. *(pour condoler)*, **p.p.p.** *(pour prendre part)*: Mit diesem Vermerk kann man sein Beileid ausdrücken. Wer eine Karte mit diesem Vermerk bekommt, muss sich sofort mit einer eigenen Karte, samt dem Vermerk p.r. für die Beileidsbekundung bedanken.

p.f. *(pour féliciter)*: Mit diesem Vermerk wünscht man der Person viel Glück.

p.f.n.a. *(pour féliciter nouvel an)*: Mit diesem Vermerk übermittelt man seine besten Wünsche zum neuen Jahr. Wer eine Karte mit diesem Vermerk bekommt, sollte sofort eine eigene Karte mit dem Vermerk p.f. oder p.f.n.a. übersenden oder aber mit p.r.p.f. sich bedanken und gleichzeitig Glück wünschen.

p.p. *(pour présenter)*: Mit diesem Vermerk, den man nicht in privaten Situationen benutzt, macht man darauf aufmerksam, dass man eine andere Person vorstellen möchte.

p.p.c. *(pour prendre congé)*: Mit diesem Vermerk nimmt man Abschied.

p.r. *(pour remercier)*: Mit diesem Vermerk bedankt man sich.

Auch heute noch werden in Gesellschaft gerne diese Abkürzungen beim Versenden von Dankesblumensträußen oder Geburtstagspräsenten oder eben für Neujahrsgrüße und selbst zum *Auf Wiedersehen*-Sagen oder als Anteilsbekundung benutzt. Elegant wirkt das jedoch nur dann, wenn der Vermerk, auf einer entsprechend eleganten Karte, auch zu dem Absender passt und somit authentisch und souverän wirkt.

Visitenkarten-Design

Welche Form und welchen Inhalt sollte eine korrekte Visitenkarte im Geschäftsleben haben?

Im modernen Geschäftsleben sind Visitenkarten, auch als Geschäftskarten oder Business Cards bezeichnet, inzwischen so selbstverständlich wie unverzichtbar, doch gerade deswegen sollte man sich auch Gedanken um ihr Aussehen machen. Ihre Gestaltung sollte sich nach dem Grundsatz richten: So viel Information wie nötig – und nicht so viel wie möglich. Die Visitenkarte ist ja auch ein wichtiger Image-Vermittler und schon deshalb sollte ihre Bedeutung keinesfalls unterschätzt werden.

Notwendig sind im Geschäftsleben folgende Informationen:

▶ Vor- und Familienname, gegebenenfalls Titel

▶ Funktion beziehungsweise Position im Unternehmen

▶ Abteilung

▶ Firmenadresse, eventuell Firmenlogo

▶ Telefonnummer, einschließlich Durchwahl

▶ Faxnummer

▶ E-Mail-Adresse, gegebenenfalls Internet-Adresse

Für private Visitenkarten reichen Vor- und Familienname, gegebenenfalls der Titel. Frauen sollten im privaten Rahmen nur solch schlichte, elegante Karten verwenden, weitere Angaben können je nach Situation und Empfänger per Hand hinzugefügt werden. Personen, die einen Adelstitel im Familiennamen führen, streichen diesen dann gern – kokett – auf der Visitenkarte durch.

Visitenkarten sollten vor dem Druck peinlichst genau auf Fehler überprüft werden und sie sollten aktuellen DIN-Normen entsprechen. Darauf zu achten, ist insbesondere denjenigen unbedingt zu empfehlen, die in Bereichen tätig sind, wo solches Wissen schlicht erwartet werden muss. Im Zweifel geht das sogar vor – sowieso nur individuell empfundener – Lesefreundlichkeit.

Für internationale Geschäftskontakte ist eine Visitenkarte erforderlich, bei der auf der Rückseite alle wichtigen Informationen auch in englischer Sprache stehen. Besonders höflich ist es allerdings, die Visitenkarte in der jeweiligen Landessprache zu übergeben, vor allem, wenn es sich um eine Sprache mit nicht-lateinischen Buchstaben handelt.

Besonders edel sind Visitenkarten, die von professionellen Designern erstellt wurden. Sie berücksichtigen nicht nur das Corporate Design des Unternehmens, sondern auch Gestaltungskodes, die auf Professionalität hindeuten. Schlichtes Design, edles Papier, passende Schrift und beste Druckqualität zeichnen eine schöne Visitenkarte aus. Stahlstich und sehr teures Papier sind nur dann edel, wenn sie schlicht sind; private Karten mit Wappen oder Kronen sind – selbst wenn diese echt sind – völlig verpönt, und das nicht nur gegenüber Adligen.

Äußerlichkeiten

Äußerlichkeiten

Lohnt sich der Kontakt?

Macht man sich tatsächlich schon nach 5 Sekunden einen ersten Eindruck von einem Menschen?

Ja, das stimmt schon – so in etwa lauten jedenfalls die Aussagen von Wissenschaftlern, die sich mit diesem Phänomen befassen. Nach einer viel zitierten Studie der Universität Pennsylvania entscheiden wir bereits nach 3 bis 5 Sekunden darüber, ob unser Gegenüber uns zunächst sympathisch ist oder nicht, ob wir ihn glaubwürdig finden oder nicht – und somit, ob wir an dem Kontakt interessiert sind oder eben nicht. Denn das ist unsere zentrale Frage: Lohnt sich der Kontakt?

Nicht nur, dass wir uns für den ersten Eindruck nicht viel Zeit nehmen; hinzu kommt auch noch, dass wir uns allein anhand von Äußerlichkeiten unsere Meinung über eine Person bilden. Wir alle haben ganz subjektive Erwartungen in einer bestimmten Situation und interpretieren die Welt – das, was wir sehen, hören, riechen – auf unsere eigene Weise, aufgrund unserer Werte, Assoziationen, Vorurteile, Erinnerungen und Erfahrungen. So entsteht ein inneres Bild.

Die im Wesentlichen unbewusst ablaufende Einschätzung einer Person erfolgt in drei Schritten:

Zunächst erfassen wir sinnlich: Kleidung, Körperhaltung, Gestik und Mimik, Geruch und Stimme. Das alles wird in Bruchteilen von Sekunden wahrgenommen und mit dem, was gerade in der Situation, zu diesem Ereignis und von der Person aus der eigenen Rolle heraus erwartet wird, abgeglichen. Anschließend wird nur noch das Erfasste geprüft und das bereits entstandene Bild mit dem, was die Person vielleicht zur Begrüßung sagt, vervollständigt. Werte, Erfahrungen und Vorwissen werden parallel verarbeitet, bevor die Informationssuche zunächst eingestellt wird. Das Urteil steht erst einmal fest und die Person wird – hoffentlich – als authentisch und sympathisch eingeschätzt. Oder sie hat schlechte Chancen; möglicherweise wegen eines hellen Anzugs auf einem Ball, eines zu laschen Händedrucks oder was es auch sei. Immer dann, wenn das Aussehen oder das Verhalten nicht den Erwartungen entspricht, ist die Chance für einen guten ersten Eindruck vertan, und um die positiven Eigenschaften eines Menschen auf den zweiten Blick doch noch erkennen zu können, fehlt es leider oft an Gelegenheit.

Menschen sind für uns nämlich nur dann interessant, wenn sie uns ähnlich sind, wenn sie etwas Besonderes an sich haben oder wenn sie uns nützlich erscheinen. Alle anderen Menschen müssen hartnäckig sein, um unsere Aufmerksamkeit zu erhalten. Über den ersten Eindruck entscheiden wir: Ich habe mit der Person etwas Gemeinsames. Wir passen zusammen. Der Kontakt lohnt sich für mich. Diese Person kann für mich interessant oder nützlich sein. Es könnte eine nette Unterhaltung werden.

Die Kenntnis um die Entstehung des ersten Eindrucks hilft Ihnen, sich bewusst auf eine bestimmte Situation vorzubereiten und einzustimmen. Das ist wichtig, weil es für den ersten Eindruck, den Sie machen, ganz egal ist, warum Sie sich so oder so verhalten, oder warum Sie das falsche Outfit gewählt haben. Allein entscheidend ist, wie Ihr Verhalten und Aussehen beim Gegenüber ankommt und ob es in der entsprechenden Situation stimmig ist. Nur dann nämlich, wenn es stimmig ist, wird es positiv bewertet.

Denken Sie z.B. an das Vorstellungsgespräch: Die Geschäftsleitung hat aufgrund der Bewerbungsunterlagen für eine neu zu besetzende Assistentenstelle eine gewisse Erwartung an den Bewerber. Nun kommt der hoch qualifizierte Bewerber mit ausgestrecktem Arm und einem fröhlichen *Hallöchen, ich heiße Herr Sonnenschein* eine Viertelstunde zu spät und trägt abgetretene Schuhe und ausgebeulte Hosen. Der hat keine Chance, denn es gibt viele Bewerber mit ähnlich guten Fachkenntnissen – und besseren Manieren. Oder?

Kleidung sagt viel

Kleider machen Leute, das ist nicht nur ein bekanntes Sprichwort, sondern eine Erfahrung, die nahezu jeder Mensch in seinem beruflichen und privaten Leben bereits kennengelernt hat. Es gibt keinen Zweifel darüber, dass das äußere Gesamtbild eines Menschen über den ersten Eindruck in bedeutendem Maße mitentscheidet. Die Kleidung ist für das Äußere eines Menschen ein ganz wesentliches Merkmal und ermöglicht uns zudem, unseren Gegenüber nach Kriterien wie *angemessen, glaubwürdig* oder *authentisch* zu beurteilen. Darüber hinaus hat jeder Mensch die Möglichkeit, auch mit seiner Kleidung Einfluss auf ein bestimmtes Selbst-Image zu nehmen.

Was drücken wir durch unsere Kleidung aus?

Die Kleidung eines Menschen hilft uns also bei dessen Einordnung. Ist sie beispielsweise angemessen und stimmig zum Anlass, zur Situation und zur Rolle? Welche Signalwirkung hat sie? Spielt Kleidung doch nicht nur für den ersten Eindruck eine entscheidende Rolle, sondern immer und in jeder Situation. Falsch gewählte Kleidung wird oft sogar als Provokation, Missachtung oder Beleidigung empfunden. Was können Sie da beachten?

Seien Sie sich bewusst, dass Sie mit Ihrer Kleidung stets Signale senden, die bei Ihren Mitmenschen entweder eine positive oder negative Empfindung auslösen. Bedenken Sie, dass die meisten Menschen unangemessene Kleidung nicht nur als

Missachtung eines Anlasses, sondern als Missachtung ihrer Person empfinden, und das hat möglicherweise Konsequenzen. Dabei ist es ganz egal, wieso Sie sich so gekleidet haben, wie Sie sich gekleidet haben, oder weshalb die Schuhe schmutzig oder abgetreten sind oder warum Ihre Hose keine scharfe Bügelfalte hat; es ist allein entscheidend, wie so etwas bei dem anderen ankommt, wie er es empfindet. Abgesehen davon, dass Sie ja oft auch gar nicht dazu kommen, irgendetwas zu erklären. Zwar können Sie sich bei Ihnen sehr vertrauten Menschen einer größeren Gnade gewiss sein, aber auch im engen Freundes- und Familienkreis besteht Fettnäpfchen-Gefahr, wenn Sie unangebrachte Garderobe tragen. Ausschlaggebend ist daher die Frage:

Welche Erwartungen haben andere an Ihre Kleidung? Versuchen Sie, sich mit deren Augen zu sehen. Wie sollten Sie wirken? Wie wollen Sie wirken? Was sind Sie für ein Typ? Was ist es für ein Anlass? Welche Personen sind anwesend? In welcher Rolle sind Sie selbst?

Im Berufsleben dagegen gibt es für bestimmte Branchen weitverbreitete Kleidungserwartungen. So signalisiert etwa die klassische Geschäftsuniform für den Mann und für die Frau weltweit Seriosität, Vertrauenswürdigkeit und Kompetenz. Daneben sind dann noch bestimmte Kleiderordnungen für gesellschaftliche Anlässe zu beachten. Wobei es auch bei solchen Gelegenheiten ratsam ist, sich von Freiherrn von Knigge sagen zu lassen: «Kleide Dich nicht unter und nicht über Deinen Stand; nicht über und nicht unter Dein Vermögen; nicht phantastisch; nicht bunt; nicht ohne Not prächtig, glänzend noch kostbar; aber reinlich, geschmackvoll, und wo Du Aufwand machen mußt, da sei Dein Aufwand zugleich solide und schön. Zeichne Dich weder durch altväterische, noch jede neumodische Torheit nachahmende Kleidung aus. Wende einige größere Aufmerksamkeit auf Deinen Anzug, wenn Du in der großen Welt erscheinen willst. Man ist in Gesellschaft verstimmt, sobald man sich bewußt ist, in einer unangenehmen Ausstaffierung aufzutreten.» {Über den Umgang mit Menschen, S. 65}

Distanz und Nähe

Welche Distanzbedürfnisse sollte man in Deutschland beachten?

Das Distanzbedürfnis in Europa ist durch ein Nord-Süd-Gefälle gekennzeichnet. Selbst innerhalb Deutschlands kann man das beobachten, etwa wenn Norddeutsche meist etwas weiter entfernt und Süddeutsche etwas näher vor einer fremden Person Halt machen. Zunächst schätzen Personen aus einer *gesellschaftlichen Distanz* von ca. 2 bis 3 Metern ein, ob es sich lohnt, dem Gegenüber für eine Kontaktaufnahme näher zu kommen. Sucht die Person Blickkontakt? Lächelt sie? Nur dann erscheint es lohnend, etwas näher zu treten. In der *persönlichen Distanz* kann man sich zwar die Hand geben, sollte jedoch die andere Person nicht auf andere Art und Weise anfassen können!

Die meisten Europäer empfinden die Unterhaltung mit fremden Menschen bei einem Abstand von 50 bis 100 Zentimetern als angenehm. Ein frontales Gegenüberstehen ist dabei oft nicht ideal, bei einem zu großen Größenunterschied etwa. Dann, oder falls der Gesprächspartner zu nahe kommt, empfiehlt es sich, nicht zurückzuweichen, sondern sich stattdessen in einen Winkel von 90 Grad zum anderen zu stellen – Schulter an Schulter. So lässt sich die Situation einerseits entspannen und andererseits wird niemand durch ein Zurückweichen gekränkt oder verletzt. Zumal dem, der zurückweicht, oft sogar gefolgt wird. Weicht jedoch Ihr Gesprächspartner im Gespräch zurück, sollten Sie dies respektieren, eventuell als Abstandsuche interpretieren und zulassen. Das Distanzbedürfnis des Gegenübers ist jedenfalls immer und uneingeschränkt zu achten. Und einen fremden Menschen anzufassen, sollte außerdem vollkommen tabu sein.

Je vertrauter man jemandem ist, desto mehr Nähe wird auch erlaubt – in der *intimen Distanzzone*. Die intime Distanzzone ist geringer als 50 Zentimeter und allein dem engsten Freundes- und Familienkreis vorbehalten. Nichtsdestotrotz muss man eine solche geringe Distanz beispielsweise im Fahrstuhl oder auf Empfängen auch mit fremden Menschen aushalten. In dieser Nähe wird untereinander Fremden Smalltalk nahezu unmöglich. Wenn auch sonst beim Smalltalk dosierter Blickkontakt wichtig ist, sollte er in zu großer Nähe fast völlig eingestellt werden. Auch beim Zusammentreffen mit Menschen aus anderen Kulturen kann es vorkommen, dass die intime Distanz zum Dauerzustand während einer Unterhaltung wird. Darauf sollten Sie sich einstellen und, wenn der Kontakt Ihnen wichtig ist, diese Nähe entweder aushalten oder auf die Schulter-an-Schulter-Position ausweichen.

Respektieren Sie darüber hinaus das persönliche Territorium eines Menschen. Dazu gehören beispielsweise der Schreibtisch, der PC, der Kalender und alle persönlichen Dinge, etwa Handtasche und Aktentasche. Legen Sie nicht einmal etwas auf einen fremden Schreibtisch, was da nicht hingehört.

Im Theater, im Kino oder im Flugzeug nimmt jeder höfliche Mensch nur eine Armlehne in Anspruch. Und auch im Restaurant hat man sich auf eine nonverbale Teilungsvereinbarung eingelassen, wenn man sich zu anderen an den Tisch setzt – Halbe-Halbe.

Es kommt allerdings auch vor, dass Menschen ganz bewusst in die intime Distanzzone des anderen eindringen, um Dominanz deutlich zu machen. Wer da in die Schulter-an-Schulter-Position übergeht, ist allemal besser beraten als derjenige, der zurückweicht.

Körperhaltung mit Rückgrat

Welche Körperhaltung gilt als empfehlenswert?

Worauf auch immer sich Menschen bei einer Begegnung mit fremden Menschen konzentrieren, es sind die Äußerlichkeiten, die darüber entscheiden, ob man als kompetent, einflussreich, vertrauenerweckend, authentisch, glaubwürdig, sympathisch eingeschätzt wird. Nicht nur ein gepflegtes Aussehen und die angemessene Kleidung sind da von Bedeutung, sondern auch, und sogar ganz entscheidend, die Körperhaltung – eine korrekte Körperhaltung.

Bei der korrekten Körperhaltung halten Sie sich so aufrecht wie möglich, wobei die Schulterblätter etwas nach unten zusammengezogen werden. Der Rücken sollte also im Stehen und Sitzen möglichst gerade aussehen, ohne dass es stocksteif und unnatürlich wirkt. Suchen Sie insbesondere im Zentrum Ihres Körpers einen festen Halt und suchen Sie eine stabile Standposition.

Die Arme und Hände sollten bei Frauen und Männern nach Möglichkeit sichtbar sein und weder vor dem Bauch verschränkt noch hinter dem Rücken verborgen werden und schon gar nicht in den Taschen – welcher Art auch immer – verschwinden. Gesten sollten möglichst sparsam eingesetzt werden und vorwiegend im Oberkörperbereich bleiben. Je sicherer Sie Ihre Gesten von der Körpermitte ausgehend ausführen, umso souveräner und professioneller wirken Sie. Freiherr von Knigge formulierte es so: «... die Gebärdensprache [soll] edel sein; man soll nicht [...] wie Personen aus der niedrigsten Volksklasse mit Kopf, Armen und andern Gliedern herumfahren [...] oder immer etwas zu spielen zwischen den Fingern haben.» {**Über den Umgang mit Menschen, S. 63**}

Die Beine sollten sowohl im Sitzen als auch im Stehen ungefähr hüftbreit aufgestellt sein – bei Männern etwas weiter auseinander, bei Frauen etwas näher zusammen. Die Beine sollen im Sitzen möglichst dicht am Körper bleiben. Sie dürfen übereinandergeschlagen werden, aber niemals zu breitbeinig aufgestellt oder gar vom Körper weg ausgestreckt werden. Männer sollten nicht den einen Fuß auf das Knie des anderen Beines legen, was besonders unschön ist, wenn andere Menschen an ihnen vorbei müssen. Auch bei Frauen sieht es eleganter aus, wenn sie mit beiden Füßen auf dem Boden stehen und die Beine leicht schräg stellen, anstatt die Beine übereinanderzuschlagen. Wenn Sie einen Rock tragen, sieht diese Sitzhaltung – mit parallel nebeneinander stehenden Beinen – allemal femininer aus als alle anderen. Männer und Frauen sitzen – insbesondere in wichtigen Situationen – korrekt, wenn sie blitzartig aufstehen können, ohne sich erst mühsam aus der Sitzposition heraushangeln zu müssen.

Beim Einsteigen in ein Auto ist es für Frauen empfehlenswert, sich zunächst hinzusetzen und erst dann beide Beine gleichzeitig ins Auto zu nehmen. Zumindest im Rock und vor allem mit einem festlichen langen oder kurzen Rock ist das immer eleganter – auch beim Aussteigen.

Aus der Haltung im Stehen und Sitzen leitet sich auch die empfohlene Haltung für das Gehen ab, die ebenso aufrecht, natürlich und sogar ein wenig dynamisch, jedoch nicht ausladend sein soll.

Weder allein noch in Gesellschaft sollten Frauen und Männer vergessen, beim Gähnen, Husten oder Niesen die linke Hand – möglichst mit einem Taschentuch – vor den Mund zu halten. Das ist nun allerdings auch das Einzige, wozu Sie die Hände in Gesichtnähe bringen sollten. Es gilt nämlich als ausgesprochen unfein, sich selbst ins Gesicht zu fassen, durch die Haare zu fahren und prinzipiell auch sonst den eigenen Körper mehr als nötig zu berühren.

Parfüm – teure Qualität sparsam dosiert

**Wie sollten
Düfte angewendet
werden?**

Wie der Kleidung, der Stimme und der Sprache, die zur Einschätzung eines Menschen entscheidend sind, kommt auch dem Geruch eine subtile, aber zentrale Rolle zu. Wie eine angemessene Kleidung, eine angenehme Stimme und eine kultivierte Sprache haben individuelle Düfte nämlich auf eine eher tückische Art und Weise großen Einfluss auf den ersten Eindruck, den man sich von einem fremden Menschen macht – *man kann ihn riechen* oder *man kann ihn nicht riechen*.

Dass selbstbewusste, rücksichtsvolle und kultivierte Menschen auf ihre Körperpflege und Hygiene achten und jeglichen Körper- und Mundgeruch zu vermeiden trachten, wird selbstverständlich sein. Darüber hinaus bemühen sich die meisten Menschen darum, mit verschiedenen Duftnoten noch das gewisse Etwas ihrer Persönlichkeit zu unterstreichen.

Unverzichtbare Basis für ein Parfüm ist ein zuverlässiges Deo, das bestenfalls nach gar nichts riecht. Idealerweise wird Parfüm nämlich als Solist verwendet, so dass nicht nur das Deo, sondern auch Haarspray und Körperlotion in den Hintergrund treten sollten. Welches Parfüm für den Einzelnen geeignet und empfehlenswert ist, ist nun sehr individuell und nicht nur vom Geschmack, sondern auch vom Alter, von der Persönlichkeit, vom Anlass und von der Tageszeit abhängig zu machen. Zu verallgemeinern ist dagegen, dass ein empfehlenswertes Parfüm wertvoll und somit teuer ist. Ein solches Parfüm besteht aus kostbaren Rohsubstanzen. Die verschiedenen natürlichen Duftstoffe und synthetischen Produkte, die ja den Duft erst leicht und transparent machen, werden in einem aufwendigen Prozedere zusammengebracht, und durch den Zusatz eines Fixateurs wird die gewünschte Intensität, die Haltbarkeit und das Haftvermögen erreicht. Mindestens 30 und bis zu mehrere Hundert verschiedene Duftkomponenten beinhaltet ein fertiges Produkt. Bei Parfüms in exzellenter Qualität wird der Duft dann über den ganzen Tag hinweg als angenehm auf der Haut erlebt – entweder bleibt der Geruch linear und somit auch stabil oder aber er verändert sich gewollt. Düfte, die bewusst nicht linear sind, wechseln von frischen zu warmen Noten, sie konservieren also den Duft nicht. Um diesen Wechsel zu erleben und um den ganz individuellen Duft, den das Parfüm auf der eigenen Haut entfaltet, herauszufinden, sollte man das Parfüm zunächst einige Stunden auf der Haut lassen und sich erst dann für oder gegen den Kauf eines Flakons entscheiden – nachdem man sich in das Parfüm hineingerochen hat. Unmittelbar nach dem Auftragen eines Parfüms wird nämlich zuerst die *Kopfnote* wirksam; in dieser Phase verdunsten – verduften – der Alkohol

und die flüchtigsten Bestandteile. Diese Phase ist für den Kauf von Parfüm besonders wichtig, weil die Käufer sich quasi über die Kopfnote einen ersten Eindruck von dem Parfüm bilden. Nach etwa 20 Minuten entfaltet sich dann die sogenannte *Herznote*, bei der sich u. a. zeigt, ob sich der Duft verändert oder nicht. Dieser wenige Stunden anhaltenden Duftphase folgt dann die *Basisnote* – «das was hinten auf der Haut drauf bleibt», wie die weltweit gefragte deutsche Parfümeurin Ursula Wandel es formuliert. Die Basisnote sollte bei einem guten Parfüm über den ganzen Tag auf der Haut haften bleiben. Hauptgeruchsträger sind lang haftende Bestandteile, schwer flüchtige Stoffe wie Moschus, Ambra, Iris und Vanille.

Neben der 1A-Qualität ist auch die perfekte Dosierung dafür entscheidend, ob das Parfüm ein Erscheinungsbild aufwertet oder das Gegenteil erreicht. Gut entwickeln sich Düfte auf der gereinigten und neutral riechenden Haut am Hals, an den Handgelenken und im Haar – mit zwei bis drei Tupfern oder mit ebenso vielen Sprühstößen. Wenn man das Parfüm nach 10 Minuten noch selbst indirekt, also um sich herum, riecht, war es meist zu viel des Guten. Das zu erkennen fällt schwerer, wenn sich die Nase bereits an das Parfüm gewöhnt hat, nachdem man es über einen langen Zeitraum verwendet hat, oder wenn das Geruchsempfinden aus anderen Gründen beeinträchtigt ist.

Menschen, die Düfte auf der Haut lieben, werden meist verschiedene Düfte benutzen und diese je nach Stimmung, Anlass und Tageszeit wählen, und sie werden immer darauf achten, dass dieser Duft auch von ihren Mitmenschen als angemessen und angenehm empfunden wird – beispielsweise mit einem leichteren Parfüm für den Tag, einem mittelschweren für den Abend und mit einem besonderen für den besonderen Auftritt – jeweilig sparsam dosiert.

PS: Das Wort Parfüm kommt aus dem Lateinischen: *per fumum* – zu Deutsch *durch den Rauch*.

Männerjacken werden anbehalten

Völlig unproblematisch ist das Ohne-Jacke-Dastehen nur, wenn Sie ganz allein sind. Für alle anderen Situationen entscheiden darüber die Umstände – Situation, Ereignis und Ihre Rolle. Ausziehen dürfen Sie Ihre Jacke auch dann unbesorgt, wenn Sie in informellen Situationen von der in der Situation ranghöchsten Person dazu aufgefordert werden. Diese Person ist in beruflichen Situationen der oder die Vorgesetzte, bei Einladungen die Gastgeberin oder der alleineinladende Gastge-

Wann sollte man sein Jackett schließen und wann kann man es ablegen?

ber und ansonsten der oder die deutlich Ältere beziehungsweise eine ungefähr gleichaltrige Frau. Andernfalls müssen Sie – wenn Sie nicht Gefahr laufen wollen, als unhöflich oder respektlos zu erscheinen – das Jackett so lange anbehalten, bis Sie wieder in den eigenen vier Wänden sind.

Hintergrund dieser Strenge ist die Vorgeschichte heutiger Herrenhemden. Moderne Oberhemden mit durchgeknöpfter Brust gibt es ja erst seit Ende des 19. Jahrhunderts. Vorher zog der Herr das ebenfalls als Teil der Oberbekleidung geltende Herrenhemd über den Kopf und bis in das 18. Jahrhundert

hinein bestand dieses Kleidungsstück sogar nur aus Kragen, Vorderpartie und Ärmelstulpen, so dass es als Teil der Unterwäsche unter der Oberbekleidung getragen wurde. Macht man sich also bewusst, dass das Oberhemd mal ein Unterhemd war, wird deutlich, warum noch heute an der Konvention festgehalten wird und es nach wie vor als unfein und stillos gilt – vor allem in Gegenwart von Frauen –, sich unaufgefordert der Jacke zu entledigen. Auch mit offener Jacke steht der Mann sozusagen in Unterwäsche vor ihr.

Männerjacken sollten also nicht nur angezogen, sondern auch im Stehen geschlossen bleiben bzw. beim Aufstehen geschlossen werden, um zu signalisieren: *Ich ordne für Sie meine Kleidung.* Nur, wie?

Einreiher werden üblicherweise beim Sitzen geöffnet und beim Aufstehen automatisch wieder geschlossen. Bei Jacken, die mit nur **zwei Knöpfen** geschlossen werden, ist es richtig, nur einen Knopf zu schließen, den unteren oder den oberen. Handelt es sich um eine **Drei-Knopf-Jacke**, wäre die moderne Variante, den mittleren und auch den oberen Knopf zu schließen – so machen es die Italiener. Der obere Knopf darf aber auch offen bleiben, das ist die konservative Variante der Engländer; sie schließen nur den mittleren Jackenknopf. Entscheiden Sie nach Ihrer Figur und nach Jackenschnitt darüber, was Ihnen am besten steht. Auch bei der **Vier-Knopf-Jacke** haben Sie die Wahl, die drei oberen oder die zwei mittleren Knöpfe zu schließen. Bei einer **Jacke mit fünf Knöpfen** sollen alle Knöpfe bis auf den untersten geschlossen werden.

Zweireiher – auch Doppelreiher genannt – werden immer vollkommen geschlossen gehalten, wobei die Knöpfe auch im Sitzen nicht geöffnet werden sollen. Auch **dreiteilige Anzüge** bilden keine Ausnahme. Die Jacke bleibt trotz darunter getragener Weste geschlossen, wobei bei der **Weste** der untere Knopf nicht geschlossen wird.

Zwar gelten diese Regeln zur offenen Jacke in dieser Strenge nicht für Frauen, vor allem nicht mit der gleichen Assoziation. Doch auch ihnen wird empfohlen, insbesondere bei offiziellen und gesellschaftlichen Anlässen, die Jacke im Stehen geschlossen zu halten. Es sieht nicht nur angezogener aus, sondern wirkt sofort professioneller.

PS: Das richtige Männerjackenknöpfe-Schließen verrät einerseits als Kode, ob in der Kinderstube des Trägers solche Kleidungsstücke vorkamen, und andererseits sitzt eine korrekt geschlossene Männerjacke im Stehen einfach besser.

Hemden müssen passen

Welches Hemd zu einem Anzug passt, hängt einerseits von dem Anzug ab und andererseits, wie so oft, vom Anlass.

Bei einer Kombination aus Hose und Jacke – aus in Muster und/oder Material unterschiedlichem Stoff gearbeitet – und bei einfachen Straßenanzügen handelt es sich um die halboffizielle Geschäftskleidung. Dazu können Sie ohne Weiteres dezent karierte oder gestreifte Hemden wählen, auch etwas kräftigeres Hellblau oder Beige ist nicht falsch. Solche Hemden sind mit einfachen Manschetten und mit nahezu allen Kragenformen, vom Kent- und Haifischkragen über Tab-Kragen bis zum Button-down-Kragen, gearbeitet. Das typische Holzfäller-Hemd mit buntem Karo – oft aus Flanell – passt allerdings selbst dann nicht.

Dagegen kommt für die hochoffizielle Geschäftskleidung und für den *dunklen Anzug* kein auch noch so dezent kariertes Hemd in Frage. Zur hochoffiziellen Geschäftskleidung, wie sie üblicherweise in den Führungsetagen von international agierenden Konzernen, multinationalen Unternehmen und im Bankgeschäft getragen wird, passt ein schlicht weißes, allenfalls fast weißes Hemd mit Doppelmanschetten und Manschettenknöpfen optimal. Charakteristisch sind für ein solches Hemd zudem Perlmuttknöpfe, das Fehlen aufgesetzter Taschen und steife Kragenschenkel. Die Kragenstäbchen aus Plastik können durch solche aus

Wie sieht ein zum Anzug passendes, gut sitzendes und qualitativ hochwertiges Business-Hemd aus?

Silber oder Perlmutt ersetzt werden. Leider sieht man immer wieder – gerade im Sommer – einen ganz groben Stilfehler: das kurzärmelige Hemd unter einer Jacke. Kurzarmhemden sind, unabhängig von Material, Farbe und Design, ausschließlich Freizeithemden, die entweder solo oder allenfalls unter einem Pullover getragen werden dürfen. Dann aber niemals mit Krawatte und nie unter einer Jacke.

Männerjacken wurden in ihrer Geschichte nie direkt auf der Haut getragen und sollen auch heute – quasi aus historischen Gründen – an keiner Stelle die Haut berühren. Daher sitzt ein Hemd erst dann richtig, wenn sein Kragen circa 1 bis 1,5 cm über den Jackenkragen reicht und die Hemdärmel – mit oder ohne Doppelmanschetten – etwa 1 bis 1,5 cm unter dem Jackenärmel hervorschauen. Die Manschette sollte beim Beugen des Arms nicht in den Jackenärmel hineinrutschen.

Und noch etwas: Da das Hemd die unterste sichtbare Lage der Kleidung ist, sollte möglichst unter dem Oberhemd kein sichtbares Unterziehhemd getragen werden – das würde die Optik sehr stören.

Passt ein Hemd perfekt, dann wirft es unter der Jacke keine Falten, es spannt nicht über der Brust oder an Bauch und Rücken, und der oberste Kragenknopf muss nie aufgrund eines zu engen Kragens geöffnet werden. Das ist sowieso ein schlimmer Kleider-Fauxpas: geöffneter Kragenknopf unter einem gelockerten Krawattenknoten. Ein schlecht sitzendes Hemd gilt als Zeichen dafür, dass das Hemd nicht mehr oder noch nicht passt. Hemden aus der Maßkonfektion müssen übrigens keinen Cent teurer sein als ein Hemd von der Stange. Dafür sind sie allemal passender.

Farbtupfer für Männer – weniger ist mehr

Muss man zur Krawatte bzw. Fliege ein Einstecktuch kombinieren?

Nicht erst seit Anfang des 17. Jahrhunderts, seit die ersten Vorläufer der heutigen Krawatte bekannt sind, tragen Männer, die etwas auf sich halten, irgendetwas Schmückendes um den Hals. Doch erst seit 1924 existiert die moderne Krawatte in der bis heute bekannten Form, die seitdem nach der patentierten Methode des New Yorkers Jesse Langsdorf hergestellt wird.

Eine gute Krawatte ist immer noch aus drei Teilen gefertigt, die in einem Winkel von 45 Grad zur Laufrichtung zugeschnitten wurden. Diese drei Teile müssen nicht mit der Hand zusammengenäht worden sein, doch man wird bei genauem Hinsehen die Nahtstellen zwischen den drei Einzelteilen erkennen können. Eine gute Krawatte ist aus reiner Seide. Andere Materialien sollten zum Anzug gar nicht

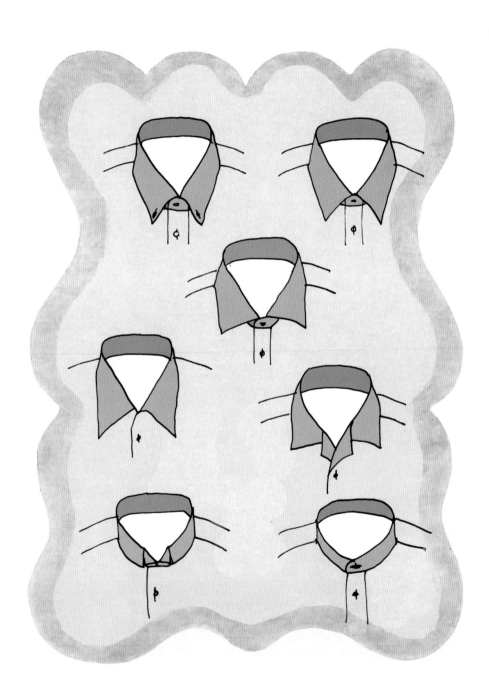

in Frage kommen und allerhöchstens auf dem Lande oder in der Freizeit getragen werden. Bei offiziellen Anlässen oder im Berufsleben sollten ausschließlich Seidenkrawatten höchster Qualität mit klassischen, schlichten Mustern gewählt werden. Selbst bei dieser für den Mann fast ausschließlichen Möglichkeit, über die Kleidung Individualität zum Ausdruck zu bringen, bevorzugt er somit Understatement – *less is more.*

Zu einem *dunklen Anzug* gehört ausschließlich eine dezente Seidenkrawatte, während zu anderen Anzügen und Kombinationen Mutige und Individualisten auch – als einzige Alternative zur Krawatte – eine farbige Schleife tragen können.

Da nun aber fertiggebundene Fliegen einfach indiskutabel sind, das Schleifenbinden für viele Männer mit der Zeit dann aber doch eine zu große Mühe darstellt, verzichten sie auch schnell wieder auf den Blickfang als persönliches Markenzeichen. Zudem wirken Männer, die Schleife tragen, heute immer etwas darstellerisch, und der Träger muss schon auffallen und hervorragen wollen. Er ist nämlich wahrscheinlich der Einzige weit und breit mit einer Schleife. Zwar gab und gibt es ganz außergewöhnlich hervorragende Persönlichkeiten des politischen und gesellschaftlichen Lebens, die konsequente Schleifenträger waren oder sind, doch nur wenige Männer tragen ihre Schleife im Alltag so, dass ihnen nicht ein gewisses Maß an Verschrobenheit und Extravaganz unterstellt wird.

Ob nun mit oder ohne Krawatte oder Schleife, Einstecktücher können immer getragen werden. Doch erst in der Art und Weise, wie ein Einstecktuch getragen wird, offenbart sich, ob ein Mann in Stilfragen – oder sogar in seinem modischen Selbstbewusstsein – sicher oder unsicher ist. Das Einstecktuch, auch Pochette genannt, ist nämlich erst das Tüpfelchen auf dem i und passt immer, wenn eine Jacke getragen wird, auch zur Sportjacke. Entweder wird es wie zufällig hineingesteckt in der Brusttasche drapiert – dann ist es am besten aus Seide –, oder es wird so gefaltet, dass die gerollte Kante sichtbar bleibt. Jedenfalls muss es locker aussehen.

Erlaubt ist zudem, was gefällt, nur nicht die fertiggefalteten Tücher und solche, die im Kombipack mit der vermeintlich passenden Krawatte oder Schleife, meist aber mit einer Fliege, angeboten werden. Es gilt als ein peinlicher Fauxpas, wenn das Einstecktuch das Design der Krawatte aufweist oder in Farbe und Design zur Krawatte passt. Vielmehr soll im Idealfall die Kombination von Hemd, Jacke und – wenn sie getragen werden – Krawatte oder Schleife gefunden werden, die zugleich interessant und harmonisch, innovativ und klassisch, elegant und modern ist. Ein weißes Leineneinstecktuch passt dagegen immer zum weißen Hemd und ist zum *dunklen Anzug* die erste Wahl. Zum Smoking ist es die **einzige Wahl.**

Krawattenknoten für jeden Geschmack

«Ist es nicht Wahnsinn, eine Krawatte zu tragen, das heißt, den Kopf in eine Schlinge zu stecken, die jeder zuziehen kann?», meinte der Tiroler Schriftsteller Otto Grünmandl 1924. Da ist was dran. Dennoch ist die Krawatte das wohl männlichste und traditionsreichste Kleidungsstück. Und sie bietet eine der wenigen Möglichkeiten für den Mann, Geschmack und Stil zu beweisen. Frauen haben da selbst in konservativen Chefetagen eine weit größere Auswahl – sei es durch verschiedene Farben und Schnittmuster für den Stoff ihres Kostüms oder durch interessanten Schmuck. Dem Mann bleiben die Krawatte und das Einstecktuch. Trotz aller Argumente, die gegen die Krawatte bekannt sind, ist sie bei einem elegant gekleideten Mann nicht wegzudenken.

Welche Krawattenknoten gibt es?

Es gibt zwar mehr als 85 bekannte Möglichkeiten, einen Krawattenknoten zu binden, doch vor allem muss er zum Hemdkragen passen, während der Hemdkragen einerseits zum Hals und andererseits zum Anlass passen soll. Ein Krawattenknoten sollte ferner weder zu fest zugezogen noch zu locker gebunden werden. Ganz wichtig ist außerdem, dass der Kragenknopf unter einer Krawatte immer geschlossen bleibt – und immer offen bleiben muss, wenn das Hemd ohne Krawatte getragen wird.

Hier sollen die meistgebräuchlichen Knoten-Varianten vorgestellt werden:

Den **American** kennt man in den USA unter dem Namen *Shelby*. Er ähnelt von der Form her etwas dem Windsor und empfiehlt sich vornehmlich für kurze, gefütterte Krawatten.

Der **doppelte Knoten** erhält durch seine zweifache Bindung eine recht kompakte Form. Dieser interessante Knoten ist sehr leicht zu lernen und eignet sich besonders für leichte, ungefütterte und nicht zu kurze Krawatten.

Der **Four-in-Hand** – auch *einfacher Knoten* oder *altdeutscher Knoten* genannt – ist besonders für Einsteiger geeignet, aber nicht nur. Er passt nämlich als Alleskönner nicht nur zu Seidenkrawatten, sondern auch zu anderen Materialien, zu allen Krawattenlängen, zu schmalen wie breiten Kragenformen und vor allem auch zu allen Anlässen. Durch seine längliche, asymmetrische Form streckt er die Halspartie.

Der **Free Style** ist ein recht leicht zu erlernender Knoten. Mit wenig gefütterten Seidenkrawatten gelingt dieser sehr attraktive Knoten besonders gut.

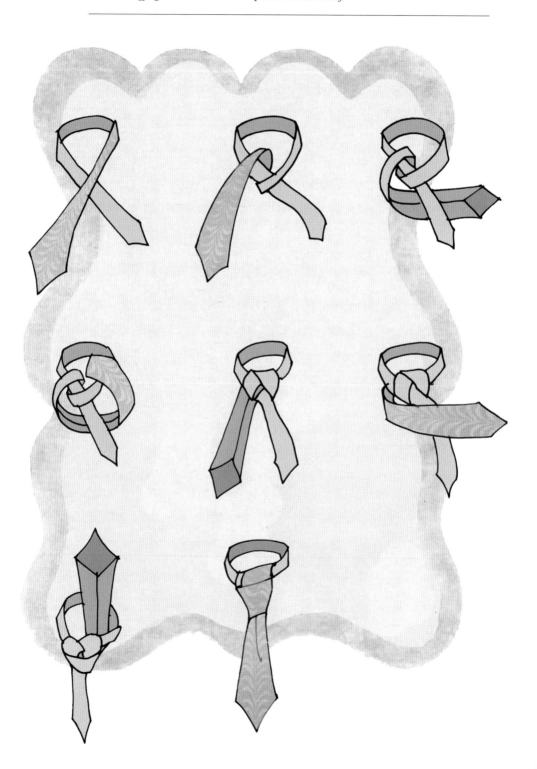

Er kombiniert Elemente des *Windsor* und des *Four-in-Hand* in einer feinen Bindetechnik.

Ein sehr schlankes Knotendreieck bildet der sogenannte **New Classic**. Dieser elegante Knoten braucht allerdings etwas Übung, bis er formvollendet gelingt, und ist besonders geeignet für mittelschwere, nicht zu lange Krawatten.

Der Klassiker unter den Krawattenknoten ist wohl der **Windsor**. Der Windsorknoten ist ein symmetrischer und voluminöser Knoten, der die Halspartie optisch stark verkürzt; er wirkt daher etwas langweilig. Mit dickem Futter nimmt der Windsorknoten beinahe unverantwortliche Ausmaße an und führt zumindest bei schmalen Krawatten zu keinem schönen Ergebnis.

Auch was die – immer von Hand – gebundene Schleife anbelangt, haben Herren die Qual der Wahl bei den unterschiedlichen Möglichkeiten, sie zu binden.

PS: *Schlips* wurden ursprünglich lediglich die beiden Enden der Krawatte genannt, als die Krawatte noch von Hand gefaltet werden musste.

Jeans ist nicht *casual*

Sobald Sie auch nur darüber nachdenken, ob eine Jeans wirklich für die Situation, für die Personen oder für Ihre Rolle angemessen ist, sollten Sie sich unbedingt dagegen entscheiden. In vielen Situationen gelten Jeans heute nämlich immer noch als Kleidungsstück zweiter Klasse. Zwar ist die Jeans längst nicht mehr die billige Arbeitshose ihrer Anfangsjahre, sondern als Basic für die Freizeitkleidung bereits in beste Kreise aufgestiegen, doch bei offiziellen privaten, geschäftlichen und gesellschaftlichen Anlässen ist sie nach wie vor zumindest umstritten.

Gibt es heute noch Gelegenheiten, bei denen man keine Jeans tragen kann?

Erst mit dem Wechsel vom Gammellook zur Edeljeans in den Achtzigerjahren schaffte die Jeans den Siegeszug in beinahe jeden Kleiderschrank und somit zur allgemeinen Akzeptanz als Freizeitkleidung. Dieser Imagewandel beschränkt sich jedoch nach wie vor allein auf die Freizeit und nicht etwa auf andere Bereiche des gesellschaftlichen Lebens. Bis heute jedenfalls hat die Jeans – egal, wie edel und in welcher Farbe sie von Designern entworfen wurde, und egal, wie ausgesucht sie mit Blazer und Hemd oder Bluse kombiniert wird – nie den Sprung in konservative Geschäftskreise geschafft.

Insbesondere in ihrem Herkunftsland Amerika sind Jeans zwar selbstverständlicher Bestandteil der Alltagsbekleidung, doch würden sich erfolgreiche Mitarbeiter und Führungskräfte keinesfalls in Büros mit ihr blicken lassen. Zwar sind in vielen Branchen hierzulande die Übergänge von Wochenend- und Bürokleidung fließender geworden, doch weder zum Vorstellungsgespräch noch zu Präsentationen oder auf den Chefetagen wird man branchenübergreifend Jeansträger finden können. Und das ist nicht nur hier so, sondern auf der ganzen Welt.

Als Freizeitkleidung dagegen können die Jeans als Hosen in allen Variationen, als Jacken und Mäntel und sogar als Rock oder Kleid mittlerweile variabel kombiniert werden. Dabei sind Designerjeans heute mindestens ebenso beliebt wie der Klassiker Levi's 501 – für Männer genauso wie für Frauen jeden Alters.

Perfekt passen zu Jeans immer Polos, Button-down-Hemd, Pullover solo oder über dem Hemd getragen, Sportjacke oder Blazer, Bootsschuhe oder Loafer. Unpassend zu Jeans sind Oxfordschuhe sowie Hemden mit Manschettenknöpfen, und es ist auch nicht wirklich stimmig, zu Jeans eine Krawatte zu tragen.

Bei allen Abendeinladungen, Theater-, Opern- oder klassischen Konzertbesuchen, in Gourmetrestaurants und bei offiziellen Anlässen sollte man sich daher immer gegen Jeans entscheiden. Auch die Kleidervermerke *casual* oder *smart casual* erlauben nicht die Wahl einer Jeans, obwohl man es anders vermuten könnte.

Anzug – ohne Kompromisse

Darf man unter dem Anzug ein T-Shirt tragen?

Der Anzug für Männer ist nicht einfach ein Anzug. Er ist mit einer großen Zahl Kodes behaftet, die für andere – vielleicht für Entscheider – ein deutliches Signal dafür sind, ob der Anzugträger quasi mit diesem Kleidungsstück aufgewachsen ist oder ob er sich mit dem Tragen des Anzugs auf völlig fremdes Parkett begeben hat. Diese Kodes sind eindeutig und gelten auf der ganzen Welt – überall dort, wo Herrenanzüge getragen werden.

▸   Selbstredend muss ein Anzug perfekt auf die Person geschnitten sein, das ist die Hauptsache. Dass er weder zu klein noch zu groß sein darf, muss wohl nicht betont werden.

▸   Man spricht erst von einem Anzug, wenn Hose, Jacke und gegebenenfalls Weste aus dem gleichen Stoff gefertigt sind.

Am Tage, in Situationen mit eher informellem Charakter oder in der Freizeit kann die Farbe des Stoffes auch Oliv, Hellgrau und Braun bis Beige sein – mit dezentem Muster oder ohne. Über den ganzen Tag hinweg sowie in offiziellen Situationen passend und zwingend dann am Abend ab 19.00 Uhr sind dunkle Farben: Dunkelblau bis Dunkelgrau (uni oder mit feinen Nadelstreifen).

Braun- und Grüntöne und ähnliche Farben sind in offiziellen Situationen und abends nicht uneingeschränkt zu empfehlen, Schwarz nur für traurige Anlässe und für Feierlichkeiten anlässlich akademischer Ehrungen – egal, ob Sommer oder Winter; egal, ob draußen oder drinnen.

- ▶ Zu einem Anzug gehört immer ein langärmeliges Hemd, wobei die Manschetten – eleganter sind Doppelmanschetten mit Manschettenknöpfen – und auch der Hemdkragen ca. 1,5 cm aus der Anzugjacke hervorschauen.

- ▶ Zu einem Anzug gehört immer eine Krawatte, die so gebunden ist, dass sie auf der Gürtelschnalle endet. Wer keine Krawatte oder alternativ eine Schleife tragen möchte, sollte auch keinen Anzug tragen, sondern eine Kombination aus Hose und anders gearbeiteter Jacke.
  Doch zum *dunklen Anzug* beziehungsweise zum hochoffiziellen Geschäftsanzug passt auch die Schleife nicht. Da ist nun mal die Krawatte zwingend.

- ▶ Zu einer als Doppelreiher geschnittenen Anzugjacke gehören Hosen mit Umschlag. Da Hosen mit Umschlag nicht so elegant sind wie solche ohne Umschlag, ist der Doppelreiher auch kein eleganter *dunkler Anzug*.

- ▶ Bei der Anzugweste, die den Anzug ja erst komplett macht, wird der untere Knopf offen gelassen.

- ▶ Die Anzugjacke ist im Stehen immer geschlossen zu halten.

- ▶ Lange Strümpfe und Schnürschuhe mit Ledersohle sollen sowohl farblich als auch den Stil betreffend zum Anzug passen. Stiefel und Stiefeletten passen nie. Kurze Socken auch nicht.

Und wenn Sie obendrein noch die Hände nicht in den Hosentaschen verschwinden lassen (darin ist möglichst ohnehin nur ein Stofftaschentuch), ist Ihr Auftritt – von außen betrachtet – bereits fast perfekt. Accessoires verraten dann allerdings auch noch einiges: über Stil und über den Geschmack, manchmal auch über den Charakter oder überregionale und nationale Besonderheiten – egal, ob sie bewusst gesetzte Akzente sind oder ob sie eher zufällig gewählt wurden.

PS: Auf das T-Shirt unterm Anzug muss man gar nicht eingehen – das ist völlig indiskutabel.

Button-down-Kragen

Wann und wie trägt man Button-down-Hemden?

Die Kragenform ist das wesentliche Stilmerkmal eines Herrenhemdes und dennoch unterscheidet man prinzipiell nur zwischen Stehkragen und Umlegekragen. Der Stehkragen – bis zum Ende des 19. Jahrhunderts in vielen Variationen vorherrschend – wurde nach und nach vom Umlegekragen abgelöst und seit den Dreißigerjahren des letzten Jahrhunderts beinahe nur noch zum Smoking oder Frack getragen. Heute unterscheidet man etwa ein Dutzend klassische Umlegekragenformen, zu denen immer auch eine Krawatte getragen werden kann – manchmal auch getragen werden *muss*. Immer dann nämlich, wenn das Hemd (damit ist ausschließlich ein langärmeliges Hemd gemeint) zum *dunklen Anzug* und/oder wenn es mit Manschettenknöpfen getragen wird. Kurzärmelige Hemden werden nie mit einer Krawatte und nie unter einer Jacke getragen. Gleiches gilt natürlich auch für derbe Hemden – Holzfäller-Hemden beispielsweise.

Folglich kann – muss aber nicht – auch zum sogenannten Button-down-Kragen eine Krawatte getragen werden. Diese Kragenform sieht mit Krawatte nämlich ebenso gut aus wie ohne (dann offen getragen), wirkt jedoch selbst mit Krawatte weniger förmlich als alle anderen Kragenformen. Das liegt vor allem an der weichen Beschaffenheit des Button-down-Kragens und an der Sportlichkeit der angeknöpften Kragenspitzen. Außerdem ist der Stoff eines solchen Hemdes meist farbig, gemustert und insgesamt nicht gar so elegant gefertigt. Ein Hemd mit Button-down-Kragen gehört keinesfalls zum *dunklen Anzug* und auch nicht zur hochoffiziellen Geschäftskleidung. Doch selbst zu ganz sportlichen Versionen, wie beispielsweise zum Tattersallcheck-Hemd, ist eine Krawatte möglich.

Der klassische Krawattenknoten für das Button-down-Kragen-Hemd ist der American, aber auch der Kreuzknoten oder der einfache Windsor passen gut. Dass zum Button-down-Kragen keine Krawatte getragen werden soll, stammt wahrscheinlich aus der Zeit, als solche Hemden in den Achtzigerjahren hier in Mode kamen und lediglich mit dunkelblauen, echten Levi's 501 getragen wurden.

Seine Kleidersünden

Das äußere Gesamtbild eines Menschen und somit auch die Kleidung war seit eh und je Bestandteil seiner Kultur und somit einem stetigen Wandel unterworfen. Doch über die Zeiten hinweg und überall auf der Welt diente die Kleidung auch als Unterscheidungsmerkmal und Zeichen für die Zugehörigkeit zu bestimmten Schichten. Das ist heute nicht anders und wird im Zusammenhang mit bestimmten Kleiderordnungen für berufliche und gesellschaftliche Anlässe besonders deutlich.

Was sind denn die schlimmsten Kleidersünden für Männer?

Darüber hinaus ist die korrekte Kleidung auch dem jeweiligen Zeitgeist und natürlich der Mode unterworfen und somit – innerhalb gewisser Grenzen – vergänglich. Doch Mode hin oder her – Kleidersünden sind unabhängig von alledem. Kleidersünden sind nicht nur unabhängig von der Mode, sondern auch – sportliche und ähnliche Betätigungen mal ausgenommen – vom Anlass.

Zumindest sollten Sie sich als erwachsener Mann darüber im Klaren sein, dass Sie mit unpassender, derangierter oder geschmackloser Kleidung zumindest Gefahr laufen, nicht so gesehen zu werden, wie Sie gesehen werden wollen.

Indiskutabel sind:

- ▸ hochgekrempelte Jackenärmel

- ▸ helle, gar weiße, bunte, zu kurze oder gar keine Socken

- ▸ bedruckte T-Shirts

- ▸ kurze Hosen

- ▸ zu lange oder zu kurze Hosenbeine

- ▸ undeutliche, weiche Bügelfalten oder ausgebeulte Hosenbeine oder -knie

- ▸ ungeputzte oder abgetragene Schuhe

- ▸ braune oder helle Schuhe zum *dunklen Anzug*

- ▸ Anzugjacke zu einer anderen Hose

- ▸ Stiefeletten zum Anzug

- *dunkler Anzug* ohne Krawatte

- dunkelblaues oder schwarzes Hemd mit Krawatte

- offener Hemdkragen unter der Krawatte oder geschlossener Hemdkragen ohne Krawatte

- kurzärmelige Hemden unter der Jacke

- Krawatte zum kurzärmeligen Hemd

- sichtbare Hosenträger

- Hose mit Gürtelschlaufe ohne Gürtel

- Jeans mit Bügelfalte

- bunte Schleife oder Fliege zum Smoking

- Krawatte zum Smoking

- Krawatte oder Fliege mit Gummiband

- Leder-, Strick-, Synthetik-, Baumwollkrawatte

- zu lange, zu kurze oder nachlässig gebundene Krawatte

- Gag-Motive

- Sandalen, Latschen, Turnschuhe oder zweifarbige Schuhe

- heraushängendes Futter, offene Nähte, fehlende Knöpfe

- sichtbare Piercings und Tätowierungen

- Goldkettchen, Panzerarmbänder, Ohrringe

- Handgelenktäschchen

- ungepflegt, unrasiert, ungebügelt, ungewaschen

Haben Sie ausreichend angemessene Kleidung für die wichtigsten immer wiederkehrenden Anlässe? Fühlen Sie sich mit Ihrer Kleidung in jeder Lebenslage wohl? Ist Ihre Kleidung von der Qualität und Stilform, die beruflich oder privat von Ihnen erwartet wird, und passt sie gleichzeitig zu Ihrem Typ? Unterstützt Ihr Aussehen das, was Sie über sich aussagen wollen? Ja? Dann bleiben Sie nur dabei.

Ihre Kleidersünden

Jeden Morgen beginnt für viele Frauen das Drama vor dem Kleiderschrank. Dabei wollen Sie sich einerseits in Ihrer Kleidung wohlfühlen und andererseits intuitiv mit der Wahl Ihrer Kleidung den sich auf der Stelle damit verbindenden Fragen begegnen:

Und welches sind die schlimmsten Kleidersünden für Frauen?

Wie möchten Sie von den Personen, denen Sie am Tag begegnen werden, gesehen werden? Wie sollen Sie wirken? Wie wollen Sie wirken? Und: Wie wirken Sie tatsächlich? Ist Ihr Aussehen stimmig zum Anlass, zu Ihrem Typ und zu Ihrer Rolle? Passt Ihr Aussehen zum Ereignis?

Egal, welche Antwort Sie täglich darauf haben, egal, welche Mode gerade angesagt ist: Vermeiden Sie folgende Kleider-Fauxpas oder seien Sie sich zumindest dessen bewusst, dass sie eine geschmackliche Gratwanderung darstellen – falls Sie nicht mehr unter Dreißig sind:

▶   zu enge, zu kurze, zu verspielte, durchsichtige Kleidung

▶   große Dekolletés und Korsagen am Tage

▶   bauchfreie Oberteile

▶   Spaghettiträger, Tops, ärmellose Blusen ohne Jacke

▶   Hosenröcke, Leggins, Shorts, Radlerhosen

▶   Tiger-, Leoparden-, Gag-Motive und wilde Muster

▶   Netzgewebe, Gold-, Silberlamé, Pailletten, Strass

- schwarze Strümpfe zu andersfarbiger Kleidung

- Nappalederkleidung (Hose, Rock)

- weiße Socken oder bunte Strümpfe

- gar keine Strümpfe – nackte Beine

- undeutliche, weiche Bügelfalten oder ausgebeulte Hosenbeine oder -knie

- Stiefeletten zum Rock

- sehr hohe Absätze, Sandalen, Clogs, Latschen, Flip Flops, Turnschuhe etc.

- schief getretene Absätze, ungeputzte Schuhe

- Anzug + Hemd + Krawatte als Männerkleidung

- billig wirkende Accessoires

- bunt gemusterte Schirme

- zu viel Schmuck, billig wirkender Modeschmuck (Strass)

- zu auffälliges bzw. zu viel Parfüm

- zu auffälliges Make-up am Tage

- lange knallrote Fingernägel und Nagelmodellage

- heraushängendes Futter, offene Nähte, fehlende Knöpfe

- sichtbare Piercings und Tätowierungen

- Schlabberlook

Und ein langes festliches Kleid am Tage zu tragen, ist auch ein Kleiderfauxpas.

Auch das, was Sie darunter tragen, geht niemanden etwas an. Ihre Wäsche sollte weder irgendwo herausschauen noch sich abzeichnen.

Klingt das zu streng? Mag sein, dass manches davon für manche von uns auch manchmal möglich ist. «Bei einer Frau zählt nicht nur, was ihr steht. Sondern auch, wozu sie steht», meinte dazu Peter W. Boveleth, Macher des Labels *Ambiente*. Vielleicht waren in den Neunzigerjahren bauchfreie Tops und Flip Flops im Hochsommer und kleine Piercings bei ganz jungen Frauen OK, aber oft finden schon die gleichen jungen Frauen Ähnliches bei etwas älteren Frauen vollkommen daneben. «Nichts ist kritischer als die Augen einer Frau – außer die Augen einer anderen Frau» – auch von Peter W. Boveleth.

Geschäftskleidung für Frauen – die Basics

Die Bekleidungsempfehlungen im Geschäftsleben sind zwar keineswegs über die Branchen hinweg einheitlich definiert. Gleichwohl gelten innerhalb eines Unternehmens fast immer bestimmte Bekleidungsgepflogenheiten, die innerhalb einer Branche – oft sogar weltweit – derzeit für die Mitarbeiter als verbindlich angesehen werden, wobei in den Chefetagen durchaus wieder andere Kleiderkodes gelten können. Und in einer Bank beispielsweise gelten andere Kodes als in der Modebranche. Es reicht aber nicht, dass Ihre Geschäftskleidung zur Branche passt, sie muss darüber hinaus auch zu Ihnen passen – zu Ihrer beruflichen Stellung, zu Ihrem Typ, zu Ihrem Alter und zu Ihrer Figur. Sowohl Ihr Aussehen als auch Ihr Verhalten müssen in Ihrer beruflichen Situation stimmig sein, damit Sie glaubwürdig, authentisch und auch kompetent wirken. Nur dann werden Sie erfolgreich sein können oder es zumindest leichter haben, erfolgreich zu sein.

Geschäftsoutfit für Frauen: Welche Kleidung ist immer richtig?

Fragen Sie sich, wie Sie sich selbst sehen und wie Sie gesehen werden möchten: als konservativ?, elegant?, kreativ?, originell?, extravagant? Sobald es im Beruf nicht völlig egal ist, was Sie anhaben, sollten Sie branchenübergreifend beachten, dass Sie erst korrekt gekleidet sind, wenn – auch im Hochsommer – Ihre Schultern bedeckt sind, das Dekolleté nicht zu tief blicken lässt, die Beine immer dezent bestrumpft und die Schuhe zumindest vorn immer geschlossen sind. Darüber hinaus bitte keine zu eng anliegende Kleidung, keine sehr kurzen Röcke und natürlich auch keine kurzen Hosen – egal, wie schön Ihre Beine sind, und egal, ob das modern ist oder nicht. Sandaletten gehören ebenfalls nicht ins Geschäftsleben, da sie nur ohne Strümpfe getragen werden, Sie aber nicht ohne Strümpfe ins Büro gehen. Auch bei den Mustern gilt immer: Weniger ist mehr. Wählen Sie dezente Muster.

Das war's auch schon – fast. Kompetenter und seriöser wirken Sie zudem, wenn Sie nicht zu stark geschminkt sind und nicht mehr als 7 Schmuckstücke gleichzeitig tragen. Im Büro sind Frauen obendrein am besten mit klassischem Kostüm oder Hosenanzug angezogen. Beides sollte von eleganter Farbe und aus fließendem Stoff sein, weil nur hochwertiges Material garantiert, dass ein Bürotag ohne Knitterfalten und ausgebeulte Hosenbeine überstanden werden kann. Nicht zuletzt noch eine Sache: Das, was drunter getragen wird, ist wichtig, soll aber für Ihre Kollegen und Chefs – Männer und Frauen – unsichtbar sein.

Trotz der vielen Bekleidungsregeln im Beruf können Frauen modern und feminin gekleidet sein, darüber hinaus mit stilvollen Accessoires individuelle Akzente setzen und selbst-bewusst Frau sein.

Und nur noch der Vollständigkeit halber: Kleidung und Schuhe sind immer topgepflegt, gewaschen, gereinigt, gebügelt und geputzt.

Geschäftskleidung für Männer – die Basics

Den Slogan *no brown in town – kein Braun in der Stadt* – haben Sie bestimmt schon einmal gehört. Er hat seinen Ursprung in der strengen Einteilung nach Stadtkleidung, Landkleidung und Festkleidung, nach der die britische Oberschicht ihre Kleidung sortierte. Die Festkleidung (Smoking und Frack) war und ist schwarz und weiß – sowohl in der Stadt als auch auf dem Lande.

Die heutige Geschäftskleidung entspricht ungefähr der damaligen Stadtkleidung, die nach wie vor in gedeckten Farben wie Dunkelblau und Dunkelgrau gehalten ist – eben *no brown in town*. Dazu passen nur schwarze Schuhe.

Unsere heutige Freizeitkleidung darf man mit der damaligen Landkleidung gleichsetzen. Farben der Erde und der Pflanzen, Farben, die mit Natur, Freizeit und Gemütlichkeit verbunden werden, dominieren hier eindeutig. Sogar braune Schuhe sind passend.

Diese Trilogie – Festkleidung/Geschäftskleidung/Freizeitkleidung – ist, auch wenn sie bereits etwas aufgeweicht ist, nach wie vor in vielen Köpfen fest verankert. Es ist von Ihrer Position im Unternehmen und von der Branche abhängig, was für Sie gilt. So oder so haben Sie doch im Berufsleben, jedenfalls was die Kleidung betrifft, nur zwei Möglichkeiten: Entweder Sie richten sich nach dem Image Ihres Arbeitgebers oder Sie suchen sich einen Arbeitgeber, der zu Ihrem eigenen Image passt. Die meisten Branchen wünschen sich fachlich kompetente Mitarbeiter, die mit ihrem freundlichen und stilvollen Auftreten und durch ihr korrektes Aussehen Seriosität und Professionalität ausdrücken. Und sie wünschen sich ferner Mitarbeiter, die einerseits dem Image des Unternehmens und andererseits den Erwartungen der Kunden und Geschäftspartner entsprechen – glaubwürdig natürlich.

Halboffizielle Geschäftskleidung für Männer:

Ist es in Ihrem Beruf nicht ganz und gar egal, was Sie morgens anziehen, sind Sie in vielen Branchen – allerdings nicht in den Chefetagen – sicher mit der halboffiziellen Geschäftskleidung richtig angezogen. Sie bietet Ihnen ein wenig mehr Freiraum innerhalb von Anzug, Hemd und Krawatte.

Neben dem klassischen Geschäftsanzug in gedeckten Farben sind hier auch dunkle Grün- oder Olivtöne möglich. Brauntöne sind zwar erlaubt, aber weitestgehend verpönt, Schwarz geht gar nicht. Die Weste ist nicht zwingend. Die sogenannte Kombination aus dunkler Hose und andersfarbiger oder gemusterter Sportjacke

Wie ist das Businessoutfit für Männer immer korrekt, und was bedeutet *halboffizielle Geschäftskleidung*?

ist in Deutschland ebenfalls oft geduldet. Die langärmeligen Hemden können
verschiedene helle Farben, auch dezente Muster und außerdem unterschiedliche
Kragenformen haben – selbst Button-down- oder Tab-Kragen sind möglich. Was
bleibt, sind die dezenten Muster der Seidenkrawatte und die langen Kniestrümpfe in klassischen, glattledernen Schnürschuhen mit Ledersohle. Die Kniestrümpfe sollten nicht nur so dunkel wie die Schuhe sein, sondern auch den Farbton der
Schuhe aufnehmen und darüber hinaus sowohl zu den Hosenbeinen als auch zur
restlichen Kleidung passen. Das verlangt oft Fingerspitzengefühl – nicht nur die
Farbe, sondern auch Muster und Material betreffend.

Hoch- und halboffizielle Geschäftskleidung für Frauen – kompetent, elegant, feminin

Hochoffizielle Geschäftskleidung für Frauen:

Für Frauen in Führungspositionen und für Frauen, die berufliche Repräsentationsverpflichtungen haben, ist traditionell das Kostüm das klassische Kleidungsstück. Anfang des 20. Jahrhunderts war das Kostüm für die ersten Geschäftsfrauen – als Anzug-Stellvertreter – noch eine modische Revolution. Heute sorgt es – geschäftlich und privat – immer und überall sowie bei jeder Trägerin für einen perfekten Auftritt. Es erscheint seriöser, eleganter und vor allem fraulicher als der Hosenanzug – insbesondere im internationalen Umfeld. Dessen ungeachtet sollten Frauen, die – aus welchen Gründen auch immer – sehr ungern Röcke tragen, sich für einen gut sitzenden Hosenanzug entscheiden. Sie wirken dann allemal im Hosenanzug professioneller und das ist in hochoffiziellen, beruflichen Situationen immerhin wichtiger.

Das klassische Kostüm kann mit einem hochwertigen hell-einfarbigen Shirt oder mit einer eleganten, hellen Bluse kombiniert werden. Neben dem Kostüm ist das schnörkellose Etui-Kleid mit passender Jacke oder Gehrock akzeptiert. Die korrekte Rocklänge ist ausnahmslos knieumspielend, wobei jüngere Frauen innerhalb der Handbreite über dem Knie und ältere Frauen innerhalb der Handbreite unter dem Knie an der schmalsten Stelle des Beines die ideale Höhe für den Rocksaum finden. Komplett ist die Geschäftskleidung einer Frau allerdings erst mit dezenten, hautfarbenen Strümpfen und klassischen, geschlossenen, dunklen Glattlederschuhen – Pumps also.

Halboffizielle Geschäftskleidung für Frauen:

Hochoffizielle Geschäftskleidung ist zwar in jedem Fall richtig, aber darüber hinaus können Sie zu informellen Anlässen etwas weniger strenge Kleidung wählen und haben auch bei Material-, Muster- und Farbwahl viel mehr Möglichkeiten. Dennoch soll die Kleidung den Erwartungen an Ihre Position und Aufgabe gerecht werden; je höher Ihre Position ist, desto edler, klassischer und seriöser sollten Sie sich auch kleiden. Der Hosenanzug und auch eine Kombination aus Hose und Blazer oder Sportjacke mit Bluse oder Shirt sind erlaubt. Auch natürlich die Kombination aus Rock und Blazer oder Sportjacke. Selbst verschiedene Rocklängen sind möglich, wobei noch immer die Empfehlung *knieumspielend* gilt. Ihre Beine müssen im Büro immer mit dezenten Strümpfen bekleidet sein. Ebenso obligatorisch sind zumindest vorne geschlossene Schuhe. Nackte Beine und Füße im

Seitenspalte:

Was ist der Unterschied zwischen hochoffizieller und halboffizieller Geschäftskleidung bei Frauen?

Büro sind überall auf der Welt und in allen Branchen ein Kleider-Fauxpas. Sparsam und stilvoll eingesetzte modische Accessoires, wenig Schmuck, eventuell ein Tuch komplettieren dann Ihr individuelles Auftreten und geben Ihnen zudem die Möglichkeit, bewusst individuelle Akzente zu setzen. Nach einer Geschäftsbegegnung soll der Mensch in Erinnerung bleiben und nicht seine Kleidung. Das zu wissen ist zwar nicht nur für Frauen wichtig, aber gerade für Frauen fehlt nach wie vor der weibliche Maßstab in den Chefetagen, und es wird noch viel zu lange geschaut – *Was hat sie heute an?*, *Was ist neu?*, *Steht ihr das?* –, bevor man ihr zuhört.

Grundsätzlich sollte Ihre gesamte Geschäftskleidung obendrein nicht zu kurz, nicht zu eng, nicht zu bunt, nicht verspielt, nicht durchsichtig, nicht grell gemustert, nicht schulterfrei – kurz, nicht zu auffallend sein. Auf keinen Fall – auch wenn es bei Ihnen legerer zugeht oder wenn die Temperaturen über 30 Grad ansteigen – sollten Sie im Berufsleben kurze Hosen, T-Shirts, kurzärmelige Hemden, Turnschuhe, Sandalen oder Latschen tragen.

Hochoffizielle Geschäftskleidung für Männer

Was bedeutet *hochoffizielle Businesskleidung* für Männer?

Wenn Ihr Geschäftsanzug hochoffiziellen Anlässen gerecht werden soll, ist der dreiteilige Anzug erste Wahl. Zwar sieht man die Weste immer seltener, doch ganz wegzudenken ist sie noch nicht, und mit ihr wirkt ein Mann allemal eleganter und angezogener. Dunkelblau bis Anthrazit, mit oder ohne Nadelstreifen, allenfalls Ton-in-Ton gemustert sind die klassischen Farben für konventionelles Aussehen – umso gedeckter, je offizieller der Anlass ist. Wichtig ist, dass Ihr Anzug über eine perfekte Passform verfügt und aus hochwertigem Material gefertigt ist – beides ist die Voraussetzung dafür, dass Sie sich in ihm wohlfühlen und auch nach einem Vierzehnstundentag noch souverän wirken können. Das beste Material für einen Anzug bleibt Schurwolle, egal, für welchen Anlass und für welche Jahreszeit. Bis heute ist kein anderes Material unempfindlicher gegen Knittern, und kein anderes Material fällt eleganter am Körper als dieses.

Zum hochoffiziellen Geschäftsanzug gehört ein weißes oder sehr helles Hemd mit Kent- oder Haifischkragen und Doppelmanschetten mit Manschettenknöpfen. Kragen und Manschetten müssen ungefähr 1 bis 1,5 Zentimeter aus der Jacke hervorschauen, so dass die Jacke an keiner Stelle Ihre Haut berührt. Der elegante Mann trägt obendrein gern ein Einstecktuch, passend zum Hemd und zur Krawatte oder – klassisch – ein weißes Leinentuch, sowie eine dezent gemusterte Seidenkrawatte. Ein schwerer, aber häufiger Missgriff sind diese Kombi-packs von Einstecktuch und Krawatte aus demselben Stoff; das Einstecktuch darf keinesfalls genau dieselbe Farbe und dasselbe Design wie die Krawatte haben.

Glattlederne, schwarze Schnürschuhe, schwarze Oxfords, sind immer richtig, oder Budapester. Dazu schwarze Kniestrümpfe – jedenfalls sollen Ihre Strümpfe so lang sein, dass Ihr nacktes Bein in keiner Sitzposition zu sehen ist.

Komplett ist das Outfit mit einer gepflegten Aktentasche aus hochwertigem schwarzen Leder – passend zu den Schuhen. Schmuck ist bei Männern in den Chefetagen nicht gern gesehen, lediglich dezente Manschettenknöpfe, eine klas-sisch elegante Uhr, der Ehe- oder Partnerschaftsring natürlich und eventuell ein echter (!!) Siegelring mit dem eigenen Familienwappen. Die Krawattennadel ist ganz und gar unmodern und daher nicht empfehlenswert. Unterschätzen Sie bitte auch nicht den strengen Blick auf Utensilien, wie Schreibmaterial (Federhalter), Laptop, Handy oder Zustand und Sauberkeit Ihres Autos. Der Hersteller ist gege-benenfalls auch nicht unwichtig.

Geschäftskleidung ist nicht farbenfroh

Die Geschäftskleidung gibt es sicher nicht – jedoch, wer Karriere machen möch-te, sollte sich nicht leichtsinnig über Erwartungen hinwegsetzen. Die individuell geltenden Erwartungen sind selbstredend von den Bekleidungsgewohnheiten der jeweiligen Branche abhängig. Da haben zwar Angehörige kreativer Berufe oder Mitarbeiter aus dem IT-Geschäft ihre eigene Uniform, aber die Führungsper-sönlichkeiten aller Branchen bevorzugen einen einheitlichen klassischen Stil, der den Erwartungen an ihre Rolle entspricht. In allen Chefetagen der Welt, in allen Branchen und Institutionen steht die klassische Uniform von Geschäftsmann und Geschäftsfrau für Professionalität, Kompetenz und Seriosität. Überall dort, wo ein solcher Kleidungsstil von Mitarbeitern, Vorgesetzten und manchmal auch vom Kunden erwartet wird, gelten einheitliche Maßstäbe, die gewissermaßen zeitlos sind – eben klassisch.

Darf es in der Geschäftskleidung nicht etwas mehr Mut zur Farbe sein?

Dieser konservative, formelle Kleidungsstil für die Geschäftskleidung wird internati-onal mit Business dress oder Business suit bezeichnet und ist dann richtig kombiniert, wenn die Kleidung gar nicht wahrgenommen wird. Die Führungspersönlichkeit mit ihrer Fachkompetenz, mit ihren kommunikativen Fähigkeiten und mit ihrer sozialen und emotionalen Intelligenz soll in Erinnerung bleiben – nicht, was sie anhat. Auf der anderen Seite prägt letztlich nicht nur die Kleidung, sondern das gesamte äußere Erscheinungsbild der Führungskräfte die Unternehmenskultur eines Hauses – nach außen und ebenso innerbetrieblich. Ein korrekter Haarschnitt sowie eine frisierte Frisur und gepflegte Hände, Körperhaltung und Mimik sind, um nur Beispiele zu nennen, ebenso wichtige Merkmale – gute Manieren freilich außerdem.

Wenn Sie auf der Karriereleiter bereits in höhere Regionen gestiegen sind, haben Sie mittlerweile auch erfahren, dass Sie nur nach oben kommen, wenn das auch die anderen so wollen – die Entscheider nämlich. Und für die Entscheider ist Ähnlichkeit nun mal ein ganz entscheidendes Auswahlkriterium – allerdings nicht nur die Kleidung betreffend.

Professor Michael Hartmann ist als Elitenforscher mit seiner These *Gleich und Gleich gesellt sich gern* in Deutschland bekannt geworden. Er lehrt an der Technischen Universität Dortmund Soziologie und fand im Ergebnis seiner Studien bestätigt, dass auch die Führungskräfte der deutscher Wirtschaftselite – die gegenwärtig machttragende Schicht unserer Gesellschaft – sich am liebsten mit Neulingen umgeben, die ihnen im Verhalten und im Aussehen ähneln.

Passende Schuhe fürs Büro

Dürfen im Büro Stiefel und Sandalen getragen werden?

Stiefel waren zunächst allein für Männer und später, seit Anfang des 19. Jahrhunderts, auch für Frauen vorrangig zum Schutz vor Schnee und Kälte gedacht. Für Männer gilt das nach wie vor; Stiefel passen für sie ausschließlich in die Freizeit, zum Wandern oder Klettern. Gummistiefel, Reitstiefel und -stiefelette sind also bei eher freizeitlichen Gelegenheiten erlaubt, aber Stiefeletten oder Stiefel zum Anzug oder zur Wollhose sind absolut verpönt – im Geschäftsleben und auch privat, sowohl im Freien als auch in geschlossenen Räumen, im Winter und im Sommer.

Anders bei Frauen. Da liegen Stiefel und Stiefeletten immer mal wieder modisch im Trend. Das hat allerdings nichts daran geändert, dass sie in konservativen Geschäftsfeldern und bei offiziellen Anlässen nicht (gern) gesehen werden, insbesondere dann nicht, wenn sie ganztags und/oder mit einem Rock getragen werden. In der Freizeit und privat wird Stiefelträgerinnen heute mehr Modebewusstsein zugebilligt, so dass selbst die Regel, dass der Rocksaum den Stiefel überdecken muss, nicht mehr gar so streng gilt.

Während Männersandalen an allen Orten und zu allen Zeiten – mit oder ohne Strümpfe – als unpassend angesehen wurden und werden, scheiden sich bei den Frauensandalen oder Sandaletten die Geister.

Streng genommen tragen elegante Frauen – egal, wie schön ihre Beine sind, und egal, wie heiß es draußen ist – immer Strümpfe. Mit Strümpfen sind Sandalen und Sandaletten nun jedoch vollkommen unattraktiv. Also, keine Sandaletten?! Sandaletten sind gleichwohl heute nicht mehr wegzudenken, und so muss jede Frau für sich entscheiden, ob sie jenseits der Dreißig ihre Beine und Füße vorzeigen sollte. Dass die strumpflosen Füße nicht nur topgepflegt und einwandfrei sein müssen, sondern auch sehr jung, wird sie vermutlich irgendwann einsehen – oder einsehen müssen, wenn Blicke sich blitzschnell von dem Anblick ihrer Füße abwenden oder ungläubig an ihnen hängen bleiben.

Im Geschäftsleben und bei offiziellen und festlichen Anlässen sind nackte Beine und Füße sowieso absolut tabu, und somit auch Sandalen und Sandaletten. Vom Geschmack mal ganz abgesehen, treffen Peeptoes – Pumps, bei denen die Zehen zu sehen sind – gleichfalls auf wenig Gegenliebe. Slingpumps hingegen gelten, außer bei hochoffiziellen Anlässen, als unproblematisch – mit Strümpfen, versteht sich. Und auch wenn Sie es in Hochglanzmagazinen, auf Laufstegen und an den Füßen von Sternchen aus der Glamourwelt anders sehen: Insbesondere zu einem festlichen Abendkleid und nach mehreren Stunden, besonders wenn getanzt wird, sieht nicht einmal mehr der junge Fuß noch attraktiv, sauber und gepflegt aus. Ein geschlossener, eleganter Abendschuh, beispielsweise sehr weit ausgeschnitten und mit Satin bezogen, sieht dagegen an den zartbestrumpften Beinen jeder Frau immer elegant aus – stundenlang.

Doch nicht nur Stiefel, Sandalen und Sandaletten sind für ein korrektes äußeres Erscheinungsbild bei offiziellen Anlässen und im Beruf problematisch, sondern auch Turnschuhe, Sneakers, Bootsschuhe, Stoffschuhe, Clogs, High Heels und natürlich Flip Flops und Latschen.

Korrekt sind im Berufsleben für Männer schlichte schwarze Lederschnürschuhe mit Ledersohle, vorzugsweise Klassiker wie Oxford, Budapester oder Brogue. Bequemschuhe mit Gummisohle passen einfach nicht ins Büro. Frauen tragen am besten Pumps mit mittlerem Absatz, passend zur Kleidung und zur Handtasche. Je offizieller der Anlass ist, umso schlichter sollte der Schuh sein – dann auch eher in gedeckten Farben, also Schwarz, Dunkelblau oder Grau.

Schuhe werden leider oft etwas vernachlässigt, dabei sollten sie täglich geputzt und regelmäßig zu einem guten Schuster gebracht werden.

Kleidervermerke müssen respektiert werden

Wenn Sie sich in Gesellschaft begeben wollen, kommen Sie nicht umhin, bestimmte – auch nonverbal ausgesprochene – Kleiderordnungen zu beachten. Manche Gastgeber machen es ihren Gästen leicht und geben für offizielle und für gesellschaftliche Anlässe die Art der Kleidung vor. Jeder, der sich schon einmal die Mühe gemacht hat, ein größeres Fest zu arrangieren, weiß, der Erfolg jeder Veranstaltung steht und fällt nun einmal mit den Gästen. Sie prägen durch ihr Verhalten, aber auch durch ihre Kleidung, den Stil und den Charakter der Veranstaltung. Daher haben Gastgeber die Möglichkeit und im Grunde auch die Pflicht, ihre Erwartungen in Bezug auf die Kleidung ihrer Gäste schon auf der Einladung zum Ausdruck zu bringen – um den Rahmen der Veranstaltung vorzugeben und damit alle Beteiligten vor Enttäuschungen und Peinlichkeiten zu bewahren.

Ist der Kleidervermerk auf der Einladung nur eine Empfehlung oder muss man sich danach richten?

Wenn auf Ihrer offiziellen Einladung ein solcher Wunsch vermerkt ist, dann ist das für Sie keine Empfehlung und auch kein Vorschlag, sondern verbindlich – schon in Ihrem eigenen Interesse. Dabei macht es dann auch keinen Unterschied, ob Sie bei Nichtbeachtung des Kleidervermerks overdressed oder underdressed gekleidet sind. Aus welchem Grund Sie sich auch so oder so angezogen haben und ob Sie sich dessen bewusst sind oder nicht: Sie drücken mit Ihrem Aussehen Wertschätzung oder Gleichgültigkeit oder gar Geringschätzung gegenüber dem Gastgeber aus. Doch noch empfindlicher als der Gastgeber reagieren erfahrungsgemäß die anderen richtig angezogenen Gäste auf eine solche Missachtung.

Lange Rede, kurzer Sinn – Sie haben nur zwei Möglichkeiten: Entweder halten Sie sich an den Kleidervermerk oder Sie sagen die Einladung freundlich ab. Nur das ist höflich – aus Respekt vor den Gastgebenden, aus Respekt vor den anderen Gästen und/oder aus Respekt vor der Veranstaltung!

Kleidervermerke auf offiziellen Einladungen richten sich nach wie vor nur an die Männer. Es wäre ja auch unhöflich, Frauen etwas direkt vorzuschreiben oder Frauen gar zu unterstellen, sie wüssten nicht, was zu diesem Anlass passend wäre. Für Frauen sind Kleidervermerke daher Kodes, aus denen sie schlussfolgern.

Klassische Kleidervermerke für offizielle Abendveranstaltungen:

▸ *dunkler Anzug*

▸ *Smoking* = kleiner Gesellschaftsanzug
  [*Dinnerjackett*] = kleiner Gesellschaftsanzug im Sommer,
  unter freiem Himmel für große Gartenpartys oder auf Schiffsreisen

▸ *Frack* = großer Gesellschaftsanzug

Klassische Kleidervermerke für offizielle Veranstaltungen am Tage:

▸ *dunkler Anzug*

▸ *Stresemann* = kleiner Gesellschaftsanzug am Tag

▸ *Cut/Cutaway Coat* = großer Gesellschaftsanzug am Tag

Festliche Abendkleidung ist keine Hilfe

Was trägt man bei einer Veranstaltung mit dem Kleidervermerk *festliche Abendkleidung*?

Solche Kleidervermerke könnte man wohlwollend als fürsorglich werten, doch sehr nützlich sind sie nicht. Zuweilen findet man auch so verwirrende Formulierungen wie *Abendgarderobe, dunkler Anzug/kurzes Kleid* oder eben auch häufig die *festliche Abendkleidung* auf offiziellen Einladungen. Gut gemeint und sicher der Vielfalt der geladenen Gäste geschuldet ist wohl auch der zwar optimistische, aber dennoch undefinierbare und gleichzeitig resolute Kleidervermerk *Sommerliche Kleidung/Nationaltracht* für ein alljährliches großes Gartenfest im Sommer, bei dem die Einladungen bereits Wochen vor dem Termin versendet werden – natürlich ohne zu wissen, ob der Tag auch ein Sommertag wird. Da kommen dann die einen ganz leger in Jeans und Turnschuhen und die anderen machen sich mit dem langen Abendkleid fein. Nur diejenigen, die sich für den Mittelweg entscheiden, fühlen sich wahrscheinlich überhaupt wohl. Wer sich jedoch streng an den Kleiderwunsch des prominenten Gastgebers hält und unabhängig von den auch im Sommer manchmal kühlen Temperaturen sommerliche Kleidung trägt, könnte sich womöglich sogar erkälten. Für das meist schlechte Wetter hätte es besser eine Empfehlung zu *warmer Regenkleidung* geben sollen. Korrekt wäre das aber natürlich auch nicht.

Verantwortlich für den Kleidervermerk sind immer die Gastgebenden; haben sie doch dafür zu sorgen, dass sich ihre Gäste über die gesamte Veranstaltung hinweg wohlfühlen. Also fragen Sie einfach, wenn Sie mit dem Kleidervermerk nicht zurechtkommen, die Gastgebenden. Da jedoch davon auszugehen ist, dass Gastgebende, die sich einen besonders festlichen Rahmen mit *Smoking* oder *Frack* wünschen, das auch in der Einladung so formuliert hätten, gehen Sie mit dem *dunklen Anzug* als *festlicher Abendkleidung* wahrscheinlich auf Nummer sicher. Keinesfalls sollten Frauen jedoch bei solchen Einladungen in Lang kommen, damit sind sie ganz sicher zu vornehm gekleidet.

Festliche Abendkleidung ist sowohl der *dunkle Anzug* als auch der *Smoking* und *Frack*, und da zwischen den dreien – nicht nur für Männer – ein himmelweiter Unterschied besteht, ist es schon wichtig, sich genau zu informieren.

Eine Entscheidungshilfe können auch Informationen aus der Einladung sein: Ist die Einladung edel und aufwendig oder ein Serienbrief? Gibt es ein gesetztes Essen oder zumindest ein Dinner-Buffet? Wer sind die Gastgeber und was ist der Anlass? In welche Lokation wird eingeladen? Wird getanzt und wer macht die Musik?

Männer in Schwarz-Weiß

Der Mann sollte eher dezent, elegant und niemals allzu auffällig gekleidet sein. Und er sollte immer so aussehen, als hätte er sich um seine Kleidung nicht allzu viele Gedanken gemacht. Das rührt aus der Tradition her, dass er als Gentleman den Frauen das modische Parkett überlässt und nicht versucht, mit ihnen zu konkurrieren. Frauen sollen sich außerdem darauf verlassen können, dass ihre Kleidung zur Kleidung der Mäner passt.

Warum kommt für Männer bei festlichen Abendveranstaltungen nur die Farbkombination Schwarz-Weiß in Frage?

Smoking und Frack sind nur in der Farbkombination Schwarz-Weiß stilvoll und geben Frauen die größte Sicherheit! Egal, für welche Farbe sie sich entscheidet, beide passen zusammen. Für Männer sind bei so festlichen Anlässen keine Extravaganzen gefragt. Eher würden Sie sich in die große Gefahr begeben, mit lustig bunten Exemplaren von Schleife oder Weste, gar Krawatte, oder ganz ohne Halsschmuck zur allgemeinen Belustigung beizutragen – natürlich, ohne dass Sie je davon erfahren würden. Was die Sache ja nicht besser macht. Jeder modische Firlefanz ist für Männer im Smoking oder Frack absolut indiskutabel.

Ansonsten gilt die Forderung nach sogenannten Nichtfarben auch für den *dunklen Anzug*, womit eher kalte Farben gemeint sind, die umso gedeckter sind, je offizieller der Anlass ist. Braune Anzüge, auch dunkelbraune Anzüge, sind für den Abend, zumindest sobald es feierlich wird, unpassend. Zu bekannt ist da das geflügelte Wort *no brown in town*, das ausdrückt, dass die Farbe Braun nicht mit Macht und Stand (Stadtleben), sondern mit Erde, Landarbeit und Freizeit (Landleben) verbunden wird. Woher der Satz auch immer kommt, erfahrungsgemäß spiegelt er unsere Assoziationen wider – nicht nur für die Schuhe und auch nicht nur für die Männerkleidung.

Dass weiße Hemden für den Anzug bevorzugt werden, liegt höchstwahrscheinlich auch noch an der Erinnerung, dass es sich früher nur der Adel und das wohlhabende Bürgertum leisten konnten, jeden Tag ein frisch gewaschenes, weißes Hemd anzuziehen – weißes Hemd bedeutet Luxus und Wohlstand.

Italiener tragen auch zum *dunklen Anzug* braune Schuhe und man darf gerne zugeben: Das sieht bei manch einem sogar gut aus. Sie, als Nichtitaliener, sollten dies allerdings weder hier noch in Italien oder sonstwo auf der Welt imitieren. Erstens weiß nicht nur der Italiener, dass dies bei Ihnen zu Hause nicht üblich ist (und dass Sie ihn also nachmachen), und zweitens werden Sie vermutlich nicht den genau richtigen Braunton treffen, es sei denn, ein Italiener geht mit Ihnen einkaufen.

Sommerlich-festlich – im Regen?

Sommerlich-festlich? Jedes Jahr bekommen viele Frauen und Männer Einladungen mit solchen Kleidervermerken und stehen immer wieder vor dem gleichen Rätsel. Zwar ist es schön, dass die Gastgeber ihren Gästen mit einem Kleiderwunsch behilflich sein wollen, aber bei solchen Vermerken sind ihre Gäste eher verwirrt. Ich ganz genauso wie Sie. *Sommerlich* allein ist schon so eine Sache. Natürlich kleiden Sie sich sommerlich, wenn es sehr warm ist. Aber was sollen Sie tun, falls die Temperaturen furchtbar sinken ... *Festlich* ist ja eher Smoking, Frack oder am Tage ein Cut. Jedoch, so festlich ist es dann meist doch wieder nicht. Und wer möchte schon zu fein angezogen sein?

Was sollte man bei einer Einladung mit dem Kleidervermerk *sommerlich-festlich* anziehen?

Zumindest heißt *festlich* für Männer – egal, ob Sommer oder Winter – *dunkler Anzug*. Dazu tragen Frauen ein elegantes Jackenkleid, ein elegantes Kostüm oder einen eleganten Hosenanzug – und zwar viel eleganter als fürs Büro. Zudem tragen Frauen unbedingt dezente Strümpfe und zumindest vorne geschlossene Schuhe, echten Schmuck, eine kleine Handtasche und haben wenigstens beim Essen die Schultern bedeckt – mit einem Tuch, einer Stola oder einer Jacke.

Nun kann es aber auch sein, dass die Gastgeber etwas ganz anderes gemeint haben. Nämlich hübsch anziehen, bloß keine Jeans, keine kurzen Hosen, Flip Flops, Latschen, bauchfrei, Top, kein T-Shirt und auch kein Pullover. Da hätte der Kleidervermerk *casual* gereicht. Für Männer eine dunkle Hose aus feiner Schurwolle oder eventuell Chinos. Dazu ein helles Hemd (auch mit Button-down-Kragen) oder ein Poloshirt und ein Jackett (Marine-Blazer, Tweed-Jackett oder Sportjacke) – aber keinesfalls eine Krawatte. Für Frauen ein Kleid, ein Jackenkleid, Kostüm oder Hosenanzug, auch Chinos oder ein heller Baumwoll-

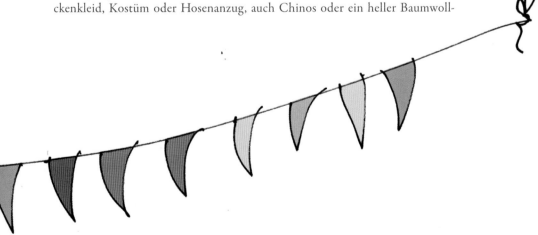

rock mit Bluse, Shirt und Blazer oder Twinset – alles nicht ganz so elegant in Material und Schnitt.

Sie sollten unbedingt bei den Gastgebern nachfragen und sie bitten, Ihnen etwas mehr über den Rahmen ihres Festes zu sagen. Sollen Männer eine Krawatte tragen oder nicht? Das ist die Schlüssel-Frage und danach können Sie den Rest oft ableiten. Um was für eine Veranstaltung handelt es sich – Hochzeit, Jubiläum, Sommerfest? Wer ist Gastgeber? Wie stilvoll sieht die Einladung selbst aus? Wird gegrillt? Welche Musik ist bestellt? Gibt es einen Aperitif-Empfang? Findet alles im Freien statt? Das können wichtige Zusatzinformationen sein, auf die man sich manchmal einen Reim machen kann.

Der einzig vernünftige Rat ist in solchen Fällen: Fragen Sie beim Gastgeber noch einmal nach. Damit Sie weder zu fein noch zu lässig gekleidet sind und das Fest für alle ein Erfolg wird, weil die Gastgeber und die Gäste – Sie und die anderen Gäste auch – sich wohlfühlen.

Kleidungsempfehlung zur See

Mit welchen Kleiderordnungen ist auf einem Kreuzfahrtschiff zu rechnen?

Bei einer Schiffsreise verbringen Sie die meiste Zeit auf dem Schiff, und daher sollten Sie unbedingt alle Möglichkeiten nutzen, bereits vor der Reise sehr viele Details bei der Buchung vorzuplanen. Da Sie nicht wie sonst im Urlaub kurzfristig das Hotel wechseln können, sollten Sie besonderen Wert auf die richtige Auswahl der Reisekategorie legen. Speziell bei Schiffsreisen ist es für den zu erwartenden Stil im Verhalten und im Aussehen der anderen Passagiere maßgeblich, ob Sie auf einem Clubschiff in lockerer Urlaubsatmosphäre oder auf einem Luxusliner auf große Fahrt gehen.

Nicht nur früher, als Schiffsreisen noch mit Luxus verbunden waren, sondern auch heute noch gelten auf hoher See strenge Etiketteregeln, deren Missachtung wegen der räumlichen Enge als besonders peinlich und störend empfunden wird. Ein gewisses Maß an Anpassung und Rücksicht ist auf Schiffsreisen daher unverzichtbar. So ist auch auf den sogenannten Clubschiffen Höflichkeit und Rücksichtnahme oberstes Gebot. Je enger man mit anderen Passagieren zusammenreist, umso wichtiger ist es, auf ein harmonisches Verhältnis achtzugeben – von Anfang an. Es gilt selbstverständlich als schlechtes Benehmen, regelmäßig Sonderwünsche zu haben oder sich Vorteile zu verschaffen, für die man nicht bezahlt hat. Wer sich für eine Kreuzfahrt mit 5-Sterne-Niveau entscheidet, bucht auf einem der traditionellen

Luxusliner und lässt sich im noblen Interieur mit allerlei Luxus verwöhnen. Höflichkeit und Rücksichtnahme werden hier als Selbstverständlichkeit angesehen, so dass ein freundlicher und zurückhaltender Umgangston gegenüber jedermann erwartet wird.

Je luxuriöser das Kreuzfahrtschiff ist, umso traditioneller wird die Kleiderfrage gesehen – häufiger Kleiderwechsel ist hier immer noch Standard. An Bord eines solchen Schiffes besteht die Hauptbeschäftigung nämlich in ständigem Umkleiden. Doch egal, welcher Kategorie mit welchem Kleidungsstandard Ihr Schiff angehört, es ist überall so, dass man sich tagsüber an Bord sportlich kleidet.

Auf Luxuslinern wird selbstverständlich bereits zum Frühstück eine ganz korrekte sportliche Kleidung erwartet, bei der T-Shirt oder Top mit Spaghettiträgern beispielsweise, zu kurze Röcke oder kurze Hosen nicht erwünscht sind. Damit wäre man dort keineswegs angezogen genug, um sich zu Tisch zu setzen. Mittags zum Lunch ist die Kleidung schon etwas sorgfältiger zu wählen – etwa zwischen elegant und sportlich. Nachmittags kann man sich gern erneut umziehen und die Sportlichkeit in der Kleidung ganz weglassen.

Und zum Abend? Während vor wenigen Jahrzehnten – zumindest in der 1. und 2. Klasse – der Smoking oder das Dinnerjackett Standard waren, richtet sich die korrekte Kleidung auch auf Luxusschiffen heute nach dem Anlass und dem Stil des Abendprogramms. Gesellschaftskleidung für besondere Abendveranstaltungen sollte man zwar nach wie vor im Gepäck haben, doch welche Kleidung für das jeweilige Abendprogramm passend ist, findet man als Kleidungsempfehlung zusammen mit dem Veranstaltungsprogramm für den nächsten Tag in der Kabine. Diese Kleidungsempfehlung ist dann gar keine Empfehlung, sondern eine Verpflichtung und schlichtweg zu beachten.

Zum Kapitäns-Dinner und für verschiedene Gala-Veranstaltungen ist dann Abendgarderobe erforderlich und falls es nicht zu kalt ist, um nach draußen zu gehen, ist dies die passende Gelegenheit für das weiße Dinnerjackett mit Smokinghose. Frauen tragen dann dazu passend das kleine festliche Abendkleid, das nicht lang zu sein braucht. Falls ausschließlich drinnen gefeiert wird, wird auch auf Schiffen der klassische Smoking getragen.

Der *dunkle Anzug* ist nicht schwarz

Was bedeutet der Kleidervermerk *dunkler Anzug* für Sie als Mann?

Der Kleidervermerk *dunkler Anzug* ist ein Kode für die Art von Kleidung, die anlässlich einer Einladung sowohl von Männern als auch von Frauen erwartet wird, und bedeutet keineswegs, wie zu oft missverstanden, dass die gewünschte Farbe Schwarz sei. Für Frauen ist zwar – je nach Anlass – das kleine Schwarze in all seinen Interpretationen sowohl zeitlos elegant als auch stilvoll, für Männer jedoch kommt die Anzugfarbe Schwarz (noch) nicht in Frage. Auch wenn einige Herrenausstatter heute schwarze Designeranzüge anbieten, so ist diese Anzugfarbe doch traditionell lediglich traurigen Anlässen und solchen, bei denen akademische Ehrungen vorgenommen werden, vorbehalten – und die richtige Farbe für den Anzug des Kellners.

Gastgeber, die eine Einladung mit dem Kleidervermerk *dunkler Anzug* versenden, wünschen sich, dass Männer einen eleganten Anzug in den Farben Dunkelblau bis Anthrazit wählen. Bei einem eleganten Anzug ist die Hose umschlaglos und somit die Jacke einreihig, also mit einer einfachen Knopfleiste versehen. Das Material ist feinste Schurwolle.

Der *dunkle Anzug* ist selbstredend perfekt geschnitten, das ist die Hauptsache. In diesem Punkt sollten Sie keinesfalls zu Kompromissen bereit sein. Immerhin ist der Schnitt eines hochwertigen Anzugs, als Grundmuster, frei von modischen Einflüssen und Trends, bis heute internationaler Standard. Zum *dunklen Anzug* wird nur ein sehr helles oder – besser noch – weißes Hemd mit langem Arm und Doppelmanschetten sowie mit dezenten Manschettenknöpfen kombiniert. Hemd und Jacke des Anzugs passen nur dann perfekt, wenn Kragen und Manschetten ungefähr 1 bis 1,5 Zentimeter hervorschauen, so dass die Jacke niemals mit der Haut in Kontakt kommt.

Obligatorisch ist darüber hinaus:

▸ eine dezent gemusterte Krawatte

▸ ein zum Hemd oder zur Krawatte stilvoll passendes Einstecktuch

▸ elegante schwarze Seidenkniestrümpfe oder feinste Wollkniestrümpfe

▸ schlichte, elegante schwarze Schnürschuhe aus glattem Leder – der schwarze Oxford ist der Klassiker

Anders als bei Anzug, Hemd und Krawatte haben Sie die Möglichkeit, mit wohl-kalkulierten Akzenten Individualität und Persönlichkeit zu zeigen. Mit der Sprache von Accessoires können Sie darüber hinaus regionale und persönliche Vorlieben und Passionen stilvoll ausdrücken. Beim Schmuck ist Männern unbedingt größte Zurückhaltung zu empfehlen, und bis auf eine klassisch-elegante Armbanduhr, Manschettenknöpfe aus Edelmetall, einen Trau- oder Partnerschaftsring und einen Wappenring (aber nur einen echten mit dem eigenen Familienwappen!) ist nur eine Krawattennadel akzeptiert – falls sie einmal modern werden sollte. Der Wappenring wird stilvoll entweder am Ringfinger der trauringfreien Hand oder am kleinen Finger der trauringfreien Hand getragen.

Passform des *dunklen Anzugs*

Der *dunkle Anzug* ähnelt sehr dem hochoffiziellen Geschäftsanzug und unter-scheidet sich allenfalls darin von ihm, dass das Tuch, aus dem er gefertigt ist, noch ein wenig hochwertiger ist und die Passform nun aber wirklich keine Kompro-misse mehr zulässt. Die optimale Passform Ihrer Anzugjacke können Sie prüfen, wenn der Knopf in Höhe Ihrer Taille geschlossen ist. Dann sind Falten, die beim Tragen im Rückenbereich sichtbar werden, sowie ein aufstehendes Revers ein deutliches Zeichen dafür, dass der Anzug nicht optimal passt. Beachten Sie da-rüber hinaus beim Kauf Ihres Anzugs, dass der Kragen am Hals anliegt und die Ärmel der Jacke knapp über dem Handrücken, an der Daumenwurzel, enden.

Auf welche Details sollte man achten, wenn man sich einen neuen *dunklen Anzug* kaufen möchte?

Der Schnitt eines guten Anzugs sollte sich ganz natürlich an die Figur der Trä-gers anpassen und sie optimal zur Geltung bringen. Nur wem der Anzug von der Stange perfekt passt, ist mit diesem gut beraten; alle anderen sollten besser auf Maßkonfektion umsteigen, da jede Änderung in diesem Bereich den Anzug kei-nesfalls besser werden lässt.

Ein eleganter *dunkler Anzug* ist immer ein Einreiher. Er kann entweder mit einem Rückenschlitz und drei Knöpfen oder mit zwei Seitenschlitzen und zwei oder drei Knöpfen oder sehr selten auch ganz ohne Schlitze mit zwei oder drei Knöpfen angefertigt sein. Ein Doppelreiher ist als *dunkler Anzug* nicht elegant genug. Eine Hose ist ohne Umschlag immer eleganter, und sie sitzt dann richtig, wenn sie auch ohne Gürtel nicht rutscht. Die richtige Länge hat Ihre Hose, wenn sie vorn mit nur einer Falte auf dem Schuh aufliegt und schräg nach hinten den Absatz berührt, eher etwas kürzer als zu lang. Die akkurate Bügelfalte jeder Hose sollte über der Mitte des Knies und der Schuhe verlaufen.

Ansonsten hat der stilvolle Mann immer ein frisch gebügeltes, weißes Stofftaschentuch dabei und er weiß, dass Hosen, die Gürtelschlaufen aufweisen, auch mit einem Gürtel getragen werden – mit einem schlichten aus Leder und mit einer Messingschnalle. Und da der Gürtel farblich zu den Schuhen passen muss, darf er nur schwarz sein. Der Gürtel passt, wenn er im dritten Loch geschlossen werden kann, und zwar nur in diesem, weshalb die meisten Männer sicher für unterschiedliche Hosen auch unterschiedliche Gürtel benötigen. Englische Anzughosen werden oft ohne Gürtelschlaufen geschneidert, so dass diese korrekt mit Hosenträgern fixiert werden.

Zum *dunklen Anzug* gehören ein weißes Hemd mit Doppelmanschetten, eine dezente Krawatte, lange schwarze Strümpfe und schwarze glattlederne Schnürschuhe – alles frisch gewaschen, gebügelt und geputzt. Das bis hierhin noch schöne Bild wird aber sofort ruiniert, wenn Schlüsselbund, Handy oder Portemonnaie den Anzug ausbeulen und – nicht selten – sogar die Figur entstellen.

Noch schlimmer wäre es, die Hände in den Hosentaschen zu vergraben, was Sie dann nur noch mit einer offenen Jacke toppen könnten. Daran, die Jacke eines *dunklen Anzugs* auszuziehen, solange Sie noch nicht wieder zu Hause sind, sollten Sie besser gar nicht erst denken.

Dunkler Anzug ist kein langes Kleid

Was bedeutet der Kleidervermerk *dunkler Anzug* für Frauen?

Frauen wissen, dass klassische Kleidervermerke aus Höflichkeit grundsätzlich nur an Männer gerichtet werden. Und Frauen wissen auch, dass das modische Parkett am Abend ihnen gehört und dass sie sich darauf verlassen können, zu den dunkel gekleideten Männern (farblich) auf jeden Fall zu passen. Oder sie hoffen es zumindest, trotz vieler schlechter Erfahrungen.

Der Klassiker neben dem *dunklen Anzug* ist das sogenannte kleine Schwarze aus dem Hause Coco Chanel, das freilich nicht schwarz sein muss. Schwarz passt eigentlich fast immer, damit liegt man nur sehr selten falsch. Sie sollten immer dann gedeckte Farben wählen, wenn es dem Anlass entspricht. Mehr als auf die Farbe kommt es jedoch auf das Material, auf den Stil des Kleides und auf die perfekte Passform an.

Das kleine Schwarze war das erste kurze Kleid für festliche Anlässe und es steht nach wie vor – ganz ohne Firlefanz und Buntheit, aber durchaus auch in Farbe

– überall auf der Welt für Eleganz. Entsprechend sind Sie auch mit einem eleganten Jackenkleid, einem Etuikleid mit Jacke oder Gehrock, einem eleganten Kostüm oder – falls nicht getanzt werden soll – auch mit einem sehr eleganten Hosenanzug perfekt angezogen, vorausgesetzt, das Material ist hochwertig, die Verarbeitung edel und die Passform absolut perfekt. Besonders elegant sind Kostüm und Hosenanzug dann, wenn darunter nichts Sichtbares getragen werden muss und das elegante Kleidungsstück quasi für sich allein steht. Das klassische Chanelkostüm aus dem Jahre 1954 etwa war so geschneidert.

Blickfang ist auch der Rocksaum, der im Stehen die Knie ungefähr eine Handbreit umspielen soll – nicht kürzer und auch keinesfalls länger. Zum *dunklen Anzug* passt ja noch kein langes Kleid, was ein leider oft gesehener Kleider-Fauxpas ist.

Elegante Frauen tragen immer und nicht nur am Abend dezente Strümpfe in zumindest vorne geschlossenen Schuhen. Perfekt ist das Bild allerdings immer erst mit einer zu den Schuhen passenden Handtasche. Sie sollte deutlich kleiner sein als die fürs Büro.

Zum Abend gehört außerdem echter Schmuck aus Gold oder Platin – mit Edelsteinen oder Perlen – oder aber gar keiner. Ab dem *dunklen Anzug* kommt Modeschmuck einfach nicht mehr in Frage. Elegante Frauen tragen übrigens nicht mehr als sieben Schmuckstücke gleichzeitig, wobei die Ohrringe doppelt gezählt werden. Und sie tragen nie mehr als drei Ringe auf beide Hände verteilt. Das wirkt niemals und nie elegant.

Last but not least: Es ist nicht zu empfehlen, ungeschminkt auf solche Anlässe zu gehen. Ein leichtes Make-up, etwas Wimperntusche, geformte, etwas dunklere Augenbrauen und ein leichter Lippenstift sollten das Minimum sein – etwas mehr darf es auch sein. Frisur und Hände sollten ebenfalls perfekt aussehen und auch dem kritischen Blick anderer Frauen standhalten können.

Gelegenheiten für den *dunklen Anzug*

Für welche Anlässe ist der *dunkle Anzug* richtig?

Hat der Gastgeber auf der Einladung ausdrücklich den Kleiderwunsch *dunkler Anzug* vermerkt, tragen Sie ihn natürlich, das ist klar. Darüber hinaus ist er auch richtig bei feierlichen Firmenjubiläen oder wenn Sie beispielsweise privat oder geschäftlich zum konventionellen runden Geburtstag, zu einem formellen Abend-Empfang oder zu einem festlichen Anlass ohne Kleiderordnung geladen sind oder selbst dazu einladen.

Klassische Anlässe sind darüber hinaus Taufen, Konfirmationen, Kommunionen und solche Anlässe, bei denen der Geschäftsanzug zu wenig und der Smoking oder Frack zu viel ist. Auch für Hochzeiten und Jubiläumshochzeiten sind Sie tagsüber im *dunklen Anzug* korrekt angezogen, wenn nicht der Cut oder der Stresemann vorgegeben ist. Und da der *dunkle Anzug* auch für den Abend richtig ist, dürfen Sie ihn für die anschließende Abendveranstaltung gleich anbehalten, falls Sie nicht im Smoking oder Frack erwartet werden.

Nahezu alle gesellschaftlich wichtigen Veranstaltungen, wie beispielsweise Opernaufführungen, Konzertabende, klassische Theateraufführungen in Süddeutschland, Abendeinladungen – alles, was festlich klingt – sind ebenfalls der passende

Rahmen für den *dunklen Anzug*. Auch in Gourmetrestaurants mit Sterneküche sind Sie damit nicht overdressed. Und sollten Sie es womöglich auch noch so bedauern, bei offiziellen Anlässen mit Anzug und Krawatte wenig Kreativität zeigen zu dürfen: Extravaganzen sind nicht gefragt.

Vielmehr wird bei der Männerkleidung nach wie vor Wert auf Tradition gelegt. Neuerungen sind hier verhältnismäßig dezent vor sich gegangen. Heute werden beispielsweise wesentlich leichtere Stoffe verwendet, so dass der elegante Anzug nicht nur passend zum Anlass und zur Tageszeit, sondern auch zur Jahreszeit und gar zur Klimazone gewählt werden kann. Darüber hinaus haben gerade die italienischen Schneider nach dem Zweiten Weltkrieg ihre Auffassung von Eleganz in die bis dahin allein von englischen Schneidern beherrschte Männermodewelt einfließen lassen.

Italienische Modelle erfüllen eher ästhetische Kriterien als die strengen Kleidungsregeln, die der englischen Schneiderkunst von der Oberschicht diktiert wurden und die nach wie vor so gewünscht sind. Italienische Anzüge sind aus leichteren Stoffen gearbeitet und in Farbe und Muster wesentlich mutiger. Allerdings ist sogar der Männeranzug ein Beweis für die fortschreitende Globalisierung. Es gibt englische Anzüge aus italienischen Stoffen genauso wie italienische Anzüge, die aus englischem Tuch angefertigt sind, und sowohl die einen wie auch die anderen Exemplare werden teilweise in Deutschland oder China genäht.

Ein klassischer englischer Anzug wird heute noch nach den gleichen Regeln geschneidert wie in den Dreißigerjahren. Ein solcher Anzug soll keinerlei Individualität, sondern nicht zuletzt die Zugehörigkeit zu einer bestimmten Gesellschaftsschicht ausdrücken. Italienische Anzüge dagegen sollen mittels einer besonderen Eleganz die Einmaligkeit des Trägers unterstreichen. Ohne es verallgemeinern zu wollen, steht hier das Streben nach Standeszugehörigkeit gewissermaßen gegen das Ziel der Selbstverwirklichung.

PS: Für den Aufenthalt in sehr heißen Gegenden arbeiten versierte Schneider sogar Innentaschen für Kühlakkus ein, so dass bei offiziellen Anlässen auch in Klimaregionen die Jacke anbehalten werden kann, für die sie niemals entworfen wurde.

Smoking – black tie

Was bedeutet der Kleidervermerk *Smoking* genau?

Heute wird anlässlich besonders festlicher Abendveranstaltungen der Smoking getragen – obligatorisch dann, wenn es so als Kleidervermerk gewünscht wird. Der Smoking ist der kleine Gesellschaftsanzug und wird – stilgerecht – niemals vor 19.00 Uhr, nur in geschlossenen Räumen und nicht im Freien getragen. Eine Ausnahme sind die Bayreuther Festspiele. Hier trägt Mann und Frau ihn schon ab 17.00 Uhr.

Ein Smoking (Hose, Jacke und Weste) ist aus feinem, leichtem Tuch gearbeitet. Die Farbe ist Schwarz. Allenfalls, weil die Farbe bei künstlichem Licht sogar noch schwärzer wirkt, darf er auch ganz tiefnachtblau sein. Dann haben auch die dazugehörige Hose und Weste dieselbe Farbe.

Die Smokingjacke ist entweder ein- oder zweireihig, sowohl Schalkragen als auch steigendes Revers mit Seidenbesatz sind richtig, wobei die zweireihige Smokingjacke nicht mit der Weste sondern mit dem Kummerbund kombiniert wird.

Smoking-Details sind obligatorisch:

▶ die umschlaglose Hose mit einfachem Galon (aufgesetzte Seidenstreifen auf den äußeren Hosennähten)

▶ Smokingweste aus Brokat oder Seide oder der klassische, seidene Kummerbund

▶ Das Smokinghemd hat eine verdeckte Knopfleiste, immer Doppelmanschetten und entweder einen Kläppchen- oder einen Umlegekragen. Das elegante Smokinghemd ist weiß, hat eine gestärkte Brust und kann mit Stickereien oder mit Biesen verziert sein.

▶ Die schwarze Seidenschleife ist immer von Hand gebunden. (Eine Fliege ist dagegen das fertig gebundene Exemplar.)

▶ lange Seiden- oder feinste Wollkniestrümpfe

▶ ein einfaches weißes Leineneinstecktuch

▶ schwarze, schnörkellose elegante Abendschuhe als Schnürschuh, Abend-Slipper oder Lackschuhe – Klassiker ist der Oxford

Ganz stilvoll gehören zum Smoking flache goldene Manschettenknöpfe und eine goldene, viereckige Armbanduhr mit stumpfem, schwarzem Wildlederarmband oder eine goldene Taschenuhr.

In England heißt der Smoking übrigens *dinner jacket*. Bevor die Herren sich am Abend zum Rauchen in den Rauchersalon zurückzogen, wechselten sie ihre Jacken. Sie legten das schwarze *dinner jacket* ab und die farbige Samtjacke, das *smoking jacket*, an. Ebenso wechselten sie ihre Schuhe und trugen zum Rauchen statt der Smokingschuhe farbige Samtschuhe. Erst wenn sie zu den Damen zurückkehrten, zogen sie wieder ihr *dinner jacket* an, um ihnen nicht den Geruch des verräucherten *smoking jacket* zuzumuten.

PS: Zum Smoking darf bei hochoffiziellen Staatsempfängen die 1:10-Verkleinerung von Ordensoriginalen getragen werden.

Smoking – mit kleinem Abendkleid

Spätestens bei solch festlichen Anlässen, zu denen der Kleidervermerk *Smoking* gegeben wird, ist Unhöflichkeit undenkbar – und es wäre unhöflich, Frauen Kleidervorschriften zu machen, oder? Frauen haben die Wahl und ziehen wie immer aus dem Kleidervermerk für Männer Rückschlüsse, welche Kleidung für sie selbst passend wäre. Heute, wo Männer nur selten den Frack tragen (müssen), ist es kein Kleider-Fauxpas mehr, wenn Frauen ein langes Abendkleid anziehen, auch wenn die Männer bloß den Smoking tragen (sollen). Eher ist das lange Kleid sogar Standard. Klassisch gesehen, ist das lange Kleid zum Smoking allerdings noch nicht richtig, so dass Sie, wenn Sie kein langes Kleid tragen wollen, beim Kleidervermerk *Smoking* auch getrost darauf verzichten können.

Welche Kleidung ist bei einem Kleidervermerk *Smoking* für Frauen richtig?

Als kleines Abendkleid zum *Smoking* und zur Sommervariante *Dinnerjackett* ist dagegen der unumstößliche Klassiker das kurze Cocktailkleid. Das Cocktailkleid, gern mit Dekolleté, ist ein typisches Produkt der Fünfzigerjahre und wurde wohl eigens für Cocktailpartys erfunden. Als sein Erfinder wurde Christian Dior mit dem Cocktailkleid der neuen Lust am Luxus gerecht. Das Abendkleid mit nur knieumspielender Rocklänge ermöglichte es der eleganten Trägerin, vom Nachmittag bis in die Nacht perfekt angezogen zu sein. Das Material ist edel und meist ganz oder teilweise aus Samt, Brokat oder Seide. Je nach Anlass ist auch das kleine Schwarze – das beim Kleiderwunsch *dunkler Anzug* getragen wird – in Edelversion, als elegantes Jackenkleid bzw. sehr festliches Kostüm, durchaus akzeptabel. Das klassische kleine Schwarze wurde 1926 – in den Goldenen Zwanzigerjahren – von keiner Geringeren als Coco Chanel erfunden. Ihr *little black dress* ist nach wie vor ein Musterbeispiel für zeitlose Eleganz – mit immer wieder neuen reizvollen Interpretationen. Nur notfalls und wenn nicht getanzt wird ist man auch in einem sehr, sehr eleganten Hosenanzug korrekt gekleidet.

Egal, für welches Kleidungsstück Sie sich entscheiden, wichtig ist, dass die Schultern – zumindest beim Essen – bedeckt bleiben. Ein Schal, eine Stola oder eine kleine Jacke, die Sie ja später ablegen können, sollten Sie unbedingt bei sich haben. Und ganz egal, wie schön Ihre Beine sein mögen, dezente Strümpfe sind ebenso obligatorisch wie elegante Abendschuhe, die zumindest vorn geschlossen sein müssen.

Auch die kleine Handtasche ist Pflicht. Schmuck darf zum *Smoking* – je nach Anlass – auch etwas großzügiger angelegt werden, wenn er echt ist. Da ein festlicher Abend keine Zeit kennt, ist jede Armbanduhr unpassend. Andere Uhren, etwa an der Kette oder als Ring, sind es ebenso.

Das Dinnerjackett ist kein *dinner jacket*

Nein, die Schleife ist schwarz! Solche Extravaganzen sind nichts fürs gesellschaft-liche Parkett. Gesellschaftliches Parkett ist glatt und man kann nur zu leicht auf ihm ausgleiten. Immerhin darf man nicht auf die gleiche Gnade hoffen wie Stars und Sternchen aus dem Showbusiness, die mit ihrem auffälligen, glamourösen Outfit auch auf ein Titelseiten-Foto spekulieren. Ob man über sie schmunzelt oder nicht, spielt dabei für sie kaum eine Rolle. Für Sie hingegen gilt dies sicher-lich nicht. Und um nicht ungebührlich aus der Masse herauszuleuchten, sollten Sie zunächst nur richtig angezogen sein.

Ist ein Dinner-jackett einfach ein Smoking, und kann man dazu auch eine gemusterte Fliege tragen?

Das Dinnerjackett ist der kleine Gesellschaftsanzug für festliche Abendveranstal-tungen offiziellen Charakters, die unter freiem Himmel in den Sommermonaten ohne «r», also von Mai bis August, stattfinden. Typische Gelegenheiten sind Feste auf Kreuzfahrtschiffen oder offizielle Gartenfeste. Das Dinnerjackett wird wie der Smoking stilgerecht niemals vor 19.00 Uhr getragen. Als einziger Unterschied zum Smoking ist die Jacke der Dinnerjackett-Kleidung weiß oder naturweiß bis zart beige (écru). Alle anderen Details bleiben dieselben wie beim Tragen eines Smokings. Auch das Dinnerjackett ist ein- oder zweireihig, und sein Schalkragen oder das steigende Revers ist immer mit einem Seidenbesatz versehen.

Die umschlaglose, schwarze Smokinghose hat einen einfachen Galon. Obligato-risch gehört auch zum Dinnerjackett entweder die schwarze Smokingweste aus Brokat oder Seide oder der klassische schwarze, seidene Kummerbund mit den nach oben offenen Querfalten und, charakteristisch, die schwarze Seidenschleife. Das Smokinghemd ist mit einer verdeckten Knopfleiste, immer mit Doppelman-schetten und entweder mit einem Kläppchen- oder mit einem Umlegekragen ver-sehen. Das elegante Smokinghemd ist weiß, hat eine gestärkte Brust und kann mit Stickereien oder mit Biesen verziert sein. Die obere Hemdbrust ist oft längs- oder quergefältelt oder mit Baumwollpikee verstärkt. Zu einem eleganten Abendanzug passen nur lange Seiden- oder feinste Wollkniestrümpfe und schwarze, schnörkel-lose elegante Schuhe. Das können sowohl der schwarze Oxford als auch Abend-Slipper oder Lackschuhe sein. Komplettiert wird auch das weiße Dinnerjackett mit einem einfachen weißen Baumwoll- oder Leineneinstecktuch.

Frauen tragen passend zum Dinnerjackett – wie auch zum Smoking – das kleine Abendkleid. Und selbst wenn das Fest bei bestem Sommerwetter stattfindet, sol-len Beine und Füße bekleidet sein, und auch die Schultern sollten Sie, zumindest während des Essens, bedecken. Das Dinnerjackett heißt in England *white dinner jacket*, während das dortige *dinner jacket* in Deutschland *Smoking* genannt wird.

Frackzwang ist heute selten

Wird man eigentlich wirklich jemals einen Frack benötigen?

Wahrscheinlich haben Sie recht, Sie werden kaum in die Verlegenheit kommen, einen Frack anziehen zu müssen. Betrachten Sie daher diese Hinweise als *interessant zu wissen*, und sollten Sie doch einmal den *großen Gesellschaftsanzug* anziehen müssen/dürfen, erinnern Sie sich bitte daran, dass es beim Frack nun wirklich auf die Details ankommt. Er ist immerhin das eleganteste Kleidungsstück für einen Mann schlechthin und daher werden im Frack Stilfehler aller Art immer doppelt peinlich.

Der Frack wird – stilgemäß – niemals vor 19.00 Uhr getragen. Heute sollte er ausschließlich bei Gelegenheiten angezogen werden, zu denen er als Bekleidung vorgeschrieben ist – was allerdings auch nonverbal vermittelt worden sein kann. Die Frackjacke ist zwingend schwarz, vorn sehr kurz tailliert, zweireihig und läuft hinten auf Knielänge in den sogenannten Schwalbenschwanz aus. Sie ist aus dem gleichen Stoff wie die Frackhose gearbeitet, und die Revers haben einen Seidenbesatz. Die Frackjacke wird übrigens niemals geschlossen.

Obligatorisch gehört zum Frack:

▶ Die schmal geschnittene, umschlaglose, schwarze Hose mit doppeltem Seidengalon (aufgesetzte Längsstreifen auf den äußeren Längsnähten) hat einen hohen schlaufenlosen Bund und wird daher mit Hosenträgern getragen.

▶ eine weiße, tief ausgeschnittene Frackweste aus steifem Baumwollpikee, die rückenfrei ist

▶ Das weiße Frackhemd mit Kläppchenkragen hat eine gestärkte Brustpartie und steife, einfache Manschetten für Manschettenknöpfe. Die Schmuckknöpfe sind entweder aus Perlmutt, aus Perlen oder aus Gold. Eine Lasche befestigt das Frackhemd an der Hose, so dass es jederzeit tadellos sitzt.

▶ Selbstverständlich sind die speziellen Frack-Manschettenknöpfe aus Edelmetall.

▶ Die weiße Schleife ist aus weißem Baumwollpikee und wird immer von Hand gebunden.

▶ ein weißes Leineneinstecktuch

▶ schwarze Seidenkniestrümpfe

▶ schwarze, schlichte Lackschuhe im Oxford-Schnitt mit geschlossener Schnürung oder – ganz traditionell – Lackschuh-Pumps mit Seiden-Querschleife

▶ keine Armbanduhr, sondern eine flache goldene Taschenuhr ohne Deckel

▶ Eine Frackuhr wird an einem sogenannten Bierzipfel (ein Anhänger aus goldgefasstem schwarzen Rips) getragen.

Mit schwarzem Zylinder? Dann gehören dazu der Frackmantel und weiße Ziegenlederhandschuhe. Der weiße Seidenschal wird wirklich nur unter dem Mantel getragen und weder, wie in alten Filmen zu sehen, sichtbar um den Hals gelegt noch über den Mantel drapiert.

Und nur im *Frack* oder in entsprechender Parade-Uniform ist es für Männer und Frauen korrekt, anlässlich hochoffizieller Staatsempfänge auf der linken Brustseite Ordensoriginale zu tragen, wie etwa das Großkreuz des Bundesverdienstordens, Halsorden und Bruststerne oder sogar die kleine Ordensschnalle.

PS: Frackträger sollten sich bitte nicht auf ihren Schwalbenschwanz setzen. Das gilt nicht als fein.

Abendrobe ist zeitlos

Zu welchen Gelegenheiten muss man ein langes Abendkleid tragen?

Zum großen Gesellschaftsanzug, dem Frack, dürfen, nein, müssen Frauen sich für das große Abendkleid entscheiden. Würde man die wichtigsten Merkmale der klassischen großen Festrobe von heute mit über 100 Jahre alten festlichen Abendkleidern vergleichen, könnte man meinen, die Zeit sei stehen geblieben. Grund dafür ist, dass die Kleidervorschriften des 18. und 19. Jahrhunderts, die am höfischen Zeremoniell ausgerichtet waren, auch heute noch die Basis für gültige Regeln zur Abendmode der Frauen sind.

Es gibt nur kleine Unterschiede in den Details wie moderne Stoffqualitäten und modische Zierelemente. Dennoch haben Frauen – innerhalb einiger Vorgaben – am Abend ein breites Spektrum origineller persönlicher Auslegungen.

Egal, ob Sie den großen Auftritt lieben oder nicht, diese formalen Richtlinien für festliche Abendroben gelten nach wie vor:

▶ Die große Festrobe ist zwingend bodenlang und gern groß dekolletiert, wobei das große Dekolleté früher sogar Pflicht war.

▶ Die festliche Robe ist perfekt geschnitten und aus edelsten Materialien wie Seide, Samt oder Brokat, Chiffon oder Organza gearbeitet und wirklich elegant nur ohne Strass, Gold- oder Silberlamé, Pailletten und Glitzer.

▶ In die ganz kleine Abendhandtasche passen gerade ein Taschentuch, der Lippenstift und etwas Kleingeld.

▶ Unbedingt sind auch hier während des Essens die Schultern bedeckt zu halten, daher gehört eine Stola, ein Cape, ein Schal, ein Jäckchen o. Ä. zwingend dazu.

▶ dezente Strümpfe

▶ Die zumindest vorn geschlossenen Schuhe passen zum Stoff der Robe und sind immer aus feinsten Materialien gearbeitet.

▶ Tragen Sie Abendhandschuhe? Dann: nur zum ärmellosen Kleid. Die Ringe werden in jedem Fall unter den Abendhandschuhen getragen. Abendhandschuhe werden zur Begrüßung anbehalten, zum Essen jedoch abgelegt.

▶ Je nach Jahreszeit gehört selbstverständlich auch ein Abendmantel dazu!

Und der Schmuck?

▶ Es darf auch ein bisschen mehr sein. Legen Sie ruhig den ganz großen, prunkvollen Schmuck an – jedoch, elegant sollte er sein.

▶ Zur großen Abendrobe wird kein reiner Goldschmuck ohne Stein oder Perlen getragen. Es dürfen aber gern die großen Brillanten sein.

▶ Solch ein Abend hat keine Zeit und daher passt zur großen Abendrobe auch keine Armbanduhr.

Hochzeitsgäste – zum Paar passend gekleidet

Wie kleidet man sich passend für eine sehr festliche Hochzeit, auf der der Bräutigam einen Cut trägt?

Schön, dass Sie die Gelegenheit haben, auf eine solch festliche Feier zu gehen. Mindestens genauso schön ist es, dass Sie sich einige Gedanken über die passende Ausstaffierung machen. Immerhin ist das leider gar nicht so selbstverständlich. Der *Cutaway Coat* (kurz: Cut), im Englischen morning coat, wird wegen seines hochoffiziellen Charakters auch oft als *Frack des Tages* bezeichnet. Er ist also der *große Gesellschaftsanzug* für den Tag und somit festlichen Gelegenheiten tagsüber vorbehalten. In Deutschland sind das vor allem kirchliche Trauungen und hochoffizielle traurige Anlässe.

Bei Hochzeitsfeiern, auf denen der Bräutigam einen Cut trägt, können auch gern alle männlichen Gäste im Cut kommen, auch wenn das in der Einladung nicht ausdrücklich so gefordert wird. Und falls Sie mit dem Gedanken spielen, sich ebenfalls so festlich zu kleiden, sollten Sie sich unbedingt dafür entscheiden. Das Brautpaar wird sich darüber freuen, drücken Sie doch nicht nur durch Ihr Kommen, sondern auch durch Ihr Äußeres größte Wertschätzung aus. Allerdings müssen Sie einige Details beachten, um sich nicht ins Fettnäpfchen zu setzen.

Wenngleich Sie bei anderen Anlässen statt eines schwarzen auch einen (hell-) grauen Cut wählen dürfen, ist Grau bei Hochzeiten nur dem Bräutigam erlaubt. Männliche Gäste wählen stattdessen den schwarzen Klassiker. Dazu passt für Sie dann nur die graugestreifte Stresemannhose, wohingegen der Bräutigam und der Brautvater auch die hellgraue Hose tragen können. Alle anderen Details zum Cut bleiben klassisch. Etwas weniger festlich, doch ebenfalls korrekt, wäre der Stresemann, als *kleiner Gesellschaftsanzug für den Tag*: eine einreihige schwarze Jacke mit der gestreiften Stresemannhose.

Und besonders beliebt bei jüngeren Männern ist das Longjacket, das Sie unabhängig von der Tageszeit tragen können, so dass Sie sich abends auch nicht noch einmal umziehen müssen. Es ist einreihig und um einiges länger als die normale Anzugjacke, seine Knöpfe sind mit Satin bezogen und die Hose ist aus dem gleichen Stoff gefertigt wie die Jacke. Dazu passen eine Seidenweste mit kleinem Krawattenschal aus Seide und ein weißes oder sehr helles Hemd. Ansonsten – aber darunter geht es nun wirklich nicht mehr, wenn die Hochzeit so festlich gefeiert wird – werden Sie auch im eleganten, dreiteiligen *dunklen Anzug* eine gute Figur machen.

PS: Cut und Stresemann sind nichts für den Abend, da müssten Sie sich abends also noch einmal neu in Schale werfen.

Casual – lässig, aber nur ein bisschen

Sobald eine Bekleidungsvorschrift gegeben wird, erscheint es verhältnismäßig einfach, die richtige Wahl zu treffen. Sowohl für *dunkler Anzug, Smoking* und *Frack*, aber auch *Cut, Stresemann* und selbst für halboffizielle und hochoffizielle Geschäftskleidung ist alles recht eindeutig und für jeden unmissverständlich festgelegt.

Was versteht man unter dem Dresscode *casual*?

Die tatsächliche Stilsicherheit erkennt man dann zwar immer noch im Detail, aber so wirklich falsch machen kann man wenig, wenn man sich an die klassischen Vorgaben hält. Viel schwieriger ist es, Stil und Eleganz in der Freizeit zu beweisen. Erst am Wochenende, wenn Uniformen nicht gefragt sind, wird Stil offenkundig. Nun ist es in den letzten Jahren immer häufiger so, dass in Einladungen zu verschiedenen offiziellen Anlässen, wie runden Geburtstagen und Gartenfesten, die elegante Freizeitkleidung den Gästen in kodierter Form als Kleidervermerk vorgegeben wird. Da ist für diejenigen, die in solchen Fragen kein gutes Händchen haben, guter Rat teuer. *Business casual, smart casual* oder nur *casual* sind die häufigsten Kodes, die es dann zu entschlüsseln gilt. Zwar soll den Gästen damit eigentlich mehr Spielraum gegeben werden, aber das macht die Gefahr, zu fein oder zu lässig angezogen zu sein, keinesfalls geringer. Diese Bezeichnungen sind nämlich lediglich neumodische Fantasiebegriffe, für die es gar keine eindeutige Definition gibt.

Der beste Berater ist und bleibt die Überlegung, ob es eine berufliche oder private Situation, ein offizielles oder ein inoffizielles Ereignis ist, mit welchen Personen man zusammen sein wird und in welcher Rolle man selbst dort auftritt. Nur daraus abgeleitet kann man entscheiden, was korrekt ist. Sobald im Bekleidungsvermerk das Wort *casual* auftaucht, ist eine elegante Freizeitkleidung gemeint – immer ohne Krawatte. Die Betonung liegt auf elegant, so dass keinesfalls T-Shirt, kurze Hosen oder Latschen gemeint sind. Vielmehr ist der gebotene Freiraum nicht allzu großzügig zu interpretieren.

Die Empfehlung für Männer:

- ▶ langärmeliges, sportliches Oberhemd, gerne Button-down-Kragen – ohne Krawatte!, eventuell Poloshirt oder Pullover

- ▶ Navy-Blazer, Sportjacke aus Leinen oder Tweed, eventuell aus Cord

- ▶ Flanell- oder Wollhose, eventuell Chinos oder Cordhosen, keine Jeans

- ▶ Brogues, eventuell auch in braunem Wildleder, eventuell Loafer, Monkstrap-Schuhe

Die Empfehlung für Frauen:

- ▶ Kostüm, Hosenanzug eventuell aus hochwertiger Baumwolle, aber nicht das Kostüm und der Hosenanzug aus dem Büro

- ▶ Etuikleid, Jackenkleid

- ▶ Bluse, eventuell Twinset, Kaschmir-Pullover oder Poloshirt

- ▶ Navy-Blazer, Sportjacke aus Leinen oder Tweed, eventuell aus Cord

- ▶ Wollhose, eventuell Chinos oder Cordhosen, keine Jeans

- ▶ Rock, eventuell aus Baumwolle oder Leinen

- ▶ dezente Strümpfe

- ▶ Pumps, Slingpumps, eventuell Loafer, Ballerinas, Mules oder Stiefel

Bei den Farben ist mehr Wahlmöglichkeit gegeben, selbst Braun und Beige sind möglich.

Und neuerdings ist auch der Kleidervermerk *Come as you are* zu finden, *Kommen Sie so, wie Sie gerade sind*. Das ist natürlich nicht wörtlich zu nehmen, falls Sie einen freien Tag haben. Vielmehr ist die branchentypische Geschäftskleidung gemeint. Je nach Branche ist das zwar unterschiedlich, doch weder an den Blaumann noch an Jeans wird bei dieser Kleiderordnung auch nur gedacht. Die Krawatte wird in diesen Situationen selbstverständlich anbehalten, wenn Sie sie mit einem Anzug tragen.

PS: Der aus Amerika stammende *casual Friday* ist zwar deutlich auf dem Rückmarsch, aber dafür müssen wir bald *business attire*, *informal* und *New York casual* dekodieren.

Schmuck soll schmücken

Goldschmiede, Schmuckdesigner und Juweliere würden einen Katalog von wertvollen Orientierungen zusammenstellen, um Ihre Frage hinreichend zu beantworten, daher wird auf dieser einen Seite gar nicht erst versucht, umfassend zu antworten. Vielmehr sollen Ihnen einige grundlegende Überlegungen helfen, auch mit einer sorgsamen Auswahl und Zusammenstellung Ihres Schmucks Stil zu beweisen.

Worauf sollte man bei der Schmuckauswahl achten?

Schmuck kommt von *(an)schmiegen* und sollte darüber hinaus von *geschmackvoll* kommen. Dass beides nicht dasselbe ist, ist keine Frage, bezeichnet doch der Begriff *Schmuck* heute alles, vom Modeschmuck bis zum wertvollsten Diamanten, was Menschen sich an Ketten, Ringen, Armbändern etc. umhängen oder anstecken können. Allerdings sind viele Schmuckträger sich nicht der Signalwirkung von Schmuck bewusst. Wie die Kleidung bringt der Schmuck Ihr Wertesystem, Ihre Herkunft, Ihr Lebensgefühl, Ihre berufliche oder gesellschaftliche Stellung, Ihren Geschmack, Ihren Stil zum Ausdruck – ob Sie das beabsichtigen oder nicht.

Schmuck als Accessoire Nummer eins und als wichtiger Imagefaktor trägt häufig zur umgehenden Beurteilung und Klassifizierung seines Trägers bei. Deshalb sollten Sie sich vor jedem Schmuckkauf folgende Fragen stellen:

- ▶ Passt der Schmuck zu Ihrem Typ und zu Ihrem Alter?

- ▶ Passt der Schmuck zu Ihrem Image oder zu dem Image, das Sie haben wollen?

- ▶ Passt der Schmuck zu Ihrer Kleidung und zum Anlass?

- ▶ Passt der Schmuck zu Ihrer Rolle?

So weit gelten die Regeln für Männer und Frauen gleichermaßen, doch während für Männer nur das elegant ist, was nicht auffällt, gilt diese Forderung für Frauen wenigstens nicht immer:

Allgemeine Akzeptanz finden für Männer ausschließlich dezente Manschettenknöpfe, eine dezente Uhr und der Ehe- oder Partnerschaftsring, wobei es in Deutschland Tradition ist, den Ehering am Ringfinger der rechten Hand zu tragen. Wer darüber hinaus einen echten Siegelring mit einem eigenen Familiensiegel oder -wappen besitzt, wird diesen entweder am Ringfinger oder am kleinen Finger der trauringfreien Hand tragen. Und wer die Gelegenheit hat, im Frack auszugehen, wählt dazu keine Armbanduhr, sondern eine goldene Taschenuhr ohne Deckel oder eine Frackuhr, die an einem Bierzipfel (Anhänger aus goldgefasstem schwarzen Rips) getragen wird.

Frauen haben mehr Freiheiten und damit mehr Möglichkeiten, mit Schmuck ihr äußeres Gesamtbild zu unterstreichen oder aufzuwerten. Mehr als insgesamt sieben Schmuckstücke (Brille, Ehering und Uhr müssen genauso mitgezählt werden wie jeder einzelne Ohrring) sollten aber auch Frauen nicht auf einmal tragen und dabei nicht mehr als drei Ringe auf beide Händen verteilen. Ob Sie zudem eine Kette, eine elegante Armbanduhr, ein Armband oder Manschettenknöpfe tragen, ist Ihre Wahl. Vielmehr sind die Auswahl und die Kombination von Schmuckstücken wichtig, wenn der Schmuck auch schmücken soll.

Und es gilt nach wie vor ein ungeschriebenes Gesetz, nach dem es stilvoll ist, den Schmuck am Tage bescheiden, am Nachmittag etwas eleganter und erst am Abend auffällig glänzender und prachtvoller zu wählen, wenn es der Anlass erlaubt. Wobei eine Uhr, egal, wie wertvoll sie auch sein mag, an einem festlichen Abend zu Hause bleiben soll. Festliche Abende haben keine Zeit – jedenfalls nicht für Frauen.

PS: Schmuck *nur* als Accessoires zu verstehen, ist eigentlich bereits ein Fauxpas.

Schmuck gestern und heute

Viele klassische Regeln der Etikette haben sich in den letzten Jahrzehnten geändert. Das ist bei den Schmuckregeln nicht anders. Dennoch sind traditionelle Regeln immer hilfreich für jene, die lieber auf Nummer sicher gehen. Sie können nichts falsch machen, falls Sie sich nach wie vor daran halten wollen und Ihnen diese Regeln noch gefallen.

Gibt es Regeln für die Kombination von Schmuckstücken?

Früher galt es beispielsweise als stillos, Gelb- und Weißgold miteinander zu verbinden oder gleichzeitig Schmuckstücke aus Gelb- und Weißgold bzw. Platin zu tragen. Das Verbot ist zwar ganz und gar aufgehoben, doch ungeachtet dessen gehört viel Stilempfinden dazu, Gelb- und Weißgold gekonnt aufeinander abzustimmen. Ebenso ist es seit Langem kein Problem, Brillanten mit Gelbgold zu kombinieren, statt sie wie traditionell üblich ausschließlich in Platin oder Weißgold zu fassen. Auch die frühere Regel, dass am Tage keine farbigen Edelsteine getragen werden dürfen, ist inzwischen Schnee von gestern. Allerdings sollten Sie im Umgang mit farbigem Schmuck besonders darauf achten, nicht durch zu viel Buntheit die Eleganz Ihrer Erscheinung zu beeinträchtigen.

Große Diamanten sind zwar nach wie vor nur dem großen abendlichen Auftritt vorbehalten, jedoch dürfen heute kleine Diamanten auch am Tage getragen werden, ohne dass es als Angeberei und somit als Stillosigkeit ausgelegt wird.

Perlen haben als Glücksbringer für Liebe und Schönheit in weiten Teilen der Welt (auch in Europa) als Hochzeits- und Brautschmuck eine lange Tradition und waren sogar berühmte Hochzeitsgeschenke von Königen. Sie erschienen den Menschen schon immer magisch und geheimnisvoll. Aus dieser großen Faszination entstanden viele Legenden, nach denen Perlen auch oft mit Tränen assoziiert werden – mit Tränen der Götter und mit Tränen aus Liebe. Als Prophezeiung für Tränen in der Ehe sollten sie daher nach dieser Sage nun gerade nicht zur Hochzeit getragen werden. So steht es in alten Ratgebern, und auch wenn sich daran kaum einer mehr hält, ist vielen Menschen diese Assoziation noch bekannt. Wenn Ihnen diese Regel gefällt, machen Sie nichts falsch, wenn Sie zu solchen Gelegenheiten anderen Schmuck tragen. Perlen passen ansonsten nämlich (fast) immer – vormittags, nachmittags und nachts auch.

Noch vor wenigen Jahrzehnten galt Modeschmuck, den es insbesondere als Imitation von echten Schmuckstücken gab, grundsätzlich als billig und geschmacklos. So streng gesehen ist diese Ansicht zwar heute nicht mehr haltbar, obgleich selbst bei hochwertigen Stücken eine gekonnte und harmonische Auswahl ganz viel Fingerspitzengefühl erfordert. Daher ist in praxi Zurückhaltung angebracht. Und auch wenn modische Schmuck-Accessoires nicht mehr prinzipiell verpönt sind, wird es Ihnen, und daran hat sich auch bis heute nichts geändert, nur mit echtem Schmuck von hoher Qualität zu einem eleganten Kleidungsstil gelingen, edel-distinguiert zu wirken und Ihre Persönlichkeit positiv zu betonen.

So erfreulich und fortschrittlich es ist, wenn sich unzeitgemäße und strenge Schmuck-Regeln geändert haben, bergen neue Freiheiten doch auch die Gefahr, sich gründlich zu blamieren oder wenigstens eine Aussage über sich selbst zu treffen, die gar nicht beabsichtigt war. Die Verantwortung liegt bei jedem Menschen selbst, in der jeweiligen Situation rollengerecht den richtigen Ton zu treffen.

PS: Nicht jeder teure Designerschmuck ist automatisch elegant, und auch nicht jedes wertvolle Unikat.

Nicht ohne Handtasche

Welche Handtasche passt zu welchem Anlass?

Die Handtasche ist vielleicht sogar das Femininste, was die Modewelt je hervorgebracht hat. Für Männer gibt es da immer noch nichts Vergleichbares; sie müssen ihre Utensilien entweder am Mann tragen oder in der Aktentasche unterbringen – stilvolle Alternativen dazu gibt es für Männer jedenfalls bis heute nicht. Bevor Ende des 18. Jahrhunderts mit dem Pompadour die ersten Handtaschenmodelle aufkamen, trugen Männer und Frauen einen kleinen Beutel am Gürtel, in dem sie das Nötigste bei sich hatten.

Erst um 1800 kamen die ersten Täschchen in Mode; weil die damaligen Frauengewänder gar keinen Gürtel mehr vorsahen, wurden sie sozusagen zwangsläufig erfunden. Sie waren winzig und mit schmuckvollen, langen Tragehenkeln versehen. Diese kleinen Täschchen hießen *Ridikül* (zu Deutsch: lächerlich) und sind noch heute in den Abendtäschchen wiederzuerkennen.

Erst zu Beginn des 20. Jahrhunderts allerdings kam es zum wirklichen Durchbruch der Damenhandtasche als wichtigstem Accessoire und Statussymbol, und das in allen gesellschaftlichen Schichten. In der Oberschicht musste jedoch die Handtasche hundertprozentig zum Gesamtbild passen, von Kopf bis Fuß – und das ist auch heute noch schön. Damals war es für Frauen mit kleinem Budget allerdings ungleich schwerer, darauf zu achten, als heute. Denn elegante Damen trugen noch vor wenigen Jahrzehnten sowohl Hut als auch Handschuhe und zogen sich

mehrmals am Tag komplett um, so dass sie über Unmengen von Hüten, Schuhen, Handschuhen und Handtaschen verfügen mussten, um diesem Anspruch gerecht zu werden. Zwar muss die Tasche heute nicht mehr haargenau aus dem gleichen Material gefertigt sein wie Schuhe und Gürtel, aber immer noch soll die Handtasche zu den Schuhen und zum Gürtel passen, so dass man doch mindestens 2 bis 3 Exemplare für den Alltag benötigt.

Als Faustregel für die Größe der passenden Handtasche kann gelten, dass die Tasche für den Abend im Restaurant oder im Theater ungefähr halb so groß wie die fürs Büro sein sollte, und die Handtasche zum *Smoking*, also zum kleinen Abendkleid, wiederum nur halb so groß und – ganz richtig – die zur großen Abendrobe lediglich halb so groß wie die zum *Smoking*. Diese Handtasche ist dann eher ein Täschchen, in das mehr als der Lippenstift, ein Taschentuch und etwas Kleingeld nicht hineinpasst. Insofern ähnelt dieses Abendtäschchen deutlich dem allerersten Handtaschenmodell Ridikül.

Zum kompletten Outfit einer Frau gehört zwar nach wie vor die passende Handtasche, daran hat sich überhaupt nichts geändert, doch die Frage *Welche Tasche ist passend?* wird nicht mehr so streng beantwortet. Unterschätzen sollte diese Entscheidung dennoch keine Frau und je wichtiger und festlicher der Anlass ist, umso strenger werden wieder die klassischen Regeln und Forderungen sein. Und mal ehrlich, Handtaschen müssen immer noch strengen Blicken standhalten, wenn sie zum Gesamtbild passend sein sollen.

4. Kapitel

Höflichkeitsstandards – privat, beruflich und in Gesellschaft

Höflichkeitsstandards – privat, beruflich und in Gesellschaft

Damen sind Frauen

**Wie verhalte
ich mich Frauen
gegenüber
heutzutage
respektvoll und
höflich?**

«Ich muß gestehn, daß mich immer eine Art von Fieberfrost befällt, wenn man
mich in Gesellschaft einer Dame gegenüber oder an die Seite setzt, die große Ansprüche auf Schöngeisterei oder gar Gelehrsamkeit macht. Wenn die Frauenzimmer doch nur überlegen wollten, wieviel mehr Interesse diejenigen unter ihnen
erwecken, die sich einfach an die Bestimmung der Natur halten und sich unter
dem Haufen ihrer Mitschwestern durch treue Erfüllung ihres Berufs auszeichnen.
Was hilft es ihnen, mit Männern in Fächern wetteifern zu wollen, denen sie nicht
gewachsen sind, wozu ihnen mehrenteils die ersten Grundbegriffe, welche den
Knaben schon von Kindheit an gebleuet werden, fehlen?»{**Über den Umgang mit Menschen, S. 201**}, fragt sich Freiherr von Knigge – ganz zeitgemäß im Jahre 1788.

Er befürchtet, die «gelehrte Dame» sieht mit ihren «unglücklichen Ansprüchen»
«die wichtigsten Sorgen der Hauswirtschaft, die Erziehung ihrer Kinder und die
Achtung unstudierter Mitbürger als Kleinigkeiten an, glaubt sich berechtigt, das
Joch der männlichen Herrschaft abzuschütteln, verachtet alle andren Weiber, erweckt sich und ihrem Gatten Feinde, träumt ohne Unterlaß sich in idealische
Welten hinein; ihre Phantasie lebt in unzüchtiger Gemeinschaft mit der gesunden
Vernunft; es geht alles verkehrt im Hause; die Speisen kommen kalt oder angebrannt
auf den Tisch; es werden Schulden auf Schulden gehäuft; der arme Mann muß
mit durchlöcherten Strümpfen einherwandeln; wenn er nach häuslichen Freuden
seufzt, unterhält ihn die gelehrte Frau mit Journalsnachrichten oder rennt ihm mit
einem Musenalmanach entgegen, in welchem ihre platten Verse stehen, und wirft
ihm höhnisch vor, wie wenig der Unwürdige, Gefühllose den Wert des Schatzes
erkennt, den er zu seinem Jammer besitzt.» {**Über den Umgang mit Menschen, S. 202-203**}

Inzwischen haben sich die Zeiten grundlegend geändert. Die allermeisten Frauen
sind selbstverständlich berufstätig, und insbesondere den erfolgreichen und ge-
bildeten Frauen gegenüber wäre es nicht einmal mehr höflich, die Bezeichnung
Dame zu verwenden, weil sich mit diesem Begriff lediglich eine gesellschaftliche
Anerkennung verbinden lässt, keine als Managerin, Wissenschaftlerin oder Kran-
kenschwester. Und da der gesellschaftliche Wandel nicht nur Folgen für die Damen, sondern auch für die Herren hatte, sind – nicht nur auf die Anrede bezogen
– Frauen und Männer allemal zeitgemäßer als Damen und Herren.

Die Bezeichnung *Frau* war früher nur auf den weiblichen Teil der sogenannten Un-
terschicht bezogen und hat sich erst mit der Emanzipationsbewegung als positiv be-
setzter Begriff durchsetzen können. Seither definieren sich Frauen nicht mehr allein
über ihre untergeordnete Rolle in einer traditionellen Ehe. Heute wird nicht mehr

zwischen verheirateten und unverheirateten Frauen unterschieden. Das hat Folgen für die Anrede, für Rangfolgen und sogar für den Handkuss. *Fräuleins* gibt es also nicht mehr, doch auch die Anrede *gnädige Frau* – noch vor 50 Jahren die Anrede für jede verheiratete Frau – ist veraltet. Die Begriffe *Gattin* und *Gemahlin* sind genauso altmodisch wie ihre männlichen Versionen und werden grundsätzlich nicht mehr verwendet, wobei die *Gattin* mit dem *Gatten* bereits in den Fünfzigerjahren sehr umstritten war. Wer heute diese Wörter benutzt, weiß oft gar nicht mehr, in welchen Zusammenhängen sie früher vorkamen, daher hier ein kleiner Rückblick: Sehr viel Höhergestellte fragte man nach ihrer *Gemahlin*, und wenn man etwas besser vertraut war, richtete man an die *Gattin* herzliche Grüße aus. Geantwortet wurde jedoch jedes Mal so wie heute: *Meine Frau ...* und niemals *Meine Gattin ...* oder *Meine Gemahlin ...* Für den *Gemahl* und den *Gatten* gilt das sinngemäß genauso.

Moderne Frauen wollen mit Männern auf Augenhöhe sein und stehen daher zur Begrüßung auf, sie tragen keine bodenlangen Röcke mehr und gehen auch auf der Treppe beim Hinaufgehen voneweg. Frauen dürfen heute Männern die *Du*-Anrede anbieten, und sie dürfen sich selbst anderen bekannt machen – allerdings nicht mehr mit *Ich heiße Frau Familienname*, sondern mit Vor- und Familiennamen, ohne *Frau*. Frauen haben sogar auf Briefen einen eigenen Familiennamen, selbst wenn sie den Familiennamen ihres Ehemannes tragen – und mit seinem Doktortitel werden sie längst nicht mehr angesprochen. Frauen gehen heute allein ins Restaurant, ohne ihren Ruf zu riskieren, sie dürfen mit dem Kellner verhandeln, den Wein verkosten und sogar die Rechnung bezahlen – auch wenn sie mit einem Mann dort sind. Und wenn Frauen von einem Mann zum Essen eingeladen werden, bekommen sie keine *Damenkarte* ohne Preisangaben mehr. Die althergebrachten *Damenreden* sind heute selbst in traditionellen Clubs verpönt. Und seit Frauen auch allein ins Tanzlokal gehen, fordern sie auch Männer auf – wenn sie wollen. Frauen dürfen selbst im Berufsleben und in der Politik Hosen tragen, was noch vor wenigen Jahrzehnten als skandalös betrachtet worden wären.

Geblieben ist, dass Frauen im Privatleben im Rang höher stehen als Männer und dass selbstbewusste Frauen auch heute noch ehrlich gemeinte und souverän ausgeführte Kavaliersgesten zu schätzen wissen. Wenn nicht, signalisieren sie freundlich, dass sie das nicht wünschen. Und geblieben ist auch, wie es Freiherr von Knigge charmant-ermutigend formuliert hat: «Die Weiber haben einen ganz eignen Sinn, um diejenigen unter den Männern zu unterscheiden, welche mit ihnen sympathisieren, sie verstehn, sich in ihren Ton stimmen können.» {**Über den Umgang mit Menschen, s. 189**} Darauf können Sie gewiss auch zukünftig vertrauen.

Kavaliersgesten sind gern gesehen

**Welche Kavaliers-
gesten gelten denn
heute noch?**

Die Schauspielerin Hildegard Knef (1925-2002) soll einmal gesagt haben: «Eine
Dame macht es Männern leicht, sich wie Herren zu verhalten.» Zum Begriff des
Kavaliers gehört im traditionellen Verständnis die Dame. Dies sind soziale Figuren
aus einer vergangenen Zeit, als Frauen ohne Männer in der Öffentlichkeit wenig zu
sagen hatten, schon gar nicht als Unverheiratete. Ihren Auftritt in der Öffentlichkeit absolvierte die Dame daher immer an der Seite eines Kavaliers.

Zweifelsohne haben unsere traditionell überlieferten und historisch gewachsenen
Umgangsformen in den letzten Jahrzehnten eine rasante Veränderung erfahren,
wodurch – nicht nur für Kavaliere und nicht nur in Bezug auf die Höflichkeitsgesten gegenüber Frauen – viele Unsicherheiten entstanden sind.

Sind Kavaliersgesten in Zeiten der Emanzipation noch zeitgemäß?
Wollen Frauen solche Kavaliersgesten noch?

Kavaliersgesten an sich sind gar nicht altmodisch, und die meisten Frauen freuen
sich darüber (wieder). Allerdings nur dann, wenn die Geste souverän ausgeführt
wird und von Herzen kommt. Junge Frauen legen zuweilen sogar mehr Wert auf
bestimmte Höflichkeitsgesten als ihre Mütter und achten darauf, wie sicher sie
vollführt werden. Dennoch sollten sich Männer vorsichtshalber vergewissern, ob
die Frau sich darüber freut, wenn man ihr in den Mantel hilft, den Stuhl zurecht-
rückt oder die Autotür aufhält. So vermeiden sie zum einen Ablehnungen, zum
anderen machen sie bei den Frauen einen guten Eindruck, die Kavaliersgesten
wünschen und auch schätzen können.

Wenn Frauen Kavaliersgesten nicht wünschen oder
prinzipiell ablehnen, sollten sie dies respektvoll und
freundlich signalisieren und sich vorher außerdem
fragen, ob es wirklich sinnvoll ist, ehrlich gemeinte Höflichkeitsgesten abzulehnen. Als Zeichen von
Emanzipation ist diese Haltung doch wohl nicht zu
werten.

Traditionell überlieferte Umgangsformen und Kava-
liersregeln beruhen auf zwei Höflichkeitsgrundsät-
zen: Ein junger Mensch tut einem älteren Menschen
etwas Gutes, und ein Mann tut einer Frau etwas Gutes.
Diese Prinzipien gelten im Privatleben bis heute.

Traditionelle Kavaliersgesten, die heute in privaten und gesellschaftlichen Situationen noch richtig sind:

▸ Wenn einer Frau etwas zu Boden fällt, hebt der Mann es auf.

▸ Ein Mann steht zur Begrüßung immer auf.

▸ Kein Mann darf sitzen, solange eine Frau steht.

▸ Ein Mann hilft einer Frau beim Hinsetzen und rückt ihr dafür den Stuhl zurecht.

▸ Ein Mann hält einer Frau die Tür auf, auch die Autotür.

▸ Ein Mann begleitet eine Frau nach einer Verabredung bis zur Haustür.

▸ Ein Mann überlässt einer Frau den Ehrenplatz an seiner rechten Seite.

▸ Beim Treppe-Hinaufgehen schützt der Mann die Frau, indem er hinter ihr geht.

▸ Beim Treppe-Hinuntergehen schützt der Mann die Frau, indem er vor ihr geht.

▸ Frauen haben immer Vortritt – außer beim Betreten von Restaurant, Kino und Theater und dort, wo es gefährlich sein könnte.

Heute sind diese Gesten je nach Situation auch einfach von Mensch zu Mensch angebracht – unabhängig von Rang, Alter und Geschlecht. Das sind dann allerdings keine Kavaliersgesten, sondern hilfsbereite Aufmerksamkeiten.

Regeln brechen – freilich mit Stil

Eine gewisse Nonchalance im Umgang ist nur angebracht, wenn man genau weiß, warum man sich über eine Regel hinwegsetzt – und in welcher Weise. Entscheidend ist dabei die konkrete Situation. Souveränes Auftreten setzt dann voraus, dass die jeweilige Entscheidung von Selbstbewusstsein und Sicherheit getragen wird.

Was bedeutet: Wer die Regeln kennt, kann sie auch brechen?

Ein Beispiel: Wer eine Einladung zur Hochzeit am Vormittag mit dem Bekleidungsvermerk *Smoking* bekommt, wird praktisch genötigt, sich über geltende Regeln hinwegzusetzen. Entweder hält der Eingeladene sich an die Vorgabe und bricht damit die Regel, dass ein Smoking erst ab 19.00 Uhr getragen werden darf. Kommt der Gast aber im *dunklen Anzug* zum Fest, würde er die gleichfalls verbindliche Regel verletzen, nach der den Bekleidungsvermerken der Gastgeber Folge zu leisten ist. Er könnte aber auch die Einladenden über ihren Fauxpas aufklären. Dann verletzte er allerdings die Regel, die Fehler anderer stillschweigend zu übersehen. Ganz gleich, wie er sich entscheidet, er wird eine Regel brechen müssen. Es sei denn, er sagt formvollendet ab.

Eine andere Regel besagt, der Gast hat Vortritt. Doch bei einem Gang durch das Unternehmen übernehmen Sie ab und zu die Führung, falls der Gast sich nicht auskennt – immer in solchen Situationen, wo es sinnvoller ist, selbst voranzugehen. Dann jedoch werden Sie den Regelbruch beispielsweise mit den Worten *Ich gehe einmal voraus und zeige Ihnen den Weg ...* kommentieren.

Ein drittes Beispiel: Die Regel *Chefs bekommen kein Trinkgeld* kennen viele Chefs nicht mehr. So kann es beispielsweise beim Friseur passieren, dass, nachdem Sie von der Chefin persönlich frisiert worden sind, man Ihnen an der Kasse auch ein für Trinkgeld bestimmtes Behältnis mit dem Namen der Chefin reicht. Wieder haben Sie mehrere Möglichkeiten – doch keinen komplett fehlerfreien Ausweg.

Nur in solchen Situationen ist ein Regelbruch akzeptabel – weil unvermeidlich. Ansonsten birgt ein Abweichen von der Regel immer die Gefahr, andere zu brüskieren, zu kränken, zu verletzen, zu ärgern, zu ignorieren oder gar zu diskriminieren. Oder man selbst könnte unwissend, unhöflich, tollpatschig oder gar rücksichtslos erscheinen.

Allerdings gibt es auch Situationen, in denen das rigorose Festhalten an bestimmten Regeln lächerlich oder gar unhöflich wirkt. Wer in einem Schnellrestaurant für die heruntergefallene Serviette eine neue wünscht, im Biergarten der Kellnerin nicht den Teller reicht, wenn sie darum bittet, oder vom Hauswein einen Probierschluck nehmen möchte, benimmt sich nicht nur albern, sondern schlecht.

So ist es genau genommen nicht nötig, Regeln zu brechen; vielmehr ist es richtig, sich in der Situation angemessen zu verhalten, und da wäre es gerade taktlos oder ungezogen, sich an eine bestimmt Regel zu klammern allein um der Regel willen. Das käme für einen höflichen Menschen niemals infrage, weil er sich intuitiv an zwei schöne Empfehlungen von Freiherrn Adolph von Knigge hält, die nur auf den ersten Blick widersprüchlich erscheinen: «Lerne den Ton der Gesellschaft annehmen, in welcher Du Dich befindest.» {Über den Umgang mit Menschen, S. 50} und «Sei, was Du bist, immer ganz und immer derselbe!» {Über den Umgang mit Menschen, S. 68}

Es sollte also nicht darum gehen, die Regeln zu brechen, sondern darum, mit dem Wissen um die Regeln zu erkennen, wann es höflicher ist, eine Ausnahme von der Regel zu machen, um sich angemessen verhalten zu können.

Pünktlichkeit ist kostbar

Pünktlichkeit ist der respektvolle Umgang mit anderer Menschen Zeit – nicht nur im Geschäftsleben. Wer andere also warten lässt, muss damit rechnen, dass man nicht auf ihn wartet, da man Rücksicht auf die nimmt, die pünktlich sind, und nicht auf die, die zu spät kommen. «Jedermann geht gern mit einem Menschen um und treibt Geschäfte mit ihm, wenn man sich auf seine Pünktlichkeit in Wort und Tat verlassen kann.» erinnerte bereits Freiherr von Knigge vor mehr als 200 Jahren. {Über den Umgang mit Menschen, S. 44}

Muss man immer und in jeder Situation auf die Minute pünktlich sein?

Doch was ist Pünktlichkeit?

«von 19.00 bis 22.00 Uhr» Die Gäste sollen innerhalb der angegebenen Zeit für wenigstens eine halbe bis eine Stunde kommen. Falls es eine Ansprache gibt, wird das entweder in der Einladung angegeben oder sie wird in der Kernzeit zwischen 20.00 und 21.00 Uhr gehalten.

«ab 20.30 Uhr» Die Gäste werden keine einzige Minute vor 20.30 Uhr erwartet, wobei das Ende der Veranstaltung offen ist.

«10.30 Uhr c. t.» c. t. (lat.: *cum tempore = mit Zeit*) Die Gäste werden keine einzige Minute vor 10.30 Uhr erwartet, wobei innerhalb des sogenannten akademischen Viertels, d.h. bis zu eine Viertelstunde nach der angegebenen Zeit, die Plätze einzunehmen sind.

«um 18.30 Uhr» Die Gäste werden um Punkt 18.30 Uhr erwartet.

«18.30 Uhr s. t.» s. t. (lat.: *sine tempore = ohne Zeit*) Die Gäste haben Punkt 18.30 Uhr die Plätze einzunehmen.

Doch es ist nicht nur wichtig, zu Beginn pünktlich zu sein, auch Pausen und En-
de-Zeiten sollten eingehalten werden. Während es sicher Veranstaltungen und
Verabredungen gibt, bei denen es nicht auf die Minute ankommt, weil niemand
auf einen wartet, ist es bei geschäftlichen Verabredungen, beruflichen Terminen,
persönlichen Einladungen oder bei Essenseinladungen kein Kavaliersdelikt, nach
oder auch vor der angegebenen Zeit zu kommen. Vielmehr wird das von vielen
Menschen unweigerlich als Geringschätzung und als Unhöflichkeit interpretiert.

Besonders unhöflich ist Unpünktlichkeit

▶   bei Verabredungen auf Straßen und Plätzen – also im Stehen und
    dazu draußen

▶   in kleinem Gästekreis – beruflich und privat

▶   bei Einladungen zum gesetzten Essen – ins Restaurant und privat zu Hause

Bei Einladungen nach Hause ist es allerdings beinahe noch unhöflicher, auch nur
eine Minute zu früh zu kommen, als eventuelle 3 Minuten zu spät zu klingeln.
Aber selbstverständlich werden höfliche Gäste bereits in der Nähe sein und eventuell im Auto warten oder einmal die Straße auf und ab laufen und schon mal die
Blumen auswickeln.

Wer absehen kann, dass er aus nicht selbst verschuldeten Gründen zu spät kommen
wird, sollte versuchen, telefonisch Bescheid zu geben. Dafür empfiehlt es sich, vor
dem Losgehen vorsichtshalber die entsprechende Telefonnummer zu speichern. In
jedem Fall ist insbesondere dann, wenn die Verspätung nicht angekündigt werden
konnte, eine angemessene Entschuldigung fällig – allerdings nicht immer sofort.
Je nach Situation und Rolle sollte man sich beim Zuspätkommen in Meetings oder

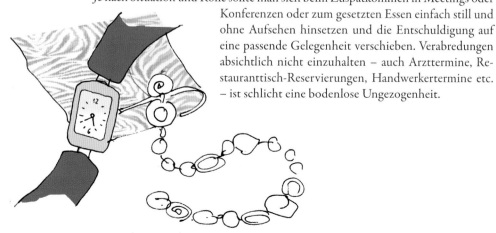

Konferenzen oder zum gesetzten Essen einfach still und
ohne Aufsehen hinsetzen und die Entschuldigung auf
eine passende Gelegenheit verschieben. Verabredungen
absichtlich nicht einzuhalten – auch Arzttermine, Re-
staurantisch-Reservierungen, Handwerkertermine etc.
– ist schlicht eine bodenlose Ungezogenheit.

Freunde – für immer

Jede menschliche Beziehung hat selbstverständlich ihre eigenen Regeln, die rau, aber herzlich, oder feinfühlig und liebevoll, aber auch ganz anders sein können und trotzdem für beide Seiten angenehm sind. Dessen ungeachtet ist es auch und gerade unter Freunden und in der Familie notwendig, darüber hinaus höflich und respektvoll miteinander umzugehen. Gerade weil diese Menschen uns so wichtig sind, kommt es darauf an, über ein umfangreiches Verhaltensrepertoire zu verfügen, um sensibel und mit Feingefühl möglichst immer den richtigen Ton zu treffen. Der Grat zwischen Nähe und Distanz ist häufig besonders schmal, vor allem, wenn aus einer Bekanntschaft gerade eine Freundschaft wird. Zwar verzeihen einem Freunde den einen oder anderen Fehltritt leichter als Kollegen oder gute Bekannte, doch mit der Geduld und Toleranz von Freunden großzügiger zu sein, ist meist vollkommen fehl am Platz. Großzügiger sein kann man nur selbst. Halten Sie daher beispielsweise immer Ihre Verabredungen ein, denn auch im Freundeskreis ist Unzuverlässigkeit unhöflich.

Kann es im Freundeskreis lockerer zugehen, oder sollte man hier genauso viel Wert auf Höflichkeit und Etikette legen wie im Beruf oder im Umgang mit Fremden?

Gute Freunde beweisen zudem in Notlagen nicht nur Fingerspitzengefühl, sondern vor allem auch Verschwiegenheit, sogar ohne dass man ausdrücklich darum bitten müsste. «Eine der wichtigsten Tugenden im gesellschaftlichen Leben und die wirklich täglich seltener wird, ist die Verschwiegenheit» {**Über den Umgang mit Menschen, S. 60**}, beklagte bereits 1788 Freiherr von Knigge.

Selbstverständlich hat man – Freund hin, Freund her – in einem fremden Haushalt stets Diskretion zu wahren und weder geschlossene Türen zu öffnen noch ohne um Erlaubnis zu bitten sich im Haushalt zu bedienen. *Fühl dich nur so, als wärst du zu Hause* ist also nicht unbedingt wörtlich zu nehmen – damit sich Ihre Gastgeber nicht wünschen, Sie wären es tatsächlich.

Auch über Überraschungsbesuche und nächtliche Anrufe freuen sich selbst beste Freunde nicht immer. Auch engste Freundinnen und alte Freunde müssen nicht immer disponibel sein und jederzeit zur Verfügung stehen. Versuchen Sie, sich in deren momentane Lage zu versetzen, bevor Sie zum Hörer greifen.

Bei Festen und Feiern im Familien-, Freundes- und Bekanntenkreis bieten sich hingegen vielfältige Möglichkeiten, um Ihr soziales Netz – beruflich und auch privat – zu festigen und zu erweitern. Führen Sie Menschen zusammen, von denen Sie glauben, dass sie füreinander interessant sein könnten. Machen Sie Menschen so miteinander bekannt, dass Sie ihnen einen leichten Smalltalk-Einstieg bieten. *Das ist meine Freundin Ines Berger, sie ist auch eine leidenschaftliche Taucherin.*

Fördern Sie die Freundschaft durch individuelle und angemessene Aufmerksamkeiten, die nicht immer etwas kosten müssen – auch einfach nur so, ohne einen besonderen Anlass dafür. Vergessen Sie Jubiläen und Geburtstage nicht, wenn Sie wissen, dass es Ihren Freunden wichtig ist, an dem Tag angerufen zu werden oder einen Brief zu bekommen.

Selbstverständlich bittet man Freunde auch mal um einen Gefallen, doch gerade bei der Bitte um Freundschaftsdienste sollte man unbedingt darauf verzichten, die andere Person unter Druck zu setzen. Lassen Sie ihr die Entscheidungsfreiheit. Und wenn beide Seiten es im Großen und Ganzen als eine Ehre empfinden, um einen Gefallen gebeten zu werden, dann wird es ohnehin ein Geben und Nehmen geben – genau in dieser Reihenfolge, wozu Freunde zunächst bereit sein sollten. Natürlich wird es auch einmal im Freundeskreis kritische Worte geben müssen. Das ist wichtig, jedoch nur richtig, wenn sie freundlich, höflich und mit Respekt gesprochen werden. Dann werden sie sicher dankbar angenommen und sind ein wichtiger Baustein für eine – hoffentlich – lebenslange Freundschaft, die von Wertschätzung getragen ist.

Kurz: «Man verbanne [...] aus dem Umgang mit Freunden jene pöbelhafte Vertraulichkeit, jenen Mangel an Höflichkeit und jene Nachlässigkeit im Äußern [...] und lege endlich auch dem Freunde keine Art von Zwang auf, verlange nicht, daß er sich nach unsern Launen, nach unserm Geschmack richten, noch daß er den Umgang solcher Leute, gegen welche wir eingenommen sind, fliehn solle.» {**Über den Umgang mit Menschen, S. 219**}

Mit Behinderungen umgehen

Wie begrüße ich Menschen mit Behinderungen – beispielsweise jemanden, dem der rechte Arm fehlt?

Für Menschen mit Behinderungen gelten natürlich genau die gleichen Etiketteregeln und Höflichkeitserwartungen wie für jeden anderen Menschen auch – angemessen natürlich. Von vornherein zu unterstellen, dass Menschen mit bestimmten Behinderungen etwas womöglich nicht könnten oder wollten oder wüssten, ist ausgesprochen unhöflich, und für sie zu denken, statt taktvoll mitzudenken, ist ebenso unhöflich. Es ist viel wichtiger, gleichzeitig Kopf und Herz sprechen zu lassen und mit der Kenntnis der Regel zu erkennen, welches Verhalten in der Situation angemessen ist.

Unsere Umgangsformen sind variabel und situations- und rollenabhängig. Das hat zwar viele Vorteile, aber die daraus folgenden Unsicherheiten sind groß, weil heute nur derjenige, der auf ein umfangreiches Repertoire an Verhaltensweisen zurückgreifen kann und weiß, welcher Ton im Augenblick angemessen ist, souverän auf Situationen reagieren kann. Respekt, Achtung, Toleranz und Akzeptanz sind immer gefragt, um echte Wertschätzung ausdrücken zu können. Lange Rede, kurzer Sinn: Diese Frage kann ich Ihnen nicht pauschal und allgemeingültig beantworten, weil die Einzelfälle dazu zu verschiedenartig sind. Wichtig ist, dass beide einander helfen – sagen, was sie möchten, und fragen, was sie tun sollen. Was dem einen gefällt, ist dem anderen womöglich gar nicht angenehm. Gutes Benehmen soll jedoch angenehm sein und ist erst dann gut, wenn auch der andere es so empfindet.

Doch bei dem oben genannten konkreten Beispiel sollte an und für sich automatisch die Person über die Form der Handreichung entscheiden, welche in der jeweiligen Situation die ranghöhere Person ist, da es ihr Recht ist, die *Erlaubnis zum Anfassen* zu geben. Falls die Person, die nur einen linken Arm hat, die ranghöhere Person ist, wird die Person, welche in der konkreten Konstellation die rangniedere Person ist, auf die Körpersprache achten müssen, um blitzschnell mit der linken oder rechten Hand reagieren zu können. Falls es sich um den umgekehrten Fall handelt, wird die Person, die nur mit der linken Hand begrüßen kann, reagieren müssen und entweder die linke Hand des Gegenübers annehmen oder für die rechte Hand des Gegenübers die eigene Hand drehen. Zwei höfliche Menschen werden doch für einen freundlichen Handschlag beidhändig bereit sein und eventuell, falls es doch zu einem Kuddelmuddel kommt, souverän mit einem ehrlichen, freundlichen Lächeln die Situation meisten können.

Wieder einmal entscheiden also Rangfolgen darüber, ob ein Verhalten höflich ist oder nicht. Und es ist erneut nur davor zu warnen, davon auszugehen, dass wohl der andere die Regel nicht kennt, um dann selbst aktiv zu werden. Vielmehr wird es beispielsweise eine Frau mit nur einem linken Arm in einer privaten Situation als respektlos empfinden, wenn ein junger Mann ihr die Hand hinstreckt – ganz egal welche. Begegnet sie allerdings in einer beruflichen Situation dem männlichen, jüngeren Firmenchef, sollte es ebenso egal sein, welche Hand er ihr reicht. Hauptsache, er tut es überhaupt – wenn er auch die anderen Mitarbeiter auf diese Weise begrüßt –, und selbstverständlich mit Wertschätzung. Blickkontakt zu suchen, dem Gegenüber die volle Aufmerksamkeit zu schenken und wenigstens einen Augenblick Zeit zu haben, um sich gegebenenfalls miteinander bekannt zu machen und/oder für ein zumindest kurzes, nettes Gespräch – egal, ob man stehen, sehen, sprechen kann oder nicht –, sind dagegen für jede Begrüßung mit dem Handschlag ein glaubwürdiges Zeichen von Höflichkeit und Respekt. Eine dieser Regeln zu verletzen gehört dagegen unweigerlich in die Kategorie *schlechte Manieren*.

Sonnenbrille nur bei Sonnenschein

Sollte man die Sonnenbrille absetzen, wenn man mit anderen spricht?

Wie es der Name ja schon nahelegt, trägt man die Sonnenbrille bei Sonnenschein. Dann ist die Sonnenbrille nicht nur ein notwendiger Schutz der Augen vor störenden oder schädlichen Sonnenstrahlen, sondern sowohl ein modisches als auch schmückendes Accessoire. Keine Frage!

So weit, so gut. Doch sobald Menschen miteinander in Kontakt kommen, möchten sie sich in die Augen schauen. Durch die getönten Sonnenbrillengläser wird dieser Blick jedoch zumeist abgeblockt, so dass insofern ein gewisses Ungleichgewicht zwischen zwei Gesprächspartnern entsteht. Schließlich hilft uns der Blick in die Augen auch, das zu verstehen, was nicht gesagt wird. Ist nicht erkennbar, dass jemand den Blick abwendet, könnte Skepsis, Ablehnung oder auch ein gewisses Desinteresse gar nicht wahrgenommen werden. Wer den Blickkontakt im Gespräch meidet, hat vielleicht Schuldgefühle, ist unsicher oder ängstlich oder möchte lediglich seine Intimsphäre waren. Ganz plötzlich aufgerissene Augen könnten darauf hindeuten, dass das gerade Gesagte nicht verstanden wurde oder dass es Verblüffung, Entsetzen oder einen Schreck verursacht hat. Selbstverständlich dürfen solche Mimiken nur in Verbindung mit dem gesprochenen Wort gewertet werden, doch sie fehlen dem Sender als Rückmeldung. Es könnte also der Eindruck entstehen, der Sonnenbrillenträger hätte etwas zu verbergen und wünsche daher keinen Blickkontakt – möchte sich verstecken. Daraus resultiert die einheitliche Ansicht, dass es insbesondere bei der Begrüßung und im Gespräch höflich ist, die Sonnenbrille abzunehmen.

In geschlossenen Räumen und natürlich, wenn gar keine Sonne scheint, wirkt der Sonnenbrillenträger immer etwas überkandidelt, sogar komisch, doch eben auch unseriös. Selbst, um eventuell eine Übermüdung oder Erschöpfung zu kaschieren, ist das Tragen von Sonnenbrille in Gesellschaft keine akzeptable Methode. Geschmunzelt wird im Übrigen häufig über jene Frauen, die die Sonnenbrille einzig als Haarreif benutzen und mit der Sonnenbrille auf dem Kopf stundenlang im geschlossenen Raum oder bei fehlendem Sonnenschein auf sich aufmerksam machen.

Allerdings sollte auch der Kritiker vorsichtig bei seinem Urteil sein, denn es gibt durchaus auch Fälle, bei denen der Sonnenbrillenträger aufgrund einer Augenkrankheit gezwungen ist, die Augen vor hellem Licht oder gar Sonnenlicht zu schützen, sich aber nicht jedem gegenüber erklären möchte. Für alle anderen ist bei besonders stark blendendem Sonnenschein zu empfehlen, allemal zur Begrüßung und am Gesprächsanfang die Sonnenbrille abzusetzen. Später kann eventuell darum gebeten werden, die Sonnenbrillen wenigstens zeitweise wieder aufzusetzen. Handelt es sich jedoch um ein intensiveres oder sehr persönliches Gespräch, sollte ein Ort aufgesucht werden, an dem man sich ungestört in die Augen schauen kann.

Kunde sein mit Stil

So, wie es in den Wald hineinschallt ..., Sie kennen das. Dennoch sollten Verkäufer (Frauen und Männer) – egal, ob sie Geschäftsinhaber oder Angestellte sind – auch gegenüber unfreundlicher Kundschaft freundlich bleiben und jeden Kunden höflich und zuvorkommend beim Einkauf beraten. Das erwartet jeder Kunde ganz selbstverständlich.

Welches Mindestmaß an Höflichkeit kann ein Verkäufer von seinen Kunden erwarten?

Immerhin sind die Zeiten vorbei, wo Kunden beim Betreten mancher Geschäfte mit dem Blick *Kann die sich das hier leisten?* taxiert, nicht zurückgegrüßt und dann vielleicht übersehen wurden. Heute wird fast jeder Kunde erwartungsvoll mit *Kann ich Ihnen helfen?* angesprochen und beim Gehen bekommt er den meist freundlichen Wunsch *Und noch einen schönen Tag* hinterhergerufen. Leider hören Kunden diese Sätze allerdings auch oft von hinten und empfinden sie somit doch wieder nicht als höflich, sondern als Floskel, weil der Augenkontakt fehlt und/oder die gekünstelte oder blasierte Stimme nicht zu den freundlichen Worten passt.

Da nun aber gutes Benehmen und guter Stil nicht teilbar sind, ist ein höfliches und freundliches Auftreten von jedem Menschen grundsätzlich gegenüber jedermann und allerorts zu erwarten – auch vom Verkäufer und vom Kunden. Selbstverständlich! Natürlich werden höfliche Kunden die Schuhe an der Tür abtreten und den nassen Regenschirm am Eingang deponieren. Selbstverständlich grüßt jeder höfliche Mensch zunächst, wenn er ein kleines Geschäft betritt oder – in größeren Häusern – spätestens dann, wenn er eine andere Person – die Verkäuferin oder den Verkäufer – anspricht. Und *Ich hätte gern ...* oder *Geben Sie mir bitte ...* klingt freundlicher als *Ich bekomme ...* – ohne *bitte*. Darüber hinaus freut sich natürlich jeder über ein ehrliches Lächeln. Auch wenn die Ware in Regalen zugänglich ist, sollte man nicht alles anfassen oder sogar herauszerren – womöglich mit klebrigen Fingern. Wenn Sie etwas genauer betrachten wollen, hilft Ihnen – hoffentlich – das Personal gern. Wer etwas anprobiert, sollte darauf achtgeben, dass die Kleidung danach genauso ausschaut wie vorher, und dazu gehört, dass sie nicht liederlich zerknautscht in der Kabine zurückgelassen wird.

Besonders unschön ist es, Kleidung oder sogar Schuhe direkt auf der Haut zu probieren – nicht nur für das Verkaufspersonal. Manch ein Kunde verliert augenblicklich das Vertrauen darin, dass die Sachen, die in diesem Geschäft erworben werden können, einwandfrei und hygienisch perfekt sind, wenn er Zeuge einer derartigen Anprobe wird und ferner mit anschauen muss, wie wenig souverän Verkäufer sich in solchen Situationen verhalten. Dieser Kunde wird dann vielleicht in diesem Geschäft nicht mehr einkaufen wollen. Und wenn Ihnen als Kunde trotz aller Sorgfalt dennoch einmal ein Missgeschick passieren sollte, ist es allemal selbstverständlich, dies zuzugeben und sich dafür zu entschuldigen.

Beim Einkaufen gehen Kunde und Verkäufer gewissermaßen ein Geschäftsverhältnis ein und da wird Respekt auf beiden Seiten verlangt. Nur wenn beide Parteien mit dem Ergebnis zufrieden sind, war es ein gutes Geschäft – dann hat das Geldausgeben sogar Spaß gemacht.

Einen Fauxpas bemerken

Wie verhält man sich richtig, wenn andere einen Fauxpas begehen?

Fettnäpfchen lauern überall und es vergeht kaum eine Begegnung, bei der nicht in eines hineingetreten wird. Nicht, dass man es dem Unglücksraben ins Gesicht sagen würde, doch eine plötzliche Abkühlung im Verhalten der anderen, ein abgewendeter Blick oder peinlich berührte Stille sind deutliche Anzeichen. Letztlich ist es ja schon so, dass man mit einem Fauxpas entweder andere Menschen verletzt, ärgert oder gar diskriminiert oder aber sich selbst als tollpatschig, unhöflich oder ungebildet zeigt. Nun gibt es aber auch solche Fauxpas, bei denen alles nur halb so schlimm ist. Und das sind glücklicherweise die allermeisten.

Wie die Beobachter jedoch am besten reagieren sollten, ist zum einen von der konkreten Situation abhängig, zum anderen vom Verhältnis zu der betreffenden Person, und obendrein eben auch von der Art des Fauxpas. Hat man seinen Fehler bereits selbst bemerkt, ist er einem ohnehin peinlich, und die Umstehenden sollten den Vorfall einfach großzügig übersehen. Bei einem größeren Malheur ist das manchmal nicht möglich, doch dann rettet auch oft ein wohlwollender Kommentar, der alles halb so schlimm erscheinen lässt, die Situation. Zuweilen kann ein freundlicher Scherz die Lage deutlich entspannen, wenn die Komik nur nicht spöttisch oder verletzend ist.

Weitaus schwieriger ist es, wenn die betreffende Person selbst gar nicht merkt, dass sie etwas falsch macht. Wird der Fehler nur von Ihnen bemerkt, sollten Sie den Fehler als höflicher Menschen tunlichst übersehen. Wenn auch andere Personen die Peinlichkeit bemerkt haben und den Pechvogel auslachen oder sogar verspotten, sollten Sie helfend eingreifen, indem Sie der Person sprichwörtlich die Hand reichen und ihr aus der Situation heraushelfen. Auf welche Weise Sie das machen, ist von den konkreten Umständen der Begegnung abhängig.

Ob es ratsam ist, denjenigen später auf seinen Fehltritt aufmerksam zu machen, ist von der Beziehung zueinander abhängig. Je näher einem der Mensch steht, umso eher hat er eine Chance, dass man ihn aufklärt. Und je dankbarer er dafür ist und entsprechend reagiert, umso eher wird man ihm auch beim nächsten Fehltritt wieder helfen. Ansonsten wird der Fehltreter vielleicht nie erfahren, was er so alles falsch macht.

Freut sich der oder die Ungeschickte über Ihre Ehrlichkeit, ist Ihnen für den diskreten Hinweis dankbar und sieht darin einen Vertrauensbeweis, dann dürfen auch Sie selbst die berechtigte Hoffnung hegen, aufgeklärt zu werden, falls Sie einmal durch eine Ungeschicktheit auffallen sollten.

Wenn sich jemand hingegen absichtlich rücksichtslos und egoistisch verhält, ist das kein klassischer Tritt ins Fettnäpfchen, sondern schlicht ungezogen. In solchen Situationen sollten Sie das unbedingt sachlich ansprechen – und damit auch Zivilcourage zeigen. *Benimm dich anständig* beinhaltet auch die Forderung nach Fairness und Courage. Höflichkeit bedeutet schließlich nicht, zu allem Ja und Amen zu sagen, und auch nicht, sich alles gefallen lassen zu müssen.

Untersetzer – Für und Wider

Kann man Untersetzer auch auf die Tischdecke legen?

Sie ahnen es sicher schon: Diese kleinen Untersetzer dienen nur zum Schutz von empfindlichen Tischplatten aus Holz, Glas oder Marmor. Sie sind keine Dekoration, eher stören sie die Tisch-Optik sogar, weil sie nur selten ein hübsches Accessoire sind. Für den täglichen eigenen Gebrauch von Untersetzern überwiegt vielleicht deren Vorteil, weil Sie vermutlich ganz bewusst darauf achten, Ihre Möbelstücke weitestgehend zu schonen. Das ist allemal verständlich.

Gästen dagegen immer wieder den Untersetzer unterzuschieben wirkt eher etwas kleinlich – besorgt um die Tischplatte, nicht um die Gäste – und bringt die Besucher dann oft in die unangenehme Situation, sich selbst kontrollieren zu müssen. Wenn Besucher ihr Glas ständig wieder an genau den alten Platz stellen sollen und womöglich von dem um die Tischplatte besorgten Gastgeber einen strafenden Blick erhalten, sollten sie dies einmal vergessen, können sie sich schnell unbehaglich fühlen. Da Untersetzer zudem derzeit nicht modern sind, sind viele den Umgang damit gar nicht gewöhnt oder assoziieren gar die Situation im Bierlokal, wo ja ein Bierdeckel als Untersetzer gereicht wird. Das wollen private Gastgeber meist sicher auch nicht.

Untersetzer nun auch noch auf dem Tischtuch zu platzieren, ist außerdem doppelt gemoppelt und lässt die Vorsorge um die Tischplatte nun wirklich übertrieben erscheinen. Vielmehr ist es – auch weil es wesentlich komfortabler ist – richtig, unter das Tischtuch eine Tischtuchunterlage aus Molton mit einer gummierten Unterseite oder mit einem Gummizug zu legen. Mit einer solchen Unterlage erreichen Sie nicht nur, dass die Oberfläche Ihres Tisches vor Flüssigkeiten und auch vor Wärme geschützt wird, sondern auch, dass Ihr Tischtuch vorteilhafter ausschaut und dass Geschirr und Gläser geräuscharm platziert werden können.

Eine der wichtigsten Gastgeber-Tugenden ist doch Großzügigkeit – auch im Denken. Egal, ob Sie für Ihre Gäste stundenlang in der Küche gestanden haben, ob das ein Vermögen gekostet hat oder Sie nach einem Gewürz in der ganzen Stadt unterwegs waren, es war alles ganz schnell und einfach vollbracht und es hat Ihnen vor allem viel Freude gemacht. Und falls es ein Malheur gab oder gibt, ist das gar nicht schlimm. Für eine solche Denkweise und für diese Haltung erlangen Sie Bewunderung – und wie viel Arbeit Sie hatten, wird sowieso jeder ahnen.

Immerhin ist es nicht erst seit 1788 so, dass Gastgebern empfohlen wird: «Man reiche das wenige, was man der Gastfreundschaft opfern kann, in gehörigem Maße, mit guter Art, mit treuem Herzen und mit freundlichem Gesichte dar. Man suche

bei Bewirtung eines Fremden oder eines Freundes weniger Glanz als Ordnung und guten Willen zu zeigen.» {**Über den Umgang mit Menschen, S. 238**}

Dagegen wirkt ein vornehmlich um seine Einrichtung besorgter Gastgeber gewiss spießig und kleinlich. Jeder Gast spürt, dass er eigentlich nicht willkommen ist. Vielmehr wirkt es schön, wenn die Gläser gefüllt, der Tisch lebendig und die Stimmung angenehm ist. Gehen Sie außerdem als Gastgeber großzügig mit kleinen Pannen Ihrer Gäste um und machen Sie die nicht mehr zu ändernde Situation nicht schlimmer als sie ist. Für souveräne Gastgeber ist gar nichts passiert, auch wenn sie danach das Tischtuch wegwerfen können. Höfliche Gastgeber bewahren höflichen Gästen gegenüber in jeder Situation Contenance.

PS: In Georgien ist es übrigens nach wie vor Sitte, dass die Gastgeberin vor dem Essen *versehentlich* ein Glas Wein auf dem sauberen Tischtuch umstößt, damit sich die Gäste keine Sorgen machen müssen, wenn ihnen ein Missgeschick unterläuft.

Ältere sind nicht alt

Ist das Älterwerden
eine Frage des
Alters, oder
ab wann gilt man
heute als alt?

I hope I die before I get old (Hoffentlich sterbe ich, bevor ich alt werde), textete Pete Townshend in seinem Erfolgssong *My Generation*. Was er wohl heute dazu sagen würde? Immerhin ist er nun selbst längst kein Jüngling mehr.

Auch wenn Sie mit zunehmenden Jahren gesundheitliche oder körperliche Abstriche machen müssen, sind Sie ja nicht automatisch alt – im Denken. Und solange Sie sich für aktuelle Geschehnisse interessieren, ein paar Hobbys haben, Freundschaften pflegen und neue Bekanntschaften machen, gestalten Sie doch Ihr Leben aktiv und nehmen teil. Auch wenn Sie wenig Zeit haben, können Sie die sinnvoll nutzen und sich womöglich sogar ehrenamtlich für andere engagieren. Helfen Sie Jüngeren – sie würden sich freuen, von Ihrer Erfahrung zu profitieren. Das betrifft nicht nur die Familie, sondern auch alle anderen Bereiche; insbesondere gesellschaftliche oder berufliche Erfahrungen sind von unschätzbarem Wert. Das ist die einfachste Formel, um alt zu werden und dabei jung zu bleiben. In diesem Sinne können junge Menschen zwanzig, vierzig oder achtzig Jahre zählen – und manche Menschen bereits mit 30 alt sein.

Daher ist es auch vollkommen richtig, sich zwar modern, aber dennoch dem Alter angemessen zu verhalten und auszusehen. Zwar haben wir es heute mit dem merkwürdigen Phänomen zu tun, dass 60-Jährige einerseits noch nie so fit waren wie heute, andererseits aber auf dem Arbeitsmarkt schlechte Karten haben. Doch niemand sollte sich dazu verführen lassen, mit unpassend wirkenden Methoden zu versuchen, viel jünger auszusehen, als er oder sie ist. Vielmehr ist es schön, wenn ältere Menschen – egal, ob sie jünger aussehen, als sie sind, oder nicht – gepflegt, gut frisiert und alters- und typgerecht gekleidet sind und sich ebenso verhalten. Ein freundliches Gesicht sieht immer schön aus und eine aufrechte (Geistes-)Haltung auch – selbst, wenn Ihr Gesicht viele Falten trägt und Sie gebückt gehen oder sitzen.

Jünger machen können Sie sich jedoch, indem Sie bewusst auf Ihre Wortwahl und auf die Ihrer Mitmenschen achten. *Senioren* passt besser als *Alte* oder *Rentner*, und *Seniorenheim* klingt freundlicher als *Altenheim*; dafür sind *Jugendliche* keine *Kinder* mehr. Lassen Sie nicht zu, bereits durch Sprache diskriminiert zu werden, und sensibilisieren Sie Gedankenlose – am besten mit Selbstironie und Humor.

Ein Anliegen noch in eigener Sache: Junge Menschen legen wieder mehr Wert auf Höflichkeit und gute Umgangsformen, das merke ich sehr deutlich in meinen Seminaren. Und das nicht nur, weil sie wissen, dass damit ihre Karrierechancen steigen, sondern sie finden gute Manieren einfach angenehm. Dennoch müssen sie feststellen, dass gutes Benehmen altersunabhängig ist – und schlechtes Benehmen ebenfalls. Junge Menschen wissen höfliche Vorbilder anderer Generationen sehr zu schätzen, und sie brauchen sie auch. Doch Verhaltensweisen und Benehmen unterliegen dem Wandel der Zeit. Tolerieren Sie daher neben den traditionellen Regeln neue Formen, ohne Ihre eigenen zu vergessen.

Zu guter Letzt soll Freiherr Adolph von Knigge mit einem Auszug aus seinem Kapitel *Von dem Umgange unter Menschen von verschiedenem Alter* zu Wort kommen, in dem er im Alter von 36 Jahren analysiert: «Der Umgang unter Menschen von gleichen Jahren scheint freilich viel Vorzüge und Annehmlichkeiten zu haben. Ähnlichkeit in Denkungsart und wechselseitiger Austauschung solcher Ideen, die gleich lebhaft die Aufmerksamkeit erregen, ketten die Menschen aneinander. Jedem Alter sind gewisse Neigungen und leidenschaftliche Triebe eigen. In der Folge der Zeit verändert sich die Stimmung; man rückt nicht so fort mit dem Geschmacke und der Mode; das Herz ist nicht mehr so warm, [...] der Jüngling hört die Erzählungen von den Freuden unsrer schönsten Jahre nur aus Gefälligkeit ohne Gähnen zu. Gleiche Erfahrungen geben reichhaltigern Stoff zur Unterhaltung, als wenn das, was ein Mensch erlebt hat, dem andern ganz fremd ist.» {**Über den Umgang mit Menschen, S. 136**}

Doch gerade darin liegt auch der Reiz des Miteinanderumgehens – über die Generationen, Geschlechter und auch Nationen und Kulturen hinweg.

Generationskonflikte gab es schon immer

«Ich setze überhaupt keine Hoffnung mehr in die Zukunft unsers Landes, wenn einmal unsere heutige Jugend die Männer von morgen stellt. Unsere Jugend ist unerträglich, unverantwortlich und entsetzlich anzusehen.» Wer sich hier beschwert, ist kein anachronistischer Mitbürger unserer Tage, sondern der griechische Philosoph Aristoteles (384 - 322 v. Chr.). Offenbar war die Klage über die hoffnungslose Jugend auch schon im vierten Jahrhundert vor Christus weit verbreitet.

Hat nicht auch der Generationskonflikt mit gelockerten Etiketteregeln zu tun?

Der Generationskonflikt ist offenbar so alt wie die Menschheit selbst, und geändert hat sich wohl nur, dass die Lebenswelten von Eltern und Kindern, vermittelt über Mode, Musik und Freizeit, noch nie so dicht beieinander lagen wie heute. Diese Nähe der Generationen hat das Verständnis füreinander erheblich verbessert und fördert die Toleranz, doch es gibt auch eine Kehrseite. Jugendlichen fehlen harmlose Möglichkeiten, Grenzen zu suchen und Streitbares auszuprobieren, um notwendige Erfahrungen zu machen, die sie zum Erwachsenwerden brauchen. Denn wer regt sich schon noch über lange Haare und laute Musik auf? Von einem echten Generationskonflikt kann also nicht so recht die Rede sein. Doch Unterschiede gibt es schon, und nicht nur den Geschmack betreffend.

Es bestehen durchaus noch Auseinandersetzungen über das richtige Verhalten im täglichen Miteinander. Sie existieren allerdings weniger zwischen Alt und Jung als vielmehr zwischen höflichen und unhöflichen, hilfsbereiten oder rücksichtslosen Menschen. Und die gibt es bekanntlich in jeder Altersgruppe. Heute existieren moderne und traditionelle Umgangsformen nebeneinander, und zwar in einem Ausmaß wie niemals zuvor. Sitten und Gebräuche waren zwar immer stark dem Zeitgeist unterworfen, doch die historisch einmalige Geschwindigkeit der gesellschaftlichen Veränderungen im 20. Jahrhundert hat eben auch in diesem Bereich zu Ungleichzeitigkeiten geführt. So sind nach wie vor viele Menschen stark von einer Kinderstube alter Schule geprägt, andere eher nach zeitgemäßen Regeln erzogen worden und wieder andere sind – über die Generationen hinweg – scheinbar sogar ganz ohne Anleitung aufgewachsen.

Jüngere Menschen sollten von Älteren nicht erwarten, dass sie ihre vertrauten Gewohnheiten ablegen. Sie sollten traditionelle und altmodische Formen von Höflichkeit akzeptieren, ohne sie zu belächeln. Ältere Menschen dagegen sollten nicht jede Umgangsform, die ihnen unbekannt ist, pauschal als falsch verurteilen. Schließlich könnte es sich einfach um eine neue Etiketteregel handeln oder schlicht ein Modetrend sein, den junge Menschen – altersbedingt – ausprobieren wollen und müssen, um ihren eigenen Weg zu finden. Dass sie damit (hoffentlich) niemanden belästigen wollen, davon sollten Sie, als aufgeschlossener und (lebens-)erfahrener Mensch, zunächst einfach ausgehen. Mit etwas mehr Respekt, Achtung, Toleranz und Neugier für die verschiedenartigen Verhaltensweisen der Älteren bzw. Jüngeren lassen sich Spannungen zwischen den Generationen durchaus verringern.

Als 36-jähriger Mann – damals mittleren Alters – richtete 1788 Freiherr von Knigge sich verständnisvoll an die Älteren: «Selten nehmen ältere Leute so billige Rücksicht, daß sie sich in Gedanken an die Stelle jüngerer Personen setzen, die Freuden derselben nicht störten, sondern vielmehr zu befördern und durch Teilnahme lebhafter zu machen suchten. Sie denken sich nicht in ihre eignen Jugendjahre zurück; Greise verlangen von Jünglingen dieselbe ruhige, nüchterne, kaltblütige Überlegung, Abwägung des Nützlichen und Nötigen gegen das Entbehrliche, dieselbe Gesetztheit, die ihnen Jahre, Erfahrung und physische Herabspannung gegeben haben. Die Spiele der Jugend scheinen ihnen unbedeutend, die Scherze leichtfertig. Es ist aber wahrlich erstaunlich schwer, sich so ganz in die Lage zurückzudenken, in welcher wir vor zwanzig oder dreißig Jahren waren, und bei dem besten Willen entstehen daraus manche unbilligen Urteile und manche Übereilungen bei Erziehung der Jugend.» {**Über den Umgang mit Menschen, S. 138-139**}

Anschließend schrieb er an die Jüngeren gerichtet: «Es gibt viele Dinge in dieser Welt, die sich durchaus nicht anders als durch Erfahrung lernen lassen; es gibt Wissenschaften, die so schlechterdings langwährendes Studium, vielfaches Betrachten von verschiednen Seiten und kältres Blut erfordern, daß ich glaube, auch das feurigste Genie, der feinste Kopf sollte einem bejahrten Manne, der selbst bei schwächern Geistesgaben Alter und Erfahrung auf seiner Seite hat, in den mehrsten Fällen einiges Zutrauen, einige Aufmerksamkeit nicht versagen. [...], daß ich kein Bedenken trage, dem Jünglinge und Knaben zuzurufen: «Vor einem grauen Haupte sollst Du aufstehn! Ehre das Alter! Suche den Umgang älterer kluger Leute! [...]» {**Über den Umgang mit Menschen, S. 141-142**}

Kinder lieben (Spiel-)Regeln

Eine gute Kinderstube gehabt zu haben, wird dem zugesprochen, der sich angemessen zu benehmen weiß, der sich in Kenntnis unseres Höflichkeitskanons gegenüber jedermann respektvoll verhält. Höfliche Menschen geben ihrer Gesellschaft mit ihrem gepflegten Äußeren, mit ihrer natürlichen Souveränität und mit ihrem selbstsicheren, bescheidenen Auftreten – kurz, mit ihrem angemessenen Verhalten und Aussehen – automatisch ein Gefühl von Wohlbefinden und Wärme. Einerseits vermitteln sie Einfachheit, womit sie ihrem Gegenüber die Befangenheit nehmen, und das macht sie sympathisch und liebenswert; andererseits unterstellt man ihnen aufgrund ihres sicheren Auftretens und ihrer natürlichen Souveränität nicht nur eine höhere (Fach-)Kompetenz, sondern obendrein meist auch eine höhere Bildung. Und schon allein deswegen ist eine gute Kinderstube förderlich für die Karriere – privat, beruflich und in Gesellschaft. Eine gute Kinderstube ist insofern sogar ein gesellschaftliches Interesse – und zwar ganzheitlich und nicht nur auf die Manieren bezogen.

Wie bringe ich meinen Kindern gutes Benehmen bei, ohne sie mit steifen Etiketteregeln zu gängeln?

Allerdings wird ein Benimm-Schnellkurs, wenn zu Hause kein Bitte und Danke, keine Serviette und kein liebevoll gedeckter Tisch Normalität sind, wohl langfristig nicht von Erfolg gekrönt sein. Kinder-Benimm-Kurse sind eher ein originelles Vergnügen als eine empfehlenswerte Erziehungsmethode. Leben Sie stattdessen vielmehr tagtäglich und ganz selbstverständlich in Respekt voreinander, üben Sie gleichfalls Toleranz gegenüber anderen Lebensformen, Kulturen und Generationen, so werden damit bereits in der buchstäblichen Kinderstube die Grundlagen für alle guten Umgangsformen geschaffen, die ein natürliches Miteinanderumgehen erst ermöglichen.

Bereits Freiherr Adolph von Knigge wusste, wie viel Verantwortung mit der Erziehung eines Menschen verbunden ist, wenn er mahnt: «Heilige Pflicht ist es, ihnen [den Kindern] auf keine Weise Ärgernis zu geben; sich leichtfertiger Reden und Handlungen zu enthalten, die von niemand so lebhaft als von den auf alles Neue so aufmerksam horchenden, so fein beobachtenden Kindern aufgefangen werden; ihnen in jeder Art Tugend, in Wohlwollen, Treue, Aufrichtigkeit und Anständigkeit Beispiel zu geben – kurz, zu ihrer Bildung alles nur mögliche beizutragen.»
{**Über den Umgang mit Menschen, S. 143**}

Jeder, der Umgang mit Kindern hat, weiß, dass das nicht immer ganz einfach ist. Erwachsene haben auch Schwächen und Sorgen und sogar mal einen schlechten Tag. Kinder können jedoch gut zwischen einem Ausrutscher und einer permanent schlechten Atmosphäre und Geringschätzung im Miteinanderumgehen unterscheiden. Gerechte und verstandene Forderungen werden meistens erstaunlich gut akzeptiert – Kinder lieben (Spiel-)Regeln, wenn sie denn von allen eingehalten werden. Kinder sollten dabei zweifelsohne nicht zu kritikloser Höflichkeit erzogen werden – sie sollten vielmehr auch lernen, freundlich, aber bestimmt Nein zu sagen, wobei die Betonung auf *freundlich* liegt. Fordern Sie daher auch bei den kleinen Gästen Ihrer Kinder die Einhaltung Ihrer familiären Spielregeln. Stehen Sie Ihren Kindern zudem mit Rat und Tat zur Seite und akzeptieren Sie, dass beides bei heranwachsenden Kindern nicht immer erwünscht ist.

Schließlich haben es diejenigen mit einer gute Kinderstube später allemal leichter, weil sie die Regeln kennen und wissen, wann und wie sie sie anwenden sollten. Und es besteht auch die berechtigte Hoffnung, dass die erwachsen gewordenen Kinder es sogar recht bald zu schätzen wissen, dass sie als Hänschen gelernt haben, was sie als Hans unter erschwerten Bedingungen noch lernen müssten, damit ihrem Verhalten und ihrem Aussehen eine gute Kinderstube bescheinigt wird. Vor allem aber soll gutes Benehmen immer von Herzen kommen. Das ist ganz wichtig.

Enkelkindern ein Vorbild sein

Und wiederholt ist es Freiherr Adolph von Knigge, dem es gelingt, Komplexes auf den Punkt zu bringen: «Es ist indessen nicht genug, daß der Umgang älter Leute den jüngern nicht lästig und hinderlich werde; er muß ihnen auch Nutzen schaffen. Eine größere Summe von Erfahrungen berechtigt und verpflichtet jene, diese zu unterrichten, zurechtzuweisen, ihnen durch Rat und Beispiel nützlich zu werden. Dies muß aber ohne Pedanterie, ohne Stolz und Anmaßung geschehn, ohne auf lächerliche Weise für alles eingenommen zu sein, alles anzupreisen, was alt ist, ohne Aufopferung aller Jugendfreuden, beständige Huldigung und untertänige Aufwartung zu fordern, ohne Langeweile zu erregen, und ohne sich aufzudrängen.» {**Über den Umgang mit Menschen, S. 140**}

Was kann ich als Oma oder Opa tun, wenn mein Enkelkind überhaupt keine Manieren hat?

Bis heute hat sich daran offenbar nichts geändert: Ob die Beziehung zwischen älteren und jüngeren Menschen dauerhaft ihren Reiz hat, ist auch von dem gegenseitigen Nutzen abhängig. Ihr Enkelkind ist noch ein Kind, aber es kann sehr wohl erkennen, ob es ihm Freude bereitet, mit Ihnen Zeit zu verbringen, oder ob es Ihre Ermahnungen vielmehr als Gängelei – also nutzlos empfindet. Insofern liegt die Verantwortung bei Ihnen als Erwachsenem, dem Kind durch vorbildliches Verhalten und Aussehen zu zeigen, wie wohltuend Höflichkeit ist, wie schön es ausschaut, wenn man ästhetisch und geräuschlos isst, und als wie wertschätzend Höflichkeit empfunden wird. So helfen Sie Ihrem Enkelkind dabei, seinen eigenen Weg zu finden.

Deshalb ist eine gute Kinderstube wichtig und durchaus zeitgemäß. Gewiss ist der Begriff *Kinderstube* nicht nur auf die Benimmregeln allein zu reduzieren, doch brauchen Kinder neben den elementaren Dingen vor allem Bildung, Zuwendung und Grenzen! Das gilt zwar für alle Lebensbereiche gleichermaßen, doch soll hier im Speziellen auf die Umgangsformen eingegangen werden. Und wenn es um Erziehung geht, ist folgerichtig die Vorbildwirkung unseres eigenen Verhaltens entscheidend. Kinder sollten gutes Benehmen darüber hinaus immer als angenehm empfinden – nicht als Zwang. Auf die Umgangsformen bezogen, bedeutet Bildung: Wissen vermitteln (theoretisches und praktisches Wissen); Zuwendung: Werte vermitteln (Leistungswerte, soziale Werte, Kommunikationswerte, ethische Werte) und Grenzen: Verhalten korrigieren (das Kind da abholen, wo es gerade in seiner Entwicklung steht, Ziele setzen, altersgerechte Strategien auswählen, Erfolge belohnen). Natürlich wäre es unseriös, aus der Ferne Erziehungstipps zu geben, aber offenkundig ist, dass Ermahnungen und Gängeleien vielleicht kurzfristig wirken, jedoch nicht dazu führen, dass Menschen es schön finden, sich gut zu benehmen, höflich zu sein und mit Freude zu lernen. Das aber wünschen Sie sich von Ihrem Enkelkind, und Sie erreichen das eher, wenn Sie langfristig auf Erfolge aus sind – nicht nur bei Tisch.

Lassen Sie sich darüber hinaus, beispielsweise beim Tischdecken, unbedingt von Ihrem Enkelkind helfen. Seien Sie hauptsächlich Vorbild und sagen Sie ihm, wie schön es ist, gemeinsam an einem liebevoll gedeckten Tisch zu essen; nehmen Sie sich dafür Zeit, kleiden Sie sich für jedes Essen angemessen, stellen Sie eine Vase mit frischen Blumen oder eine Kerze auf den Tisch und führen Sie eine gepflegte Unterhaltung mit dem Kind (hören Sie zu!!). In einer solchen Atmosphäre fällt es schwerer, sich über den Tisch zu lümmeln. Und wenn es auch nicht gleich funktioniert, Ihr Enkelkind sieht es. Es wird womöglich erst einmal nur beobachten, bevor es Ihnen gegenüber zugibt, dass ihm gutes Benehmen gefällt.

Reisen mit Stil

Gibt es Tipps, wie Touristen sich im Ausland verhalten sollen?

«Manche Leute suchen etwas darin, auf Reisen zu prahlen, viel Geld zu verzehren, glänzen zu wollen und prächtig gekleidet zu sein. Das ist eine törichte Eitelkeit, die sie in den Wirtshäusern teuer büßen müssen, ohne für ihr Geld mehr zu erhalten als der einfache Reisende» {**Über den Umgang mit Menschen**, S. 268-269}, schrieb Freiherr von Knigge bereits 1788, als das Reisen noch vor allem den Privilegierten möglich war.

Es ist nach wie vor ein rätselhaftes Phänomen, dass manche Leute ihre persönliche Kultur und ihre Umgangsformen in der Fremde augenblicklich vergessen und sich wie Banausen aufführen. Leider! Dabei beeinflusst das Verhalten von Touristen im Ausland das Image auch all ihrer Landsleute ganz entscheidend – positiv und negativ. Im Umgang mit Menschen ganz allgemein, jedoch in besonderem Maße dann, wenn Sie im Ausland privat oder beruflich unterwegs sind, hilft Ihnen die Fähigkeit, sich auf Ihr Gegenüber einstellen zu können. Einem höflichen, takt-

vollen Menschen, dem es in erster Linie darum geht, andere Menschen – unabhängig von Alter, Geschlecht, Religion, Nationalität, Einkommen oder Bildung – wertzuschätzen, wird es überall auf der Welt leichter fallen, sich respektvoll zu verhalten. Darüber hinaus ist es nichtsdestotrotz hilfreich, sich vor einer Reise im jeweiligen Reise- oder Touristenführer über die landesspezifischen Verhaltenserwartungen zu informieren, um nicht gegen die lokalen Sitten, Moralgesetze und Gesellschaftsnormen zu verstoßen. Nicht nur diejenigen, die außerhalb der Touristenzentren Land und Leute kennenlernen wollen, sondern insbesondere auch Geschäftsreisende kommen darüber hinaus nicht umhin, sich über Kulturtraditionen, religiös und historisch begründete Sitten und Tabus sowie über die aktuellen politischen Verhältnisse zu informieren.

«In fremden Städten und Ländern ist Vorsichtigkeit im Umgang zu empfehlen, und das in manchem Betrachte. Wir mögen nun dort Unterricht und Belehrung, oder ökonomische und politische Vorteile oder bloß Vergnügen suchen, so ist es sehr notwendig, gewisse Rücksichten nicht zu verachten. Im ersten Falle, nämlich wenn wir reisen, um uns zu unterrichten, versteht sich's vor allen Dingen von selbst, daß wir wohl überlegen, in welchem Lande wir sind, und ob man da ohne Gefahr und Verdruß von allem reden und nach allem fragen dürfe» {**Über den Umgang mit Menschen, S. 74**}, mahnte Freiherr von Knigge bereits vor über 200 Jahren.

Es sollte jedem Menschen einleuchten, dass für den Aufenthalt in fremden Kulturkreisen eine sorgfältige Vorbereitung unerlässlich ist. Doch selbst innerhalb Europas haben Reisende es leichter, wenn sie die Nuancen der Verhaltensstandards kennen, die sich mal mehr, mal weniger von unseren eigenen Gepflogenheiten unterscheiden. Zusätzlich verschafft es Ihnen immer Sympathien, wenn Sie wenigstens ein paar Worte (Begrüßung, *bitte*, *danke* und *Entschuldigung*) in der Landessprache sprechen, sogar, wenn sie diese eher nur radebrechen. Vorausgesetzt, dass Sie dabei Ihrem Gegenüber zulächeln, kommen Sie gelegentlich sogar mit Händen und Füßen weiter – lächeln ist (fast!!) immer richtig. Achten Sie unbedingt auf die Körpersprache und das Distanzbedürfnis Ihres Gegenübers (Sie sind vielleicht zu nahe getreten?), aber ebenso auf die Gestik und auf den Gesichtsausdruck. Dabei können Sie vertrauensvoll davon ausgehen, die Kernemotionen Freude, Angst, Wut und Trauer in allen Kulturen der Welt am Gesichtsausdruck erkennen zu können.

Ganz egal jedoch, was auch der Grund ist, ein *Nein* sollten Sie immer freundlich respektieren. Und nicht zuletzt: Nicht nur die Verhaltenserwartungen im Gastland sollten Sie respektieren, sondern auch die Erwartungen an Ihr Aussehen – insbesondere an Ihre Kleidung. Auch und ausdrücklich bei hochsommerlichen Temperaturen!

Und wer dann noch den erfahrenen Rat des bekannten Experten für Menschenkenntnis beachtet, wird mit der richtigen Einstellung (fast) jede Situation mit Nonchalance meistern und sogar in schwierigen Situationen Contenance bewahren können, so dass er überall auf der Welt gern (wieder)gesehen wird: «Zum Reisen gehört Geduld, Mut, guter Humor, Vergessenheit aller häuslichen Sorgen, und daß man sich durch kleine widrige Zufälle, Schwierigkeiten, böses Wetter, schlechte Kost und dergleichen nicht niederschlagen lasse.» {**Über den Umgang mit Menschen, S. 268**}

Hotel – kein Zuhause

Ob der Fauxpas tatsächlich als eine grobe Unhöflichkeit interpretiert wird oder lediglich ein kleines Malheur ist, ist zwar zweifelsfrei von der Hotelkategorie, doch vor allem und insbesondere vom jeweiligen Gastland abhängig. Sie haben sicher ganz bestimmte Vorstellungen und Ansprüche. Werden Sie sich vor der Buchung über die für Sie wichtigen Kriterien bei der Hotelauswahl klar und sprechen Sie diese bei der Reservierung auch an. Denken Sie zudem bitte nicht nur an das Zimmer selbst, sondern auch an spezielle Zusatzreservierungen, wenn Ihnen das wichtig ist. Eine Hotelreservierung ist bei Urlaubsreisen meist ein verbindlicher Vertrag, beachten Sie also die Stornierungsbedingungen. Lassen Sie dann schon beim Einchecken ins Hotel prüfen, ob Ihre Reservierungskriterien, wie Meerblick oder Nichtraucherzimmer, eingehalten wurden, und erkundigen Sie sich rechtzeitig nach Preisen für Zusatzleistungen, falls Sie etwa zu Telefoneinheiten, Wäscheservice, Parken etc. keine Informationen in Ihrem Hotelzimmer vorfinden.

Welche Fauxpas gilt es bei einem Aufenthalt in einem stilvollen Hotel zu vermeiden?

Bereits beim Betreten des Hotels werden Sie erkennen, welcher Kleidungsstil im Hotel erwünscht ist und in welcher Kleidung Sie sich wohlfühlen werden. Ihre Kleidung sollte zum Stil des Hotels passen und so aussehen, dass sich auch die anderen Gäste in Ihrer Gegenwart wohlfühlen. Und das bedeutet, dass Sie keinesfalls in Badebekleidung oder allzu leger im Hotel umherlaufen sollten. Auch wird es nicht gern gesehen, wenn Gäste mit Latschen, in kurzen Hosen oder Trägerhemd zum Frühstück aufkreuzen.

Nutzen Sie Hotelleistungen und den Service entsprechend der Kategorie des Hauses, erwarten Sie dabei nicht zu viel und nicht zu wenig und denken Sie bitte daran, dass für jede Sonderdienstleistung ein Trinkgeld fällig ist. Bestimmte Leistungen dürfen Sie natürlich nicht in jeder Hotelkategorie erwarten – verlangen Sie also nur das, was Sie auch haben können. Erwarten Sie in einer kleinen Pension bitte nicht den Service eines Fünf-Sterne-Hotels.

Dem Servicepersonal gegenüber wird sich ein souveräner Gast höflich, respektvoll und angemessen distanziert verhalten – egal, ob er eine Dienstleistung wünscht oder eine Reklamation vorzubringen hat. Beanstandungen sollten Sie am besten sofort vortragen und somit dem Hotel die Gelegenheit geben, die Störung abzustellen.

Nehmen Sie ansonsten Rücksicht auf andere Gäste, respektieren Sie deren Privatsphäre. Und schützen Sie auch Ihre eigene, indem Sie unbedingt das Schild *Bitte nicht stören* benutzen, damit nicht morgens, wenn Sie noch nicht oder gerade erst aufgestanden sind, der Zimmerservice hereinschneit und seine Arbeit machen möchte. Zimmer und Bad sind dem Zimmerservice zwar nicht tipptopp aufgeräumt und sauber, doch in einem zumutbaren Zustand zu übergeben.

Kaum erwähnenswert wird es sein, dass Hotelgegenstände nicht Ihnen gehören und nicht mitgenommen werden dürfen. Das wäre Diebstahl. Und vergessen Sie nicht, sich am Ende des Aufenthaltes beim Hotelpersonal mit einem Trinkgeld und ein paar freundlichen Worten angemessen für den schönen Aufenthalt zu bedanken.

Luxus – exquisiten Service stilvoll genießen

Und wie verhält man sich in einem Luxushotel?

Für viele Menschen ist das Betreten eines noblen Hotels mit einer gewissen Schwellenangst verbunden. Selbst diejenigen, die dort ein- und ausgehen, fühlen sich manchmal verunsichert, und andere wiederum betreten diese Hotels erst gar nicht aus Angst vor dem glatten Parkett. Dabei hätte man mit mehr Souveränität auch Zugang zu einer Welt, die besondere Gastlichkeit und oft unerwartete Annehmlichkeiten zu bieten hat. Der Aufenthalt in Hotels der Luxus-Kategorie kann zu einem einzigartigen Erlebnis werden, wenn man den luxuriösen Service auch bewusst und gezielt genießen kann. Doch selbst innerhalb dieser Kategorie gibt es Unterschiede, daher sollte man sich unbedingt vorab über den Stil des Hauses informieren, um Enttäuschungen vorzubeugen. Immerhin sind selbst auf hohem Niveau die Geschmäcker verschieden. Größe, Lage, Stil, Vorhandensein eines Spas und andere Merkmale machen das jeweils Besondere eines Hauses aus.

Jeder Aufenthalt in einem Luxushotel kann für die Gäste purer Luxus sein, weil man hier Wert darauf legt, die Gäste zu verwöhnen, und ihnen jeden Handgriff abnimmt. Souveräne Gäste lassen sich diesen Service auch erweisen und wissen, was man von wem erwarten darf. Ob Page, Wagenmeister oder Concierge, man sollte jeden seine Arbeit machen lassen. Die Hotelbediensteten kümmern sich um den Wagen, um das Gepäck, um Theaterkarten, den Babysitter, einen Termin im Spa-Bereich und um Restaurantreservierungen, wenn man sie darum bittet.

Selbstverständlich ist das Hauspersonal höflich und korrekt zu behandeln, und dazu gehört, dass man sich für jede Leistung, mit der man zufrieden war, bedankt – mit einem Dank, mit einem angemessenen Trinkgeld und möglichst persönlich. In Luxushotels haben die Hotelmitarbeiter ständig etwas in den Zimmern zu richten, so dass jeder Gast peinlichst seine Privatsphäre mithilfe des Schildchens *Bitte nicht stören* schützen sollte.

Zweifelsohne ist es allerorts und gegenüber jedermann so, doch insbesondere in persönlich geführten Grandhotels ist Überheblichkeit, Arroganz und Unhöflichkeit vollkommen fehl am Platz – gerade hier ist Höflichkeit ein Statussymbol und und wird gleichzeitig von allen als luxuriös empfunden. Je höher die Hotelkategorie, umso mehr wird von jedem Gast erwartet, dass er sich unauffällig, in gewisser Hinsicht rücksichtsvoll verhält und sich zudem korrekt gekleidet dem Stil des Hauses anpasst. Damit der Luxus nun auch bis zur letzten Minute als solcher empfunden wird, sollten Hotelgäste, falls sie es morgens eilig haben, bereits am Vorabend der Abreise sämtliche Abreisemodalitäten klären, so dass das Gepäck pünktlich abgeholt und der Wagen rechtzeitig vorgefahren werden kann.

Und nur noch der Vollständigkeit halber: Wer 300 Euro und mehr für die Übernachtung im Luxushotel ausgibt, sollte denn auch nicht heimlich die Minibar wieder auffüllen, etwas aus dem Hotelzimmer mitnehmen, was ihm nicht gehört, oder am Trinkgeld sparen!

Blumen verschenken

Beim Blumen-ABC scheiden sich die Geister. Selbst Fachleute sind sich da nicht einig, und dennoch bringt es die weitverbreitete Blumensprache mit sich, dass bestimmte Blüten bei vielen Menschen sofort bestimmte Assoziationen hervorrufen. Allerdings werden längst nicht allen Blumensorten eindeutige Aussagen zugeschrieben, und sie rufen auch nicht allgemein gleichartige Empfindungen hervor. Daher sollten Sie beim Verschenken von Blumen einerseits Ihren gesunden Menschverstand einsetzen, andererseits aber auch ein paar Grundregeln beherzigen.

Was sollte man wissen, wenn man Blumen verschenken möchte?

Blumen sind der Klassiker unter den Geschenken. Ein kleiner Dankeschön-Blumenstrauß, ein großzügiger Geburtstagsblumenstrauß, ein geschmackvolles Gute-Besserung-Sträußchen, ein wertvoller Strauß als Zeichen der Entschuldigung oder der Einfach-nur-so-Blumenstrauß – Blumen passen fast immer. Und sie machen dem Beschenkten auch fast immer Freude. Größe, Farbe und Sorte der Blumen sollten in jedem Fall sowohl zum Anlass als auch zur beschenkten Person passen.

Und sie sollten auch zum Schenkenden passen: Verschenken Sie rote Rosen nur, wenn Sie damit eine Liebeserklärung machen wollen. Weiße Blüten wie Astern, Callas, Chrysanthemen, Hortensien und Lilien haben Symbolcharakter. Sie sind vielen Menschen als Todesblumen oder Friedhofsblumen bekannt. Ganz weiße Sträuße erwecken häufig dieselbe Assoziation. Daher sind solche Blumen für Kran-

kenbesuche beispielsweise nicht zu empfehlen, wenn man kein Risiko eingehen möchte. Verschenken Sie an Personen, deren Anschauungen und Überzeugungen Sie nicht kennen, keine 13-stieligen Sträuße. Eventuell sind sie abergläubisch; die 13 gilt als Unglückszahl. Dem Volksglauben zuliebe sollten Sie zwar auf die 13 verzichten, doch ansonsten muss ein Strauß nicht mehr aus einer ungeraden Zahl von Blüten gebunden sein. Das hatte sowieso weniger mit Etiketteregeln als mit den früher noch völlig anderen Bindetechniken zu tun.

Überreichen Sie den Blumenstrauß selbst, dann sollten Sie ihn vor der Eingangstür – mit den Stielen nach unten – auswickeln und mit der rechten Hand übergeben. Falls Sie als Paar die Blumen übergeben, sollte das der Mann tun. Idealerweise geht das dann so: Die beschenkte Person wird die Blumen mit beiden Händen annehmen, den Blumenstrauß nun in die linke Hand nehmen, so dass sie Ihnen dann die rechte Hand zur Begrüßung oder für die Entgegennahme Ihrer Gratulation geben könnte. Blumen sollten möglichst generell mit beiden Händen empfangen werden.

Unpassend sind Blumen als Mitbringsel zuweilen aber auch. So werden zum Kondolenzbesuch keine Blumen überreicht! Außerdem ist es nicht üblich, bei geschäftlichen Anlässen und bei Gelegenheiten, wo der Smoking getragen wird, Blumen mitzubringen. Dies bedeutet aber keineswegs, dass Sie sich als Gast einer solchen Veranstaltung nicht mit einem Blumengruß für die Einladung bedanken können. Entscheiden Sie sich in solchen Fällen aber unbedingt für den Vorfreude- oder für den Dankeschön-Blumenstrauß per Boten.

Schenken und schenken lassen

Manche Einladungen zum Geburtstag, zur Hochzeit oder zu einem Jubiläum werden nicht nur mit den notwendigen Informationen versehen, sondern auch mit bestimmten Wünschen in Bezug auf Geschenke. *Lieber Geld oder eine Spende für einen guten Zweck* kann das sein, jedoch auch der Wunsch, es möge ganz auf Geschenke verzichtet werden. Da fragt man sich schon, warum eigentlich? Haben Sie wirklich schon alles und keinen heimlichen Wunsch, über den sich die Gäste informieren könnten? Haben Sie keine Interessen, lesen Sie nicht und trinken Sie keinen Wein? Sind Sie einfach nur so bescheiden oder brauchen Sie wirklich nichts mehr? Oder haben Sie etwa vor, Ihren Gästen, denen Sie selbst bereits einmal ein größeres Geschenk gemacht haben, nun ein schlechtes Gewissen zu bereiten?

Kann man gleich in der Einladung darauf hinweisen, wenn man von seinen Gästen keine Geschenke haben möchte?

Warum gehen Sie eigentlich davon aus, dass die Gäste Geschenke mitbringen? Meinen Sie, das wäre selbstverständlich? Das ist es gar nicht, vielmehr ist es von Ihnen recht vermessen, das unverhohlen zu erwarten. Viele Gäste hatten es allerdings durchaus vor, Ihnen zu diesem Anlass etwas zu schenken; manche haben sich womöglich schon lange vor Ihrer Einladung darüber Gedanken gemacht und Ideen gesammelt oder gar bereits etwas für Sie gekauft. Nun wollen Sie es gar nicht haben. Doch ob sich Ihre Gäste längst für Sie ein Geschenk überlegt haben oder nicht, früher oder später sind alle Gäste arg verunsichert und fragen sich:

Sollen wir uns über den Wunsch hinwegsetzen? Dann würden wir uns falsch verhalten und womöglich auf dem Fest die Einzigen mit einem Geschenk sein. Dann werden wir uns schlecht fühlen.

Sollen wir uns an seinen Wunsch halten? Das müssten wir zwar, doch es wird uns auf dem Fest peinlich sein, falls andere Gäste ein Geschenk dabei haben und nur wir nicht.

Wie auch immer, Ihre Gäste machen sich mehr Gedanken über das Geschenk, als Ihnen angeblich lieb ist. Das ist sehr schade, finden Sie nicht auch? Das Schlimme daran ist jedoch, Sie haben vom ersten Moment an, also mit der Einladung, Ihre wichtigste Gastgeberpflicht nicht wahrgenommen. Diese ist nämlich, dafür zu sorgen, dass sich Ihre Gäste wohlfühlen – vor, während und auch nach dem Fest. Das Traurige ist außerdem, dass einerseits vielleicht auch Sie selbst sich später mit dieser Entscheidung, auf Geschenke zu verzichten, nicht mehr wohlfühlen, weil Sie möglicherweise feststellen, wie viele Ihrer Lieben Sie mit Ihrer Bescheidenheit vor den Kopf gestoßen haben. Und andererseits verzichten Sie auf die ganz automatisch aufkommende Freude, wenn man ein Geschenk auspacken und bestaunen kann.

Sie sollten sich einen solchen Plan also noch einmal überlegen. Schreiben Sie lieber nichts von Geschenken in Ihrer Einladung. Hinterlassen Sie bei einer vertrauten Person, bei der viele anfragen werden, ein paar kleine Wünsche: *Über eine Flasche Rotwein freut sie sich immer*, und überlassen Sie es Ihren Gästen, was sie in Bezug auf das Schenken für ihre Gastpflicht halten und was nicht.

Silberne Hochzeitsgeschenke

Was schenkt man zu einer silbernen Hochzeit?

Früher wurde das 25. Ehejubiläum intim im Familienkreis gefeiert und zwar dem Namen entsprechend, im Zeichen des Silbers. Die Jubelbraut schmückte sich mit einem kleinen Silberkränzchen und der Ehemann steckte sich ein silbernes Myrtensträußchen ans Revers. Die festliche Tafel war mit Silberschmuck dekoriert und die Angehörigen hoben mit silbernen Geschenken den Anlass deutlich hervor.So war es und genauso könnte es auch heute sein. Viel häufiger feiern jedoch Ehepaare ihr 25. Ehejubiläum heute anders und dabei so unterschiedlich, dass jeder Versuch einer Verallgemeinerung von vornherein scheitern muss.

Viele Jubiläumspaare freuen sich – sofern sie keinen konkreten Wunsch haben – am allermeisten über ganz persönliche, ideelle Geschenke. Neben den traditionell silbernen Geschenken ist eine schöne Foto-Kollage der 25 Ehejahre oder beispielsweise ein Gästebuch, das nach einem bestimmten Muster von jedem Gast vorab gestaltet werden soll, empfehlenswert. Auch ein dekorativer Familien-Stammbaum kann ein schönes Geschenk sein, oder ein großes Foto, auf dem die ganze Familie, alle Freunde oder die Firma zu sehen sind, kommt eventuell gut an. Dazu müsste unbedingt ein professioneller Fotograf beauftragt werden. Der Fotograf kann auch von einem Gast den Auftrag bekommen, das Fest bildlich festzuhalten – vielleicht wird gleich am Eingang jeder Gast beim Gratulieren fotografiert. Jeder Jubilar freut sich auch über einen kleinen, aber unterhaltsamen oder aufwendigen Beitrag für die Feier – eventuell können Sie eine schöne Rede halten oder etwas vortragen, was Sie dann zusätzlich dokumentiert überreichen, zur Erinnerung daran.

Bedenken Sie auch, dass gerade bei einem solchen Anlass der Wert eines Geschenks nicht im Kaufpreis liegt oder in der Größe, sondern im gedanklichen und persönlichen Engagement bei der richtigen Auswahl. Darüber hinaus gehört es zum stilvollen Schenken dazu, eine zum Geschenk passende geschmackvolle und attraktive Verpackung zu wählen, die eventuell sogar nachvollziehbare symbolische Bezüge zum Geschenk, zum Jubelpaar oder zu Ihnen haben kann – Originalität und Unverwechselbarkeit der Verpackung erhöhen unmittelbar das Interesse und die Freude am eigentlichen Geschenk – müssen aber auch zu ihm passen.

Nicht weniger wichtig: Wenn eben möglich, sollten Sie Ihr Geschenk persönlich überreichen, zum Beispiel bei der Begrüßung. Vergessen Sie bitte auch nicht, Ihrem Geschenk ein kleines Kärtchen anzustecken. So lassen sich die Geschenke später besser zuordnen. Und wählen Sie die begleitenden Worte und Sätze, mit denen Sie Ihr Geschenk überreichen, bewusst, so dass Sie Ihr Präsent weder mit Floskeln überhöhen noch abwerten. Beides gehört nicht zum guten Ton.

Dankeschön und lächeln

Wichtig ist natürlich zunächst, dass man sich überhaupt bedankt. Das ist klar, denn ein nicht ausgesprochener Dank belastet Beziehungen und ist häufig Anlass für Verstimmungen, sowohl geschäftliche wie auch private. Dabei muss ein Dank nicht immer tatsächlich auch ausgesprochen werden, manchmal reicht schon ein Lächeln. Und ohne ein Lächeln ist auch der ausgesprochene Dank nur halb so viel wert, weil er sonst nicht ehrlich wirkt. Eine Ausnahme sind natürlich traurige Anlässe.

Gibt es auch originelle Möglichkeiten, sich zu bedanken, oder muss es immer die klassische Version sein?

Um jedoch die schönen Seiten des Lebens und die mehr oder weniger selbstverständlichen Bemühungen seiner Mitmenschen sehen zu können, benötigt man eine gewisse positive Grundeinstellung zum Leben. Natürlich bedankt man sich für ein Geschenk oder für einen Gefallen, um den man jemanden gebeten hat, und sogar fürs Türaufhalten oder für den gewährten Vortritt. Bedanken kann man sich schließlich auch dann, wenn die Leistung eigentlich als für jeden kultivierten Menschen selbstverständlich zu betrachten ist. Bei größeren Gefälligkeiten oder regelmäßiger Zuvorkommenheit kann es sogar angebracht sein, den mündlichen Dank mit einer kleinen Aufmerksamkeit zu betonen. Ein handschriftlicher Brief ist heutzutage außerdem immer ein Zeichen dafür, dass man sich viel Zeit genommen hat, und wird allein deshalb wertgeschätzt.

Manchmal sind es allerdings auch die kleinen Dinge, für die ein überraschendes kleines Dankeschön viel Freude bereitet. Beispielsweise fürs Daumendrücken bei der Führerscheinprüfung, für den erstklassigen Service, für die gute Beratung *(Das Geldausgeben hat bei Ihnen Freude gemacht)*, für die konstruktive Kritik, für das Kompliment, für das Miteinanderbekanntmachen, für die Empfehlung *(Der Restaurant-Tipp war fabelhaft)*, für das Gespräch oder für die schnelle Bearbeitung einer Reklamation.

Ein Dankeschön muss man nur selten unter vier Augen aussprechen, das können ruhig auch andere hören oder sehen. Daher ist es sogar meist nicht falsch, auch Dritten von der eigenen Dankbarkeit zu erzählen – als PR-Maßnahme für den anderen quasi. Dafür ist beispielsweise eine Dankesrede geeignet. Insbesondere langjähriges Engagement wird auf diese Weise geehrt. Dankesreden werden meist bei Jubiläen gehalten; dann sollte die zu ehrende Person bereits mit einer persönlichen Einladung darauf aufmerksam gemacht werden, dass sie geehrt wird. So hat sie die Möglichkeit, sich angemessen darauf vorzubereiten.

Nach offiziellen Veranstaltungen anlässlich runder Geburtstage und Hochzeiten oder Festessen beispielsweise bleibt der schriftliche Dank, in gedruckter oder von Hand geschriebener Form auf dem Postweg, die stilvollere Form – sowohl für den Gast als auch für den Gastgeber. Auch Gastgeber können sich bei ihren Gästen mit einem Erinnerungsgeschenk bedanken – etwa mit einem Foto von der Feier.

Eine Erkältung möchte niemand

Schnupfen und Husten – wie verhält man sich damit taktvoll?

Drei Tage kommt sie, drei Tage bleibt sie und drei Tage geht sie – die Erkältung. Haben Sie zunächst immer genügend Papiertaschentücher dabei, so dass Sie vor anderen kein bereits benutztes Taschentuch aus der Tasche kramen müssen. Werfen Sie aber bitte auch kein benutztes Exemplar in einen offenen Papierkorb. Putzen Sie die Nase möglichst geräuscharm. Wenn das nicht geht, ist es höflicher, sich kurz zu entschuldigen und irgendwohin zu gehen, wo man ungestört ist.

Wenden Sie sich von anderen Menschen ab, wenn Sie husten oder niesen müssen, und halten Sie einen größeren Abstand zu Ihren Mitmenschen. Wenn Sie ein wenig auf deren Körperhaltung achten, werden Sie bemerken, dass auch sie den Abstand suchen – keiner will sich anstecken lassen. Verlassen Sie auch den Raum oder den Tisch, wenn Sie von einem unangenehmen Hustenanfall geplagt werden.

Dass Sie in dieser Verfassung außerdem nicht ins Kino, ins Konzert, ins Theater oder in die Oper gehen, sollte selbstverständlich sein. Geschäftsessen sind – schon im eigenen Interesse – abzusagen, und auch öffentliche Bälle, Feste oder sonstige Anlässe, bei denen viele Menschen zusammenkommen, sind in dieser Zeit nicht das geeignete Parkett für Sie. Aber auch für kleine Verabredungen – privat oder beruflich – ist falscher Ehrgeiz in kränkelndem Zustand nicht ganz angebracht. Und selbst im Büro wird das bei starker Erkältung nicht anders gesehen – nicht mal von Vorgesetzten.

Verzichten Sie auch unbedingt auf die Begrüßung mit Handschlag, Umarmung oder Küsschen, und erklären Sie Ihrem Gegenüber nötigenfalls freundlich Ihr Verhalten. Muten Sie den anderen nicht zu viel zu und verhalten Sie sich am besten so diskret wie möglich.

Achten Sie bitte auch ansonsten bei kleineren Niesern und beim Naseputzen darauf, dabei die linke Hand zu verwenden. Bedenken Sie, dass Ihrem Gegenüber ansonsten wahrscheinlich blitzschnell klar wird, in welchem Zustand Ihre Begrüßungshand beim vorangegangenen Handschlag womöglich war. Dass nach einem Niesen oder Naseputzen anschließend die Hände gewaschen oder wenigstens Erfrischungstücher benutzt werden, sollte ja selbstverständlich sein und wird daher auch nur der Vollständigkeit halber erwähnt.

Krankenbesuche mit Zuwendung

Bevor man jemandem einen Krankenbesuch abstattet – egal, ob im Krankenhaus oder privat zu Hause –, hat man sich unter allen Umständen vorab darüber zu informieren, ob der Besuch überhaupt erwünscht ist und zu welcher Uhrzeit man kommen kann. Einfach vorbeizukommen, ist, wenn überhaupt, nur im engsten Familien- und Freundeskreis erlaubt, wenn man sich ganz sicher sein kann, dass und wann sich der Kranke wirklich darüber freuen würde.

Was sollte man bei Krankenbesuchen beachten?

Wer akut krank ist und sich auch so fühlt, möchte nämlich oft gar keinen Besuch und bleibt lieber für sich. Wer länger so sehr krank ist, freut sich dann aber vielleicht doch darüber, wenn der eine oder andere Besucher kommt. Und wer zwar krank ist, sich aber nicht immer so fühlt, denkt wieder anders über Besuch. Also fragen Sie vor jedem Besuch, ob Ihr Kommen erwünscht ist, und wann. Ihr Verhalten bei der Begrüßung sollte nur dann, wenn es die Umstände unbedingt erfordern, von der bisher üblichen Begrüßungsform abweichen. Findet Ihr Besuch im Mehrbettzimmer eines Krankenhauses statt, grüßen Sie natürlich auch die anderen im Krankenzimmer. Vorzustellen brauchen Sie sich ihnen jedoch nicht.

Wenn Sie ein Geschenk mitbringen wollen, dann wissen Sie aufgrund der Erkrankung, ob Pralinen, ein Piccolo, ein (Hör-)Buch oder doch Blumen passend sind. Das Geschenk ist ideal, wenn es den Erkrankten ein wenig ablenkt oder wenn Sie ihm einen flüchtig genannten Wunsch erfüllen können. Irgendwann hat er vielleicht einmal erwähnt, dass er gerne Kreuzworträtsel löst, Puzzlespiele liebt oder nächstes Jahr in die Karibik möchte, so dass Sie einen Reiseführer verschenken könnten. Wenn Sie ins Krankenhaus Blumen mitbringen, denken Sie auch an die passende Vase, sonst sieht der Blumenstrauß ja gar nicht mehr schön aus. Blumen sollten zudem nicht so stark duften und auch keinen Anlass zu abergläubischen Gedanken liefern können.

Bemühen Sie sich alles in allem darum, sich respektvoll und äußerst diskret zu verhalten. Sicher ist es unnötig, das alles zu sagen, weil es selbstverständlich ist, sich einem kranken Menschen gegenüber mit mindestens ebenso viel Wertschätzung zu verhalten wie bei einem gesunden Menschen. Achten Sie das Distanzbedürfnis, die Privat- und Intimsphäre. Setzen Sie sich niemals auf das Krankenbett. Gehen Sie aus dem Krankenzimmer, wenn ein Arzt oder Pflegepersonal ins Zimmer kommt; dabei ist es egal, ob man Sie darum bittet oder nicht – bleiben Sie nur, wenn Sie dazu aufgefordert werden.

Möge es Ihnen gelingen, gerade wie es erforderlich ist Besinnung, Ruhe, Zuversicht oder auch Frohsinn und Heiterkeit auszustrahlen. Stellen Sie Ihre eigene Befindlichkeit vollkommen hinten an; um Sie geht es bei einem Krankenbesuch nicht. Hören Sie zu, fragen Sie vorsichtig nach, so dass Sie Interesse zeigen, wechseln Sie nicht abrupt das Thema *(Nun lass uns mal von was Schönem reden)*, wecken Sie aber auch keine unrealistischen Hoffnungen oder Wünsche und machen Sie keine Versprechungen, die Sie nicht halten können. Lassen Sie also solche Floskeln wie *Das wird schon wieder* weg, wenn sie unpassend sind. Unterlassen Sie einfach alles, aber auch alles, was die Schwierigkeit der Lage noch erhöhen könnte. Versuchen Sie lieber, eine kleine Freude zu bereiten – auch mit Humor, wenn es passt.

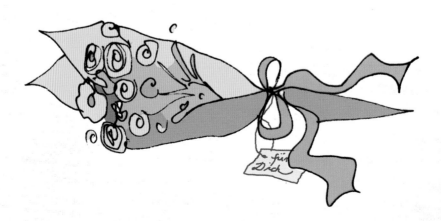

Schwere Krankheiten

In manchen Fällen ist es nicht schlimm, wenn Sie sich nicht sofort, nachdem Sie von der Krankheit oder dem Unfall erfahren haben, bei der betreffenden Person melden. Insbesondere dann nicht, wenn Sie sie nicht gut genug kennen oder falls Sie von der Sache über Dritte oder über Umwege gehört haben und gar nicht sicher sein können, wie ernst die Situation ist und ob es überhaupt erwünscht ist, dass Sie darum wissen. Oder haben Sie nur nicht die richtigen Worte gefunden? Dann ist es etwas anderes. Es geht doch in der Situation gar nicht um Sie, sondern um jemanden, dem es gerade nicht gut geht. Kennen Sie den Betroffenen besser, dann ist es durchaus eine schöne Geste, schnell einen handschriftlichen Genesungswunsch zu senden oder zum Telefonhörer zu greifen.

Wie verhält man sich gegenüber Menschen, die ein Schicksalsschlag wie eine schwere Krankheit getroffen hat?

Bei einer plötzlichen und ungeplanten Begegnung sollten Sie sich so viel Zeit wie möglich für ein Gespräch nehmen, falls die betreffende Person Interesse an einer derartigen Unterhaltung mit Ihnen signalisiert. Falls die Krankheit oder die Verletzung nicht wahrnehmbar ist, könnte es besser sein, wenn Sie das Thema nicht von sich aus ansprechen, doch falls die Situation nicht übersehen werden kann, sollten Sie sich ein Herz fassen und sich erkundigen – vielleicht in Verbindung mit einem Hilfsangebot. Wenn die betreffende Person von sich aus darauf zu sprechen kommt, gehen Sie darauf ein und weichen Sie dem Thema nicht aus.

Als Antwort auf eine solche Schilderung die eigene Leidensgeschichte zu erzählen, wäre nur dann angebracht, wenn sie wirklich vergleichbar ist und Mut machen könnte oder wenn Sie beispielsweise der betreffenden Person mit einer einfühlsamen Schilderung die Sorge vor einer bevorstehenden Untersuchung nehmen können, weil Sie sie selbst bereits erlebt haben. Jede Über- oder Untertreibung ist allerdings unangebracht. In allen anderen Fällen wäre ein solches Verhalten nicht nur geschmacklos, sondern auch taktlos und ein Zeichen besonders schlechten Stils.

Auch wissenschaftliches Halbwissen zu der entsprechenden Erkrankung vorzutragen oder vermeintlich kluge Ratschläge zu geben, ist vollkommen deplatziert. Versuchen Sie doch vielmehr, sich in die Person hineinzuversetzen und sowohl zuzuhören als auch das zu hören, was die Person nicht sagt: Was tut ihr gut? Welche Worte sind die richtigen? Oder sollten Sie besser gar nichts sagen? Viele Kranke sind sensibler als sonst und sehr leicht durch den falschen Ton zu kränken und zu verletzen. Schon ein offensichtlicher Themenwechsel *(Lassen Sie uns von etwas anderem sprechen)* kann wehtun. In solchen Gesprächen sollte der Themenwechsel vom Betroffenen ausgehen. Darüber hinaus werden Sie selbstverständlich bei Ihren Formulierungen und Ihrem Verhalten die Schwere der Krankheit berücksichtigen. Wenn auch freundlich gemeint, ist ein *Die beste Krankheit nützt halt nichts …* fast nie richtig. *Unkraut vergeht nicht!* auch nicht, und *Gute Besserung* passt lediglich, wenn diese wirklich zu erwarten ist. Falls Ihnen nichts wirklich Tröstendes einfällt, dann sagen Sie doch wenigstens das.

Bieten Sie Ihre Hilfe an und erkundigen Sie sich nach einem angemessenen zeitlichen Abstand erneut, was Sie tun können.

Kondolieren – mit Anteilnahme

Wie kondoliert man taktvoll und mit Anteilnahme?

Zuverlässige Freundschaft, ehrlicher Takt und wahre Herzlichkeit zeigen sich in traurigen Situationen mehr als in Momenten des Glücks. Gilt es doch, mit dem Leid anderer umzugehen, Beistand zu leisten und Hilfe anzubieten. Selbstlos Trost zu spenden, verlangt Reife und Herz.

Lassen Sie also die Trauernden mit ihrem Schmerz und mit ihren Emotionen nicht allein. Reagieren Sie so schnell wie möglich, indem Sie, sobald Sie die traurige Nachricht erhalten, einen Kondolenzbrief schreiben. Dazu müssen Sie den Verstorbenen gar nicht gekannt haben. Es geht weder um den Verstorbenen noch um Sie selbst, sondern allein um diejenigen Menschen, die einen schweren Schicksalsschlag erlitten haben.

Tröstende Worte sollten keineswegs darauf abzielen, dass der Trauernde seinen Schmerz überwinden soll. Er braucht Zeit, um den Verstorbenen loszulassen. Daher sollten in einem Kondolenzbrief, genauso wie in einem persönlichen Gespräch, vielmehr die Emotionen des Hinterbliebenen im Mittelpunkt stehen. Da ist das aktive Zuhören am allerwichtigsten. Begleiten Sie sinnbildlich den Trauernden bei seiner Trauer, zeigen Sie sich gegebenenfalls solidarisch und bieten Sie Ihre Hilfe an.

Versetzen Sie sich in die Lage Ihres Gegenübers, so kann es Ihnen gelingen, die richtigen Worte zu finden. Falls Sie die verstorbene Person gekannt haben, sollten Sie auch Ihre eigene Betroffenheit zum Ausdruck bringen und an gemeinsame Erlebnisse erinnern. Doch vermeiden Sie Übertreibungen und falsches Pathos, das wirkt nicht nur unglaubwürdig, sondern kann auch sehr verletzend sein. Benutzen Sie weder Superlative noch Floskeln. Und lassen Sie es zu, wenn der Hinterbliebene sich gewiss ist, dass da ein Mensch gestorben ist, dessen Leben nicht vorbei, sondern vollendet ist.

Finden Sie bei einer persönlichen Begegnung keine passenden Worte, drücken Sie Ihre Anteilnahme mit einem stummen Händedruck aus. Sie sollten sich Zeit nehmen für den anderen, hören Sie zu und wechseln Sie keinesfalls von sich aus das Thema. Das wäre herzlos und unentschuldbar.

Wenn Sie schreiben, benutzen Sie edles schlichtes Papier und schreiben Sie mit königsblauer Tinte, nehmen Sie einen geschlossenen Umschlag und eine Sonderbriefmarke. Benutzen Sie jedoch niemals schwarz umrandetes Papier, das ist den Familienangehörigen vorbehalten.

5. Kapitel

Besondere Gelegenheiten – privat, beruflich und in Gesellschaft

Besondere Gelegenheiten – privat, beruflich und in Gesellschaft

Ja oder Nein, nicht Njein

Wie kann ich eine Einladung absagen, ohne unhöflich zu sein?

Man braucht sich als Eingeladener nur in die Rolle der Gastgebenden hineinzuversetzen, um einerseits nachempfinden zu können, wie wichtig eine möglichst genaue Gästeplanung für ein Fest, insbesondere für ein Geburtstagsfest, ist, und andererseits zu spüren, wie sich jemand fühlt, der eingeladen hat und auf die Reaktion der Gäste wartet. Es ist daher ein Gebot der Höflichkeit und der Achtung, eine Einladung zu beantworten – und zwar spätestens bis zu dem angegebenen Termin.

Fehlt ein solches Datum, sollte man so schnell wie möglich reagieren, um den Gastgebern die Planung zu erleichtern und sich als mitdenkender Gast zu zeigen. Obendrein zeigt man den Gastgebern damit, dass sie einem wichtig sind, und darüber freut sich jeder Mensch. Auf keinen Fall sollte man, ganz gleich, ob man zu- oder absagen möchte, die Gastgeber in die Verlegenheit bringen, nachfragen zu müssen.

Ein *Vielleicht* oder *Eventuell* darf niemals im Raum stehen bleiben, so in der Art von *Falls nichts Bessres kommt* ... Bitten Sie eventuell um eine Verlängerung der Antwortfrist, falls Sie erst danach eine definitive Entscheidung fällen können.

Bei einer persönlichen Geburtstagseinladung wird es selbstverständlich sein, sich zunächst für die Einladung zu bedanken und die darüber empfundene Freude auszusprechen – egal, ob man die Einladung annimmt oder nicht.

Wer absagen muss, sollte dies begründen und vor allem Bedauern über die Verhinderung ausdrücken. *Wie schade, dass ich nicht kommen kann, aber ausgerechnet zu dieser Zeit habe ich bereits seit Monaten eine Urlaubsreise geplant* ... Die Absage könnte – mit einem Glückwunsch verbunden – mit schönen Erinnerungen etwa an die gemeinsame Studienzeit, einem Dank für die angenehme Zusammenarbeit oder eine langjährige Freundschaft oder mit guten Wünschen für die Zukunft erweitert werden.

Falls man dennoch – unvorhergesehen – kurzfristig absagen muss, nachdem vorher eine Zusage gegeben wurde, dann muss es triftige Gründe geben, um den Gastgeber nicht doch noch zu verletzen. Falls man gar ganz plötzlich verhindert ist und ohne Vorankündigung nicht kommen kann, was nur eine ganz seltene Ausnahme sein darf, sollte man sich in aller Form – am ehesten mit einem handgeschriebenen Brief – und vielleicht mit einem Entschuldigungs-Blumenstrauß und gegebenenfalls mit einer Gegeneinladung dafür entschuldigen.

Einladung – Wer wann wo wie mit wem warum?

Jede offizielle Einladung verlangt nach Einhaltung bestimmter Etiketteregeln, und besondere Anlässe wie etwa ein runder Geburtstag sind eine schöne Möglichkeit, bereits mit der Einladung auf die spezielle Bedeutung der Feier hinzuweisen. Schließlich geht es, gerade bei Geburtstagsfeiern, den Jubilaren zumeist gar nicht in erster Linie darum, sich selbst zu feiern. Vielmehr geht es ihnen um ihre Gäste; ihnen gegenüber wollen die Gastgeber mit der Einladung ihre Wertschätzung, ihren Dank, ihre Freundschaft und ihre Liebe ausdrücken. Das Einladungsschreiben stimmt die Gäste bereits auf die Veranstaltung ein; es weckt vor allem Erwartungen. Und nur dann, wenn Erwartungen auch erfüllt werden, ist das Fest perfekt und bewirkt bei allen Beteiligten eine positive Resonanz. Daher – um also die richtigen Erwartungen zu wecken – sollten Gäste bereits mit der Einladung alle relevanten Informationen zur Veranstaltung erhalten.

Welche Informationen gehören in eine stilvolle Einladung, und wie lange im Voraus sollte diese ausgesprochen werden?

Dazu gehören:

▸ der genaue Absender – Firma, Gastgeber, Jubilar

▸ der genaue Adressat – mit dem korrekten und vollständigen Namen

▸ der Anlass der Veranstaltung

▸ der Ort der Veranstaltung – mit genauer Adresse

▸ das Datum der Veranstaltung

▸ die Uhrzeit – für den Beginn der Veranstaltung; ggf. die Uhrzeit für den Empfang; ggf. das ungefähre Ende der Veranstaltung

▸ ob und ggf. wie bewirtet wird – festliches Abendessen, rustikaler Imbiss oder nur ein Glas Champagner

▸ ggf. das Programm oder auch nur Teile davon

▸ der Zeitpunkt, bis wann um Antwort gebeten wird

▸ ggf. Bekleidungshinweis – als eine der wichtigsten Hilfestellungen für die Gäste

▸   ggf. Hinweis auf Geschenke oder Spenden

▸   ggf. Antwortkarte oder Antwortfax

▸   ggf. Hinweis für Übernachtungsmöglichkeiten

▸   ggf. Anfahrtsskizze

Je klarer, sorgfältiger und unkomplizierter die Einladung formuliert und gestaltet wird, umso einfacher machen Sie es Ihren Gästen, positiv zu antworten. Ganz im Gegensatz zu Gästen, die mit einer Einladung vor 1.000 Fragen stehen, fühlen sich jene Gäste, die wissen, was sie erwartet, sicher, wertgeschätzt und somit wohl. Dafür zu sorgen, dass sich die Gäste so fühlen können, ist unzweifelhaft die erste Gastgeberaufgabe.

Schicken Sie die Einladung auch nicht zu spät heraus. Ungefähr 6 bis 8 Wochen sollten Sie unbedingt einplanen und den ein oder anderen – für Sie wichtigen – Gast bereits Monate vorher informieren. Ansonsten riskieren Sie einerseits, so manchen Gast zu verärgern, oder aber andererseits, dass Sie eine Absage nach der anderen bekommen. Und bedenken Sie bei Ihrer Terminplanung auch Ferienzeiten oder wichtige Veranstaltungen, mit denen Ihr Termin konkurrieren müsste – große Fußballspiele beispielsweise.

Einladungen schreiben

Ist eine schriftliche Einladung für eine kleine Geburtstagsfeier im Restaurant übertrieben?

Mit einer gelungenen schriftlichen Einladung werden beim Gast augenblicklich bestimmte Erwartungen geweckt und nur, wenn diese Erwartungen auch erfüllt werden, war diese Form der Einladung passend. Das bedeutet also, der geplante Stil der Veranstaltung sowie der Anlass, die Gastgeber und die einzuladenden Gäste bestimmen die passende Form der Einladung.

Ihr Geburtstag (vielleicht ein runder), ein ausgesuchter Gästekreis und ein gutes Restaurant sind immerhin gleich drei gewichtige Argumente für eine schriftliche Einladung. Eine so geplante Veranstaltung verlangt dem Gastgeber bereits bei der Einladung spezielle Sorgfalt in Bezug auf Form, Wortwahl und Stil ab. Besondere Aufmerksamkeit erweckt immer eine handschriftliche Einladung – natürlich auf wertvollem Papier und mit königsblauer Tinte geschrieben.

Wertvolles Material ist beispielsweise handgeschöpftes Bütten. Wer eine handgeschriebene Einladung auf solch edlem Papier erhält, wird sofort an eine außergewöhnliche Gelegenheit denken. Die Handschrift sollte sauber, ordentlich und vor allem leserlich ist. Selbstverständlich ist auf ein fehlerfreies Deutsch mit richtiger Interpunktion großer Wert zu legen. Daher sollte – nicht nur bei offiziellen Einladungen – unbedingt eine dritte Person den Einladungstext kontrollieren, und auch der Verfasser sollte jede Einladung zum Abschluss selbst noch einmal sil-ben-wei-se lesen, damit auch ja nicht so ein dummer Schreibfehler übersehen wird. Zwar kann das bei zig Einladungen leicht passieren, darf es aber nicht. Es wäre doch zu schade, wenn beim Eingeladenen das Gefühl entsteht, dass der hohe Anspruch eher gewollt als gekonnt ist und dass zudem eine ehrgeizige Pflicht, der der Einladende gar nicht gewachsen zu sein scheint, in Eile und lustlos erledigt wurde.

Bei zwanzig Einladungen ist das ganz sicher kein Problem, doch sobald mehr Einladungen zu schreiben sind, ist der Aufwand bereits erheblich – schließlich gehören, wie Sie bereits wissen, viele Informationen in eine Einladung. Bei einer größeren Gästezahl empfiehlt es sich daher, für einen solchen Anlass auf hochwertigem Papier schön gedruckte Einladungskarten anfertigen zu lassen, in die Sie handschriftlich die persönliche Anrede eintragen und einen individuellen Gruß hinzufügen. Mit einer per Hand geschriebenen Adresse auf dem Umschlag und einer schönen Sonderbriefmarke erhöhen Sie den Aufmerksamkeitswert Ihres Schreibens enorm, und auch die Erwartungen. Auch bei weniger offiziellen Einladungen – Massenveranstaltungen mal ausgenommen – sollten keine Frankiermaschine und keine Adressaufkleber verwendet werden, und zumindest die Anrede und die Grußformel sollten stets mit der Hand geschrieben werden.

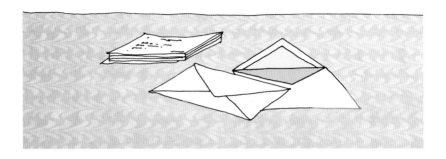

Wir kommen!

Wie wird in einer Einladung die Bitte um eine Antwort korrekt formuliert, wenn man genau wissen möchte, wer mit wem kommt?

Wer ein Fest plant, macht sich nur das Leben schwer, wenn er den Gästen nicht genau sagt, was sie machen sollen, und bereut es vielleicht sogar, überhaupt eingeladen zu haben, weil alles drunter und drüber zu gehen droht.

Die wichtigste Information für die Ausrichtung eines Festes ist zunächst nämlich die Gästeliste. Wer kommt, und mit wem? Erst mit dieser Information kann ein Gastgeber in die Feinplanung gehen und beispielsweise einen Sitzplan erstellen, der ja für das Gelingen eines Festes von außerordentlicher Bedeutung ist – das A und O eines gesetzten Essens – und an dem leider meist bis zur letzten Minute gefeilt werden muss. Um also die gewünschte Information von den eingeladenen Gästen zu erhalten, ist die Bitte *Um Antwort wird gebeten* mit dem Datum, bis wann Sie diese Antwort benötigen, auf Einladungen so wichtig; üblicherweise wird die Abkürzung *U.A.w.g.* verwendet. Das kann bei kleineren Veranstaltungen auch so formuliert werden: *Geben Sie uns bitte bis ... Bescheid ...,* oder *Sagt uns bis ..., ob Ihr kommen könnt.*

Bei größeren Veranstaltungen behalten Gastgeber den besseren Überblick, wenn konkrete und einheitliche Rückmeldemöglichkeiten vorgegeben werden – mit Antwortkarten oder Antwortfaxen. Nicht mit *Rückantworten* – das Wort ist nämlich ein Pleonasmus und führt sogleich zu einer Abwertung der Einladung. Die Vorgabe *Ich komme mit ... Personen* hilft dem Gastgeber allerdings auch nicht weiter. Man weiß nicht, ob der Gast nun zu zweit kommt oder ob er zwei weitere Personen mitbringt. Abgesehen davon ist unklar, mit wem er kommt. *Ich kann leider nicht kommen* ist ebenfalls unglücklich formuliert. Unterstellungen, welcher Art auch immer, gehören nicht in Ihre Einladung.

U.A.w.g. bis zum 11. Oktober 2008 per Post oder per Fax.
Faxnummer: 030 1234567

Vor- und Familienname:
....

☐ Ich komme allein.
☐ Ich komme mit .... weiteren Personen.
Vor- und Familiennamen der Personen (für die Tischkärtchen):

....

....

....

☐ Ich benötige eine Liste mit Übernachtungsmöglichkeiten.
☐ Ich nehme nicht teil.

Um Antwort wird bis zum 13. Oktober 2008 per Post oder per Fax gebeten.
Faxnummer: 030 1234567

Vor- und Familienname:
....

☐ Ich komme allein.
☐ Ich komme in Begleitung von Frau/Herrn ....
Vor- und Familienname der Person (für das Tischkärtchen):

....

☐ Ich komme nicht.

Bestimmte Speisewünsche:

....

....

....

Abkürzungen sollten Sie nur verwenden, wenn Sie sicher davon ausgehen können, dass alle Eingeladenen sie auch kennen, ansonsten ist die Langversion allemal höflicher.

In Deutschland übliche Abkürzungen:

U. A. w. g. Um Antwort wird gebeten.

p. m. *pour mémoire* (franz.: *zur Erinnerung*; handschriftlicher Zusatz auf Einladung, z. B. nach telefonischer Zusage)

s. t. *sine tempore* (lat.: *ohne Zeit*, d.h.: auf die Minute pünktlich)

c. t. *cum tempore* (lat.: *mit Zeit*, d.h.: bis zu 15 Minuten Verspätung sind möglich)

In Deutschland nicht üblich:

R. s. v. p. *répondez s'il vous plaît* (franz.: *Um Antwort wird gebeten.*)

a. s. a. p. *as soon as possible* (engl.: *so schnell wie möglich*)

Buffet als Alternative

Kann ein Buffet heute als eine stilvolle Alternative zum gesetzten Essen betrachtet werden?

Früher galt ein Buffet gegenüber einem gesetzten Essen als zweitklassig, und bis heute sehen das viele Menschen noch immer so. Das ist zum einen mit einem historischen Rückblick zu erklären und zum anderen mit den Manieren der Gäste am Buffet – gestern wie heute.

Natürlich gibt es einen himmelweiten Unterschied zwischen einem einfachen Buffet und einem aufwendigen Dinner-Buffet, bei dem meist eine festlich hergerichtete Auswahl von verschiedenen kalten und warmen Vorspeisen, Hauptgängen und Desserts angeboten wird und geschulte Servicekräfte jedem Gast beim Selbstbedienen behilflich sind, während weitere Servicekräfte das Buffet ständig pflegen.

Das klassische kalte Buffet hat man ursprünglich erfunden, um den Personal- und somit den Kostenaufwand für die Bewirtung zu reduzieren oder/und um trotz Platzmangels in der eigenen Wohnung für eine größere Anzahl von Gästen auftafeln zu können. Daher wird mit einem Buffet nach wie vor häufig der Gedanke verbunden, dass der Gastgeber es sich anders nicht leisten kann oder will. Außerdem galt es als weniger kultiviert, wenn sich die Gäste selbst die Speisen auf Tellern anrichten und zum Tisch bringen mussten, statt sie von Dienstperso-

nal serviert zu bekommen. Inzwischen ist dieses Negativ-Image jedoch weitestgehend überholt und dazu haben nicht zuletzt die Vorteile beigetragen, die ein Buffet jedem Gast bietet: Er kann die Größe der Portion selbst bestimmen; sich aus dem vielfältigen Speisenangebot das aussuchen, was ihm am meisten zusagt, und sich ein Menü aus verschiedenen Gerichten nach seinem Geschmack zusammenstellen.

Somit kann nicht nur auf bestimmte Vorlieben Rücksicht genommen werden, sondern auch auf Essgewohnheiten von Angehörigen bestimmter Religionsgemeinschaften sowie auf Menschen, die auf den Genuss bestimmter Nahrungsmittel mit Allergien oder mit Unverträglichkeiten reagieren.

Wenn Ihr Buffet in seiner Zusammensetzung einem mehrgängigen Menü entspricht, können Sie es Ihren Gästen sogar als *festliches Essen* präsentieren. Dann soll das Buffet mindestens aus den drei Bereichen Vorspeisen, Hauptgericht(e) und Desserts bestehen. Als Ersatz für ein festliches, serviertes Essen sollten Sie Ihr Buffet aber besser zusätzlich wenigstens mit einer Suppe aufwerten, womit es einem

Vier-Gang-Menü entsprechen würde. Die Erweiterung auf fünf oder sechs Gänge erreichen Sie, wenn Sie verschiedenartige warme Speisen (Fisch, Fleisch, Vegetarisches) sowie Käse und Dessert anbieten.

Da diese Bewirtungsform jedoch noch recht neu ist, sollten Sie Ihren Gästen am besten schon in der Einladung den Hinweis darauf geben, dass es ein Buffet geben wird – auch, um Enttäuschungen bei traditioneller eingestellten Menschen zu verhindern. Benennen Sie doch darüber hinaus Ihr Buffet so, dass es perfekt zu den angebotenen Speisen passt: *Dinner-Buffet, Gala-Buffet, Mittelmeer-Buffet* oder *Italienisches Buffet.*

Ein kaltes Buffet erfüllt die Anforderung für ein festliches Essen allerdings nach wie vor nicht und ist somit nicht als gleichwertiger Ersatz dafür zu sehen. Natürlich kann es nichtsdestotrotz für den Anlass und den Gästekreis genau angemessen und sowohl geschmackvoll als auch köstlich sein, nur ist es eben ein kaltes Buffet und damit keine Alternative zum festlichen Essen.

Bruncheinladung

Wie richtet man einen Brunch aus, und wen kann man dazu einladen?

Brunch – das Kunstwort aus der Verschmelzung von *breakfast* und *lunch* ist ja in unserem Sprachgebrauch bereits zu einem festen Begriff geworden, wobei der Schwerpunkt auf lunch liegt. Im angelsächsischen Sprachraum wird das, was wir hierzulande unter Brunch verstehen, übrigens cooked breakfast genannt.

Aus der Überlegung, ob der Brunch mit einer früheren Anfangszeit eher ein spätes, ausgedehntes Frühstück oder mit einer späteren Anfangszeit ein üppiges und vor allem vielseitiges Mittagessen werden soll, ergibt sich nicht nur das Speisen- und Getränkeangebot, sondern auch die Anfangs- und Schlusszeit. Ein Brunch hat zwar immer ein wenig Empfangs-Charakter, weil die Gäste kommen und gehen, doch falls Gastgeber nicht ganztags Gäste bewirten möchten, sollten sie bereits mit der Einladung klarmachen, wann Schluss ist. *Wir laden Euch am Sonntag, dem 11. Oktober 2008, von 10.00 Uhr bis 14.00 Uhr zum Brunch ein.*

Im vertrauten Kreis und wenn der Brunch eher als zwanglose Spontaneinladung veranstaltet wird, reicht natürlich ein Rundruf – angefangen bei den *wichtigsten* Wunschgästen. Doch wenn eleganter oder aus einem bestimmten Anlass heraus gefeiert werden soll, empfiehlt es sich schon, in angemessener Form einzuladen. Schriftliche Einladungen sind dann angebracht, wenn es einen Grund zum Feiern gibt und der Brunch eher Fest-Charakter hat. Für ein eher zwangloses Zusammensein mit Freunden und Familie reicht dagegen auch eine telefonische Einladung. Je nach Bedeutung des Brunches sollte die Einladung – so, wie auch bei einer anderen wichtigen Veranstaltung – rechtzeitig und in der entsprechenden Form bekannt gegeben werden.

Immer dann, wenn auch Speisen angeboten werden (mit Ausnahme von Häppchen oder Flying Buffet), sollten Gastgeber auch für ausreichend Sitzgelegenheiten an Tischen oder zumindest für Stehtische sorgen, damit ihre Gäste manierlich essen können. Bei einer größeren Gästezahl oder wenn mehr Gäste eingeladen werden, als am Esstisch Platz haben, kann man sich ohne Weiteres auch für ein Buffet entscheiden. Geeignete Speisen sind zum Brunch alle Frühstückszutaten, zusätzlich warme Speisen und Desserts beziehungsweise Kuchen. Neben Kaffee, Tee, Säften und Mineralwasser sollte man, wenn auch Kinder kommen, Milch und Kakao bereithalten. Ferner freuen sich viele Gäste darüber, wenn Gastgeber beim Brunch obendrein Champagner/Sekt, Wein oder Bier anbieten. Falls Gäste ihre Kinder mitbringen werden, sollte zumindest für Beschäftigungs-Material gesorgt sein. Besser für alle ist es allerdings, wenn eine Person da ist, die sich ausschließlich um die Kinder kümmert.

Gerade im Sommer gehen viele Gastgeber zu selbstverständlich von Sonnenschein und angenehmen Temperaturen aus; dabei sind sie gut beraten, wenn sie flexibler planen, so dass sie bei Brunch-Wunschwetter im Freien feiern können – bei kaltem Regenwetter aber eine Ausweichmöglichkeit haben.

Bewerbungsgespräch – mit Stil ans Ziel

Wenn Sie zu einem Bewerbungsgespräch eingeladen werden, ist die erste Hürde bereits genommen. Nun heißt es, beim ersten persönlichen Kennenlernen einen erstklassigen Eindruck zu machen. Welche Kriterien für einen guten Eindruck besonders wichtig sind, sollten Sie spätestens in Vorbereitung auf das Bewerbungsgespräch in Erfahrung gebracht haben, um zu wissen, wie Sie womit auf andere wirken. Sind Sie auch gut über das Unternehmen, über Ihren Gesprächspartner und über die zu besetzende Stelle informiert?

Wie überzeugt man seinen potenziellen Arbeitgeber im Bewerbungsgespräch?

Das Unternehmen hat in einem Bewerbungsgespräch eine konkrete Erwartungshaltung und ob diese erfüllt wird, entscheidet sich meist gleich auf den ersten Blick. Da hat der Entscheider die wichtigsten Informationen über Sie bereits erfasst und entschieden: *sympathisch* oder *unsympathisch, passt ins Unternehmen* oder *passt nicht*. Sie haben es mit in der Hand, diese Beurteilung zu steuern.

Entscheidend für den ersten Eindruck ist ein angemessenes Auftreten. Dazu gehören alle verbalen und nonverbalen Kommunikationsstrategien, wie Ihre Haltung (aufrecht), Gestik (kontrolliert), Mimik (lächelnd), auch Ihre Stimme (freundlich), sogar Ihr Geruch (unauffällig) und schließlich ein gepflegtes, branchentypisches äußeres Erscheinungsbild. Und damit ist im Einzelfall nicht nur Ihre Frisur, Ihr Make-up und Ihre Kleidung gemeint, sondern eventuell auch Ihre Aktentasche, deren Inhalt und gegebenenfalls sogar Ihr Auto. Prüfen Sie alles auf repräsentative Tauglichkeit.

Selbstverständlich sind Sie pünktlich und melden sich ungefähr 5 Minuten vor dem Termin bei der Assistentin an. Den Namen, einschließlich aller Titel, Ihres Gesprächspartners und die Namen der Unternehmensleitung sollten Sie kennen und auch über die korrekte Aussprache informiert sein, damit Sie sie hin und wieder benutzen können. Beim Betreten des Besprechungszimmers sollten Sie eine offene und aufrechte Körperhaltung einnehmen, Blickkontakt suchen, freundlich

grüßen und abwarten, bis man Ihnen zur Begrüßung die Hand reicht – alles mit einem freundlichen Lächeln. Seien Sie sich darüber im Klaren, dass auch Ihr Händedruck interpretiert wird.

Dass Sie am Anfang des Bewerbungsgesprächs ein wenig Smalltalk führen müssen, wissen Sie vorher, so dass Sie sich ein paar interessante Themen zurechtlegen können. Kaffee und Mineralwasser können Sie annehmen, niemals aber Alkohol – rauchen ist ohnehin problematisch.

Gegenüber Ihrem vorherigen Arbeitgeber bleiben Sie unbedingt loyal.

Findet das Vorstellungsgespräch im Restaurant statt, sind gute Tischsitten obligatorisch. Kein einziger Fehler wird dabei übersehen, auch wenn man es Ihnen niemals sagen würde. Und wenn Ihnen die Gehaltsfrage noch so wichtig ist, über dieses Thema spricht zuerst der Entscheider – meist gegen Ende des Gesprächs. Auch wann das Gespräch beendet werden soll und ob es bei der Verabschiedung zum Handschlag kommt, entscheidet die Unternehmensseite. Nicht der Bewerber!

Der letzte Eindruck ist ebenfalls wichtig. Vergessen Sie keinesfalls, sich für das Gespräch zu bedanken und sich freundlich auch von der Assistentin zu verabschieden. Meldet man sich nach dem Gespräch nicht bei Ihnen, obwohl es so vereinbart war, können Sie nach circa sieben Tagen höflich per Telefon nachhaken.

Bewerbungsgespräch – viele Fragen

Worauf sollte man vorbereitet sein, wenn man zu einem Bewerbungs-gespräch geht?

Über den ersten Eindruck wissen Sie Bescheid, und auch dass Sie – zumindest für diese Bewerbung – keine zweite Chance haben werden, ist Ihnen klar. Um auch einen guten zweiten Eindruck machen zu können, sind mehr Vorbereitungen notwendig, als lediglich für ein angemessenes äußeres Erscheinungsbild zu sorgen. Es geht jetzt um Ihre Fachkompetenz, aber vor allem möchte das Unternehmen Sie kennenlernen – als Menschen. Obwohl Sie nur Sie selbst sein sollen, ist dafür unbedingt eine gute Vorbereitung notwendig. Zeigen Sie Ihre beste Seite.

Üben Sie es, etwas über Ihre Person zu sagen, insbesondere zu Ihrem beruflichen Werdegang, zu Ihrer fachlichen Qualifikation und zu Praktika. Darüber hinaus sollten Sie eventuelle Schwachstellen in Ihrem Lebenslauf mit guten Argumenten erklären können und auch etwas über Ihre Stärken und Schwächen wissen. Antworten Sie auf Nachfragen nicht zu knapp, aber auch nicht zu ausschweifend.

Sie sollten überzeugend auftreten, ohne zu übertreiben, und das halten können, was Sie in Ihrer Bewerbung versprochen haben. Bleiben Sie unbedingt authentisch und vor allem natürlich. Es hilft Ihnen nichts, wenn Sie sich für den einen Bewerbungstag verstellen. Passen Sie sich dem Unternehmensimage an, wenn es zu Ihnen entspricht. Ansonsten suchen Sie sich lieber ein Unternehmen, das Ihren Vorstellungen entspricht. Alles andere macht Sie langfristig unglücklich. Inhalte des Bewerbungsgesprächs können außerdem Ihre Team-Fähigkeiten, Ihre Führungsqualitäten, Ihre Motivation und natürlich Ihre Gehaltsvorstellungen sein.

Auch Sie sollten ein paar Fragen vorbereitet haben, beispielsweise zu den Aufgaben, die mit der zu besetzenden Stelle in Verbindung stehen, zu Hierarchien im Unternehmen, zur Probezeit oder zu Weiterbildungs- und Entwicklungsmöglichkeiten.

Auf solche Fragen sollten Sie unbedingt vorbereitet sein:

- ▸   Warum glauben Sie, sind Sie besonders für die Stelle geeignet?

- ▸   Was wissen Sie über unser Unternehmen?

- ▸   Was glauben Sie, ist die wichtigste Eigenschaft, um im Leben erfolgreich zu sein?

- ▸   Was erhoffen Sie sich von einer zukünftigen Zusammenarbeit?

- ▸   Welche Fragen haben Sie noch?

Auf die letzte dieser Fragen sind Bewerber oft nicht vorbereitet, dabei kommt hier Spontaneität besonders gut an – auch wenn sie nicht spontan war.

Früher, und vielleicht auch heute noch bei konservativeren Entscheidern, konnte es vorkommen, dass Ihr Gegenüber unvermittelt aufstand und begann, gedankenverloren im Zimmer auf und ab zu gehen. Dann erwartete er von dem männlichen Bewerber, ebenfalls aufzustehen …

Diejenigen Bewerber, die souverän und sicher mit Höflichkeitsgesten umgehen können, werden sich ohne nachzudenken richtig verhalten und haben es somit wesentlich leichter, sich auf das in der Situation für sie Wesentliche zu konzentrieren – nämlich auf den zweiten guten Eindruck.

Erster Arbeitstag – und 100 Tage danach

Zunächst: Herzlichen Glückwunsch! Den Arbeitsvertrag haben Sie in der Tasche, doch schon steht die nächste Bewährung bevor: Es gilt zunächst, unbeschadet durch die Probezeit zu kommen und sowohl Vorgesetzte als auch Ihr neues Team von Ihren fachlichen, aber auch von Ihren sozialen und kommunikativen Fähigkeiten zu überzeugen. Damit Ihnen das gelingen kann, sind ein paar Grundvoraussetzungen von allerhöchster Bedeutung: Fachliche Kompetenz steht gewiss an erster Stelle, ebenso Ihr Verhältnis zur Arbeit selbst, doch darüber hinaus kommt es darauf an, dass Ihr angemessenes höfliches und freundliches Auftreten im Berufsleben keine Maskerade ist, sondern zu Ihnen gehört. Erst wenn Ihr sympathisches Auftreten authentisch und deshalb glaubwürdig ist, werden Sie damit auch langfristig erfolgreich sein können – im Berufsleben und auch privat. Insofern ist die Probezeit nicht nur für das Unternehmen wichtig, sondern auch für Sie.

Worauf sollte man unbedingt achtgeben, um seine neue Stelle zu behalten?

Der Bekleidungsstil, der durch Bekleidungsgepflogenheiten der jeweiligen Branche vorgegeben ist, ist für Sie von nun ab verbindlich. Mit diesem Bekleidungskodex besitzen Sie eine wertvolle Orientierungshilfe für Ihr gesamtes äußeres Erscheinungsbild, doch um die internen Benimmkodes im Unternehmen kennenzulernen, benötigen Sie vor allem Sensibilität und Taktgefühl. Achten Sie besonders auf die nonverbalen Signale. Was ist wichtig? Wer ist wichtig? Worauf wird Wert gelegt?

Sie sind neu und somit steht es Ihnen – Rang hin, Rang her – gut an, alle Menschen, die Ihnen in Ihrem neuen Arbeitsbereich mit Blickkontakt begegnen, freundlich zu grüßen – egal, ob Sie sie schon kennen oder nicht. Darauf, jedem die Hand zu reichen, sollten Sie jedoch zunächst verzichten. Warten Sie besser ab, ob von der anderen Seite die Initiative ausgeht oder ob das Handreichen im Unternehmen unüblich ist. Und falls man es versäumt hat, Sie am neuen Arbeitsplatz den anderen vorzustellen, machen Sie sich zumindest in Ihrem nahen Umfeld selbst bekannt – mit Ihrem Vor- und Familiennamen. Auch wenn sich die anderen Kollegen untereinander mit *Du* ansprechen, gilt das für Sie nur dann, wenn es zur Unternehmensphilosophie gehört. Ansonsten ist das *Sie* für Sie vorerst obligat.

Smalltalk ist in der Probezeit sozusagen ein Muss; das kleine unverbindliche Gespräch ist eine schöne Möglichkeit, einander kennenzulernen. Doch nutzen Sie dafür passende Gelegenheiten, die den Arbeitsablauf nicht stören – am Wasserautomaten, im Fahrstuhl oder beim gleichzeitigen Kommen und Gehen. Geeignetes Parkett für Kennenlerngespräche ist die Mittagspause. Falls niemand Sie zu sich an den Tisch einladen sollte, schließen Sie sich von sich aus einer kleinen Gruppe an.

Insbesondere Routineabläufe betreffend hätten Sie vielleicht schnell den einen oder anderen guten Verbesserungsvorschlag parat. Warten Sie damit noch – am Anfang ist es besser, sich noch zurückzuhalten und zunächst einen Überblick zu verschaffen. Als Neuling macht man sich sonst schnell als Besserwisser unbeliebt.

Verlassen Sie sich nicht darauf, dass Sie ausführlich und detailliert eingearbeitet werden; ergreifen Sie selbst die Initiative. *Das habe ich nicht gewusst, Das hat mir keiner gesagt* wird Ihnen später nicht weiterhelfen. Fordern Sie freundlich, aber bestimmt die nötige Unterstützung und insbesondere alle für Sie notwendigen Informationen ein.

Betriebsfeier – kein reines Vergnügen

Gibt es besondere Verhaltensregeln für die Teilnahme an einer Betriebsfeier?

Prinzipiell gilt für die Betriebsfeier genau das Gleiche wie für jede andere offizielle Veranstaltung – nicht nur im Geschäftsleben: So etwas ist eben kein reines Vergnügen! Denken Sie bitte nicht, dass es bei betrieblichen Festen, ob anlässlich eines Jubiläums, zum Sommerfest, zum Neujahrsempfang oder bei der Weihnachtsfeier, nur gemütlich zugeht, dass Sie behaglich mit Mitarbeitern und Vorgesetzten bei einem Glas Sekt und Häppchen zusammensitzen und nun allen Ihr Herz ausschütten können oder endlich Gelegenheit haben, mit Ihrem Chef über Ihre Gehaltswünsche zu verhandeln. Zwar könnte die Situation verführerisch sein, doch reden Sie sich bitte nicht um Kopf und Kragen. Eine kurze, nette, aber bedeutungslose Kindheits-Weihnachtserinnerung oder Ähnliches kann durchaus erzählt werden, aber etwas wirklich Privates gehört nicht hierhin, und geschäftliche Themen genauso wenig.

Bitte rechnen Sie lieber auch nicht damit, dass bei Gesellschaften im Kreise Ihrer Kollegen, Vorgesetzten oder Mitarbeiter automatisch Fröhlichkeit aufkommt oder dass irgendetwas wie von selbst geschieht, geschweige denn, dass Sie sich ganz entspannt zurücklehnen können. Eine feierliche Veranstaltung im Unternehmen ist in Wirklichkeit eine zwar hoffentlich kultivierte und unterhaltsame, doch vor allem hochoffizielle, berufliche und wichtige Veranstaltung, bei der möglicherweise auch Ihre emotionalen und kommunikativen Fähigkeiten auf dem Prüfstand stehen. Gerade bei solchen Gelegenheiten ist schon über manche Karriere entschieden worden. Dies ist also unter Umständen eine Chance für Sie – zum Gewinnen oder zum Verlieren. Vorausgesetzt, Sie sind gut vorbereitet, steigen die Gewinnerchancen natürlich. Für die Vorbereitung wissen Sie: Es ist eine berufliche Situation und ein offizielles Ereignis, Sie werden dort mit Mitarbeitern, Kollegen und Vorgesetzten zusammen sein und Sie wissen, in welcher Rolle Sie da sind – eben als Vorgesetzter, Mitarbeiter oder als Kollege. Zudem sollten Sie sich über den Rahmen der Veranstaltung informiert haben. Wird zünftig-rustikal, formell-festlich oder ganz anders gefeiert? Von alledem ist abhängig, welcher Ton richtig ist und welches Verhalten und Aussehen von Ihnen erwartet wird. Beides muss der Situation angemessen sein.

Doch obwohl oder sogar gerade weil Sie zu diesem Anlass keine Geschäftspläne aufstellen, Sie Ihr Team nicht motivieren müssen oder Ihr fachspezifisches Wissen gerade nicht gefragt ist, kommt es umso mehr darauf an, dass Sie authentisch und somit glaubwürdig bleiben und damit für die anderen berechenbar sind. Inszenieren Sie sich also nicht und versuchen Sie nicht, etwas darzustellen, was Sie nicht sind. Das macht Sie lächerlich, ist peinlich und stößt andere vor den Kopf. Seien Sie sich dessen bewusst – und auch, dass es einen Morgen danach gibt.

Selbstverständlich kommen Sie pünktlich zur Veranstaltung, sind – je nach Einladung – passend gekleidet, verhalten sich stilvoll gemäßigt am Buffet und trinken nur so viel, dass Sie jeden Toast noch guten Gewissens mitmachen können.

PS: Eine nette Geste ist es schließlich auch, sich nicht nur beim Chef für das schöne Fest zu bedanken, sondern auch bei denen, die die Arbeit damit hatten.

Weihnachten mal anders

Betriebsweihnachtsfeiern sind ja so eine Sache. Manche Mitarbeiter freuen sich darauf, und die anderen empfinden sie als eine Last.

Es muss ja nicht immer die traditionelle Weihnachtsfeier mit Kerzenschein, Glühwein und Plätzchen sein, damit eine weihnachtliche Stimmung aufkommt. Versuchen Sie es doch einmal mit einem Wechsel der Veranstaltungsform. Allein ein anderer Name verschafft der betrieblichen Weihnachtsfeier schon neue Einfälle und etwas Abwechslung. Beispielsweise könnte dieses Jahr ein Adventstee oder eine Winterfeier stattfinden, aber auch ein Julklapp-Fest oder ein festliches Weihnachtsessen wäre denkbar. Schon deshalb, weil man zum Jahresende immer mit zahlreichen Terminen und Freizeitmangel rechnen muss, sollte die Weihnachtsfeier attraktiv repräsentiert werden, damit die Belegschaft sich gern daran beteiligen möchte. Zur Abwechslung könnte die Feier auch einmal außerhalb des Betriebsgeländes stattfinden; meist kann eine festliche Atmosphäre in ausgesuchten

Wie könnte man die betriebliche Weihnachtsfeier einmal anders feiern – und auch die typischen problematischen Situationen bei einem Betriebsfest umgehen?

Lokalitäten besser erreicht werden als auf dem Alltagsterrain. Gerade bei solchen Gelegenheiten ist es immer eine schöne Geste, auch an die ehemaligen Mitarbeiter im Ruhestand zu denken. Und nicht nur sie freuen sich darüber, wenn die Einladungen zur Weihnachtsfeier auf dem traditionellen Postweg verschickt wurden, auch für die Mitarbeiter wird eine Feier überraschend aufgewertet, wenn sie eine sorgfältig gestaltete Einladung erhalten.

Wer bei der Vorbereitung mitgearbeitet hat, kennt natürlich den geplanten Ablauf, doch auch die anderen Mitarbeiter sollten je nach Veranstaltungsart ungefähr einschätzen können, wie lange sie etwa dauern wird. Daher empfiehlt es sich, entweder das Ende der Veranstaltung mit einer konkreten Uhrzeit bereits in der Einladung anzugeben oder aber, auf geeignete Weise nonverbal mitzuteilen, wie viel Zeit eingeplant werden soll. Bei einer Einladung zum Adventskaffee ist das Ende vor dem Abendessen geplant. Für eine Abendeinladung zum festlichen Weihnachtsessen sollten Sie mindestens drei bis vier Stunden einkalkulieren. Verabschieden Sie sich allerdings gleich nach dem Dessert, ist das nicht nur bei einer betrieblichen Weihnachtsfeier ausgesprochen stillos und unhöflich, da unversehens der Eindruck entsteht, Sie seien nur zur Nahrungsaufnahme da gewesen.

Immerhin ergibt sich nach dem Dessert oft auch eine gute Gelegenheit, um die Plätze zu tauschen und mit den anderen Kollegen, Mitarbeitern oder Vorgesetzten zu sprechen. Falls es feste Abläufe und Programmpunkte bei der Weihnachtsfeier gibt, sollten Sie auch darauf achtgeben.

Mitarbeiter, die als Erste wegmüssen, sollten bloß keine Aufbruchstimmung verbreiten, und als Letzter zu gehen, ist – außer für die Organisatoren – auch nicht zu empfehlen. Wann der richtige Moment gekommen ist, sich zu verabschieden, ist eine Frage, bei der sich jeder auf sein Gefühl verlassen sollte. So lassen sich dann auch am ehesten Situationen vermeiden, die man später bereuen könnte.

Als taktvoller Mensch werden Sie sich zu einem angemessenen Zeitpunkt zurückziehen. Ganz bewusst und auch auf die Gefahr hin, dass man Sie – was das Feiern betrifft – für distanziert oder zurückhaltend hält, sollten Sie sich auch in ungewohnten Situationen sowohl Vorgesetzten als auch Ihren Mitarbeitern gegenüber korrekt und loyal verhalten. Nur so schaffen Sie sich auf lange Sicht ein Ansehen, das auf Wertschätzung basiert.

Empfang – vielseitiger geht's nicht

Als ausgesprochen variable Veranstaltungsform eignen Empfänge sich für die verschiedensten Gelegenheiten – insbesondere, wenn im Verhältnis zur Größe der Räumlichkeiten relativ viele Gäste eingeladen werden sollen. Allein diese Atmosphäre ist hervorragend dafür geeignet, Gäste wie nebenbei gezielt miteinander bekannt zu machen, bestehende Kontakte zu pflegen und die eine oder andere überraschende neue Bekanntschaft zu machen.

Was muss bei der Organisation eines Empfanges besonders beachtet werden?

Größere Empfänge eignen sich sogar als Solitärveranstaltungen, während man mit kleineren Empfängen eine hilfreiche Möglichkeit hat, sie mit anderen Veranstaltungsformen zu kombinieren. Vor, nach und während einer Hauptveranstaltung sind Empfänge nämlich nicht nur eine willkommene Möglichkeit zum Kennenlernen, sondern auch zur Entspannung.

Natürlich ist der Anlass für den Empfang entscheidend dafür, in welchem Stil und in welchem Umfang die Veranstaltung durchgeführt wird. Der Stil wird zum einen durch die eingeladenen Gäste bestimmt und zum anderen durch die Wahl des Veranstaltungsortes, die Gestaltung sowie die Dekoration des Empfangsraumes. Dabei soll der Rahmen der Veranstaltung dem Anlass angemessen entsprechen. Ansonsten besteht für Gastgeber die Gefahr, entweder als Angeber oder als Knauser dazustehen, was natürlich beides peinlich ist. Da man bei Einladungen zu Empfängen meist mit einer hohen Absagequote und ferner mit einem ständigen Kommen und Gehen rechnen muss, eignen sich dafür besonders gut Räumlichkeiten, deren Größe flexibel gestaltet werden kann.

Erste Gastgeberaufgabe beim Empfang ist die korrekte Begrüßung der Gäste, was bei einer großen Gästezahl auch von einem Empfangskomitee übernommen werden kann. Bei der offiziellen Begrüßungsrede des Gastgebers sind die Ehrengäste entsprechend der protokollarischen Rangfolge zu begrüßen, wobei nicht mehr als fünf Ehrengäste oder Gästegruppen gesondert zu nennen sind.

Darüber hinaus muss der Rednerliste allergrößte Beachtung geschenkt werden. Sie ist in Absprache mit den Rednern bereits im Voraus, möglichst bereits ein paar Tage vor der Veranstaltung, entsprechend der protokollarischen Rangfolge festzulegen. Jeder Redner ist dann gut beraten, sich nicht nur an den genauen Zeitrahmen zu halten, der ihm maximal 5 Minuten Redezeit einräumen wird, sondern auch den Inhalt seiner Rede möglichst dicht am Anlass zu orientieren und weder bereits durch Vorredner gesprochene Worte zu wiederholen noch denen, die danach sprechen werden, etwas vorwegzunehmen. Zuhörer werden es für die hoffentlich kurze Redezeit unterlassen, zu essen und zu trinken, sich zu unterhalten oder umherzulaufen, und die Servicemitarbeiter werden vom Gastgeber angewiesen worden sein, während einer Rede augenblicklich den Service zu unterbrechen.

Bei Empfängen werden passende – auch nichtalkoholische – Getränke und mundgerechte Häppchen gereicht. Das Buffet auf einem Empfang ist am besten ein Gabelbuffet, damit die Gäste auch ohne Messer auskommen. Ohne (Steh-)Tische kommen Gäste, die kultiviert essen wollen, jedoch nicht aus, wenn sie vom Teller essen müssen. Und nur, wenn ausreichend geschulte Servicekräfte verpflichtet sind, wird der Empfang ein Erfolg – für die Gastgeber als Veranstalter und für die Gäste.

Stilvolle Weihnachtsgrüße

Wie verschickt man eine große Anzahl Weihnachtsgrüße, die auch im Gedächtnis bleiben?

Gehören Sie zu den Menschen, die das Jahr geruhsam ausklingen lassen und die Vorweihnachtszeit besinnlich genießen können? Viele Menschen erleben den Jahresausklang leider auch stressig, als voller Erwartungen, die zu erfüllen sind – Weihnachtsgrüße gehören dazu. Sei es, um (Geschäfts-)Kontakte aufrechtzuerhalten, um sich in Erinnerung zu rufen oder einfach um liebe Menschen zu erfreuen. Beginnen Sie doch schon im frühen Herbst damit.

Welchen Geschäftspartnern möchten Sie einen individuellen Brief schreiben, wem eine Karte und für welche Personen kommt auch ein Serienbrief in Frage?

Vermeiden Sie es – besonders, wenn Sie wenig über den Empfänger wissen –, fröhlich-naive Weihnachtsgrüße zu formulieren. Es zeugt von wenig Feingefühl, wenn einem Geschäftspartner, der beispielsweise gerade schwer erkrankt ist oder einen tragischen Verlust erlitten hat, *... viel Spaß beim Geschenke-Auspacken* gewünscht wird. Falls Sie eine sehr große Anzahl von Weihnachtsgrüßen versenden müssen und daher nicht umhin kommen, sich für den Serienbrief zu entscheiden, sollten Sie vorzugsweise neutral formulieren. Serienbriefe können Sie etwas aufwerten, indem

Sie sie auf einem Repräsentativbogen drucken und sowohl die persönliche Anrede als auch die Grußformel in königsblauer Tinte handgeschrieben und individuell formuliert hinzufügen. Nehmen Sie auf keinen Fall Ihren normalen Geschäftsbriefbogen dafür. Eine (kuvertierte) Karte hingegen eignet sich für Geschäftskontakte, die noch nicht so lange bestehen, oder wenn Sie nicht so viel zu sagen oder einfach nicht genügend Zeit haben, denn ein guter Brief kostet schon etwas Zeit. Verzichten Sie besser auf eingedruckte Standardtexte. Formulieren Sie selbst einen kleinen Gruß und überlassen Sie den Eindruck einer Druckerei, nicht Ihrem Bürodrucker.

Mehr Wertschätzung drücken Sie wieder aus, wenn Sie die Anrede und die abschließende Grußformel auf der vorgedruckten Karte handschriftlich einfügen und wenn Sie den Text eventuell auch noch durch einen auf den jeweiligen Adressaten zugeschnittenen handgeschriebenen Zusatz ergänzen. Auch der Umschlag wirkt per Hand beschriftet gleich viel persönlicher. Mit einer schönen Sonderbriefmarke sieht Ihr Weihnachtsgruß dann besonders individuell und stilvoll aus. Es darf also Weihnachten ruhig ein bisschen traditioneller zugehen.

Wann ist nun der richtige Zeitpunkt zum Versenden? Sie können ja auch einmal einer der Ersten sein und eine besinnliche Adventszeit wünschen oder Sie beschränken sich auf die Neujahrsgrüße. Wenn Sie jedoch selbst mit dem Weihnachtsfest nichts anfangen können oder wollen, dann nehmen Sie doch eine andere Gelegenheit – vielleicht den Winteranfang oder die ersten Knospen im Frühjahr – zum Anlass, einen persönlichen Gruß zu versenden. Wenn das zur Tradition wird, hat das doch was und Sie bleiben sich treu – das ist das Wichtigste, auch zu Weihnachten.

Kunstgenuss für jedermann

Dass sowohl Opernaufführungen als auch klassische Konzert- und Theateraufführungen nicht mehr allein der sogenannten Oberschicht vorbehalten sind, ist ein großer Fortschritt, darüber sind sich die meisten Menschen wohl einig. Dass jedoch der Besuch einer solchen künstlerischen Veranstaltung kaum noch mit einer äußerlich deutlich sichtbaren und auch inneren Vorbereitung darauf verbunden ist, möchten nur die wenigsten Besucher akzeptieren – viele Künstler schon gar nicht.

Was sollte man heutzutage beim Besuch von Opern-, Konzert- oder Theateraufführungen beachten?

Verhalten und Aussehen sollten auch beim Besuch von künstlerischen Veranstaltungen jeder Art angemessen sein – um der Vorstellung und allen Anwesenden mit der nötigen Wertschätzung zu begegnen. Dagegen steht die Meinung, man könne die

Veranstaltung ebenso sehr schätzen und möglicherweise sogar mehr von der Kunst verstehen, wenn man bequem der Vorstellung folgt, obwohl man in solch legerer Aufmachung den Eindruck erweckt, man hätte sich gewissermaßen im Vorbeigehen für den Besuch der Aufführung oder des Konzertes entschieden. Viele Menschen haben nach wie vor an einer solchen Veranstaltung ein größeres Vergnügen, wenn sie festlicher gekleidet sind als normalerweise. Andere dagegen würden wohl gar keinen Kunstgenuss erleben, müssten sie fein gekleidet der Vorstellung folgen.

Doch welcher dieser Ansichten Sie persönlich auch eher zugeneigt sein mögen, zumindest bei Premieren oder Galaveranstaltungen ist es auch heute wünschenswert, diesem besonderen Anlass auch mit der passenden Kleidung Respekt und Wertschätzung zu bezeugen. Nicht nur, um den Abend besser genießen zu können, sollte man nicht im letzten Augenblick und gehetzt zur Aufführung erscheinen, sondern auch, um pünktlich die Plätze einzunehmen. Das ist insbesondere von denen, die in der Mitte sitzen, unbedingt zu erwarten.

Ausgesprochen schlechtes Benehmen ist es, während der Vorstellung Geräusche zu machen, zu flüstern, mitzusingen, gar zu essen, ein zu intensives Parfüm aufgelegt zu haben oder generell durch starken Geruch unangenehm aufzufallen. Wer sich mit dem Rücken zur Sitzreihe durch die Reihe zwängt, beweist nicht nur schlechtes, sondern gar kein Benehmen, ebenso wie diejenigen, die gar nicht daran denken aufzustehen, wenn jemand an ihnen vorbei zum Platz möchte. Wenn Operngläser dazu benutzt werden, andere Gäste zu beobachten, sind sie offensichtlich in falschen Händen, und ihre impertinenten Besitzer gehören ebenfalls in die Kategorie *Ungezogen*.

Der Applaus ist zwar eine schöne Möglichkeit, Gefallen auszudrücken, doch nicht zu jeder Gelegenheit: Nicht nur unangebracht, sondern auch ausgesprochen störend ist Applaus zwischen den Sätzen einer Sinfonie, bei offener Szene, wechselnden Bildern und immer dann, wenn der Zuschauerraum dunkel ist. Dafür darf er am Ende umso deutlicher ausfallen, wenn die Vorstellung gelungen war – sogar mit stehenden Ovationen. Ausgesprochen unhöflich sind Zuschauer, die den Saal verlassen, bevor der letzte Vorhang gefallen ist. Alles in allem sind nicht nur die Akteure – auf und hinter der Bühne –, sondern auch die Zuschauer dafür verantwortlich, dass die Vorstellung wirklich ein Kunstgenuss wird.

Ein Kleiderordnungsrückblick ins Jahr 1967:

Opernpremiere: Frack und großes Abendkleid; ansonsten genügt Smoking und kleines Abendkleid – doch zumindest *dunkler Anzug* und elegantes, möglichst schwarzes Nachmittagskleid

Operettenpremiere: Smoking und kleines Abendkleid; ansonsten genügen *dunkler Anzug* und elegantes, möglichst schwarzes Nachmittagskleid

Theaterpremiere: Smoking und kleines Abendkleid; ansonsten genügen *dunkler Anzug* und elegantes Nachmittagskleid

Konzerte: *dunkler Anzug* und elegantes, möglichst schwarzes Nachmittagskleid

Balletikette – wieder anders

Bälle [französisch *bal*, zum lateinischen *ballare* = tanzen] sind an und für sich eine moderne Interpretation der Turnierfeste an französischen Höfen des Mittelalters. Sie sind ja heute wieder so richtig in Mode gekommen, und viele Menschen freuen sich auch über eine Einladung zu einer solchen Veranstaltung. Doch Ball ist nicht gleich Ball und daher ist auch die angemessene Balletikette vom Stil der jeweiligen Veranstaltung abhängig zu machen. Der Stil eines Balls ist für Sie meist schon unschwer am Stil der Einladung erkennbar. Hinzu kommen weitere Indizien wie der Veranstalter, die Adresse und die Kleiderordnung. Egal, welche Kleiderordnung – *Smoking* oder *Frack* – auch gewünscht wird, sie ist für Sie verbindlich. Deutlicher gesagt: Entweder halten Sie sich daran oder Sie gehen nicht hin. Auf

Was ist bei der Balletikette zu beachten?

diesen besonderen Abend sollten Sie sich gut vorbereiten. Wählen Sie rechtzeitig und in Ruhe aus, was Sie, entsprechend der von den Gastgebern oder von den Veranstaltern gewünschten Kleiderordnung, anziehen möchten, und gönnen Sie sich vielleicht vor dem festlichen Abend einen freien Tag – für sich. Damit Sie ausgeruht sind, gut aussehen und das Ereignis gebührend genießen können. Traditionell wurden Einladungen für einen Ball allein an Paare ausgesprochen. Das ist heute anders; nach wie vor werden Bälle meist nur von Paaren besucht, doch sie müssen nicht mehr zusammengehören. Das Haus betreten die Ballgäste dann in traditioneller Weise, indem die Männer die Frauen an ihrer rechten Seite in den Saal führen.

Im Foyer werden die Ballgäste dann mit einem Glas Champagner oder einem anderen Aperitif begrüßt, und erst wenn genügend Gäste gekommen sind, um den Ballsaal gut zu füllen, wird dieser geöffnet. Währenddessen können Sie auf der Placement-Tafel, die bei großen Veranstaltungen sogar mehrfach im Foyer ausgehängt ist, die Tischordnung einsehen. Hier sehen Sie, dass Paare bei einem Ball nicht wie im Allgemeinen üblich getrennt am Tisch platziert werden, sondern zusammen.

Bei der Begrüßung am Tisch stellt der Mann nun zunächst sich selbst und dann seine Begleiterin den anderen Paaren vor. Sollte er selbst bereits sitzen, wenn die anderen Tischnachbarn kommen, steht er bei der Vorstellungsprozedur stets erneut auf. In großer Abendrobe werden es beim Ball auch junge Frauen wieder als ein Privileg ansehen, bei der Begrüßung sitzen bleiben zu dürfen. Ausnahmsweise.

Nach dem stilvollen und eleganten Abendessen darf nun getanzt werden – nach eher traditionellen Regeln. Den ersten Tanz tanzt jeder mit seiner Begleitung. Offizielle Pflichttänze gibt es zwar heute auf einem Ball nicht mehr, doch können Männer später alle Frauen an ihrem Tisch zum Tanz auffordern, ohne dass dies falsch verstanden werden könnte. Bei privaten Bällen wird das sogar erwartet. Frauen können selbstverständlich jemandem einen Tanz auch abschlagen. Dann sollten sie diesen Tanz jedoch nicht mit jemand anderem tanzen. Das wäre kein guter Stil. Verabschieden müssen Sie sich auf einem offiziellen Ball nicht, Sie können einfach gehen und Ihre Ball-Partnerin nach Hause begleiten.

Sie gestatten war einmal

Wie fordert man höflich eine Frau zum Tanz auf?

Fordern Sie heute eine Frau zum Tanzen auf, so wird weder eine Verbeugung erwartet noch eine Floskel wie *Sie gestatten*? Auch die früher obligatorische Frage an den Tischherrn beziehungsweise den Begleiter, ob er gestattet, dass Sie die Frau

an seiner Seite zum Tanzen auffordern, ist so nicht mehr erforderlich – und doch wirkt es freundlicher, wenn Sie seine Frau nicht ungefragt entführen und ihn gar allein sitzen lassen. Viel schöner ist es, erst der Frau in die Augen zu schauen, sie freundlichst anzulächeln, das mit der Frage *Darf ich bitten?* oder *Möchten Sie tanzen?* zu verbinden und anschließend sich an ihren Begleiter zu wenden: *Hoffentlich sind Sie einverstanden.* Dann haben Sie schon gewonnen – falls Sie nicht die unerlässlichen Grundregeln der Höflichkeit vergaßen.

Bevor Sie eine Frau zum Tanz auffordern:

- ▸   stehen Sie immer auf

- ▸   schließen Sie Ihre Jacke

- ▸   nehmen Sie die Hände aus den Hosentaschen, falls sie darin sein sollten

- ▸   dämpfen Sie Ihre Zigarette ganz aus, falls Sie rauchen

Auf der Tanzfläche zeugt es von höflicher Aufmerksamkeit, wenn Sie den Zuschnitt des Kleides Ihrer Tanzpartnerin beachten; vermeiden Sie zu große Schritte, falls das Kleid einen engen Rock hat. Viele Frauen sind zudem dankbar, wenn der unbekannte Tanzpartner ihr Distanzbedürfnis respektiert. Ihr Griff sollte also nicht intensiver ausfallen, als es die korrekte Tanzhaltung erfordert. Nach dem Tanz bringen Sie Ihre Tanzpartnerin an ihren Tisch zurück und helfen ihr, Platz zu nehmen, indem Sie ihr zumindest den Stuhl heranrücken. Trägt die Frau – beim Ball – ein langes Kleid, so wird sie es zu schätzen wissen, wenn Sie darauf achten. Wie oft Sie eine Ihnen vorher fremde Person zum Tanzen auffordern, ist weniger eine Frage des guten Stils als des Gefühls: Achten Sie darauf, ob sie sich noch freut, von Ihnen aufgefordert zu werden, ob ihr Begleiter womöglich schon unruhig wird oder ob sie inzwischen eine ablehnende Haltung einnimmt, wenn Sie sich ihr nähern.

Bei öffentlichen Bällen kann heute jeder Mann Frauen an seinem Tisch zum Tanzen auffordern. Offizielle Pflichttänze gibt es auch beim Ball heute nicht mehr. Allerdings wird von Ihnen als Mann mit guter Kinderstube erwartet, dass Sie die Begleiterin des Mannes, der gerade mit Ihrer Begleiterin tanzt, ebenfalls um einen Tanz bitten oder sich zumindest zu ihr gesellen, falls sie ansonsten allein wäre. Denn bei Bällen gelten noch eher traditionelle Regeln, da sollten Sie eine Frau nie allein an einem Tisch sitzen lassen! Das wäre kein guter Stil. Setzen Sie sich so lange neben sie, bis ihr Begleiter wieder zurückgekommen ist.

Bei privaten Bällen – Club-Bälle beispielsweise –, zu denen Sie persönlich eingeladen werden, ist es Sitte, dass jeder Mann alle Frauen am eigenen Tisch während des Abends zumindest einmal zum Tanzen auffordert. Selbstverständlich können – nach moderner Etikette – auch Frauen einen Mann zum Tanzen auffordern. Falls Frauen jemandem einen Tanz abschlagen, was selbstredend möglich ist, sollten sie diesen Tanz bitte nicht mit jemand anderem tanzen. Das wäre sehr unhöflich.

Verlobung

Wie wird eine Verlobung traditionell gefeiert, und wie hält man traditionell um die Hand einer Frau an?

«In den Jahren, in welchen so gern das Herz mit dem Kopfe davonläuft, bauet so mancher das Unglück seines Lebens durch übereilte Eheversprechungen» {**Über den Umgang mit Menschen, S. 186**}, sorgte sich 1788 Freiherr von Knigge um die jungen Männer, und das zu Recht, immerhin bedeutete eine Verlobung damals und auch noch bis vor wenigen Jahrzehnten nach dem Bürgerlichen Gesetzbuch (§§ 1297ff.) ein juristisch festgelegtes Versprechen für die Ehe. Das ist längst Vergangenheit; eine Verlobung bedeutet heute – juristisch gesehen – gar nichts mehr, und wohl weil ihr die frühere Bedeutungsschwere verloren ging, ist sie lange Zeit auch etwas aus der Mode gewesen. Doch inzwischen kann man zunehmend beobachten, dass junge Leute wieder Freude daran haben, mit diesem Zeremoniell den Beginn ihres gemeinsamen Lebens offiziell bekannt zu geben, um zu unterstreichen, dass sie es ernst meinen. Daher ist es schön, wenn sich beide der traditionellen gesellschaftlichen Bedeutung einer Verlobung bewusst sind – auch wenn sie die Zeit des Brautstandes (die Zeit zwischen Verlobung und Hochzeit) einfach mit einem fröhlichen *Wir haben uns verlobt* einleiten.

Doch wer lieber traditionell im Familienkreis feiern möchte, wird – mit einem Blick in die Vergangenheit – auch nicht darauf verzichten wollen, dass bereits der erste Schritt in die Ehe traditionsgemäß *comme il faut* getan wird. Vor der Verlobung freuen sich nämlich insbesondere Brauteltern, die Wert auf Traditionen legen, darüber, wenn der zukünftige Schwiegersohn offiziell um die Hand der Tochter anhält. Der junge Mann wird mit den Brauteltern an einem verabredeten Vormittags-Termin die Absichten des jungen Paares besprechen. Früher, eigentlich ist es erst ein paar Jahrzehnte her, trug er bei der Gelegenheit auf jeden Fall einen *dunklen Anzug*. Und wenn das in die Familie passt, ist es auch heute schön, der Bedeutung des Anlasses durch entsprechende Kleidung Rechnung zu tragen.

Ob nun aber mit oder ohne *dunklen Anzug*, nach wie vor hat der junge Mann für die zukünftige Schwiegermutter einen schönen Blumenstrauß mitgebracht. Zwar werden die Eltern der jungen Frau schon ahnen, was jetzt bevorsteht. Doch erst, wenn man sich gesetzt hat, wird das Anliegen vorgetragen, und wenn sich die Eltern der Braut über den Entschluss freuen, folgt die Festsetzung des Termins für die mehr oder weniger große Verlobungsfeier, die traditionsgemäß im Hause der Braut begangen wird. Zugleich wurde früher – Und warum nicht auch heute noch? – das bevorstehende Ereignis offiziell bekannt gegeben. Freunde, Bekannte und Verwandte erhielten eine repräsentative Klappkarte mit der Angabe eines Datums. Wer eine solche Verlobungsmitteilung bekam, wusste, dass er an diesem Tag zwischen 11.00 und 12.00 Uhr zum Empfang im Hause der Brauteltern für einen persönlichen Gratulationsbesuch erwartet wurde. Heute sollte man das allerdings etwas deutlicher formulieren: *Wir erwarten Euch von … bis … zum Empfang.* Das ist dann jedenfalls der Tag der offiziellen Verlobung.

Etwas später folgte die offizielle Verlobungsfeier im Hause der Brauteltern. Im Laufe der offiziellen Verlobungsfeier erhebt sich der Brautvater zu einer Tischrede und heißt den zukünftigen Schwiegersohn und seine Eltern im Familienkreis der Braut willkommen. Daraufhin steht der junge Mann auf, bedankt sich dafür und falls er das nicht bereits im kleineren Kreis getan hat, steckt er seiner zukünftigen Frau bei dieser Gelegenheit seinen Verlobungsring – mit Datum und seinem Monogram – an den Ringfinger der linken Hand, wo er in Deutschland bis zur Hochzeit getragen wird. Junge Männer sollten wissen, dass viele junge Frauen heute wieder sehr viel Wert auf die Tradition legen, dass der Bräutigam einen eigenen Verlobungsring – mit Stein – für sie aussucht. Damit das nicht schiefgeht und er ihr mit dem Ring auch wirklich eine Freude macht, sollte er unbedingt gut hinhören, wenn sie mit ihm an Schaufenstern von Juweliergeschäften stehen bleibt und die Auslage betrachtet, oder wenn sie ihm weniger direkt wichtige Hinweise gibt. So hielt man es früher und so könnte es auch noch heute sein, wenn es Ihnen gefällt.

Nach alter Sitte war es also üblich, dass für Verlobung und Hochzeit – als Investition in die Ehe der Tochter – allein der Brautvater die Rechnungen beglich, während der Vater des Bräutigams über die Ausbildung seines Sohnes dafür sorgte, dass er später Frau und Kinder ernähren konnte. Erfreulich, dass diese Tradition heute keine Existenzberechtigung mehr hat.

Standesamtliche Trauung

Wie ist ein Brautpaar für eine Hochzeit auf dem Standesamt korrekt gekleidet, und wie die Gäste?

Da eine Ehe nur rechtskräftig ist, wenn sie von einem Standesamt beurkundet wurde, muss die standesamtliche Trauung vor der kirchlichen Trauung stattfinden. Früher fand für gewöhnlich die standesamtliche Hochzeit am Vormittag im ganz kleinen Kreis statt und am selben Tag nachmittags wurde die kirchliche Hochzeit gefeiert. Dazwischen nahm man einen kleinen Imbiss ein und zog sich um. Nur wenn die standesamtliche Hochzeit am Nachmittag stattfand, wurde die kirchliche Hochzeit auf den Tag danach angesetzt.

Heute ist es möglich, die Zeitspanne zwischen standesamtlicher Trauung und kirchlicher Hochzeit erheblich weiter auszudehnen, und es ist lediglich noch üblich, zumindest innerhalb eines Jahres sowohl standesamtlich zu heiraten als auch die kirchliche Hochzeit zu feiern. Nur wenn gar keine kirchliche Hochzeit geplant ist oder wenn zwischen beiden Terminen nicht ausreichend Zeit zum Umziehen ist, trägt die Braut auf dem Standesamt ihr weißes Hochzeitskleid.

Ansonsten ist ein elegantes Jackenkleid oder Kostüm in Pastell-Tönen sowohl für die Braut als auch für die weiblichen Gäste passend. Wenn Sie Wert auf klassische Garderobe legen, wählen Sie Kleid bzw. Kostüm recht hochgeschlossen und langärmelig. Zumindest aber sollten Sie kein Dekolleté zeigen und weder schulterfrei noch völlig ärmellos gekleidet sein. Ein passender kleiner Hut ist zwar ausgesprochen elegant, aber nicht mehr zwingend. Selbstverständlich sind dagegen dezente Strümpfe und zumindest vorne geschlossene Schuhe. Eine kleine Handtasche und echter Schmuck machen das Gesamtbild dann komplett. Weibliche Gäste tragen auch bei der standesamtlichen Hochzeit weder Weiß noch fast Weiß. Diese Farbe ist ausschließlich der Braut vorbehalten, selbst wenn sie nicht in Weiß heiratet. Alle anderen Farben sind zwar denkbar, sollten jedoch zum Anlass passen und nicht dazu geeignet sein, die Aufmerksamkeit von der Braut abzulenken. Für Männer ist die standesamtliche Trauung, jedenfalls was die Kleidung betrifft, denkbar einfach: *dunkler Anzug.*

Und natürlich, wenn das Hochzeitspaar mehr Freude daran hat, im Blümchenkleid und hellem Herrenanzug zu heiraten, dann sollen sie sich das auch nicht nehmen lassen. Ihnen sei genauso Glück gewünscht wie allen, die eher traditionell heiraten wollen. Hauptsache ist schließlich, dass sie sich bewusst so entschieden haben und dass sie damit glücklich sind. Ob sie auch anderen damit eine Freude machen, müssen sie ebenfalls selbst wissen.

Doch ganz egal, für welche Kleidung Sie sich auch entscheiden, Sie sollten Ihre Hochzeitsgesellschaft am besten bereits in der Einladung über die gewünschte Kleiderordnung informieren, damit Sie sich und Ihren Gästen Enttäuschungen und Peinlichkeiten ersparen.

Kleidung der Braut und der weiblichen Gäste

Erst bei der kirchlichen Hochzeit trägt die Braut ihr Brautkleid – traditionell mit Myrtenkranz und Schleier. Das klassische Hochzeitskleid ist aus stumpfer Seide oder Spitze gefertigt, hochgeschlossen und mit langen Ärmeln. Heute klingen solche Forderungen vielleicht etwas übertrieben, doch nach wie vor erscheinen Brautkleider, in denen die Braut freie Schultern oder ein großes Dekolleté zeigt, völlig unpassend. Zumindest in der Kirche und beim Essen sollte beides bedeckt gehalten sein, was sowohl die Eleganz der Braut als auch die Attraktivität des Kleides nur unterstreicht. Und da gewiss auch bei Ihrer Hochzeit über nichts so viel philosophiert wird wie über Ihr Brautkleid, ist es nur berechtigt, dass Sie ihm ganz besondere Aufmerksamkeit schenken.

Wie ist die Braut für eine Hochzeit in der Kirche korrekt gekleidet, und wie die weiblichen Gäste?

Ganz in Weiß und mit Schleier wirken Brautkleider im Allgemeinen nur passend, wenn die Braut noch sehr jung ist. Ansonsten sind zarte Pastelltöne, Champagner oder auch ein gedecktes Off-White für das Brautkleid passender. Die Brautschuhe sind, wie auch die Strümpfe, in der Farbe des Kleides gehalten. Statt eines Schleiers ist heute auch ein ausgefallener, kuss-tauglicher Hut schön oder auch ein paar ins Haar gesteckte Blumen oder einfach eine schöne Frisur. Weniger elegant wirkt dagegen sehr langes offenes Haar. Mit dem Schmuck sollte die Braut ausgesprochen sparsam sein. Zudem kennt der Volksglaube die eine oder andere Regel zum Schmuck für Bräute: Weiße Perlen, sagt eine Legende, bedeuten Tränen in der Ehe, während eine andere Überlieferung besagt, dass Perlen Liebe und Schönheit versprechen, und wenn die Braut Steine tragen möchte, so sagt man, dann sollten es ausschließlich Brillanten sein. Alte Erbstücke sind aber immer ganz besonders edel und schön. Außerdem trägt die Braut unbedingt den Verlobungsring (mit Stein), den ihr der Bräutigam am Tag der Verlobung geschenkt hat.

Hat das Brautpaar mit der Einladung eine Kleiderordnung vorgegeben, ist alles ganz einfach. Dann gilt diese. Andernfalls ist die korrekte Kleidung der weiblichen Gäste – wie auch sonst – von der Kleidung der Männer abhängig. Die Kleidung der anwesenden Männer wiederum hängt stark von der Kleidung des Bräutigams ab. Aber egal, für welche Kleidung sich die Männer auch entscheiden, die eingeladenen Frauen tragen am Tage nicht Lang und niemals Weiß. Weiß ist und bleibt allein der Braut vorbehalten – auch dann, wenn sie kein weißes Kleid trägt.

Da die allermeisten Hochzeiten am Tage stattfinden, ist für die weiblichen Hochzeitsgäste ein elegantes Jackenkleid zu empfehlen, auch ein elegantes Kostüm – immer das Knie umspielend. Die Schultern müssen in der Kirche unbedingt bedeckt sein, korrekter noch wäre: recht hochgeschlossen und langärmelig. Strümpfe und geschlossene Schuhe sollten sowieso selbstverständlich sein. Ein Hut ist immer sehr schick und für diesen schönen Anlass besonders elegant! Insbesondere den Schwiegermüttern ist ferner zu empfehlen, sich in Farbe und Stil etwas aufeinander abzustimmen.

Nach der kirchlichen Trauung wird für den Abend ein festliches Diner oder ein Hochzeitsfest geplant sein, für das das Brautpaar bereits in der Einladung die Kleiderordnung vorgegeben hat. Nur, wenn am Abend die Männer im Smoking oder im Frack kommen (sollen), darf es für die Frauen die große Abendrobe sein. Für das abendliche Fest wird sich die Hochzeitsgesellschaft dann – bis auf die Braut – noch einmal umziehen müssen. Wird zur Kleiderordnung allerdings keine Angabe gemacht, tragen die Frauen auch am Abend ein kurzes Kleid beziehungsweise Kostüm oder einen eleganten Hosenanzug.

Kleidung des Bräutigams

Mit dem Anzug des Bräutigams wird die Kleiderordnung der gesamten Hochzeitsgesellschaft definiert – sowohl für den Tag als auch für den Abend. Dessen sollte sich das Brautpaar unbedingt bewusst sein; kennen die Gäste (Frauen und Männer) nämlich den Stil seines Anzugs, haben sie es leicht, sich dem Kleidungsstil des Brautpaares anzupassen.

Wie ist der Bräutigam für eine Hochzeit in der Kirche korrekt gekleidet?

Legt der Bräutigam Wert auf die traditionelle Etikette, ist tagsüber für ihn der *Cutaway Coat* (kurz: Cut), im Englischen morning coat, der einzige akzeptable Hochzeitsanzug während der kirchlichen Trauung. Der Cut wird wegen seines hochoffiziellen Charakters auch oft als *Frack des Tages* oder als der *große Gesellschaftsanzug* für den Tag bezeichnet. Der Cut ist an und für sich ein Gehrock, dessen schräg an-geschnittene Vorderkante nach hinten in verlängerte Schöße ausläuft. Der klassische Cut ist schwarz und das passende Kleidungsstück für alle männlichen Hochzeitsgä-ste während der kirchlichen Trauung am Tage; nur dem Bräutigam ist auch der (hell) graue Cut erlaubt. Die hellgraue Hose ohne Umschlag darf ebenso nur vom Bräu-tigam und vom Brautvater getragen werden, wenn sie den hellgrauen Cut gewählt haben. Ansonsten wäre dazu auch die gestreifte Stresemannhose passend.

Obligatorisch gehören zum Cut:

▸ eine umschlaglose Hose, die hellgrau oder grau-gestreifte Stresemannhose

▸ eine einreihige Weste in Hellgrau oder, traditionell, in gelblichem Beige (buff), aus Seide

▸ ein weißes Kragenhemd mit silbergrauer Seiden-Krawatte oder, traditionell, ein weißes Hemd mit Kläppchenkragen und dezent grauem Plastron. Zum Plastron gehört eine Nadel mit Perle oder Edelstein.

▸ ein silbergraues oder weißes Einstecktuch

▸ schwarze Oxfords

Der für Hochzeiten silbergraue steife Zylinder (kein Chapeau claque) aus Seide und die hellgrauen Hirschleder-Handschuhe gehören ebenfalls dazu, werden in Deutschland allerdings häufig nur in der Hand getragen. Der Cut wird, gleich dem Frack, immer offen getragen, jedoch nie mit einer Quer-Schleife! Zum abendlichen Fest oder Diner kommt der Bräutigam dann dementsprechend im Frack oder zu-mindest im Smoking, der *dunkle Anzug* wäre im Verhältnis zum Cut ansonsten etwas wenig. Das ist dann auch die Kleiderordnung für die männlichen Gäste, wo-bei sie sich sicher nur dafür entscheiden werden, wenn dies auf der Einladung so gewünscht wird. Stresemann, Longjacket und *dunkler Anzug* sind festliche Klei-dungsalternativen für den Bräutigam, wobei er die beiden zuletzt genannten sogar tagsüber und am Abend tragen könnte. Dann sind das auch die idealen Anzüge für die männlichen Hochzeitsgäste.

Selbstverständlich sind das alles traditionelle, wenn auch immer noch geltende Regeln. Sie sollten jedoch Hochzeitspaare niemals daran hindern, ihr hoffentlich schönstes Fest so zu feiern, dass sie die größte Freude daran haben. Gewiss sollte

auch ein Hochzeitsfest zu den Protagonisten passen; es sollte ihren wirtschaft-
lichen Verhältnissen ebenso wie ihrem Geschmack, ihrem Alter und ihrem persönlichen Lebensstil entsprechen. Nur dann ist das schöne Fest stimmig und nur dann
ist es auch eine Freude. Denn natürlich sind Hochzeiten auch in bescheidenerem
Rahmen festlich.

Heiraten mit Brauchtümern

Hochzeitsbräuche haben oft eine alte Tradition. Manche sind regionaltypisch, einige sind sehr beliebt und andere wiederum, wie das Brautstehlen oder auch das
Baumstammdurchsägen, können ein Schrecken für die ganze Hochzeitsgesellschaft sein, wenn die Organisatoren nur wenig Taktgefühl besitzen. Hier wird nur
eine kleine nette Auswahl vorgestellt.

Welche Hochzeitsbräuche gibt es?

Bereits ein paar Tage vor der Hochzeit verabschieden sich die Brautleute getrennt
voneinander von ihrem vorehelichen Leben – traditionell feierte zwar nur der Bräutigam den Junggesellenabschied, doch heute vergnügen sich auch viele Jungesel-
linnen mit ihren Freunden und Freundinnen, die einige Späße vorbereitet haben.

Am Vorabend der Hochzeit wird nach alter Sitte der Polterabend gefeiert, bei dem
die Gäste Porzellan zerschlagen. Es soll die bösen Geister vertreiben, damit das
Paar glücklich wird: *Scherben bringen Glück.* Außerdem soll das Paar beim Auf-
fegen gemeinsam anpacken.

Traditionell schenkt sich das Hochzeitspaar am Hochzeitsmorgen gegenseitig ein
ganz persönliches Geschenk. Traditionalisten glauben, dass das Geschenk unter
dem Kopfkissen viele glückliche Ehejahre bedeutet.

Dass der Bräutigam das Hochzeitskleid nicht vor der Trauung sehen darf, ist ja bekannt, und dass der Schleier von niemandem probiert und auch der Braut erst am
Hochzeitstag ins Haar gesteckt werden darf, wissen auch viele. Aber auch dies?

Als Zeichen dafür, dass die Braut sparsam und treu ist, war es üblich, dass sie ihre
Brautschuhe in gesparten Pfennigen bezahlt.

Am Hochzeitstag sollte die Braut nach dem aus England stammenden viktoria-
nischen Brauch *Something old, something new, something borrowed, something
blue and a silver sixpence in your shoe* von alledem etwas bei sich tragen: etwas

Altes aus ihrem bisherigen Leben, etwas Neues als Symbol für das beginnende Eheleben, etwas Geliehenes, das schon von einer anderen (glücklichen) Braut getragen wurde, als Vorzeichen von Glück und Freundschaft und etwas Blaues als Sinnbild von Treue und Reinheit. Außerdem soll ein Geldstück im linken Brautschuh der Garant dafür sein, dass das Geld in der Ehe nie ausgehen wird.

Beim Ankleiden des Hochzeitskleides sind der Braut die Brautjungfern behilflich. Wird der Verlobungsring auch der Ehering sein, so sollte die Ringjungfrau ihn der Braut abnehmen und später dem Bräutigam übergeben. Würde die Braut dies selbst tun, brächte ihr das Unglück, sagt man. Sollte eine der Brautjungfern den Ring sich selbst heimlich überstreifen, wird sie keinen Mann bekommen, sagt ein weiterer Aberglaube.

Die unverheirateten Brautjungfern sollten Kleider tragen (die auch am Tage lang sein dürfen, jedoch nicht weiß), die dem der Braut ähneln, um auf diese Weise die bösen Geister von der Braut abzulenken.

Der Bräutigam wird die Ringe dann durch seinen Vater oder einen seiner Trauzeugen an den Geistlichen übergeben lassen. Und erst vor der Abfahrt zur Kirche wird eine der Brautjungfern der Braut den weißen Brautstrauß überreichen, den der Bräutigam für sie besorgt hatte. Sie wird ihn der Braut während des Ringwechsels abnehmen, während ein Brautführer dem Bräutigam den Zylinder für diese Zeit abnimmt. Die Eheringe werden in Deutschland auf dem Ringfinger der rechten Hand getragen.

Das Blumenstreuen soll dem Brautpaar reichlich Nachwuchs bescheren. Gleich nach der Trauung wirft die Braut den Brautstrauß rückwärts unter die umstehenden, unverheirateten Frauen. Diejenige, die den Brautstrauß auffängt, wird als Nächste heiraten. So sagt es jedenfalls der Hochzeitsbrauch.

Wenn das Brautpaar nach der Trauung nach englischer Sitte mit Reis beworfen wird, soll die Anzahl der Reiskörner im Haar der Braut die Anzahl der Kinder prophezeien.

Mit ihrer Gratulation an die Jungvermählten und ihre Eltern warten die Gäste im Allgemeinen bis zum Hochzeitsempfang. Zuerst gratulieren sie natürlich dem Brautpaar und anschließend den Eltern des Brautpaares.

Sobald das Brautpaar das eigene Heim wieder erreicht, soll der Bräutigam seine Frau über die Schwelle tragen, da unter der Türschwelle böse Geister seien, die der Braut ihr Glück nicht gönnen. Vor ihnen bewahrt er sie.

Der Hochzeitszug

Wenn Sie nach der klassischen Hochzeitsetikette heiraten und feiern wollen, sollten Sie zunächst wissen, dass diese von einer traditionellen Familie ausgeht, nach der den leiblichen Eltern während der gesamten Hochzeit eine Vielzahl Privilegien zustehen. Ist das so, aus welchen Gründen auch immer, bei Ihrer Hochzeit nicht möglich, sollten Sie versuchen, die Etiketteregeln – wie ja auch sonst – sinngemäß anzuwenden. So könnten ranghohe Familienmitglieder oder besonders Nahestehende die Ehrenplätze einnehmen und die ehrenvollen Aufgaben übernehmen.

Wie formiert sich traditionell ein Hochzeitszug?

Für das Hochzeitszeremoniell in der Kirche können zwar keine allgemeingültigen Regeln gegeben werden, da sie regional und konfessionell zu unterschiedlich sind. Fast immer jedoch beginnt es mit dem Brautzug. Während die Hochzeitsgäste schon längst in der Kirche Platz genommen haben, formiert sich der Brautzug vor der Kirche oder in der Sakristei und betritt normalerweise in folgender Reihenfolge die Kirche: Manchmal gehen Brautjungfern und Brautführer vor Blumen streuenden Kindern bis ans Ende des Kirchenschiffs und warten dort rechts und links vom Mittelgang, um ein Spalier zu bilden. Doch kann das auch anders geregelt werden, und es müssen auch nicht unbedingt Kinder da sein, die Blumen streuen. Das ist heute lediglich eine schöne Begrüßung – oder eine schöne Begleitung auf dem Weg aus der Kirche hinaus.

Traditionell ist es Sitte, dass der Bräutigam mit seiner Mutter als Erster die Kirche betritt. Seine Mutter setzt sich in die erste Reihe, während er mit dem Rücken zum Altar davor stehen bleibt, um auf die Braut zu warten. Der Vater des Bräutigams schließt sich mit der Mutter der Braut an. Beide nehmen ebenfalls in der ersten Reihe Platz. Dann folgen paarweise die engsten Verwandten, wobei diejenigen, die mit dem Brautpaar näher verwandt sind, vorn gehen. Als Höhepunkt und Abschluss des Brautzuges führt der Brautvater die Braut zum Altar, während der Bräutigam sie dort erwartet. Auch der Brautvater nimmt anschließend in der ersten Reihe Platz.

Da die Braut für die evangelische Kirche bereits verheiratet ist, nimmt sie den Platz an der rechten Seite ihres Mannes ein. Im Sinne der katholischen Kirche sind beide noch nicht verheiratet, daher wird die Braut dem Bräutigam bei einer katholischen Trauung an seiner linken Seite angetraut. So müssen beide im Übrigen beim Verlassen der Kirche auch keinen Platzwechsel vornehmen. Sie drehen sich nach der Zeremonie einfach auf der Stelle in Richtung Ausgang und stehen dann bereits richtig – die Frau an der rechten Seite ihres Mannes. Im Anschluss an das kirchliche Zeremoniell gratuliert nach alter Sitte der Geistliche als Erster noch vor dem Altar und geleitet die frischgetrauten Eheleute zum Kirchenausgang: die Frau an der rechten Seite des Mannes.

Die Hochzeitstafel

Welche Regeln sollten für die Sitzordnung an der Hochzeitstafel beachtet werden?

Die klassische Hochzeitsetikette geht ja für die gesamte Hochzeitszeremonie von einer vollständigen und auch intakten Familie aus. Sie sollten daher diese Regeln nur als Empfehlung ansehen und gegebenenfalls sinngemäß umsetzen, so dass sie Ihrer persönlichen Situation gerecht werden. Vor allem aber so, dass das Fest für Sie, aber auch für Ihre Lieben ein schönes Ereignis wird, an das man sich auch deshalb gern erinnert, weil man sich angemessen platziert sah. Bedenken Sie dabei, dass sich an einer Hochzeitstafel zwangsläufig eine Rangfolge ergibt, daher sollte sie besser bewusst als Wertschätzung gewählt werden. Für die Platzierung an der Hochzeitstafel gilt nicht nur nach deutscher Sitte nach wie vor folgende Sitzordnung:

▸ Die Braut sitzt rechts vom Bräutigam.

▸ Rechts neben der Braut wird der Vater des Bräutigams platziert und daneben die Brautmutter, als seine Tischdame.

▸ Links vom Bräutigam sitzt seine Mutter. Ihr Tischherr ist der Brautvater.

▸ Wenn der Geistliche zu Gast ist, sitzt er dem Brautpaar gegenüber oder rechts neben der Brautmutter.

Auf diese Weise ist gesichert, dass das Brautpaar nebeneinander und der Bräutigamvater neben der Braut sitzt sowie dass die beiden Mütter jeweils einen der beiden ranghöchsten Männer als Tischherrn an ihrer linken Seite haben, mit dem sie nicht verheiratet sind. Die Platzierung ist insbesondere empfehlenswert, wenn die Familie an der Längsseite einer langen Tafel platziert werden kann. Bei einer anderen Tafelform bleibt es zumindest dabei, dass allein das Brautpaar nebeneinander platziert wird und dass neben der Braut ihr Schwiegervater sitzt.

Seitwärts schließen sich Männer und Frauen möglichst im Wechsel an, wobei die Trauzeugen möglichst nah beim Brautpaar bleiben. Bei der Platzierung der übrigen Gäste gilt, je dichter sie beim Brautpaar sitzen, desto enger ist die Beziehung zu ihnen. Geschwister und nahe Verwandte sollten also nicht am anderen Ende des Saals platziert werden.

Es bleibt dabei, dass Ehepaare zwar getrennt zu platzieren sind, sie aber dennoch Blickkontakt haben sollten. Wichtig ist, die Tischordnung so zusammenzustellen, dass die Gäste sich untereinander verstehen; nach Möglichkeit sind also Gäste mit ähnlichen Interessen nebeneinander zu platzieren. Alteingesessene Cliquen sollten getrennt werden, sonst haben sie am Tisch nur ihre eigenen Themen, bei denen die anderen Gäste nicht mitreden können und sich schnell langweilen.

Eine traditionelle Empfehlung der Reihenfolge für die Tischrede:

1. Geistlicher
2. Brautvater
3. Bräutigamvater
4. anschließend können Gäste ganz kurz sagen, was sie zu sagen haben.

Eine traditionelle Empfehlung der Reihenfolge für den Tanz:

1. Brautpaar
2. der Bräutigam mit der Brautmutter, die Braut mit dem Bräutigamvater und seine Mutter mit ihrem Vater

Nach dem ersten Tanz wird sich die Tanzfläche füllen und das Brautpaar darf sich unauffällig zurückziehen, um vielleicht auf Hochzeitsreise zu gehen. Heute erlebt man das allerdings selten; vielmehr feiert das Brautpaar meist bis zum Morgen mit und käme gar nicht auf den Gedanken, das schöne Fest frühzeitig zu verlassen. Warum auch?

Hochzeitsjubiläen

1 Jahr	*Baumwollene Hochzeit*	30 Jahre	*Perlenhochzeit*
3 Jahre	*Lederne Hochzeit*	33 1/3 Jahre	*Knoblauchhochzeit*
5 Jahre	*Hölzerne Hochzeit*	35 Jahre	*Leinenhochzeit*
6 Jahre	*Zinnerne Hochzeit*	37 Jahre	*Aluminiumhochzeit*
7 Jahre	*Kupferne Hochzeit*	40 Jahre	*Rubinhochzeit*
8 Jahre	*Blecherne Hochzeit*	45 Jahre	*Messinghochzeit*
10 Jahre	*Rosenhochzeit*	50 Jahre	*Goldene Hochzeit*
11 Jahre	*Nickelhochzeit*	55 Jahre	*Juwelenhochzeit*
12 Jahre	*Petersilienhochzeit*	60 Jahre	*Diamantene Hochzeit*
15 Jahre	*Kristallene* oder auch	65 Jahre	*Eiserne Hochzeit*
	Gläserne Hochzeit	67 Jahre	*Steinerne Hochzeit*
20 Jahre	*Porzellanhochzeit*	70 Jahre	*Gnadenhochzeit*
25 Jahre	*Silberhochzeit*	75 Jahre	*Kronjuwelenhochzeit*

6. Kapitel

Kommunikation – mit Stil ans Ziel

Kommunikation – mit Stil ans Ziel

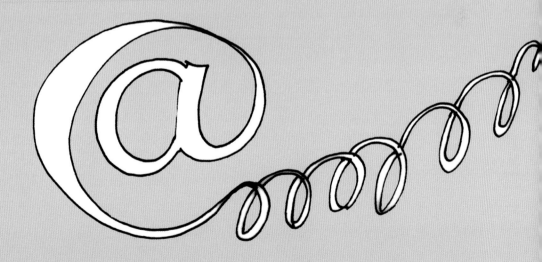

Sehr geehrte Briefanrede

Wie sieht heute eine höfliche Briefanrede aus?

Für die Briefanrede, also die schriftliche Anrede einer Person, gibt es keine starren Regeln mehr, nur Empfehlungen, und diese richten sich – mit dem Blick auf das gewünschte Image – immer nach der konkreten Situation, der Person, die angeschrieben werden soll, und nach der Rolle des Briefeschreibers. Zwischen konventionell, konservativ-traditionell, modern, locker und juristisch ganz korrekt hat man heute innerhalb bestimmter Grenzen die Qual der Wahl. Da ist sehr viel Taktgefühl notwendig, um die richtige Entscheidung treffen zu können; was meist noch schwieriger wird, wenn man die Person für die klassische Form zu gut kennt und für die vertrauliche Form noch nicht gut genug.

Für mehr oder weniger fremde Personen ist nach wie vor *Sehr geehrte Frau (akad. Grad) Familienname* oder *Sehr geehrter Herr (akad. Grad) Familienname* zu empfehlen. Kennt man sich etwas besser und das Schreiben hat keinen offiziellen Charakter, kann man auch zu *Lieber Herr (akad. Grad) Familienname* oder *Liebe Frau (akad. Grad) Familienname* übergehen. Ist der Kontakt freundschaftlich oder sehr vertraut, dann ist auch ein *Hallo Frau (akad. Grad) Familienname* oder *Guten Tag, Herr (akad. Grad) Familienname* passend.

Und wenn Sie sich nicht für eine Form entscheiden können, empfiehlt sich dieser Versuch: *Sehr geehrte, liebe Frau (akad. Grad) Familienname* oder *Guten Tag, sehr geehrter Herr (akad. Grad) Familienname*. Dann bleibt abzuwarten, ob der Adressat mit *Lieber Herr (akad. Grad) Familienname* und *Guten Tag, Frau (akad. Grad) Familienname* antwortet. Bleiben Sie dann bei diesem Ton; wieder zur distanzierten Anrede zurückzukehren, könnte als Affront gewertet werden.

Wie auch immer Sie die Adressaten schriftlich anreden, die Anredeformen *Frau* bzw. *Herr* sind – mit wenigen Ausnahmen, wie beispielsweise Herzog, Fürst, Graf, Eminenz, Exzellenz, Magnifizenz – anzuwenden, auch dann, wenn dem Familiennamen eine Amts- oder Funktionsbezeichnung oder ein Titel vorangesetzt wird. Akademische Grade (gemeint sind hier nicht nur akademische Grade wie *Doktor*, sondern auch der Amtstitel *Professor* bzw. *Professorin*) sowie Familiennamen fallen allerdings den Amts- oder Funktionsbezeichnungen zum Opfer, werden also in solchen Fällen nicht verwendet.

Der höchste akademische Grad *Doktor* wird mit *Dr.* abgekürzt, während der *Professor* bzw. die *Professorin* (sowohl bei akademischen Amtstiteln als auch bei der verliehenen Professorenwürde) ausgeschrieben werden soll. Das ist übrigens keine neue Regelung, sondern wurde zwischenzeitlich nur vergessen. Ebenso bleibt es dabei, dass, wann immer möglich, die weibliche Form in der Anrede verwendet wird. Ehepartner werden getrennt angeschrieben und jeweils nur mit den selbst erworbenen Bezeichnungen angesprochen. Da Anrede und Schlussformel in einem Schreiben – stilistisch gesehen – unbedingt eine Einheit bilden sollten, ist auch für die Gestaltung der Schlussformeln entscheidend, ob es sich um Schreiben aus offiziellem Anlass, im Rahmen des täglichen Umgangs oder im Rahmen persönlicher Beziehungen handelt. Die Empfehlungen lauten bei offiziellen Schreiben beispielsweise: *Mit freundlichen Grüßen, Mit vorzüglicher Hochachtung* oder *Mit ausgezeichneter Hochachtung. Mit freundlichen Grüßen* ist natürlich auch ansonsten der Klassiker und kann mit *Mit besten/herzlichen/sonnigen/winterlichen etc. Grüßen/Wünschen* und einem Zusatz – *nach Bonn, an die Spree* oder *in den Schwarzwald* etwas aufgelockert werden. Kurz, persönlich und nett klingt auch das: *Viele/Liebe/Verregnete/Weihnachtliche etc. Grüße/Wünsche nach ..., Herzlichst* oder *Alles Liebe/Gute.*

Titel sind anredefähig

Es ist weder höflich noch unhöflich, auf die Frage, ob man als Promovierter mit dem Doktorgrad angesprochen zu werden wünscht, mit *Ja* zu antworten. Unhöflich sind diejenigen, die überhaupt danach fragen, falls sie nicht gerade in der gleichen Fachrichtung promoviert haben. Nur Akademiker, die in der gleichen Fachrichtung promoviert haben, sprechen sich fraglos ohne Doktorgrad an. Möglicherweise ist jemand, der nachfragt, jedoch nur verunsichert, weil er sich nicht auskennt und eine peinliche falsche Anrede vermeiden möchte. Andere Menschen werden ausgesprochen gern die höfliche Anrede mit Titel wählen, wenn sie Sie Fremden vorstellen, um damit stolz auf die wissenschaftliche Leistung ihres Bekannten oder Mitarbeiters hinzuweisen.

Kann man, wenn man promoviert hat, erwarten, mit *Frau/Herr Doktor* angesprochen zu werden?

Auch wenn der akademische Grad nicht Bestandteil des Familiennamens ist (BGHZ 38, 380) – sonst würde er auf der Geburtsurkunde stehen und vererbt werden können – , ist es in Deutschland aus Höflichkeit üblich, in der Anrede und Anschrift akademische Titel und Grade zu nennen – schriftlich wie mündlich. Das ist sowohl für den akademischen Grad *Doktor*, für akademische Amtstitel wie *Professor* und *Professorin* als auch für verliehene Professorentitel an Personen, die kein Lehramt bekleiden, so.

Als Doktor oder Professor kann man sich diese Anrede zwar wünschen, sie einfordern oder gar darauf bestehen kann man jedoch nicht – darauf hat man keinen

Anspruch. Auch wird von dem Akademiker erwartet, sich aus Bescheidenheit nicht selbst mit *Ich bin Dr. Vorname Familienname* vorzustellen und auch nicht handschriftlich mit seinem Doktorgrad zu unterschreiben. Darüber hinaus sollte auch der Ehepartner darauf verzichten, die oder den Titeltragende(n) anderen mit ihrem/seinem Doktorgrad vorzustellen. Lediglich dritte Personen werden dies aus Höflichkeit und aus Respekt tun.

Möchte man als Promovierter zukünftig von neuen Bekanntschaften – beruflich oder privat – mit seinem Doktorgrad angesprochen werden, sollte man möglichst bald seine Visitenkarte übergeben, falls man nicht von Dritten bekannt gemacht wird. Man hat ja erst ab dem Moment, ab dem man darüber Bescheid weiß, dass ein Doktor vor einem steht, die Möglichkeit, ihn aus Höflichkeit auch so anzusprechen. *Herr Doktor* ohne Namenszusatz ist allerdings völlig unpassend – auch gegenüber einem Arzt.

Im Anschriftenfeld eines Briefes werden schließlich alle Titel und Grade aufgeführt: *Frau Professorin Dr. med., Dr. h. c. Vorname Familienname.* In der schriftlichen Anrede heißt es lediglich: *Sehr geehrte Frau Professorin Familienname* und mündlich spricht man sie dann so an: *Guten Tag, Frau Professorin Familienname.* Gesprochen wird also immer nur der höchste Titel oder Grad. Sie sehen *Professor* und *Professorin* wird heute immer ausgeschrieben, *Doktor* nicht.

Amt und Würde

Mit diesem kleinen Einblick soll Ihnen lediglich gezeigt werden, dass die korrekte Anrede viel Taktgefühl, aber auch ganz konkretes Wissen verlangt, so dass man damit auch viel falsch machen kann. Sie sollten sich unbedingt genau und ganz konkret informieren, bevor Sie solche Anredeformen benutzen (müssen).

Wie werden Amts- und Funktions- bezeichnungen verwendet?

Amtsbezeichnungen sind Bezeichnungen für Inhaber öffentlicher Ämter, die ihre Ämter ohne gesonderte Verleihung für die Dauer ihrer Amtszeit führen (beispielsweise Bundeskanzlerin, Ministerpräsident, Staatssekretärin). Funktionsbezeichnungen charakterisieren die Stellung einer Person in einer Einrichtung, unabhängig davon, ob sie neben- oder hauptberuflich, vorübergehend oder dauerhaft ist (beispielsweise Vorstandsvorsitzender, Direktor, Sekretär).

Sowohl Amts- als auch Funktionsbezeichnungen sind in Deutschland grundsätzlich anredefähig – mündlich wie schriftlich. Ob es jedoch im konkreten Fall die richtige Entscheidung ist, die Hochschul-Dekanin mit *Sehr geehrte Frau Professorin Familienname* oder mit *Spektabilität* anzuschreiben und ob man den Direktor beim Deutschen Bundestag mit *Herr Direktor* oder mit *Herr (akad. Grad) Familienname* anspricht, ist oft nicht nur eine Frage des Geschmacks, sondern auch eine Frage der Höflichkeit. Daher ist es nur zu empfehlen, sich vor einer ersten Kontaktaufnahme zu informieren, was jeweils erwartet wird. Die jeweiligen Sekretariate sind eine gute Adresse, aber auch der Leitfaden *Anreden und Anschriften* von Alexander Freiherr von Fircks.

In aller Regel sind die bürgerlichen Anreden *Frau* bzw. *Herr* auch einer Amts- oder Funktionsbezeichnung voranzustellen. Ausnahmen sind beispielsweise: Spektabilität, Magnifizenz, Eminenz oder Exzellenz. Wer Amts- oder Funktionsbezeichnung verwendet, lässt dann nicht nur akademische Grade wie *Doktor*, sondern auch Amtstitel wie *Professor* bzw. *Professorin* und den Familiennamen weg. Es heißt dann *Frau Bundesministerin* und nicht *Frau Bundesministerin Familienname*. In der Anschrift und auf Einladungen ist das dann anders, sofern die Bezeichnung nicht lediglich für eine Einzelperson anwendbar ist. Beispielsweise bekommt der Parlamentarische Staatssekretär, den man mit *Herr Staatssekretär* anredet, eine Einladung an *Herrn Parlamentarischen Staatssekretär (akad. Grad) Vorname Familienname, MdB*.

Grundsätzlich sollen Amts- und Funktionsbezeichnung wie auch Berufsbezeichnungen und Titel für weibliche Personen in der weiblichen Form verwendet werden, wenn dies möglich ist. Es heißt dann also beispielsweise *Frau Generalstaats-*

anwältin oder *Frau Ministerpräsidentin*. Das Amt ist auch in der schriftlichen Anrede nicht näher zu spezifizieren; der Bundesminister des Innern etwa wird im Brief als *Herr Bundesminister* oder *Herr Minister* angeredet. Gegebenenfalls sollte bei langen Amtsbezeichnungen der Kurzform der Vorzug gegeben werden. Die Anrede *Herr Präsident* für den Präsidenten des Bundesverwaltungsgerichts oder *Herr Abgeordneter* für ein Mitglied des Deutschen Bundestages ist üblich.

Bundespräsident

Anschrift:	Herrn Bundespräsidenten (akad. Grad)
	Vorname Familienname
Anrede (schriftlich):	Hochverehrter Herr Bundespräsident
	oder Sehr verehrter Herr Bundespräsident
Schlussformel:	Mit dem Ausdruck meiner ausgezeichneten Hochachtung
	oder Mit dem Ausdruck meiner vorzüglichen Hochachtung
	oder Mit ausgezeichneter Hochachtung
	oder Mit vorzüglicher Hochachtung
Anrede (mündlich):	Herr Bundespräsident

Bundeskanzlerin

Anschrift:	Frau Bundeskanzlerin (akad. Grad)
	Vorname Familienname
Anrede (schriftlich):	Sehr verehrte Frau Bundeskanzlerin
	oder Sehr geehrte Frau Bundeskanzlerin
Schlussformel:	Mit ausgezeichneter Hochachtung
	oder Mit vorzüglicher Hochachtung
Anrede (mündlich):	Frau Bundeskanzlerin

Adelige sind Geschichte

Wie werden Adelige heute ganz korrekt angesprochen und angeschrieben?

Sämtliche adelsrechtlichen Privilegien wurden am 11. August 1919 mit Inkrafttreten der Weimarer Verfassung aufgehoben. Die zu der Zeit geführten Adelstitel und Adelsprädikate sind seitdem Bestandteil des Familiennamens, wobei die Bezeichnungen Freiin, Komtesse, Prinzessin und Prinz nicht übertragen wurden. Einzelheiten dazu findet man im Standardwerk *Genealogisches Handbuch des Adels* (Gotha) oder sie können beim Deutschen Adelsarchiv in Marburg erfragt werden.

1919 wurde also aus der *Gräfin Luise von Reichenbach* eine *Frau Luise Gräfin von Reichenbach* und aus *Fürst Bernhard von Bülow* wurde *Herr Bernhard Fürst von Bülow*. Nach damaligem – chauvinistischen und zu kurz gedachten – Namensrecht bedeutete das aber auch, dass der Familienname bei einer Heirat genau so von der Ehefrau angenommen wurde. Heiratete also *Herr Fürst Bernhard von Bülow*, wird seine Ehefrau mit der Familiennamensänderung eine *Frau Luise Fürst von Bülow*. Nicht *Fürstin*, und auch der Familienname der gemeinsamen Kinder – Mädchen und Jungen – heißt korrekt *Fürst von Bülow*.

Da Männer erst seit 1976 bei einer Heirat den Familiennamen der Ehefrau annehmen können und im deutschen Namensrecht der Familienname nicht eine männliche und eine weibliche, sondern nur eine einzige Form hat, ist es sowohl rechtlich als auch rein biologisch gar nicht möglich, dass es beinahe 100 Jahre nach Inkrafttreten der Weimarer Verfassung heute noch immer weibliche Adelstitel wie Freifrau, Baronin, Gräfin, Fürstin oder Herzogin im Familiennamen gibt – jedenfalls nicht auf standesamtlichen Urkunden und nicht in Pässen. Dass es dennoch so ist, ist zwar unstrittig, aber nicht plausibel. Ähnliches gilt für die Bezeichnungen der Kinder, wie Freiin, Komtesse, Prinzessin und Prinz, sie gab es, wie oben erwähnt, bereits 1919 nicht mehr – juristisch jedenfalls.

Wie dem auch sei, der ehemalige (männliche) Adelstitel ist jedenfalls Bestandteil des bürgerlichen Familiennamens und darf daher – konsequentermaßen – keineswegs nach eigenem Ermessen weggelassen werden. Und dass Ehefrauen und Töchter solcher Familiennamen nach wie vor die jeweils weibliche Form führen, ist verständlich und zu respektieren.

Wer nun das Namensrecht des BGB streng auslegt, **müsste** – juristisch korrekt – Folgendes schreiben:
Briefanschrift: *Herrn Dr. Friedrich Graf von Dannewitz*
Briefanrede: *Sehr geehrter Herr Dr. Graf von Dannewitz*
mündliche Anrede: *Herr Dr. Graf von Dannewitz*

Mit dieser Formulierung würde man jedoch wenig Stilgefühl zeigen, denn es gibt neben der juristisch korrekten Form noch eine weitere Form der Anrede, die die adelige Vergangenheit des Adressaten aus Höflichkeit stärker berücksichtigt – ohne das Voranstellen der bürgerlichen Anrede *Frau* und *Herr*.

Für **Freiherr Adolph von Knigge** ist also die heutige und häufig benutzte Art der Namensschreibweise *Adolph Freiherr von Knigge* nicht korrekt. Freiherr Adolph von Knigge (1752-1796) lebte weit vor der Zeit der Weimarer Republik. Damals gehörte der Adelstitel noch vor den Vornamen und ist nicht, so wie heute, Bestandteil des Familiennamens gewesen. Wie kommt es nur, dass Freiherr Adolph von Knigge auf diese Weise modernisiert wird, während niemand bei anderen Adligen, die vor 1919 lebten, auf den Gedanken käme, den Adeltitel zum Familiennamen zu stellen?

Adel verpflichtet – auch *ohne Tritt*

Wie werden Adelige heute in Gesellschaft angesprochen und angeschrieben?

In der Briefanschrift sollte stets die juristisch korrekte Anrede Anwendung finden. Ansonsten ist die juristisch korrekte Form der Anrede gegenüber Adeligen zwar juristisch korrekt, mehr aber auch nicht. Anders als in der Anschrift wäre es in der mündlichen und schriftlichen Anrede von Adeligen nämlich keinesfalls zu empfehlen, die juristisch korrekte Anrede zu wählen. Man würde vielmehr zur allgemeinen Heiterkeit beitragen, wenn man einen Grafen oder seine Frau mit der bürgerlichen Anrede *Frau* und *Herr* ansprechen oder anschreiben würde. Zudem wäre dies ein deutliches Zeichen mangelnden Geschichtsbewusstseins.

Eine Ausnahme ist der Freiherr. Bei ihm wird, wie auch bei seiner Ehefrau, das *Frei* in jeder Anredeform gestrichen, so dass aus *Freiherr von* und *Freifrau zu* *Herr von* und *Frau zu* wird. Und obzwar man weiß, dass die *Gräfin von Reichenbach* eigentlich *Graf von Reichenbach* heißt, gönnt man ihr die weibliche Bezeichnung – aus historischen Gründen. Außer bei Freiherr und Freifrau kann die Präposition *von, zu* u. Ä. wegfallen.

Das Allerfalscheste ist die Anrede *Frau Gräfin* oder *Herr Baron*. Sie wurde von jeher nur vom Personal verwendet.

Fragen Sie, wenn Sie unsicher sind, einfach nach, wie der oder die Betreffende ihren Familiennamen führt und angesprochen werden möchte. Somit zeigen Sie souverän Ihre Kenntnis darum, dass es zu der Thematik noch etwas mehr zu wissen gibt, und Sie demonstrieren darüber hinaus Geschichtsbewusstsein.

Richtig sind beispielsweise folgende Anwendungsformen:

Adelstitel:	**Freiherr**
mündliche Anrede:	Herr (akad. Grad) von Familienname
schriftliche Anrede:	Sehr geehrter Herr (akad. Grad) von Familienname
Anschrift:	Herrn (akad. Grad) Vorname Freiherr von Familienname

Adelstitel:	**Gräfin**
mündliche Anrede:	(akad. Grad) Gräfin (von) Familienname
schriftliche Anrede:	Sehr geehrte (akad. Grad) Gräfin von Familienname
Anschrift:	Frau (akad. Grad) Vorname Gräfin von Familienname

Adelstitel:	**Fürstin**
mündliche Anrede:	(akad. Grad) Fürstin (von) Familienname
schriftliche Anrede:	Sehr geehrte (akad. Grad) Fürstin von Familienname
Anschrift:	Frau (akad. Grad) Vorname Fürstin von Familienname

Adelstitel:	**Herzog**
mündliche Anrede:	(akad. Grad) Herzog (von) Familienname
schriftliche Anrede:	Sehr geehrter (akad. Grad) Herzog von Familienname
Anschrift:	Herrn (akad. Grad) Vorname Herzog von Familienname

Adelsprädikate wie *Königliche Hoheit, Hoheit, Durchlaucht, Erlaucht* und *Hochwohlgeboren* werden heute – wenn überhaupt – nur innerhalb des Hochadels oder kokett in der Anrede vor der Kamera verwendet. Dass sie keine rechtliche Grundlage haben, ist dafür sicher nicht der Grund, sondern wohl eher der Zeitgeist. Wobei sich auch nicht eindeutig nach einem Schema ableiten lässt, welches Adelsprädikat für welche Person richtig ist. Wer diese Anrede verwenden möchte, sollte sich entweder in dem jeweiligen Haus direkt erkundigen oder aber beim Deutschen Adelsarchiv in Marburg nachfragen.

PS: Als Nichtadliger kann man sich in Adelskreisen mit dem Zusatz *ohne Tritt* vorstellen, womit gleich klar ist, dass man lediglich mit dem Familiennamen angesprochen werden kann.

Hallo ist nicht höflich

Gibt es eine allgemeine Empfehlung, wie man sich am Telefon melden sollte?

Sobald Menschen miteinander umgehen, muss es gewisse Regeln geben – ganz egal, ob die Kommunikation schriftlich, telefonisch oder persönlich stattfindet. Am Telefon beginnt der Kontakt, wie man weiß, mit der Meldeformel des Angerufenen. International wird vielfach die Ansicht vertreten, dass ja der Anrufer ein Anliegen hat und sich aus diesem Grund auch als Erster zu identifizieren hat. Italiener melden sich daher beispielsweise mit *Pronto*, Franzosen sagen *Allô* und Briten tun ihre Telefonnummer kund. Die deutsche Entsprechung lautet vielfach *Ja?*, *Hallo?* oder *Bitte?*.

Und doch wird in Deutschland vielfach auch anders argumentiert: Der Anrufer sollte nicht in Ungewissheit gelassen werden und vom Angerufenen gleich erfahren, wer am Apparat ist. Früher meldete sich die verheiratete Frau des Hauses mit *Familienname* oder *Frau Familienname*, der Hausherr nur mit *Familienname*, und lediglich unverheiratete Kinder meldeten sich mit *Vorname Familienname*. So wusste auch gleich jeder, mit wem er es zu tun hatte und auch, ob die Anrede *Fräulein* oder *Frau* richtig war.

Das ist gewiss die Erklärung dafür, dass die meisten Menschen in Deutschland es nach wie vor als unhöflich empfinden, anonym am Telefon empfangen zu werden. Die heutige Empfehlung: *Vorname und Familienname* und ein freundlicher Tagesgruß. Jetzt ist der Anrufer an der Reihe und meldet sich ebenso. Da er davon ausgehen muss, den Anrufer in seinem Tun zu unterbrechen, ist es jedenfalls nicht unhöflich, zu fragen: *Haben Sie etwas Zeit für mich?* Weniger freundlich klingt dagegen *Störe ich?*; es zwingt zudem den Angerufenen möglicherweise, selbst unfreundlich zu sein: *Ja, Sie stören.* Selbst wenn das der Fall ist, versetzen Sie sich in die Lage des Anrufers: Der hat ein Anliegen und kann nicht wissen, womit Sie gerade beschäftigt sind. Sie hätten den Hörer auch nicht abnehmen müssen. Doch wenn Sie sich dazu entschieden haben, verlangt es die allgemeine Höflichkeit, sich dem Anrufer – vielleicht nur kurz – freundlich zu widmen. Nehmen Sie daher etwas Abstand von dem, was Sie gerade tun, zaubern Sie ein Lächeln auf Ihr Gesicht und begrüßen Sie erst dann den Anrufer. Er wird sich gut fühlen, obwohl Sie wenig Zeit haben.

Sollte sich jedoch der Angerufene – warum auch immer – einmal entschieden haben, sich lediglich mit *Hallo* oder *Bitte* zu melden, dann sollte der Anrufer das stillschweigend akzeptieren und nicht etwa fragen *Wer ist denn da am Apparat?* Es könnte sein, dass der Angerufene den ungehobelten Anrufer dann zappeln lassen möchte und mit einem erzieherischen Unterton entgegnet: *Verzeihen Sie,*

aber Sie haben mich doch angerufen. Wäre es da nicht höflich, wenn Sie mir Ihren Namen nennen würden? Nun bleibt dem Anrufer nichts weiter übrig, als sich vorzustellen, falls ihm wieder bewusst wird, wer hier was von wem wollte.

Anrufer sollten Privatanschlüsse, wenn sie den Tagesablauf des anderen nicht genau kennen, nicht vor 10.00 Uhr morgens, nicht während der Mittagszeit, zwischen 14.00 Uhr und 16.00 Uhr und auch nicht nach 21.00 Uhr anrufen. Geschäftliche Anschlüsse kann man immer telefonisch zu erreichen versuchen.

Und noch etwas: Falls Ihr Telefongespräch durch einen technischen Defekt unterbrochen wird – kommt ja immer noch vor –, dann gilt folgende Regelung: Der, der angerufen hat, erneuert den Telefonkontakt.

Erster Firmeneindruck in der Warteschleife

Einen ersten Eindruck verschaffen sich Menschen voneinander nicht nur beim persönlichen Kennenlernen, sondern auch am Telefon. Die ersten Sekunden entscheiden daher auch am Telefon über den ersten Eindruck – nicht nur von Ihnen persönlich, sondern auch vom Unternehmen. Eine Minute Freundlichkeit und Konzentration und Sie haben vielleicht einen neuen Geschäftskunden gewonnen. Nutzen Sie also die kurze Zeit!

Welche Empfehlungen gibt es für eine feste Meldeformel am Telefon im Betrieb?

Neben den größten Ärgernissen für Anrufer, nämlich nicht besetzte oder ewig *besetzte* Telefone, endlose Warteschleifen (Nie länger als 1 Minute!) und inkompetente Mitarbeiter, verärgern auch ellenlange Meldeformeln – mit oder ohne quietschig-gekünstelter Stimme – die internationale Geschäftswelt. *Schönen guten Tag; Firmenname; Apparat von Frau sowieso; Sie sprechen mit Vorname Familienname; was kann ich für Sie tun?* empfinden viele Anrufer mittlerweile als eine Zumutung. Immerhin kostet das nicht nur Geld, sondern vor allem Geduld und Zeit, was ja nicht nur im Geschäftsleben als grob unhöflich angesehen wird. Gehen Sie daher zügig ans Telefon (Niemals öfter als 3x klingeln lassen!) und begrüßen Sie jeden Anrufer, als wäre er der erste am Tag – kurz, prägnant, serviceorientiert und freundlich.

Ein externer Anrufer kann mit dem Firmennamen und gegebenenfalls mit dem Namen der Abteilung sowie mit dem Vor- und Familiennamen und dem Tagesgruß begrüßt werden, falls das nicht zu lang ist. Ansonsten sollte die Telefonzentrale Namen und Abteilung auf *Zentrale* kürzen; nach einer Verbindung innerhalb des Hauses kann der Mitarbeiter den Firmennamen vernachlässigen, und die Führungsetage reduziert sowieso auf *Vorname Familienname* plus *Guten Tag. Wie kann ich Ihnen behilflich sein?* oder *Was darf ich für Sie tun?* ist meist genauso unpassend wie überflüssig – der Anrufer hat ein Anliegen und möchte keine Fragen beantworten. Lassen Sie sich im Übrigen nicht von modernen ISDN-Telefonen mit Rufnummernerkennung dazu verführen, den Anrufer sofort mit *Guten Tag, Herr Dr. Klein!* zu begrüßen. Nur dann, wenn Sie ganz sicher sind, dass von dem Apparat niemand anderes telefoniert, und wenn Sie genau wissen, dass sich der Anrufer darüber freut, kann das in Frage kommen – manche Personen fühlen sich nämlich ein bisschen durchleuchtet, wenn sie schon mit ihrem Familiennamen angesprochen werden, ehe sie sich selbst gemeldet haben.

Steht dann die gewünschte Verbindung, empfiehlt es sich, den Anrufer im Verlauf des Gesprächs ein- oder zweimal persönlich anzusprechen (Namen notieren!). So spürt er, dass Sie an seinem Anliegen wirklich interessiert sind. Zum guten Schluss ist nach einem erfolgreichen Telefonat auch eine freundliche und verbindliche Verabschiedung und gegebenenfalls ein *Danke für Ihren Anruf!* angebracht – für ein weniger erfolgreiches Telefonat gilt das freilich ebenfalls.

Und noch etwas: Wer nur lediglich vorübergehend oder in Vertretung Anrufe entgegennimmt, sollte sich im Berufsleben zwar mit dem eigenen Namen, aber auch mit *Apparat von …* melden und im Privatleben neben dem eigenen Namen noch *hier bei …* sagen. Auf diese Weise lassen sich allerlei prekäre Situationen vermeiden.

Handys taugen nicht als Statussymbol

Als Statussymbol taugt das Handy heute nicht mehr – jeder hat eins. Eher ist es ein Statussymbol, nicht permanent persönlich erreichbar sein zu müssen, da etwa ein Sekretariat diese Freiheit ermöglicht. Dass jeder ein Handy besitzt und auf seinen Einsatz kaum jemals verzichten mag, heißt nun aber nicht, dass das Handy auch überall und immer toleriert oder gar gern gesehen wird. Es versteht sich hoffentlich inzwischen von selbst, dass das Handy im Konzert, Theater, Kino, Wartezimmer oder Restaurant, aber auch in Vorlesungen, Seminaren oder im Unterricht, auf Empfängen und allen offiziellen Veranstaltungen auszuschalten oder wenigsten auf lautlos zu stellen ist. Selbstverständlich ist es auch ein Fauxpas, während Geschäftsbesprechungen, Kundengesprächen, Meetings oder Konferenzen und – wichtig – Vorstellungsgesprächen das Handy bedenkenlos klingeln zu lassen. Ein Handyverbot gilt überall, wo es respektlos oder unhöflich, störend oder gar gefährlich sein könnte, es zu benutzen. Dabei ist es egal, ob es sich um Rücksichtslosigkeit einer Situation, einem Ereignis oder anwesenden Personen gegenüber handelt.

Das allgegenwärtige Handy – wann und wo ist der Einsatz nicht angebracht?

Eine der gröbsten Unhöflichkeiten im Zusammenhang mit der Handybenutzung wäre es, das Handy während eines Gespräches auf den Tisch (Schreibtische mal ausgenommen), gar auf den Esstisch im Restaurant, zu legen. Wird doch mit dieser Geste nonverbal kommuniziert: *Unser Gespräch ist mir nicht so wichtig, ich wäre jederzeit bereit, es zu unterbrechen.*

Erwarten Sie einen ganz wichtigen Anruf? Dann entschuldigen Sie sich vorher (!) dafür, und sobald Sie der – natürlich tonlose – Anruf erreicht, verlassen Sie umgehend den Raum, erledigen Ihr Telefonat zügig und kommen mit ausgeschaltetem Handy an den Ort des Geschehens zurück. Jetzt schadet es nichts, sich noch einmal zu entschuldigen. Sollten Sie einen Anruf in Gegenwart Dritter annehmen müssen, achten Sie unbedingt darauf, nicht indiskret zu sein. Schließlich zwingen Sie unbeteiligte Personen quasi dazu, ein erziehungsbedingtes Tabu zu verletzen, nämlich bei Unterhaltungen, die einen nichts angehen, mitzuhören. Ganz junge Leute sehen das mit dem Handy allerdings alles anders. Wenn sie unter sich sind und sich niemand gestört fühlt, ist das dann auch etwas anderes.

Ansonsten gelten fürs Mobiltelefonieren zum Anrufentgegennehmen und zum Anrufbeenden die gleichen Regelungen wie beim Telefonieren im Festnetz, und bei instabilen, wackligen Verbindung sollten Sie schon zu Beginn des Gesprächs vereinbaren, wer sich beim Zusammenbruch der Leitung erneut um eine Verbindung bemüht. Im Übrigen: Handybetreiber bieten Ihnen zwar die Möglichkeit, sich mehr oder weniger extravagante Klingelzeichen einzustellen, doch geben Sie den Klingelzeichen den Vorzug, die für Sie auch wirklich als Visitenkarte gelten können. Selbstverständlich gilt das, was hier über das Mobiltelefonieren gesagt wurde, auch für das SMS-Schreiben und -Lesen. Dafür sollte man sich genauso zurückziehen wie für ein persönliches Handy-Telefonat.

«Lies Deine Briefe, wenn Du es ändern kannst, nicht in andrer Gegenwart, sondern wenn Du allein bist, sowohl weil es die Höflichkeit also befiehlt, als aus Vorsicht, um durch Deine Mienen den Inhalt nicht zu verraten.» {**Über den Umgang mit Menschen, S. 56**} Ob Briefe, E-Mails, Internetchat, Telefonate oder SMS: Jedes Kommunikationsmedium verlangt Takt, Feinfühligkeit, Diskretion und Verantwortungsbewusstsein. Daran hat sich bis heute nichts geändert.

Korrespondenz per E-Mail

Welche wichtigsten E-Mail-Etikette-regeln sollte man unbedingt beachten?

Kein Zweifel: Unsere Arbeitswelt ist mit den neuen, schnellen Kommunikationsmedien wesentlich komfortabler und moderner geworden, doch leider auch flüchtiger und oberflächlicher. Kein Wunder, dass seit einiger Zeit auch das Internet zunehmend nach Regeln und Formen zum höflichen Ton und zum korrekten Umgang miteinander verlangt – für eine Etikette im Netz. Just ist sogar ein ganz neuer Etikettekanon, die sogenannte Netikette, entstanden – mit den Ge- und Verboten in der Internetkommunikation.

Grundsätzlich gelten auch für die geschäftliche E-Mail-Korrespondenz die klassischen Briefregeln des alten Briefs per Post. Wer sich im Wesentlichen daran hält, macht nichts falsch, doch mehr noch als beim klassischen Brief sollten Sie Wert auf eine aussagefähige Betreffzeile legen.

Mehr oder weniger nichtssagende Betreffzeilen sind für Adressaten, die täglich Hunderte E-Mails erhalten, vollkommen ungeeignet. Sie reagieren genervt, wenn die Betreffzeile nicht verrät, worum es in der E-Mail geht. Fassen Sie für die Betreffzeile einfach den Inhalt kurz zusammen. Auch mit der Nachfrage, ob eine E-Mail angekommen sei, macht man sich als Absender nicht sehr beliebt. Als Adressat sollten Sie jedoch bei ganz wichtigen E-Mails kurz den Eingang bestätigen, um den Absender zu beruhigen. Eine Unsitte ist es allerdings, E-Mails generell mit einer Empfangs- oder Lesebestätigung zu verschicken. Das kann nur akzeptiert werden, wenn die E-Mail als Einschreibebrief verstanden werden soll. Wer jede x-beliebige E-Mail grundsätzlich auf diese Weise verschickt, macht lediglich klar, dass er zwar ab und zu mal selbst eine bekommt, aber nicht wirklich häufig, und dass er daher nicht nachempfinden kann, wie nervend der andauernde Zwang zur Rückmeldung für Viel-E-Mail-Empfänger ist.

Achten Sie besonders darauf, dass Ihre E-Mail eine korrekte Anrede und eine freundliche Grußformel enthält und dass Sie Ihre E-Mail mit Ihrer elektronischen Unterschrift, quasi als Visitenkarte, abschließen. Vergessen Sie nicht, die Bezeichnung «lang» im Betreff anzufügen, falls Sie eine E-Mail mit mehr als 100 Zeilen versenden. E-Mail-Fettnäpfchen sind selbstredend auch Rechtschreib- und Grammatikfehler, die durchgängige Groß- oder Kleinschreibung und die Du-Form an unbekannte Empfänger. Verfassen Sie E-Mails wie einen normalen Brief, mit Groß- und Kleinschreibung und ohne eine Schlange von Ausrufezeichen, Fragezeichen oder andere Neckischkeiten – Ihr Schreiben ist auf diese Weise höflicher, ernsthafter und zudem viel einfacher zu lesen.

Sind Sie der Hauptempfänger einer Nachricht oder haben Sie nur eine Kopie erhalten? Davon hängt es ab, ob Sie die E-Mail beantworten müssen – nämlich nur als Hauptempfänger und in der Regel innerhalb von 24 Stunden. Oder geben Sie wenigstens einen kurzen Zwischenbescheid. Ganz besonders stillos ist es, E-Mails ungefragt weiterzuleiten oder auf andere Weise E-Mail-Adressen dritten Personen bekannt zu geben. Bei einem lockeren Umgang miteinander oder bei einer schnellen Abfolge von Frage- und Antwort-E-Mails gelten natürlich Ihre eigenen Regeln. Alles in allem ist der erste Eindruck von einem Brief oder einer E-Mail entscheidend dafür, ob die Nachricht sofort oder später gelesen wird oder aber ob sie ungeöffnet in den Papierkorb wandert.

Und wieder einmal soll selbst zu einem sehr modernen Thema der progressive Schriftsteller namens Freiherr von Knigge zu Wort kommen:

«Briefwechsel ist schriftlicher Umgang; fast alles, was ich vom persönlichen Umgange mit Menschen sage, leidet Anwendung auf den Briefwechsel. Dehne also Deinen Briefwechsel, so wie Deinen Umgang, nicht über Gebühr aus. Das hat keinen Zweck, kostet Geld und ist Zeitverderb. [...] Nimm Dir auch vor, nie irgendeinen ganz leeren Brief zu schreiben, in welchem nicht wenigstens etwas stünde, das dem, an welchen er gerichtet ist, Nutzen oder reine Freude gewähren könnte. Vorsichtigkeit ist im Schreiben noch weit dringender als im Reden zu empfehlen, und ebenso wichtig ist es, mit den Briefen, welche man erhält, behutsam umzugehn. [...] Ein einziges hingeschriebenes unauslöschliches Wort, ein einziges aus Unachtsamkeit liegengebliebenes Papier hat manches Menschen Ruhe und oft auf immer den Frieden einer Familie zerstört.» {**Über den Umgang mit Menschen, S. 55-56**}

Mobilbox – persönlich, prägnant und nett

Nutzen Sie Ihr Handy beruflich, privat oder für beide Bereiche? Noch vor wenigen Jahren wollte man niemanden auf dem Handy anrufen, da man der Ansicht war, man hätte ihn stören können. Heute ist das anders. Jeder hat selbst ein Handy und weiß, wer nicht gestört sein will, stellt das Handy entweder ganz aus, auf *leise*, auf *Besprechung* oder er lässt die Anrufe umleiten. Die Umleitung kann entweder auf einen anderen Apparat oder direkt auf die Mobilbox erfolgen. Daher ist man inzwischen – zumindest im Geschäftsleben – eher geneigt, in wichtigen Fragen gleich die Handynummer zu wählen. Wer ein dringendes Anliegen hat, möchte, dass sein Anliegen zumindest ankommt. Daher ist es wichtig, sicherzustellen, dass kein Anruf ins Leere läuft. Wenn Sie also nicht erreichbar sind, sollte nach ein- bis zweimal Klingeln Ihr Anrufbeantworter für Sie einspringen.

Anrufbeantworter sind bei Mobilboxen längst Standard, und so sollte man sich auch über deren Ansagetext Gedanken machen. Die Mobilbox lediglich zu aktivieren, zeugt von keinem guten Stil; mittlerweile wird die Standardansage des Providers von den meisten Anrufern als Zumutung empfunden. Entscheiden Sie sich entsprechend der folgenden drei Anruferkategorien für einen passenden Ansagetext:

1. Anrufer sollen nur Ihre Nachricht hören, aber nichts draufsprechen können.
2. Anrufer sollen die Möglichkeit haben, eine Nachricht für Sie zu hinterlassen, doch nicht davon ausgehen, dass Sie sofort zurückrufen.
3. Anrufer sollen eine Nachricht hinterlassen können und damit sicher sein, dass in den nächsten 20 Minuten (!) zurückgerufen wird.

Da die wenigsten Menschen gern zu einem Automaten sprechen und oft erst einmal gar nicht mehr wissen, was sie eigentlich wollten, wenn Ihr Mailbox-Empfang ertönt, sollten Sie ihnen helfen: Beginnen Sie Ihre freundliche und prägnante Ansage mit einem Gruß, sagen Sie, mit wem der Anrufer verbunden ist, sprechen Sie Ihren passenden Ansagetext und danken Sie für den Anruf. Wiederholen Sie nichts, machen Sie keine falschen Rückruf-Versprechungen und erwähnen Sie besser auch nicht den gleich hörbaren Piepston.

Wechseln Sie den Text ab und zu – inhaltlich, je nach Situation oder Tageszeit oder auch stilistisch. Diesbezüglich haben Sie es bei manchen Providern leichter, die Ihnen so etwas mit wenigen Tastenbefehlen leicht ermöglichen.

Dass die Ansage auf Ihrer Mobilbox gut zu verstehen ist, sollten Sie unbedingt kritisch prüfen, denn eine schlechte Aufnahme würde die gesamte Ansage unprofessionell erscheinen lassen. Und da ein wichtiger Teil Ihrer Wirkung nicht nur von dem abhängt, was Sie sagen, sondern auch von dem, wie Sie es sagen, sollten Sie sich zunächst gerade hinstellen und erst dann – mit einem Lächeln – den Ansagetext langsam, deutlich und in normaler Lautstärke auf die Mailbox sprechen. Ein großer Nachteil der Mobilbox gegenüber einem Festnetz-Anrufbeantworter ist dann nur noch, dass Sie nicht die Möglichkeit haben, erst einmal zu hören, wer am Telefon ist, um dann zu entscheiden, ob Sie ans Telefon gehen oder nicht. Hier hilft nur der Rückruf.

Falls Sie internationale Kontakte haben oder Anrufe aus dem Ausland erwarten dürfen, ist es sinnvoll, den Ansagetext nicht nur auf Deutsch, sondern auch in einer anderen Sprache zu formulieren oder einfach auf Englisch. Das klingt zumindest so, als würden Sie international agieren (wollen).

Zielorientiertes Sitzen

Egal, ob Gesprächsrunden im kleinen Kreis oder am Konferenztisch stattfinden, Voraussetzung für den Erfolg einer solchen Besprechung ist nicht zuletzt eine gut überlegte Sitzordnung. Sitzordnungen schaffen eine Atmosphäre, die entweder der Situation dienlich ist oder die genau das Gegenteil erreicht. Fühlt sich ein Ehrengast oder ein wichtiger Kunde falsch oder schlecht platziert, hat das oft unüberschaubare Folgen. Falsch platziert sieht sich ein Repräsentant womöglich, wenn die protokollarische Rangfolge missachtet wurde. In diesem Fall betrachtet sich die Person im wahrsten Sinne des Wortes als herabgesetzt.

Gibt es Empfehlungen für eine Sitzordnung bei Gesprächsrunden?

Schlecht platziert fühlt sich die Person, wenn sie beispielsweise so sitzen muss, dass sie von der Sonne geblendet wird und, um ihre Augen zu schützen, nur noch in eine Richtung schauen kann. Oder wenn sie mit dem Rücken zur Tür platziert wird, so dass ihr Sicherheitsbedürfnis empfindlich verletzt wird. Beides hätte zur Folge, dass sie unkonzentriert ist und sich in der Situation unbehaglich fühlt.

Gut platziert fühlt sich die Person dagegen, wenn sie so sitzt, dass sie den Blick in den Raum hinein hat oder aber einen schönen Blick aus dem Fenster (nie jedoch auf eine kahle Wand). Der Ehrenplatz ist dabei in der Nähe des Gastgebers beziehungsweise in der Nähe der in dieser Situation ranghöchsten Person – gegenüber oder über Eck, manchmal auch daneben.

Abgesehen von protokollarischen Rangfolgen, die bei offiziellen Veranstaltungen unbedingt zu beachten sind, sollten vom Gastgeber oder vom Gesprächsleiter bei jeder geschäftlichen Zusammenkunft konkrete zielorientierte Sitzordnungen vorgegeben werden. Mit der Sitzanordnung bei Verhandlungen werden nonverbale Signale gesendet, die sich bestenfalls als förderlich für das Gespräch erweisen.

Diese Reaktionen sind bei den folgenden Konstellationen mit 2 bis 4 Personen sowohl an eckigen wie auch an mittelgroßen runden Tischen zu erwarten: Ein Gegenübersitzen fördert die Konfrontation *du oder ich*, Überecksitzen fördert die Kooperation *du mit mir* und das Nebeneinandersitzen unterstützt die Kollaboration *du und ich*.

Konfrontation:	*du oder ich* wird empfunden, wenn man sich frontal gegenübersitzt
Kooperation:	*du mit mir* wird empfunden, wenn man über Eck sitzt
Kollaboration:	*du und ich* wird empfunden, wenn man nebeneinander sitzt

Authentisch und gar nicht perfekt

Wodurch wirkt ein Mensch eigentlich sympathisch? Eine alte Bedeutung von *sympathisch* ist «mitfühlend, aufgrund innerer Verbundenheit gleich gestimmt», was schon darauf hindeutet, worum es bei Sympathie geht. Menschen, die (vielen) anderen sehr sympathisch erscheinen, sind vor allem authentisch und somit glaubwürdig. Sie inszenieren sich nicht und versuchen nichts darzustellen, was sie nicht sind. Gleichzeitig haben sie die Fähigkeit, mit jedem den richtigen Ton zu treffen.

Ähnlichkeit, und sogar nur scheinbare Ähnlichkeit, ist ein sehr großer Sympathiefaktor und dafür verantwortlich, dass manche Menschen höhere Sympathiewerte haben als andere. Wichtig ist nur, dass man diesen Menschen ihr Verhalten auch abnimmt. Menschen mit hohen Sympathiewerten achten auf ihr Äußeres. Sie sind nicht nur tadellos gepflegt und angemessen gekleidet, sondern zeigen auch eine aufrechte und zugewandte Körperhaltung, dosierte Gestik und freundliche Mimik. Ein Lächeln ist immer sympathisch und sogar unwiderstehlich.

Sympathisch sind Menschen mit hoher Allgemeinbildung, wenn sie gleichzeitig bescheiden auftreten, so dass sie gar ein Gefühl der Einfachheit vermitteln. Sie nehmen dadurch den Menschen in ihrer Gesellschaft die Befangenheit – sie strahlen Wärme und Menschlichkeit aus. Sie denken immer erst einmal positiv, sehen die Chancen des Alltags, freuen sich auch an den kleinen Dingen und fühlen sich vom Leben nicht benachteiligt, sondern beschenkt. Sie sind sympathisch, weil sie ihrem Gegenüber ehrliche Anerkennung und Aufmerksamkeit zollen, weil sie sich für ihr Gegenüber interessieren. Sie hören aktiv zu, fragen nach und geben auch etwas von sich selbst preis.

Sympathische Menschen schätzen andere Menschen wert und können aufgrund ihrer emotionalen Fähigkeiten die emotionalen Bedürfnisse anderer befriedigen. Das macht sie sympathisch. Loyalität, Fairness und auch Zivilcourage sind ebenfalls Tugenden sympathischer Menschen. Sympathisch sind auch Menschen mit der einen oder anderen kleinen Schwäche; manchmal wird ein Mensch durch solche kleinen Fehler sogar erst richtig sympathisch. Wäre das nicht so, gäbe es schließlich gar keine sympathischen Menschen.

Und selbst das kann kaum einer so gut ausdrücken wie Freiherr von Knigge, wenn er die Frage stellt: «Was ist es, das diesen fehlt und andre haben, die, bei dem Mangel wahrer Vorzüge, alle Stufen menschlicher, irdischer Glückseligkeit ersteigen? – Was die Franzosen den esprit de conduite nennen, das fehlt jenen: *die Kunst des Umgangs mit Menschen* – [...] die Kunst, sich bemerkbar, geltend, geachtet zu machen, ohne beneidet zu werden; sich nach den Temperamenten, Einsichten und Neigungen der Menschen zu richten, ohne falsch zu sein; sich ungezwungen in den Ton jeder Gesellschaft stimmen zu können, ohne weder Eigentümlichkeit des Charakters zu verlieren, noch sich zu niedriger Schmeichelei herabzulassen.»

In seinen weiteren Ausführungen vertritt er die Ansicht, dass jeder, der nicht von Natur aus mit solchen Anlagen ausgestattet wurde, diese «gewisse Geschmeidigkeit» im Umgang erlangen könne, welche man keineswegs «mit der schändlichen, niedrigen Gefälligkeit des verworfenen Sklaven, der sich von jedem mißbrauchen läßt, sich jedem preisgibt; um eine Mahlzeit zu gewinnen, dem Schurken huldigt, und um eine Bedienung zu erhalten, zum Unrechte schweigt, zum Betruge die Hände bietet und die Dummheit vergöttert!» {**Über den Umgang mit Menschen, S. 23-24**} verwechseln dürfe.

Manipulierung ist Methode

**Wie kann man sich
auf höfliche Weise
gegen Manipulation
wehren?**

Was ist Ihnen bei Gesprächen mit anderen Menschen wichtig? Bestimmt antworten Sie so wie die meisten Menschen: *Höflicher Ton, Respekt und Glaubwürdigkeit.* Und Sie wünschen sich eine Gesprächssituation, bei der alle Beteiligten mit einem guten Gefühl auseinandergehen können und niemand sein Gesicht verloren hat. Doch viele Menschen fühlen sich bei Gesprächen im beruflichen und privaten Alltag manchmal unter Druck gesetzt oder überrumpelt, sie geben den eigenen Standpunkt wider besseres Wissen vorschnell auf und fühlen sich dann unwohl damit. Und wie ist es dazu gekommen? Sind sie manipuliert oder einfach von einer anderen, besseren Ansicht überzeugt worden?

Manche Menschen nutzen Manipulation absichtlich und planmäßig, andere wiederum unbeabsichtigt und ungeplant. Das macht jedoch letztlich gar keinen Unterschied; obwohl die Ausgangslage verschiedenartig sein kann, ist das Ergebnis dasselbe: Sie haben einen Standpunkt eingenommen, der nicht Ihren Interessen oder Ihrer Meinung entspricht.

Unterstellen Sie allerdings Ihrem Gegenüber nicht, dass er Sie absichtlich manipulieren möchte; bewerten oder beurteilen Sie ihn nicht von vornherein. Schließlich können Sie nie ganz sicher sein, ob jemand Sie wirklich nur zu seinem eigenen Vorteil beeinflussen wollte. Respektieren Sie Ihr Gegenüber zunächst als Person und machen Sie sich bewusst, dass er Sie nur dann manipulieren kann, wenn Ihr Verhalten vorhersehbar ist. Reagieren Sie nämlich nicht so, wie es offensichtlich erwartet wird, läuft die Manipulation ins Leere. Versuchen Sie einmal herauszufinden, womit andere Sie manipulieren können; wenn Sie erst Ihre schwache Stelle kennen, ist das der beste Schutz für Sie. Sobald Sie wissen, in welche Falle Sie immer wieder tappen, können Sie sich viel leichter sozusagen vor sich selbst schützen. Sei es, dass man Ihnen etwas in den Mund legt, Informationen nur selektiv mitteilt, an Ihre Gefühle oder Ihr Verantwortungsbewusstsein appelliert oder Autoritäten zitiert, um zu beeindrucken.

Und warum sollte nicht – passend zum Thema – gleich eine Berühmtheit zu Wort kommen? «Von Deinen *Grundsätzen* gehe nie ab, solange Du sie als richtig anerkennst! Ausnahmen zu machen, das ist sehr gefährlich und führt immer weiter, vom Kleinen zum Großen. [...] Sei fest; aber hüte Dich, nicht so leicht etwas zum Grundsatze zu machen, bevor Du alle möglichen Fälle überlegt hast, oder eigensinnig auf Kleinigkeiten zu bestehn.

Vor allen Dingen also handle nur stets konsequent. Mache Dir einen Lebensplan und weiche nicht um ein Tüttelchen von diesem Plane.»

Zwar werden sich die Menschen darüber wundern und vielleicht tuscheln, aber sie werden es irgendwann akzeptieren, meint Freiherr von Knigge. Unglaubwürdig und verdächtig wären solche Handlungen nur, wenn «sie nicht in das System des Mannes, der sie begeht, weil sie nicht zu seinen übrigen Schritten zu passen scheinen.» {**Über den Umgang mit Menschen, S. 79-80**} Erneut kommt es also darauf an, sich authentisch zu verhalten, nur dann wirken Sie auch glaubwürdig, selbst wenn Sie sich für andere sonderbar verhalten; dann sind Sie eben so – Sie sind aber berechenbar, und man kann sich darauf verlassen, dass Sie sich immer so verhalten werden.

Je früher Sie die Manipulationsmethode erkennen, desto besser können Sie dagegen vorgehen. Vermeiden Sie es jedoch, sich im Gegenzug gleicher Mittel zu bedienen und sich einen ebenso schlechten Kommunikationsstil zuzulegen. Das führt Sie nur in eine kommunikative Sackgasse und lenkt Sie davon ab, sich auf Ihre Ziele zu konzentrieren.

Sie benötigen auch eine Portion Gelassenheit, um in schwierigen Gesprächen einen kühlen Kopf bewahren zu können. Egal, wie sehr Sie sich auch von Ihrem Gegenüber unter Druck gesetzt fühlen, achten Sie bitte immer darauf, sachlich und fair zu argumentieren. Bleiben Sie sich treu und lassen Sie sich nicht irritieren. So können Sie das Gespräch oft schließlich doch noch in eine positive Richtung lenken.

Der Körper ist ein Plauderer

Der Begriff *Kommunikation* umfasst im wissenschaftlichen Verständnis neben dem Miteinanderreden auch die nonverbalen Äußerungen, wie Mimik, Gestik und sogar Schweigen. Der deutsche Publizist Peter E. Schumacher fand für diesen Umstand die Formulierung: «Es gibt Leute, die haben selbst in der Körpersprache einen besseren Wortschatz als andere.»

Weshalb reagieren Mitmenschen zuweilen gekränkt oder als fühlten sie sich angegriffen, obwohl man gar nichts gesagt hat?

Wir kommunizieren also immer, und somit vermittelt jedes Verhalten eine Botschaft und hat stets auch eine Wirkung auf Ihr Gegenüber. Die Kommunikations-Etikette setzt – wie andere Benimmregeln auch – Respekt, Achtung, Toleranz und Akzeptanz gegenüber jedermann voraus und bedeutet letztlich, dass Sie für eine optimale Kommunikation niemals das Selbstwertgefühl eines Menschen angreifen dürfen – auch nicht, indem Sie ihn verunsichern. Selbstredend gehört es sich nicht, jemanden zu verspotten, bloßzustellen, zu beleidigen, öffentlich zu tadeln oder ungerechtfertigt zu kritisieren. Weder durch das gesprochene Wort noch durch Ihre ablehnende Körperhaltung oder abschätzige Gestik und Mimik. Eine abfällige Handbewegung, ein abgewendeter Blick, plötzliche Kälte im Umgang oder auch die bekannte Gönnermiene können für den Empfänger schmerzhaft sein.

Vermeiden Sie es daher, anderen Menschen auf solche Weise zu begegnen. Vermitteln Sie vielmehr ehrliche Anerkennung und Wertschätzung oder auch offene Meinungsverschiedenheit – seien Sie doch großzügig mit den Schwächen anderer. Interessieren Sie sich aufrichtig für andere Menschen und zeigen Sie das über Ihre Körpersprache genauso wie über Ihre Mimik und Gestik – mit Aufmerksamkeit. Wenn man sich bemüht, kann man in der Körpersprache des Gegenübers, in einem Gespräch beispielsweise, auch das lesen, was nicht gesagt wird. Prüfen Sie einmal Ihre eigene Beobachtungsgabe und achten Sie auf Gestik und Mimik Ihres Gegenübers. Sie werden vermutlich erkennen können, ob sich Ihr Gegenüber beispielsweise konzentriert, nachdenklich ist, skeptisch schaut, etwas ablehnt, interessiert ist, begeistert oder verunsichert ist.

Doch da es nicht ausreicht, eine körpersprachliche Äußerung allein zu werten, kommt es darauf an, mehrere Signale im Zusammenhang zu betrachten und auch diese immer in Verbindung mit dem gesprochenen Wort zu interpretieren. Erst dann kann man eventuell aus der Körpersprache ablesen, ob eine Person überrascht ist oder aufgeschlossen, entsetzt oder verblüfft, skeptisch, ablehnend oder sogar desinteressiert, Schuldgefühle hat oder verunsichert ist, Ängstlichkeit ausdrückt oder lediglich ihre Intimsphäre wahren möchte. Achten Sie daher bei Ihrem Gegenüber auf die Hände, auf das Gesicht und auf die Art des Blickkontakts, auf das Distanzverhalten, auf das Tempo, den Umfang, auch auf die Richtung der Bewegungen, und betrachten Sie alles im Zusammenhang mit der verbalen Sprache.

Übrigens, bis auf die Kernemotionen – Angst, Wut, Trauer, Freude –, die in allen Kulturen auf sehr ähnliche Weise ausgedrückt werden, sind Mimik, Gestik und Körpersprache keinesfalls international vergleichbar. Sie haben unter Umständen sogar eine vollkommen gegensätzliche Bedeutung.

Tratschtanten entmachten

Was sagt die Etikette denn zu Gerüchten, Tratsch und Klatsch?

Klatsch, Tratsch und auch Gerüchte gibt es wohl schon, seit die Menschheit existiert. Seit Menschengedenken gehören sie als Teil unserer Kommunikation im beruflichen und im privaten Bereich zum Alltag. Wer das zunächst so akzeptieren kann, hat es leichter, damit etwas lockerer umzugehen. Und wer weiß, wie Klatsch und Tratsch entsteht und gemacht wird, kann eher vermeiden, selbst zum Opfer zu werden. Neuigkeiten entstehen und verbreiten sich überall und kommen oft vom Hörensagen. Man hat gehört, dass jemand erzählt hat ... Zwar mag die Geschichte durchaus das eine oder andere Körnchen Wahrheit enthalten, doch was dazuerfunden und was weggelassen wurde und inwieweit die Tatsachen möglicherweise verfälscht dargestellt wurden, ist nicht gewiss – und oft kann nicht einmal eine böse Absicht unterstellt werden. In anderen Fällen weiß jemand etwas und weiß auch, oder glaubt zumindest, dass es noch ein Geheimnis sein könnte. Das Geheimnis bekannt zu machen, wäre eine Sensation, mit der man sich selbst Bedeutung verschaffen könnte. Und es kommt auch vor, dass Gerede völlig frei erfunden ist, weil jemand sich eine Sache zusammengereimt hat und sich dann daran macht, dieses Wissen stolz zu verkünden.

Die Beweggründe für diese Freude am Verbreiten und Spekulieren sind einerseits ganz harmlose und sogar rein menschliche Bedürfnisse. Menschen möchten Erklärungen finden für das, was sie nicht verstehen, und sie möchten dazugehören und akzeptiert werden. Andere Beweggründe, die eher darin liegen, sich einen eigenen Vorteil zu verschaffen oder jemandem absichtlich zu schaden, darf man aber auch nicht außer Acht lassen. Und so manches Geschwätz entsteht ganz einfach, ohne dass sich einer was dabei gedacht hätte – nur aus der Lust zu schwatzen.

Falls Sie sich mit Klatsch konfrontiert sehen, finden Sie heraus, um welche Art Klatsch es sich handelt – ob es eher harmloses Gerede ist oder ob jemand darunter leiden muss, so dass Sie in geeigneter Form eingreifen müssen. Haben Sie möglicherweise durch Ihr Verhalten oder durch Ihr Aussehen dazu beigetragen, dass Menschen sich die Welt auf ihre eigene Weise zurechtlegen? Ersticken Sie doch Gerüchte bereits im Keim, indem Sie beispielsweise die Beule am Kopf gleich erklären. Hüten Sie sich auch davor, selbst für Gerüchte zu sorgen, wenn auch vielleicht unbeabsichtigt. Möglicherweise haben Sie eine zu schnelle Schlussfolgerung gezogen, nicht richtig zugehört, nicht nachgefragt oder sich selbst missverständlich ausgedrückt und so den Nährboden für neues Gerede geliefert. Machen Sie um böse Zungen und Tratschtanten – Männer wie Frauen – einen großen Bogen.

Beteiligen Sie sich nicht in der Gerüchteküche, sofern Sie nichts zur Klärung beitragen können. Falls das jedoch der Fall ist und wenn es wichtig ist, bemühen Sie sich um eine sachliche Klärung. Dass Sie, um die Sache aufzuklären, Ihrerseits nicht illoyal, indiskret oder taktlos werden dürfen, versteht sich natürlich von selbst. Wenn Sie glauben, dass es in Ihrem Umfeld schädliche Gerüchte gibt, sollten Sie reagieren und auch bei Andeutungen und zweideutigen Bemerkungen gleich nachfragen – freundlich, ruhig, sachlich und fair. Und vergessen Sie nicht, sich dafür zu bedanken, falls Sie jemand über Gerüchte zu Ihrer Person aufklärt. Machen Sie sich aber auch nicht das Leben schwer, indem Sie hinter jeder Tuschelei Bosheit vermuten.

Übrigens widmete sich Freiherr von Knigge dem Tratsch, Klatsch, Zweideutigkeiten, üblen Nachreden, dummen Anekdoten und Neckereien auf Kosten anderer ganz besonders ausgiebig; und zwar im Zusammenhang mit ganz unterschiedlichen Themen in beinahe jedem Kapitel.

Smalltalk – Bigtalk

Wie macht man Smalltalk?

Angenommen, Sie sind zu einer Feier eingeladen, die Sie allein besuchen und wo Sie niemanden kennen. Das ist vielleicht zunächst keine angenehme Situation, so allein in fremder Gesellschaft zu sein. Bitte rechnen Sie auch nicht unbedingt damit, dass es ganz einfach wird. Doch es kann wesentlich interessanter werden, als wenn sie jemanden im Schlepptau hätten, um den Sie sich mitkümmern müssten. So sind Sie frei und gewissermaßen gezwungen, neue, hoffentlich freundliche Menschen kennenzulernen. Das gelingt Ihnen, wenn Sie sich für andere Menschen interessieren. Doch Ihr Interesse allein reicht noch nicht – die anderen müssen sich auch für Sie interessieren. Im Allgemeinen sind für uns Menschen interessant, wenn sie uns ähnlich sind, wenn sie etwas Besonderes an sich haben oder dann, wenn sie uns nützlich erscheinen – wenn auch vielleicht nur für einen netten Smalltalk.Unbewusst und ganz automatisch machen Sie sich von der Person, die Sie als Ansprechpartner favorisieren, ein erstes Bild. Ob Ihnen die Person sympathisch ist oder nicht, ist zunächst allein von ihrem äußeren Erscheinungsbild abhängig. Ähnlichkeit ist ein ganz entscheidender Sympathiefaktor. Auch Nützlichkeit ist ein wichtiges Kriterium zur Auswahl eines Gesprächspartners – Sie wollen herausbekommen, ob sich der Kontakt lohnt.

Das sollte vielleicht etwas näher erklärt werden. Es hilft Ihnen herauszufinden, ob sich der Kontakt für Sie lohnen könnte, wenn Sie auf die nonverbalen Signale des anderen achten. Das gesamte äußere Erscheinungsbild aus Kleidung, Mimik, Gestik, Körpersprache und Distanzverhalten liefert Ihnen die wichtigsten Informationen. Wie wirkt die Person auf Sie? Und signalisiert sie überhaupt, dass sie mit Ihnen sprechen will? Schaut sie Sie an, öffnet sie ihre Körperhaltung? Halten Sie den Blickkontakt und gehen Sie mal etwas näher ran, lächeln Sie. Kommt ein Lächeln zurück? Dann lohnt es sich, die Person anzusprechen. Auch, wenn Sie sich einer Gruppe anschließen wollen, werden Sie nur Erfolg haben, wenn sich mindestens einer aus der Gruppe Ihnen zuwendet und zurücklächelt. Ganz egal nämlich, ob es sich um eine Gruppe handelt oder um einen Einzelnen, Sie müssen freundlich angeschaut werden und die Körperhaltung sollte Ihnen gegenüber Aufgeschlossenheit ausdrücken. Dann lohnt es sich, etwas näher heranzugehen und sich dazuzustellen. Hören Sie eine Weile nur gut zu. Sie sollten erst dann etwas sagen, wenn Sie tatsächlich etwas zu sagen haben – etwas Interessantes und zum Thema Passendes. Und natürlich hilft es Ihnen, wenn Sie eine «gewisse Leichtigkeit im Umgange [...], die Gabe, sich gleich bei der ersten Bekanntschaft vorteilhaft darzustellen, mit Menschen aller Art zwanglos sich in Gespräche einzulassen und bald zu merken, wen man vor sich hat und was man mit jedem reden könne und müsse» {Über den Umgang mit Menschen, S. 62} von Natur aus haben oder aber erlernen. Beispielsweise indem Sie das üben, indem Sie sich unter ganz verschiedene Menschengruppen mischen und auf ganz unterschiedlichem Parkett möglichst jede Gelegenheit nutzen, ein kleines nettes Gespräch zu führen – immer dann, wenn das Ergebnis gar nicht wichtig ist.

Da nichtsdestotrotz über den Erfolg Ihres Kontaktversuchs nicht Sie selbst, sondern Ihr Gegenüber entscheidet, sollten Sie – mit all diesem Wissen – ganz bewusst darauf achten, positive Signale zu senden – mit Ihrem gesamten Erscheinungsbild.

Das Wetter – und dann?

Das *Wie* ist jedenfalls entscheidender als das *Was*! Versuchen Sie, sich viele Namen zu merken, halten Sie keine Monologe, achten Sie immer darauf, Ihrem Gegenüber aktiv zuzuhören, und auf Ihre Sprechweise und Ihren Sprachstil. Denken Sie vor allem immer und immer wieder an Ihre nonverbalen Signale wie Körperhaltung, Mimik, Gestik und den Blickkontakt.

Gibt es Smalltalk-Themen, über die man mit jedem sprechen kann?

Ja, es gibt Themen, die für ein Kennenlerngespräch weniger gut geeignet sind als andere. Doch um ein interessanter Gesprächspartner zu sein, müssen Sie auch Interessen haben. Interessante Hobbys, ein bildungsbürgerlich ausgerichtetes Allgemeinwissen und ein Mix aus verschiedenen Kenntnissen über das Zeitgeschehen sind da genauso hilfreich wie die Fähigkeit, sich auf sein Gegenüber einstellen und aktiv zuhören zu können. Keine Frage, das oberste Gebot für guten Smalltalk ist: Es darf nicht zu einem Streit kommen. Daher sind solche Themen wie Politik, Religion, Wert- und Moralvorstellungen, aber auch Krankheit und Gesundheit genauso wie jeder Klatsch und Tratsch – zumindest als Gesprächseinstieg – nicht geeignet. Besser eignen sich solche Themen, die zur Landschaft, zur Stadt oder zum Anlass passen, und gewiss auch zu Kunst, Kultur, Literatur und zu Sportereignissen. Gespräche über Wein und Essen eignen sich hervorragend, genauso wie ausgesuchte Beiträge aus dem Feuilleton oder der Wissenschaftsbeilage anerkannter Tageszeitungen. Bei Komplimenten und Themen wie Wetter oder Urlaub ist ein bisschen Vorsicht sinnvoll. Da müssten Sie schon etwas Geistreiches oder Besonderes zu sagen haben. Auch kleine Anekdoten können angebracht sein, wenn sie wirklich kurz und gut erzählt sind. Da das *Wie* so entscheidend ist, sollten Sie insbesondere darauf achten, dass Sie sich vollkommen auf Ihr Gegenüber konzentrieren und nicht Ihre Blicke schweifen lassen, so, als ob sich vielleicht noch etwas Besseres finden könnte. Bemühen Sie sich, mitzudenken – mit ihm zu denken und in seiner Sprache zu sprechen. Zeigen Sie sichtbares und hörbares Interesse. Und vor allem reden Sie nicht von Dingen, die den anderen nicht interessieren. Achten Sie auf seine Körperhaltung und auf seine Gestik – die lügt nicht.

Und selbst zum Thema Smalltalk hat Freiherr von Knigge einen klugen Rat für Sie. «Rede nicht von Dingen, die außer Dir schwerlich jemand interessieren können. Spiele nicht auf Anekdoten an, die Deinem Nachbar unbekannt sind, auf Stellen aus Büchern, die er wahrscheinlich nicht gelesen hat! Rede nicht in einer fremden Sprache, wenn es glaublich ist, daß nicht jeder, der um Dich ist, dieselbe versteht.» {Über den Umgang mit Menschen, S. 50}

Sobald der Gesprächsanfang gelungen ist, stellt sich die Frage, wie das Gespräch am Laufen gehalten und sogar in eine bestimmte (geschäftliche) Richtung gelenkt werden kann. Achten Sie bewusst auf Möglichkeiten für einen Themenwechsel. Wie interessant und angenehm das kleine Gespräch auch ist, nach spätestens 10 Minuten sollten Sie Ihren Smalltalk-Partner auch wieder loslassen oder sich selbst einen gekonnten Abgang verschaffen. Falls sich das kleine Gespräch gelohnt hat, ist das der geeignete Moment, um Visitenkarten auszutauschen und genau zu vereinbaren, wer sich melden wird. Wenn Sie der Meinung sind, dass sich das Kennenlernen sogar sehr gelohnt hat, sollten Sie die Verantwortung dafür übernehmen, den Kontakt zu erneuern, um in den Tagen danach selbst aktiv werden zu können.

Fragen als Smalltalk-Einstieg

Wie spricht man fremde Menschen erfolgreich an, um ein berufliches Netzwerk aufzubauen?

Es gibt zwar eine Reihe von Veranstaltungen, die sich hervorragend für die gezielte Anbahnung und Pflege von Kontakten eignen, doch wie gut Sie solche Gelegenheiten auch zum Netzwerken nutzen können, hängt ganz maßgeblich von Ihren Smalltalk-Fähigkeiten ab. Entscheidend ist: Wie leicht kommen Sie mit fremden, aber für Sie interessanten und wichtigen Menschen ins Gespräch? Um es etwas leichter zu haben, sollten Sie sich sehr gut vorbereiten. Zunächst, indem Sie genau wissen, was Sie über sich selbst sagen möchten. Kurz, prägnant und nett sollten Sie möglichst in einem Satz sagen können, wer Sie sind und was Sie beruflich machen – so, dass es jeder sofort versteht. Legen Sie sich dafür ein paar unterschiedlich formulierte Sätze zurecht, die Ihnen fließend über die Lippen gehen. Bevor Sie jedoch überhaupt zu einer solchen Veranstaltung gehen, sollten Sie sich unbedingt auf das, was Sie erwarten wird, einstellen. Um was für ein Ereignis handelt es sich: Ist es eine offizielle oder inoffizielle Veranstaltung, sind Sie dann beruflich oder privat da? Mit welchen Personen werden Sie zusammen sein, und in welcher Rolle besuchen Sie die Veranstaltung? Mit der Beantwortung dieser Fragen entscheiden Sie nicht nur, wie Sie wirken wollen und was Sie anziehen werden, sondern auch, über welche Themen Sie etwas mehr wissen sollten und – vor allem – welche Personen Sie konkret kennenlernen könnten.

So auf die Veranstaltung eingestimmt, wird es Ihnen leichter fallen, den richtigen Ton für die ersten Sätze zu finden. Zwar gibt es keine zehn Einstiegssätze, die Sie einfach auswendig zu lernen brauchen und die immer funktionieren. Es empfiehlt sich vielmehr, die Situation und die anwesenden Personen, den Ort der Veranstaltung und auch sich selbst – quasi alles, was Sie sehen, hören, riechen – als Ausgangssituation zu betrachten und dann dazu entweder eine Frage zu stellen, eine Gegebenheit feststellen, eine eigene oder eine populäre Meinung zu äußern oder dies mit einer Frage zu verbinden. Formulieren Sie möglichst nicht so, dass Ihr Smalltalk-Partner lediglich mit Ja oder Nein antworten kann, und auch nicht so, dass ihm kein Spielraum bleibt. Das kleine Gespräch soll ja möglichst ein paar Minuten lang dauern und nicht durch eine ungeschickte Formulierung beendet sein, bevor es überhaupt begonnen hat.

Gesprächsfördernde Fragen sind immer auch solche, die so formuliert wurden, dass der andere von dem erzählen kann, wovon er gern spricht. Haben Sie die Sätze *Wer fragt, der führt* oder *Es gibt keine dummen Fragen* schon einmal gehört? Sicher wurden sie aus irgendeinem Zusammenhang herausgerissen, denn so allein ist das natürlich völliger Unsinn, und das wusste nicht nur ein kluger Mann aus dem 18. Jahrhundert. «Belästige nicht die Leute, mit welchen Du umgehst, mit unnützen Fragen. Es gibt Menschen, die, nicht eben aus Vorwitz und Neugier, sondern weil sie nun einmal gewöhnt sind, ihre Gespräche in Katechisationsform zu verfassen, uns durch Fragen so beschwerlich werden, daß es gar nicht möglich ist, auf unsre Weise mit ihnen in Unterhaltung zu kommen.» {**Über den Umgang mit Menschen, s. 52**} Viel schöner ist es doch, in einer natürlichen und damit angenehmen Gesprächsatmosphäre überhaupt nicht konkret fragen zu müssen und dennoch viel voneinander zu erfahren.

PS: Wohin Sie auch gehen und ob es nun eine berufliche oder eine private Situation ist: Sie sollten jede Chance ergreifen, aktiv mit fremden Menschen ins Gespräch zu kommen – insbesondere dann, wenn der Erfolg nicht gar so wichtig ist. Smalltalken können Sie lernen, indem Sie üben.

Witze und Humor

Darf man in Gesellschaft Witze erzählen?

«Wem es darum zu tun ist, dauerhafte Achtung sich zu erwerben, wem daran liegt, daß seine Unterhaltung niemand anstößig, keinem zur Last werde, der würze nicht ohne Unterlaß seine Gespräche mit Lästerungen, Spott, Medisance und gewöhne sich nicht an den auszischenden Ton von Persiflage! Das kann wohl einigemal und bei einer gewissen Klasse von Menschen auch öfter gefallen; aber man flieht und verachtet doch in der Folge den Mann, der immer auf andrer Leute Kosten oder auf Kosten der Wahrheit die Gesellschaft vergnügen will, und man hat Recht dazu; denn der gefühlvolle, verständige Mensch muß Nachsicht haben mit den Schwächen andrer; [...]» {**Über den Umgang mit Menschen, S. 47**}

Scherz, Spaß, Schlagfertigkeit, Jux, Faxen, Verspottung, Satire, Persiflage, Spott, Schabernack, Klamauk, Kurzweil, Fröhlichkeit, Vergnügen das ist freilich nicht dasselbe, vielmehr müsste ja genauer definiert werden, wovon hier die Rede sein soll. Zwischen Witze erzählen und Humor wird dieser himmelweite Unterschied besonders augenscheinlich. Humor ist in der Gesellschaft sehr beliebt, Dauerwitzler dagegen katapultieren sich schnell ins gesellschaftliche Aus. Ob Witz oder Humor – in jedem Fall ist auf die Feinheiten zu achten und es darf auch keinesfalls zu dick aufgetragen werden. Jedes Detail muss zum Anlass passen, und Sie sollten ein Gespür für den richtigen Augenblick beweisen.

Die wichtigste Regel für Humor heißt: Treffen, ohne zu verletzen. Fettnäpfchen lauern nämlich überall, und billige Lacher auf Kosten anderer gehen am Ende doch nur zu Ihren Lasten. Bevor Sie einen Witz oder eine Anekdote erzählen, prüfen Sie bitte, ob sich jemand der Beteiligten getroffen fühlen könnte. Humor darf nichts mit Spott zu tun haben, Humor findet auf Augenhöhe statt.

Wählen Sie Anekdoten, die zum einen zur Situation passen und zum anderen für alle Anwesenden nachvollziehbar sind. Müssen Sie die Pointe erst erklären, ist sie schon verpufft. Mit wohldosiertem, gut platziertem Humor haben Sie hingegen immer Erfolg. Nutzen Sie zudem Humor, um Konfliktsituationen zu entspannen und Streitigkeiten die Schärfe zu nehmen, falls das zu Ihnen passt und nicht aufgesetzt wirkt. Kommen Sie beim Witzerzählen immer direkt zur Sache, und wenn Sie sich nicht sicher sind, ob Ihr Witz ankommt, verzichten Sie lieber darauf, ihn zu erzählen. Beim Gebrauch von Satire und Ironie ist es noch wichtiger, sehr vorsichtig zu sein. Dies ist daher nur dem zu empfehlen, der sensibel genug ist, um damit den richtigen Ton zu treffen. Nur dosiert platzierte Selbstironie schadet nicht. Im Gegenteil!

Selbstverständlich soll Humor stets politisch korrekt sein, wobei die Political Correctness aber nicht zum Selbstzweck werden darf, sonst ist jede Pointe kaputt. Im Idealfall sprechen Sie mit Ihrem Humor alle Anwesenden gleichermaßen an, wecken prompt Gefühle bei ihnen und finden als Höhepunkt eine überraschende Wendung. Ein Witz sollte unbedingt mit viel Tempo, ohne lange Einleitung, aber mit einer überraschenden Pointe – vor allem jedoch kurz erzählt werden.

Eine wichtige Voraussetzung für Humor ist freilich nüchterne Selbstkritik und Selbstbehauptung, so dass die Unzulänglichkeiten des Lebens mit heiterer Gelassenheit betrachtet werden können. Und schmunzelnd, versteht sich.

Und quasi als Umrahmung soll auch zum Schluss ein gescheiter Unterhalter zu Wort kommen: «Wahrer Humor und echter Witz lassen sich nicht erzwingen, nicht erkünsteln, aber sie wirken, wie das Umschweben eines höhern Genius, wonnevoll, erwärmend, Ehrfurcht erregend.» {**Über den Umgang mit Menschen, S. 45**}

Begrüßungsrede – kurz und schmerzlos

Ob im Unternehmen, privat oder bei gesellschaftlichen Gelegenheiten: Wenn Sie zu einer offiziellen Veranstaltung oder Feier einladen, ist eine Begrüßungsrede meist unverzichtbar. Mit Ihrer Begrüßungsrede stimmen Sie Ihre Gäste auf die Veranstaltung ein, geben ihnen erste Informationen, und Sie können den Gästen einen ersten Eindruck über die Zusammensetzung des Publikums geben.

Was muss man beachten, wenn man eine Begrüßungsrede halten soll?

«Ein großes Talent, und das durch Studium und Achtsamkeit erlangt werden kann, ist die Kunst, sich bestimmt, fein, richtig, kernig, nicht weitschweifig auszudrücken, lebhaft im Vortrage zu sein, sich dabei nach den Fähigkeiten der Menschen zu richten, mit denen man redet, sie nicht zu ermüden, gut und launig zu erzählen, nicht über seine eigenen Einfälle zu lachen, nach den Umständen trocken oder lustig, ernsthaft oder komisch seinen Gegenstand darzustellen und mit natürlichen Farben zu malen.» {**Über den Umgang mit Menschen, S. 62**} Wer des Freiherrn von Knigge Rat beherzigt, der braucht keinen weiteren zu wissen, um ein brillanter Redner zu sein. Der weiß sogar, wann Schluss ist – nämlich dann, wenn die Zuhörer mit dem Zuhören fertig sind.

Doch gerade bei einer Begrüßungsrede, die nie länger als 10, eher nur 5 Minuten dauern sollte, dürfte kaum die Gefahr bestehen, allzu ausschweifend zu werden. Es ist ohnehin unbedingt zu empfehlen, sich einen roten Faden aufzuschreiben. So werden die gröbsten Fehler, die einem in einer Begrüßungsrede unterlaufen können, vermieden. Immerhin ist die Begrüßungsrede nicht die Hauptrede und auch kein Vortrag; vielmehr soll sie auf die Veranstaltung einstimmen und in diesem Sinne eine gute Stimmung schaffen, in der sich alle wohl und wertgeschätzt fühlen.

Begrüßungsreden werden vom Gastgeber oder Veranstalter gehalten. Er nutzt diese Gelegenheit, um die Gäste zu begrüßen und seine Freude darüber auszudrücken, dass sie gekommen – nicht erschienen – sind; er sagt ihnen etwas über den Anlass, über den Grund der Veranstaltung und stellt darüber hinaus das Gemeinsame und Verbindende heraus. Somit schafft er Sympathien und das Gefühl von Zugehörigkeit. Es darf auch der Dank und das Lob nicht vergessen werden, beispielsweise an die Organisation oder – je nach Anlass – auch an die Gäste.

Bei einer Begrüßungsrede besteht die nicht immer einfache Aufgabe, einerseits alle Gäste einzubeziehen und andererseits einige besonders hervorzuheben. Wer sich der Verantwortung bewusst ist und auch weiß, dass dabei eine gewisse Rangfolge zu beachten ist, wird sich eher auf das für ihn Wesentliche konzentrieren können. Ein geübter Redner hat es selbstredend dabei etwas leichter, die Worte variabel, ohne Floskeln und altmodische Formulierungen zu wählen. Immerhin sollten nur etwa 3-5 Ehrengäste besonders begrüßt und gegebenenfalls vorgestellt werden.

Dabei ist auf eine korrekte Aussprache der Namen zu achten, aber auch darauf, dass sämtliche akademischen Grade, auch Amts- und Funktionsbezeichnungen und Adelstitel korrekt zu benutzen sind; und zwar ohne sie abzulesen. An dieser Stelle ist kein Blick auf den Notizzettel erlaubt.

Wer auf einem privaten Fest als Gastgeber alle Gäste vorstellen möchte, sollte sich in der Begrüßungsrede ganz allgemein halten und vielleicht eher in seiner Hauptrede zu einem späteren Zeitpunkt die Gäste offiziell vorstellen und sich dafür eine geeignete Form überlegen, bei der er sich bewusst macht, dass er für jeden Gast mindestens eine halbe Minute Zeit einplanen muss. Daher ist es auch empfehlenswert, insbesondere bei einem größeren Gästekreis, die weiteren Personen in Gruppen zusammenzufassen und somit allen gegenüber Wertschätzung auszudrücken, ohne einen zu vergessen oder nur noch am Rande zu erwähnen. Nachdem nun die Gäste über den Grund des Zusammenseins (vielleicht mit einem kleinen Rückblick) etwas mehr gehört haben und über den weiteren Ablauf informiert sind, kann noch ein Blick in die Zukunft Vorfreude wecken, und dann ist auch schon Schluss. Allerdings nicht, ohne die Veranstaltung, das Fest, oder was auch immer der Anlass ist, zu eröffnen – vielleicht indem das Glas mit einem *Zum Wohl auf …* erhoben wird, womit man dann auch den Wein zum Trinken freigibt, oder mit einem *Das Buffet ist eröffnet!* oder mit der Überleitung zum ersten Programmteil.

Gelingt es Ihnen als Redner zudem, freundlich aufzutreten, gleichzeitig souverän die richtigen Worte zu finden und dabei auch unbedingt authentisch zu bleiben – umso besser. Reden Sie so, wie Sie immer reden:

> ► Haben Sie Ihre Gäste begrüßt?

> ► Wurden die Ehrengäste der Rangfolge nach begrüßt?

> ► War die Begrüßungsrede ebenso informativ wie interessant?

> ► Haben Sie klar und verständlich gesprochen und Ihre Gäste angesprochen?

> ► War Ihre Sprache abwechslungsreich und lebendig?

> ► Gab es Stellen zum Schmunzeln, wenn es bei dem Anlass passend war?

> ► Wussten die Gäste nach Ihrer Rede, was sie auf der Veranstaltung erwarten konnten, ohne dass Sie Wichtiges vorwegnahmen?

> ► Haben Sie entweder den Wein, das Fest, das Buffet oder alles zusammen eröffnet?

> ► Hat man Ihnen bis zum Schluss zugehört?

Ja? Dann war Ihre Rede gelungen!

Reden zwischen Aperitif und Dessert

Wie sollte eine Tischrede gestaltet sein, und wann hält man sie am besten?

Kein Geringerer als der berühmte Adlige Freiherr von Knigge weiß: «die Gabe, mit wenig kernigen Worten viel zu sagen, durch Weglassung kleiner unwichtiger Details die Aufmerksamkeit wach zu erhalten, und dann wieder, zu einer andern Zeit, die Geschicklichkeit, einen nichtsbedeutenden Umstand durch die Lebhaftigkeit der Darstellung interessant zu machen – das ist die wahre Kunst der gesellschaftlichen Beredsamkeit.» {**Über den Umgang mit Menschen, S. 49**}

Eine Tischrede sollte nicht länger als 5 Minuten sein, eher kürzer. Länger sollte eine solche Rede nur in Ausnahmefällen sein. Dann müssen Sie allerdings ein brillanter Redner sein, um Ihre Zuhörer noch zu fesseln, und Sie müssen vor allem auch so viel Interessantes zu sagen haben, dass man noch an Ihren Lippen hängen wird. Ob als Tischrede oder als Dankes-, Begrüßungs- oder Abschiedsrede – die Kunst liegt nämlich vor allem darin, die Zuhörer zu unterhalten und ihre Sympathie zu gewinnen. Der amerikanische Schriftsteller Mark Twain (1835-1910) brachte es so auf den Punkt: «Eine gute Rede hat einen guten Anfang und einen guten Schluss – und beide sollten möglichst dicht beieinander liegen.» Bemühen Sie sich also um einen schönen Beginn, der Ihnen bereits in der ersten Minute das Wohlwollen der Zuhörer verschafft. Von diesem gelungenen Einstieg können Sie sich tragen lassen, das gibt Ihnen von Anfang an Selbstvertrauen. Legen Sie dann mindestens genauso viel Wert auf einen starken Schlusspunkt. Der sollte auch der Höhepunkt Ihrer Rede sein. Denken Sie an eine angemessene Anrede, an die Begrüßungsreihenfolge und beachten Sie auch eventuelle Vorredner – wiederholen Sie nichts und nehmen Sie auch nichts vorweg. Unter Umständen müssen Sie also auch umdisponieren.

Ehe Sie zu sprechen beginnen, stehen Sie langsam auf und schieben Sie Ihren Stuhl weit nach hinten. Legen Sie Ihre Serviette links neben das Gedeck, schließen Sie Ihre Jacke, suchen Sie einen festen Stand und verzichten Sie darauf, sich durch Räuspern oder ans Glas schlagend bemerkbar zu machen. Sich auf diese Weise Aufmerksamkeit verschaffen zu müssen, sollten Sie nicht nötig haben und Ihre Zuhörer auch nicht. Suchen Sie stattdessen zu allen den Blickkontakt, lächeln Sie und öffnen Sie sich mit einer freundlichen Geste, bevor Sie beginnen, mit kräftiger Stimme zu sprechen.

Am Ende Ihrer Rede sollten Sie noch einen Augenblick für den Applaus stehen bleiben. Gastgeber werden bei dieser Gelegenheit anschließend das Glas heben (bis ungefähr in Kinnhöhe) und beispielsweise mit einem *Zum Wohl* alle bitten, auf den Anlass zu trinken.

Für Gastgeber ist der richtige Zeitpunkt für eine Begrüßungsrede der Beginn einer Veranstaltung, so dass das Ende der Rede gleichzeitig der Beginn der Feier ist – gegebenenfalls wird zu diesem Zeitpunkt auch das Buffet eröffnet. Gäste halten Tischreden nur in Absprache mit den Gastgebern und mit der Küche, meist erst nach dem Hauptgang. Ohne Absprache dürfen nach dem Hauptgang nur ganz kurze Überraschungsreden gehalten werden, wenn es ein kaltes Dessert geben wird. Ist das Dessert warm, dürfen sie erst danach spontan in den Veranstaltungsablauf eingebaut werden.

Höfliche Gäste unterlassen es, während einer Rede zu essen, zu trinken, zu rauchen und sowieso zu sprechen oder gar wegzugehen. Gastgeber sollten das Service-Personal unbedingt anweisen, für jede Redezeit den Service komplett zu unterbrechen.

Zum Abschied eine Rede

Studienabschluss, Umzüge, berufliche Veränderungen – Gelegenheiten, Abschied nehmen. Manchmal fällt der Abschied leicht, weil die Freude auf das Bevorstehende überwiegt, und dann gibt es Abschiede, die nicht frei sind von Traurigkeit oder Sorge vor dem, was kommt. Meist sind solche Empfindungen jedoch auch von den Gefühlen für die Menschen, denen man Lebewohl sagen muss, bestimmt.

Wie hält man eine Abschiedsrede?

Nun wird man sich bestimmt nicht bei jeder Veränderung mit einer großen oder kleinen Feier von seinen Lieben verabschieden, doch für manche Anlässe reicht es nicht, einfach *Auf Wiedersehen* und *Ade* zu sagen. Da wird es geradezu erwartet, ein paar Worte zu dem Anlass zu sagen. Eine Abschiedsrede ist dann eine schöne Möglichkeit, einen anständigen letzten Eindruck zu hinterlassen. Natürlich fällt es nicht immer leicht, die richtigen Worte zu finden, doch gar nichts zu sagen, ist auch keine empfehlenswerte Alternative.

Eine Abschiedsrede sollte man nie – auch als geübter Redner nicht – unvorbereitet halten. Die Gefahr, allzu sehr auf die Tränendrüse zu drücken oder vom Hundertsten ins Tausendste zu kommen, zu kurz oder lang zu reden und vor allem danach festzustellen, dass Sie gerade das, worauf es Ihnen hauptsächlich ankam, gar nicht erwähnt haben, ist viel zu groß. Es bleiben diese letzten Worte in der Erinnerung haften – bedeutsame, schöne Worte – oder eben nicht. Stehen Sie, auch wenn es schwerfällt, zu dem, was Sie tatsächlich empfinden. Sagen Sie allen, dass Sie ungern in den Ruhestand gehen oder dass Sie sich auf die neue

Herausforderung am anderen Ende der Welt sehr freuen. Nur dann wirkt Ihre Rede glaubwürdig – und Sie wirken ebenfalls so. Zwar sollten Sie auch erwähnen, dass Ihnen der Abschied schwerfällt, aber Übertreibungen nimmt Ihnen dann doch keiner ab. Bleiben Sie authentisch und somit sympathisch. Verstecken Sie Ihre Gefühle nicht und akzeptieren Sie dabei auch, was Wilhelm Busch (1832-1908) schon wusste: «Meistens hat, wenn zwei sich scheiden, einer etwas mehr zu leiden.»

Das Beschreiben positiver Zukunftsaussichten gepaart mit Anekdoten und angenehmen Erinnerungen aus der gemeinsamen Zeit sollte im Zentrum einer Abschiedsrede stehen – etwas nachdenklich, aber auch scherzhaft, amüsant und sogar humorvoll. Der Dank an diejenigen, die Sie begleitet und unterstützt haben, darf keinesfalls fehlen. Ob Sie dabei einige Personen besonders erwähnen oder ob es besser ist, das nicht zu tun, hängt natürlich von Ihrer ganz persönlichen Situation ab, doch falls Sie sich dafür entscheiden, unterstreichen Sie Ihren Dank doch mit Blumen und Erinnerungsgeschenken.

Insbesondere bei Ihrer Abschiedsrede ist es wichtig, die Menschen, die Ihnen wichtig sind und denen Sie wichtig sind, anzusprechen. Dazu müssen Sie allerdings im Falle einer sehr persönlichen Abschiedsrede vorher wissen, ob alle, die da sein werden, den gleichen Kenntnisstand haben. Eventuell können Sie alle über die «Zusammensetzung» der Anwesenden aufklären. Sie sollten auch wissen, ob Sie bei der Begrüßung eine bestimmte Rangfolge beachten müssen. Überlegen Sie außerdem, welche Anrede für die Anwesenden angemessen ist, damit Ihnen keine peinliche Floskel herausrutscht. Das würde Sie womöglich während der ersten Sätze selbst verunsichern.

Hände im Verborgenen

Häufig sieht man Menschen mit den Händen in den Hosentasche eine Ansprache oder eine Rede halten – ist das höflich?

Hände in den Hosentaschen zu haben ist immer unvorteilhaft; unhöflich ist es außerdem. Besonders unhöflich ist diese Angewohnheit beim Begrüßen, Vorstellen und miteinander Bekanntmachen und auch während einer Unterhaltung. Bei solchen Gelegenheiten hat man die Möglichkeit, wegzugehen und sich ein solches Betragen nicht über einen zu langen Zeitraum anzutun, doch leider beobachtet man ein solches Verhalten auch als Dauerhaltung – während einer Rede oder eines Vortrages, einer Vorlesung oder Ansprache. Das wird von den Zuschauern immer interpretiert; was ihm da unterstellt wird, erfährt der Redner jedoch wahrscheinlich nie.

Viele Menschen wissen offenbar nicht, wo sie ihre Hände lassen sollen. Dabei können die Arme einfach locker links und rechts am Körper herunterhängen; ebenso können die Hände uns helfen, ein wenig betonter zu sprechen, indem wir mit ihnen gestikulieren. Niemand würde sich jedenfalls daran stören, dass beide Hände sichtbar sind. Im Gegenteil.

Auf viele Menschen wirkt nämlich eine Person, die eine oder gar beide Hände in den Hosentaschen vergräbt, verlegen, unsicher und unbeholfen, wenn nicht sogar flegelhaft, unhöflich oder grob respektlos. Und da macht es auch keinen Unterschied, ob die Person dies aus Mangel an Selbstwertgefühl oder aus Bequemlichkeit tut. Dass das darüber hinaus nicht gut aussieht, zu einer schlechten Haltung beim Reden führt und uns aufgrund unserer jahrhundertealten Erfahrung dazu bringt, zu assoziieren: *Der Mensch hat etwas zu verbergen,* kommt noch hinzu.

Die Hände zu zeigen, bedeutete früher auch: *Ich habe keine Waffe, ich komme in friedlicher Absicht und ich habe nichts zu verbergen.*

Für einen Redner hat es noch weitergehende Konsequenzen, wenn er eine solche Pose einnimmt, in der er nur mit einer Körperseite *spricht,* und zwar meist mit der rechten, da es nicht nur bei Rechtshändern zumeist die linke Hand ist, die in der Hosentasche verschwindet. Denn aus der Neurophysiologie ist inzwischen bekannt, dass – vereinfacht gesagt – der rechten Körperseite die linke Gehirnhälfte zugeordnet ist, die für Rationalität und Logik steht. Der rechten Gehirnhälfte – sie steht für Empathie, Kreativität und Gefühl – ist dementsprechend die linke Körperseite zugeordnet.

Wird das Gesagte also nicht auch mit der linken Hand des Redners gestisch unterstrichen, haben wir Zuhörer instinktiv die Vermutung, dass hier die Gefühle und die Seele des Redners nicht beteiligt sind. Weil wir das Gefühl haben *Der Mensch hat etwas zu verbergen*, nehmen wir ihm das Gesagte nicht so ganz ab, es erreicht nicht unsere Herzen und es wirkt vor allem nicht souverän. Gerade das aber ist dem Redner meist ganz außerordentlich wichtig.

Daher ist es jedem Redner nur zu empfehlen, die Hände aus den Taschen zu nehmen, in sparsamer Gestik die Hände mitsprechen zu lassen und darüber hinaus weder die Mimik noch die Körpersprache des ganzen Körpers außer Acht zu lassen. Denn für die Zuhörer zählt der Gesamteindruck, und hier ist das *Wie* mindestens genauso wichtig wie das *Was*. Wenn nicht sogar wichtiger; das *Was* hat oft gar keine Chance, gehört zu werden, weil der Zuhörer gezwungen wird, sich auf das *Wie* zu konzentrieren.

Trauerreden sind Abschied, Dank und Trost

Was soll für eine stilvolle Trauerrede beachtet werden?

Egal, ob Sie als Familienmitglied, Freund, Kollege, Vorgesetzter oder Klubmitglied sprechen: Auch dann, wenn ein erfülltes Leben vollendet wurde, erfordert die Trauerrede wie keine andere Rede sehr viel Einfühlungsvermögen und Feingefühl. Sie ist eine der schwierigsten Ansprachen, aber auch eine große Ehre. Denn eine Trauerrede während einer Trauerfeier wird nur auf besonderen Wunsch der Familienangehörigen gehalten. Entweder wird man ausdrücklich darum gebeten oder man selbst bittet die Hinterbliebenen um Erlaubnis. Nur mit dieser Erlaubnis darf zum vereinbarten Zeitpunkt gesprochen werden.

Als Hauptredner einer Trauerfeier übernimmt man die große Verantwortung dafür, dass die Leistungen und Verdienste des Verstorbenen gewürdigt werden und dass die Erinnerung an diesen Menschen wieder lebendig wird, beispielsweise indem vielsagende Ereignisse herausgegriffen werden. Die Trauerrede soll als Abschied und als Dank den Verstorbenen noch einmal mit vergangenen Erlebnissen und Erinnerungen beschreiben und seine besonderen Leistungen würdigen. Dabei sind alle Floskeln und Übertreibungen wegzulassen. Vielmehr ist es wichtig, die Angehörigen, Freunde und Kollegen anzusprechen und insbesondere das, was die Trauergäste verbindet, zu erwähnen und zu veranschaulichen.

Am Anfang jeder Trauerrede steht die persönliche und namentliche Anrede der direkten Hinterbliebenen. Im Hauptteil drückt eine gute Trauerrede zwar den persönlichen Schmerz des Redners aus, zeichnet aber vor allem ein Erinnerungsbild vom Verstorbenen für die Trauergäste und macht ihn somit für den Augenblick wieder lebendig. Die letzten Sätze sollten immer mit Worten des Abschiednehmens, des Dankes und Trosts verbunden sein. Eine Trauerrede sollte, im Gegensatz zu anderen Reden, möglichst frei gesprochen werden – ohne Stichwortkarten und ohne Manuskript. Bei einer Trauerfeier in der Kirche wird die Trauerrede im Altarraum gehalten; in einer großen Friedhofskapelle spricht der Redner maximal 4 Minuten am Pult neben dem aufgebahrten Sarg. In der kleinen Friedhofskapelle wird die Trauerrede freistehend gehalten. Anschließend verneigt man sich vor dem Sarg.

Am offenen Grab sprechen nur die engsten Familienangehörigen beziehungsweise die Person, die ausdrücklich darum gebeten wurde. Vor Redebeginn verneigt sich der Redner vor dem Sarg. Trauerreden werden mit ruhiger und sanfter Stimme gehalten, auch dann, wenn Personen, die weiter hinten stehen, nicht alles verstehen können. Bei einer Trauerrede kommt es im Grunde mehr auf Ihr Wesen als auf die Form an, mit der Sie ansonsten Ihr Wesen zum Ausdruck bringen. Je bescheidener hier die Form in Erscheinung tritt – ohne Geste, ohne Aufmachung –, desto mehr entspricht sie dem guten Ton und desto natürlicher und feiner kommt dieser durch sie zum Ausdruck.

Für Trauergäste sind während der gesamten Beerdigungszeremonie Gespräche und Unterhaltungen nicht gestattet, vielmehr ist Stillschweigen und größtmögliche Einfachheit gute Sitte. Sie haben während der Zeremonie den Winken der Mitarbeiter des Beerdigungsinstitutes oder des Kirchendieners Folge zu leisten.

Anerkennung für eine Win-Win-Situation

Meinen Sie, Komplimente anzunehmen, vertrage sich nicht mit anerzogener Bescheidenheit? Sollte man zwischen Lob und Kompliment unterscheiden? Gibt es überhaupt einen Unterschied? Sicher gibt es den, nur ist er für die Beantwortung dieser Frage gar nicht von Belang. Viel wichtiger ist, dass ganz allgemeingültig Anerkennung für jeden Menschen sogar sehr wichtig ist – in welcher Form auch immer. Jeder Mensch hat das Bedürfnis nach Wertschätzung seiner Persönlichkeit.

Was ist beim Geben und Neben von Lob und Komplimenten zu beachten?

Im Geschäftsleben fördert Anerkennung als Motivationskick das Engagement und somit die Effizienz der Mitarbeiter – vielfach sogar mehr noch als Geld. Und auch im Privatleben ist sie ein wichtiger Gute-Atmosphäre-Garant – vom Kindesalter an. Fehlt die Anerkennung als Bestandteil der Kommunikation oder wird sogar getadelt, sinkt auch die Leistungsbereitschaft und vor allem oft das Selbstwertgefühl. Dabei profitieren Sender und Empfänger von lobenden Worten gleichermaßen – Anerkennung ist quasi doppelte Freude: Erst tut es dem anderen gut, und dann auch einem selbst.

Das setzt allerdings voraus, dass die Anerkennung ehrlich gemeint ist und sich auch eindeutig so identifizieren lässt, weil sie keine Interpretationen zulässt. Die Anerkennung sollte sowohl zu Ihnen selbst als auch zu der Person passen, die sie erhält. Das ist wichtig, wenn man bedenkt, dass für manche Art von Anerkennung ein gewisses Hierarchiegefälle notwendig zu sein scheint. Darüber hinaus muss die Person, die ein Lob oder ein Kompliment erhält, auch genau wissen, was gemeint ist. Zweideutigkeiten sollten ausgeschlossen sein, denn spöttische Bemerkungen oder Sarkasmus haben in einer anerkennenden Äußerung schließlich nichts zu suchen. Und dass es kein Kompliment ist, eine Frau beispielsweise mit *Das ist meine bildhübsche Assistentin ...* vorzustellen und kein ehrliches Lob, wenn Sie Ihrer Mitarbeiterin sagen *Toll, wie Sie das gemacht haben, und könnten Sie nicht dieses*

Wochenende wieder ..., versteht sich sicher von selbst. Vielmehr ist ein Kompliment ein gut überlegtes Geschenk, das von Herzen kommt und nichts als Freude bereiten soll. Dazu ist es allerdings auch notwendig, mit Anerkennung weder zu übertreiben noch mit einem *Das war ganz gut* oder *Prima, aber ...* sie wieder zu entkräften. Anerkennung sollte angemessen und in der Situation stimmig sein, dann darf sie häufig verteilt werden – mit Blickkontakt und einem Lächeln.

So viel zu den Verantwortungen seitens derjenigen, die Anerkennung geben wollen, doch da Anerkennung nur wirkungsvoll ist, wenn der Empfänger die Anerkennung annimmt, muss auch er dazu bereit sein. Auch wenn es vielleicht manchmal nicht so aussieht, löst ehrliche Anerkennung bei jedem Menschen spontane Freude aus. Diese Freude sollte man auch zeigen – mit einem Dankeschön und mit einem Lächeln. Weisen Sie die Anerkennung zurück, zeigt das entweder von geringem Selbstbewusstsein oder von besonderer Eitelkeit, weil Sie auf ein *Nein wirklich, das Essen ist ganz ausgezeichnet* und damit auf ein zweites Lob hoffen. Ganz abgesehen davon, dass sich der Lobende mit seiner guten Absicht zurückgewiesen und gekränkt fühlt. Auch die Nachfrage *Meinen Sie das wirklich?* sollte man unterlassen – was sollte Ihr Gegenüber darauf auch Intelligentes antworten?

Selbst ein unverdientes Lob muss nicht gänzlich zurückgewiesen werden, wenn es auf elegante Weise gelingt, das Lob entweder weiterzureichen *(Der Vorschlag kam von Frau Soundso)* oder alle Beteiligten einzubeziehen. Das ist souverän und außerdem fair. Ehrlich gemeinte Komplimente sind auch eine elegante Möglichkeit, Menschen kennenzulernen und selbst als Einstiegssatz in einen freundlichen Smalltalk geeignet. *Ihr Vortrag hat mir sehr gefallen, besonders Ihre Ansicht zu ...* oder *Entschuldigung, dass ich Sie so angeschaut habe, aber ich finde Ihr Kleid wunderschön.* Lange Rede, kurzer Sinn: Anerkennung ist eine Strategie, die zum Erfolg führt – auch zum Unternehmenserfolg.

Doch was nun in seinem Kapitel *Über den Umgang mit Frauenzimmern* Freiherr von Knigge den Herren in Bezug auf Komplimente an Frauen geraten hatte, möchte ich Ihnen nicht vorenthalten. «Es pflegt allen Menschen, die Gefühl von eigenem Werte und Begierde zu glänzen haben, vorzüglich aber den Damen eigen zu sein, daß sie gern ausschließlich bewundert werden mögen, es sei nun wegen Schönheit, wegen Geschmack, wegen Pracht, wegen Talenten, wegen Gelehrsamkeit, oder weswegen es auch sei. Sprich daher auch nicht von Ähnlichkeiten, die Du findest zwischen der Frau, mit welcher Du redest und [...] irgendeiner andern Person. Frauenzimmer haben zuweilen sonderbare Grillen; man weiß nicht immer, wie sie sich vorstellen, daß sie aussehn, wie sie gern aussehn möchten. [...]»
{**Über den Umgang mit Menschen, S. 192**}

Beschwerdebrief mit Stil

Ärger und Scherereien bei einer Service-Leistung, Streitigkeiten in der Nachbarschaft, geschäftliche Kontroversen, Unmut über Versprechen, die nicht eingehalten werden, Empörung über das Verhalten einer Freundin, Missstimmung unter Klubmitgliedern und und und ... Wer kennt sie nicht, die vielen kleinen und größeren Ärgernisse, die den Alltag belasten und die Nerven strapazieren? Nicht immer ist ein Gespräch die beste Lösung. Oft kann ein höflich formulierter Brief mehr erreichen. Bei relativ geringfügigem Anlass allerdings und dann, wenn es um zwischenmenschliche Verstimmungen geht, wirkt eine schriftliche Äußerung meist überzogen. Wägen Sie also ab, was von beidem eher angebracht ist.

Wie formuliert man einen Beschwerdebrief so, dass er höflich und gleichzeitig auch wirkungsvoll ist?

Prüfen Sie bitte zunächst, ob Ihre Beschwerde wirklich eine Unzufriedenheitsäußerung mit der gleichzeitigen Bitte um eine Veränderung der konkreten Situation ist. Oder müssen Sie auf Ihr Recht bestehen, wie Nachbesserung, Ersatz oder Umtausch von Waren oder Leistungen oder Kaufpreisminderung? Oder möchten Sie einen Vertrag rückgängig machen? Dann ist das keine Beschwerde, sondern eine Reklamation, und die unterliegt anderen Gesetzen.

Schicken Sie ein Beschwerdeschreiben nie sofort ab. Vielleicht wollten Sie nur Dampf ablassen und werfen den Brief am nächsten Morgen dann doch lieber weg, weil Sie eine andere Lösung ratsamer finden. Überschlafen Sie daher die Angelegenheit wenigstens einmal, und prüfen Sie danach Ihre Formulierungen. Oder bitten Sie sicherheitshalber eine neutrale oder ebenfalls an der Angelegenheit beteiligte Person, Ihr Schreiben kritisch zu prüfen. Egal, wie verärgert Sie auch sind, Sie sollten darauf achten, sich an gewisse Höflichkeitsgrundsätze für einen Brief zu halten. Auf die korrekte Anschrift – eventuell mit dem Zusatz *persönlich* –, eine höfliche Anrede und einen Gruß am Ende sollten Sie genauso viel Wert legen wie auf den genau feststellbaren Absender.

Lassen Sie sich auch nicht zu einem Befehlston hinreißen und verwenden Sie bitte keine beleidigenden Äußerungen oder gar Drohungen. Vermeiden Sie stets jede unnötige Schärfe. Gehen Sie vielmehr, wenn eben möglich, zu Beginn auf Positives ein. Beschreiben Sie den Sachverhalt konkret und formulieren Sie genau, worüber Sie sich geärgert haben, denn Verallgemeinerungen helfen hier nicht weiter.

Bieten Sie auch gleich Lösungsvorschläge an und ziehen Sie einen Kompromissvorschlag in Erwägung. Schließlich ist es Ihr Ziel, eine Einigung herbeizuführen oder eine Entspannung der Atmosphäre zu erreichen. Selbstverständlich sollten Sie unbedingt auf Vertraulichkeit achten, wenn Sie einen Beschwerde-brief formuliert haben, der nur zwei Menschen betrifft. Sobald die Angelegen-heit nach Ihrer Beschwerde für Sie ein positives Ende gefunden hat, beweisen Sie mit einem Dank dafür nicht nur Stil, sondern auch Großmut. Auch das ist höflich.

Höflichkeit contra Ehrlichkeit

Ist *Feedback geben* nicht nur ein beschönigender Ausdruck für *Kritik üben*?

Feedback bedeutet *Rückmeldung* oder *Rückkoppelung* und ist ein sehr wichtiges Kommunikationsinstrument – auch zur Verbesserung der Beziehung. Wenn Sie eine ehrliche Rückmeldung über Ihr Verhalten oder Ihr Aussehen von außen erhal-ten, können Sie Ihre Wirkung auf andere besser einschätzen. Doch es gibt immer mindestens zwei Wahrnehmungen: Ihre und die Ihres Gegenübers.

Wie wirken Sie auf andere? Und wie möchten Sie auf andere wirken? Stimmt beides überein? Wenn nicht, sollten Sie versuchen, beides abzugleichen. Es wird nämlich hinter mancher Menschen Rücken nicht nur gelästert und getratscht, sondern auch über Tatsachen geredet. Beobachten Sie sich doch einmal wie von außen. Haben Sie sich bestimmte Macken angewöhnt, die für andere unangenehm sein könnten? Sprechen Sie vielleicht mit vollem Mund oder kratzen Sie sich stän-dig am Kopf, haben Sie ungepflegte Fingernägel oder ausgebeulte Hosenbeine? Sind Sie vielleicht der Einzige ohne Krawatte im Meeting? Sprechen Sie nachläs-sig, lachen Sie zu schrill oder liegen Sie eher auf dem Stuhl, als auf ihm zu sitzen? Lassen Sie andere nicht zu Wort kommen und hören Sie sich selbst zu gerne reden? Es sind häufig nur scheinbare Kleinigkeiten, mit denen Sie anderen auf die Nerven gehen können. Das sagt Ihnen natürlich keiner, nur macht es das nicht besser. Sie erfahren womöglich nie, warum Sie Ihre persönlichen Ziele nicht erreichen – Sie erreichen Ihre Ziele nur, wenn auch die anderen das wollen.

Sie selbst vor allem müssen Ihre Stärken und Schwächen erkennen. Nutzen Sie alle Möglichkeiten, um mehr darüber zu erfahren, was andere wirklich über Sie den-ken. Analysieren Sie zunächst selbstkritisch, ob Ihr Verhalten und Ihr Aussehen in den jeweiligen Situationen angemessen und auch authentisch und somit glaub-würdig sind. Beobachten Sie auch die Personen in Ihrem beruflichen und privaten Umfeld sensibel. Wie reagiert man auf Sie? Ist Gestik, Mimik und Körpersprache Ihnen zugewandt? Passt das Lächeln zu den freundlichen Worten? Welche Rück-meldungen nehmen Sie wahr, die nicht gesagt werden? Sind Signale für Sie zu subtil und nicht verständlich, dann fragen Sie nach. Holen Sie sich eine Rückmeldung ein, indem Sie ausdrücklich darum bitten. Empfinden Sie es unbedingt als einen Vertrauensbeweis, wenn Ihnen jemand ehrlich Rückmeldung gibt. Seien Sie weder beleidigt noch enttäuscht, sondern fühlen Sie sich lieber geehrt. Hören Sie zu und fragen Sie nach. Rechtfertigen Sie sich auch nicht, denn es ist letztlich egal, warum Sie sich so verhalten oder warum sie sich so angezogen haben. Es ist allein entscheidend, wie Ihr Verhalten und Ihr Aussehen bei anderen ankommt. Es hängt von Ihrer Reaktion ab, ob man aus Mitleid, Angst oder Gleichgültigkeit lieber heuchelt oder gar nichts sagt. Bleiben Sie allerdings auch souverän und prüfen Sie genau, ob die Rückmeldung für Sie wertvoll ist. Schließlich ist Ihre Selbstwahrnehmung mindestens genauso wichtig; Sie müssen sich schließlich in erster Linie selbst mögen, und Sie können es nicht jedem recht machen.

Wieder ist das Resümee Freiherrn von Knigges wunderbar: «[...] Du sollst Dich auch, fern von Schmeichelei, als Dein eigener treuester und aufrichtigster Freund zeigen, und wenn Du ebensoviel Gefälligkeit gegen Deine Person als gegen Fremde haben willst, so ist es auch Pflicht, ebenso strenge gegen Dich als gegen andre zu sein. Gewöhnlich erlaubt man sich alles, verzeiht sich alles und andern nichts; gibt bei eigenen Fehltritten, wenn man sich auch dafür anerkennt, dem Schicksale oder unwiderstehlichen Trieben die Schuld, ist aber weniger tolerant gegen die Verirrungen seiner Brüder – das ist nicht gut getan.» {**Über den Umgang mit Menschen, S. 86-87**} Das bedarf keines weiteren Kommentars.

Fehler geschehen

Haben Sie einen Termin nicht eingehalten, eine Verabredung vergessen oder jemanden mit einer unachtsamen Bemerkung verletzt? – Missgeschicke, dumme Fehler, Vergesslichkeiten oder Peinlichkeiten kommen vor. Jeder Mensch – auch der taktvollste – ist nicht vor Fehlern gefeit, über die er sich mal mehr, mal weniger ärgert. Ob die Fehler auch als peinlich empfunden werden, hängt allerdings davon ab, ob auch andere davon erfahren oder nicht. Peinlich wird die Angelegenheit ja erst vor anderen Menschen. Dabei ist ganz häufig der Fehler selbst nicht einmal so schlimm und die Situation an sich gar nicht so peinlich, sondern sie werden es erst durch die Reaktion darauf und durch ihre Bewertung – von beiden Seiten. Gerade

Wie sollte man sich verhalten, wenn jemand einen peinlichen Fehler macht oder man selbst einen zugeben möchte?

in Bezug auf einen Fehler oder auf eine peinliche Situation ist ein angemessenes Verhalten sehr wichtig. Weder eine Kleinigkeit aufzubauschen und damit den Fehler schlimmer zu machen, als er ist, noch ein Vergehen herunterzuspielen, beweist äußere und innere Haltung.

Um mehr Gelassenheit im Umgang mit den Fehlern anderer zu entwickeln, ist es zunächst erforderlich, ein gesundes Verhältnis zu eigenen Fehlern zu entwickeln. Fehler werden vertuscht, tabuisiert, bestraft oder bis ins Detail untersucht, um einen Schuldigen zu finden – oder sie werden sachlich analysiert, um daraus zu lernen. Wer konstruktiv zunächst mit den eigenen Fehlern umgeht, Fehler zulässt und sogar einkalkuliert, verbessert beinahe automatisch seine persönlichen Beziehungen – privat und im Beruf. Niemand erwartet nämlich, dass ein Mensch in allen Lebensbereichen perfekt ist – vielmehr dass er sich, wenn es darauf ankommt, höchsten Ansprüchen stellt. Das verlangt Mut zum kalkulierten Risiko oder Mut zur Lücke, denn Angst vor Fehlern verhindert Fortschritt und Kreativität. Rückschläge und Pannen sind jedoch Erfahrungen, die zum persönlichen Leben und zum Unternehmertum gehören.

Fehler gehören zum Leben, wie auch die Versöhnung mit ihnen zum Leben gehört, und insofern gelten Freiherr von Knigges Ausführungen auch zu diesem Thema, gegenüber anderen und gegenüber uns selbst.

«Man hat [nämlich] oft die beste Gelegenheit, die Gemütsart eines Menschen dann kennenzulernen, wenn er uns beleidigt hat. Man gebe acht, ob er es wiedergutzumachen sucht durch Bitten um Verzeihung – und wie? Gleich oder spät nachher? Öffentlich oder heimlich? Und warum nicht gleich und nicht vor allen Leuten? Aus Starrköpfigkeit, Eitelkeit oder Blödigkeit? [...] Oder ob er den Fehler zu beschönigen sucht, Winkelzüge macht, den Gesichtspunkt zu verrücken sucht, um recht zu behalten? Schon in den Jahren der Kindheit kann man aus diesen Zügen auf den künftigen Charakter schließen.» {**Über den Umgang mit Menschen, S. 252**}

Fehler – am besten – schnell zu erkennen und zuzugeben, wird letztlich immer als Stärke und Mut empfunden, selbst wenn spontan mit einem Schrecken reagiert wird. Wenn Sie sich selbst so verhalten, können Sie auch bei Fehlern, Missgeschicken oder Fauxpas anderer angemessen reagieren. Wenn Sie Ihren Mitmenschen zeigen, dass Sie diese Anständigkeit hochschätzen, wird es in Ihrem persönlichen Umfeld als Stärke empfunden, Fehler souverän einzugestehen – nicht als Schwäche. Sonst etabliert sich womöglich bald eine Lügen- und Vertuschungskultur. Dabei ist es viel sinnvoller, nach vorne zu schauen und nach Lösungen zu suchen. Es ist doch nicht schlimm, hinzufallen – es ist nur schlimm, liegen zu bleiben.

Zum Aufstehen gehört nun meist eine angemessene Entschuldigung. Nicht für jede Kleinigkeit, wohl aber dann, wenn Sie jemandem durch Ihr Verhalten geschadet oder ihn gekränkt, verärgert oder enttäuscht haben, ist eine angemessene Entschuldigung unverzichtbar. Entschuldigen Sie sich, sobald Sie Ihren Fehler erkannt haben, sofort. Eine mündliche Entschuldigung ist bei kleineren Fehlern ausreichend, vielleicht mit einem kleinen Blumenstrauß. Besonders im Geschäftsleben ist hingegen bei größeren Vergehen oder bei gewissen Pflichtverletzungen eine schriftliche Entschuldigung mit einem Wiedergutmachungsangebot angemessen. Bleibt eine Entschuldigung aus, ist dadurch zu leicht das Verhältnis zu anderen nachhaltig belastet. Wird eine Entschuldigung nicht angenommen, belastet das die Beziehung natürlich ebenso.

7. Kapitel

Gemeinsamer Genuss beim langsamen Essen

Gemeinsamer Genuss beim langsamen Essen

Geschäftsessen ist kein reines Vergnügen

Unterscheidet sich eine Einladung zum Geschäftsessen von einer normalen Essenseinladung?

Überall auf der Welt gehen Menschen, bevor sie wichtige (Geschäfts-)Beziehungen miteinander eingehen, gemeinsam essen. So ein Geschäftsessen ist dann kein reines Vergnügen, weil es eben – wie bereits der Name deutlich macht – ums Geschäft geht. Wer da glaubt, es gehe allein darum, dass sich Menschen an einen fein gedeckten Tisch setzen, um sich gemeinsam zu ernähren, irrt gewaltig. Vielmehr beurteilen viele Unternehmer und Manager – männlich wie weiblich – ihren Geschäftspartner anhand seines Verhaltens und Aussehens während des Essens. Dies werten sie nicht nur als Maßstab der Kultur jedes Einzelnen, sondern schließen daraus auch oft auf die jeweilige Unternehmenskultur. Daher sollten Sie beim Geschäftsessen als Gastgeber, aber auch als Gast, immer davon ausgehen, dass mit besonderer Aufmerksamkeit von Ihrem persönlichen Auftreten auf das Geschäftsgebaren Ihres Hauses geschlossen werden könnte. Da bekommt der erfahrene Hinweis *Wenn Sie wissen wollen, ob einer was taugt, dann gehen Sie mit ihm essen* auf subtilere Weise als sonst Bedeutung. Nicht nur Stil und Genussfähigkeit, sondern ebenso Großzügigkeit – auch Großzügigkeit im Denken – wird beim Essen bestens offenbart.

Geschäftsessen sind nämlich eine hervorragende Möglichkeit, um Geschäftspartner und oft auch deren Lebens- oder Ehepartner auf neutralem Boden und in angenehmer Atmosphäre besser und privat kennenzulernen, mit dem Ziel, die geschäftlichen Kontakte aufzubauen und zu pflegen oder neue Geschäftspartner oder Kunden zu gewinnen. Darüber hinaus ist es eine Gelegenheit, Geschäftserfolge, Vertragsabschlüsse oder Unternehmensjubiläen zu feiern. Geschäftsessen sind außerdem angebracht, um eine besondere Wertschätzung auszudrücken, um das Wir-Gefühl zu stärken, sogar um kleinere persönliche Auseinandersetzungen zu bereinigen oder um einfach nur *Dankeschön* zu sagen. Geschäftsessen sind letztlich auch eine ideale Möglichkeit, um das eigene Image und das des Unternehmens zu pflegen oder zu verbessern.

Von einem Geschäftsessen ist nur die Rede, wenn es sich um eine offizielle Einladung zum Abendessen handelt und nicht etwa um ein Arbeitsessen oder um ein kleines Mittagessen. Und auch wenn es bei einem Geschäftsessen offenbar allein um Geschäftliches geht, wäre es falsch zu glauben, es dürfte über Geschäftliches gesprochen werden. Nein, jedenfalls sollten nicht die Gastgeber mit diesem Thema beginnen und sie sollten auch versuchen, das Thema zu wechseln, falls die Gäste etwa den bevorstehenden Vertrag thematisieren möchten. Das setzt also voraus, dass die Gastgeber ein paar für ihre Gäste interessante Gesprächsthemen vorbereiten.

Souveränes Auftreten der Gastgeber erfordert daher eine perfekte Vorbereitung und Planung bis ins Detail, um nichts dem Zufall zu überlassen. Beginnend mit der stilvollen Einladung: Zuerst sollte mit den wichtigsten Geschäftspartnern der Termin abgestimmt werden, bevor die offizielle Einladung an alle ausgesprochen wird. Eine gut überlegte Sitzordnung ist immer das A und O einer jeden Veranstaltung, doch bei einem Geschäftsessen wäre es geradezu unverantwortlich, sie nicht genau zu durchdenken. Mit dem Restaurant ist nicht nur ein geeigneter Tisch, sondern möglichst ein eigener Kellner zu vereinbaren und der Zeitplan festzulegen, außerdem sind vorab ein geeignetes Menü und dazu korrespondierende Weine auszuwählen.

Die Besonderheit bei einem Geschäftsessen liegt in der Praxis oft auch darin, dass eine klassische Gastgeberaufgabenverteilung – in Aufgaben für den Gastgeber und Aufgaben für die Gastgeberin – nicht möglich ist. Egal, ob der allein Gastgebende nun ein Mann oder eine Frau ist, er muss dafür sorgen, dass alle klassischen Gastgeberaufgaben erfüllt werden, von wem auch immer. Selbst wenn Gäste eines Geschäftsessens bemerken, dass der allein Gastgebende überfordert zu sein scheint, sollten sie es tunlichst unterlassen, unaufgefordert Gastgeberpflichten zu übernehmen. Mit einem solchen Verhalten würden sie sich nicht hilfsbereit und höflich, sondern belehrend und besserwisserisch verhalten. Vielmehr sollten sie in solchen Situationen über etwaige Pannen hinwegsehen und sich auf ihre Rolle als Gast konzentrieren.

PS: Ein erfolgreiches Geschäftsessen ist dann doch ein Vergnügen.

Gastgeberpflichten – traditionell nur paarweise

Bei offiziellen Essenseinladungen spielen traditionelle Etiketteregeln unserer Kulturtradition immer noch eine ganz entscheidende Rolle. Insbesondere für Gastgeber ist die Kenntnis der geltenden Etiketteregeln als Voraussetzung für ihre angemessene Anwendung und das Bewusstsein über den Kerngedanken einer Tischgemeinschaft – Gemeinsamkeit und Teilen – entscheidend dafür, dass die Einladung ein Erfolg wird. Darüber hinaus müssen sich Gastgeber auf dem Parkett der Gastlichkeit ihrer besonderen Rolle als Maître de Plaisir bewusst sein, um sämtliche Gastgeberpflichten wenn nicht aus ihrer Kenntnis heraus, so doch zumindest intuitiv wahrzunehmen. Traditionell ist ja in unserer Kultur die Gastgeberrolle an die Person der Gastgeberin und an die Person des Gastgebers gebun-

Welches sind die klassischen Gastgeberaufgaben beim Abendessen im Gourmet-restaurant?

den, so dass vor noch nicht allzu langer Zeit fast immer Paare zum Essen eingeladen haben. Heute ist das natürlich längst anders; dennoch bleibt es dabei, dass falls Einzelpersonen oder zwei Männer oder drei Frauen zum Essen einladen, sämtliche Gastgeberaufgaben erfüllt werden müssen – egal, von wem.

Wenn Sie nun nach klassischer Form als Gastgeber und Gastgeberin zum Essen in ein Restaurant einladen und die Gastgeberaufgaben nach traditioneller Etikette übernehmen wollen, ergeben sich folgende Aufgaben für Sie:

Als Gastgebende sind Sie beide für die gesamte Organisation der Essenseinladung verantwortlich und haben vorab den Stil der Veranstaltung festzulegen, das passende Restaurant auszuwählen, einen bestimmten Tisch zu reservieren und die Gäste stilvoll einzuladen. Am Einladungstag sind Sie bereits eine Viertelstunde eher im Restaurant, um die Gäste begrüßen zu können – erst die Gastgeberin und dann der Gastgeber reichen den Gästen, der Rangfolge entsprechend, die Hand.

Traditioneller Aufgabenbereich für den Gastgeber im Restaurant:

Weisen Sie Ihre Gäste sanft auf die für sie vorgesehenen Plätze. Dabei sollten Sie eine gemischte Runde platzieren, bei der Sie Ihrer Frau gegenübersitzen, keiner Ihrer Gäste neben dem eigenen Partner und möglichst Mann und Frau immer im Wechsel sitzen.

Über den gesamten Abend führen Sie nun Regie und geben vor allem den Rahmen Ihrer Veranstaltung vor. Das ist Ihre Hauptaufgabe. Gleich zu Beginn, bei der Auswahl der Speisen, müssen Sie Ihren Gästen mitteilen, wie Sie sich das Abendessen vorgestellt haben, indem Sie sowohl die Anzahl der Gänge (*Ich schlage vor, wir nehmen heute ein viergängiges Menü*) und auch den Preisrahmen (*Hier kann ich Ihnen das Rinderfilet/das Wiener Schnitzel/die Spaghetti sehr empfehlen* oder *Was halten Sie von dem Menü ... als Empfehlung des Hauses?*) vorgeben. So wissen die Gäste, in welchem Rahmen sie sich bewegen sollen, wobei sie sich an die Anzahl der vorgeschlagenen Gänge zu halten haben, jedoch die Speisenempfehlung als Vorschlag interpretieren werden.

Des Weiteren übernehmen Sie alle Verhandlungen mit dem Servicepersonal, wählen die Getränke (Aperitif, Wein, Digestif) aus und geben die Gesamtbestellung so auf, dass der Kellner weiß, wer was bekommt. Es ist empfehlenswert, die Gäste so zu dirigieren, dass Sie ein nahezu einheitliches Menü bestellen können. Falls jeder Gast für sich selbst bestellt, wird der ranghöchste Gast damit beginnen, während als Letzte die Gastgeberin und der Gastgeber die Bestellung aufgeben.

Sie wählen den passenden Wein und nehmen den Probierschluck, halten eventuell eine kleine Begrüßungsrede und erheben das erste Glas Wein, um das Weintrinken zu eröffnen – eventuell mit einem Toast. Nach dem Kaffee sollten Sie noch einen Digestif anbieten, und Sie sollten den Abend auch in einem angemessenen Zeitrahmen beenden. Selbstverständlich müssen Sie auch noch stilvoll die Rechnung bezahlen, bevor Sie sich darum sorgen, dass alle gut nach Hause kommen.

Traditioneller Aufgabenbereich für die Gastgeberin im Restaurant:

Als Gastgeberin hatten Sie womöglich mehr Aufgaben im Vorfeld zu erledigen, jedoch bei der Veranstaltung selbst beschränken Sie sich darauf, nonverbal das Zeichen zum Essensbeginn zu geben und jeweils als Letzte mit der Bestecksprache die *Ich bin mit dem Gang fertig, Sie können abservieren*-Position einzunehmen, so dass Sie den jeweiligen Gang mit dem langsamsten Esser gemeinsam beenden. Nach dem Essen war es üblich, dass die Gastgeberin die Tafel aufhob und ihre Gäste in den Salon bat. Dort wurde der Kaffee und der Digestif eingenommen – und auch geraucht. Ob Salons bald wieder in Mode kommen, bleibt allerdings abzuwarten.

Als Gastgeber haben Sie beide dafür Sorge zu tragen, dass alle Gäste in die Gespräche einbezogen werden und dass die Veranstaltung für alle Beteiligten ein unvergessliches stilvolles Erlebnis wird. Und dafür ist es auch erforderlich, dass Sie bei einem Malheur stets charmant Contenance bewahren.

Gastgeberin allein im Restaurant

Wie verhält man sich als Frau richtig, wenn man als Gastgeberin einen Geschäftspartner zum Essen ins Restaurant einlädt?

«Kann eine Dame in Herrenbegleitung zahlen? Die einstimmige Antwort all derer, die da ehrlich bemüht sind, der ein wenig verschütteten Etikette zu neuem Glanz zu verhelfen, lautet: Nein – unter keinen Umständen! (Es sei denn, man sähe dem sehr jungen Mann die ersten langen Hosen noch an und die Dame hätte bereits graue Haare – wäre also Mutter, Tante oder wohlwollende Gönnerin.)» {Etikette neu, S. 272} So steht es noch 1967 im Buch *Etikette neu*.

Da sich der Gastgeber vom Gast gerade dadurch unterscheidet, dass er die Rechnung zu bezahlen hat, hätten Sie vor vierzig Jahren für das Unterfangen, als Frau einen Mann in ein Restaurant einzuladen, wohl mehr als nur einen strafenden Blick erhalten. Auch heute sind die Unsicherheiten noch immer groß, und zwar auf beiden Seiten. Natürlich gehen Frauen längst allein ins Restaurant und verletzen keine Etiketteregel mehr, wenn sie beruflich oder privat in Begleitung eines Mannes die Rechnung bezahlen wollen. Doch wie Gastgeberinnen sich hinsichtlich der traditionellen Gastgeberaufgaben verhalten sollen, die ja eher als Kavaliersgesten zu interpretieren sind, verunsichert beide gleichermaßen – Männer und Frauen.

Dagegen ist die Vorbereitung auf die Essenseinladung seit jeher die Aufgabe der weiblichen Hälfte des Gastgeberpaars. Auch heute sollten Sie hier selbstverständlich nichts dem Zufall überlassen und jedes Detail gründlich vorbereiten, damit Sie während des Essens Muße haben, sich ganz auf Ihre Gäste zu konzentrieren.

Am Tag der Einladung werden Sie dann sowohl die klassischen Gastgeber- und eben auch die Gastgeberinnenpflichten erfüllen. Damit dabei nichts schiefgeht, sollten Sie sicherheitshalber den Restaurantmitarbeiter darüber in Kenntnis setzen, dass Sie die Gastgeberin sind, damit er sich mit seinen Angeboten ausschließlich an Sie wendet.

Darüber hinaus müssten Sie streng genommen Ihrem Gast die Restauranttür stilvoll aufhalten, ihm den Mantel abnehmen, den Stuhl zurechtrücken, womöglich das Wasser und den Wein nachgießen und vieles Gutes mehr für ihn tun.

Wenn Sie allerdings einen Kavalier jüngeren oder älteren Jahrgangs zum Essen einladen, kann es durchaus sein, dass ihm diese Situation gar nicht recht ist. An jeder Tür kommt er Ihnen zuvor, um sie für Sie aufzuhalten, und hilft Ihnen auch aus dem Mantel, rückt Ihnen den Stuhl zurecht, und sobald Sie nach der Wasser-

flasche greifen, nimmt er sie Ihnen aus der Hand. Was sollen Sie tun? Gastgeberrolle hin oder her, Sie haben als Gastgeberin vor allem dafür zu sorgen, dass sich
Ihre Gäste wohlfühlen – egal, ob beim Geschäftsessen im Restaurant oder privat
zu Hause. Daher wäre es stilvoller, die höflich gemeinten Kavaliersgesten lächelnd
anzunehmen und sich vielmehr auf die Gastgeberaufgaben zu konzentrieren, die
Sie auf keinen Fall an Ihre Gäste abgeben sollten: nämlich, ein geeignetes Restaurant auszuwählen, einen schönen Tisch zu reservieren und eventuell einen
Kellner exklusiv für die Bedienung nur an Ihrem Tisch zu ordern. Auch für die
Bestellung müssen Sie den Rahmen – die Anzahl der Gänge und das nonverbal
formulierte Preisniveau – vorgeben, falls Sie nicht ein einheitliches Menü ausgesucht haben; und Sie müssen den Wein auswählen oder sich darum kümmern,
dass es eine andere Person für Sie tut.

Als Gastgeberin haben Sie die Pflicht, sowohl den Wein als auch das Essen zu eröff-
nen, sich um eine angenehme Unterhaltung zu bemühen, gegebenenfalls geeignete
Themen zu setzen und schließlich müssen Sie auch die Rechnung stilvoll bezahlen.
Wie Sie sehen, haben Sie allemal ein umfangreiches Aufgabenrepertoire.

Für Alleingastgeber – egal, ob Mann oder Frau – bietet es sich daher an, bei einer
größeren Gästezahl die eine oder andere Aufgabe an die Gäste zu delegieren – was
insbesondere bei nicht 1a geschultem Service gar nicht anders machbar ist –, um
den Erfolg der Essenseinladung nur nicht zu gefährden.

Dass Alleinlebende 1957 offizielle Einladungen nach Hause aussprachen, war
ja damals ebenso ungewöhnlich. Was man für einen solchen Fall empfahl klingt
aus heutiger Sicht zu drollig, so dass ich es Ihnen nicht vorenthalten möchte:
«Wollen sie sich dennoch durch bescheidene Gastlichkeit erkenntlich zeigen,
so tun sie es gewöhnlich in einem kleinen Rahmen, den sie leicht und ohne
krampfhaften Aufwand auszufüllen vermögen. [...] Will eine Junggesellin wirklich einmal eine Einladung größeren Stils geben, nun, dann wird sie es so einrich-
ten, als wäre sie verheiratet. Mit dem Unterschied, dass sie an Stelle des nicht
vorhandenen Personals ein paar gute Freundinnen bitten wird, ihr zur Hand zu
gehen. Und diese Freundinnen werden, wenn sie vernünftig sind, nicht das Ge-
ringste dabei finden, einen Abend lang um des netten Zwecks willen eine Dop-
pelrolle zu spielen. [...] Junggesellen haben es etwas schwerer – schon weil sie
von Hauswirtschaft nichts verstehen und Leckereien zwar mit Vergnügen essen,
aber nur selten auch zubereiten können. Deshalb werden sie gut daran tun, sich
rechtzeitig einer älteren mütterlichen Freundin, einer Tante oder eines anderen
geeigneten weiblichen Wesens zu versichern, das ihnen als Ersatz-Hausfrau zur
Seite steht.» {**Das Buch der Etikette, S. 407-408**}

Tischordnung ist Rangordnung

Müssen Tisch-ord-
nungen sein?

Wichtigster Garant für eine gelungene Veranstaltung ist zweifelsohne eine sorgfältig durchdachte Gästeliste. Sobald die Gästeliste steht und die wichtigsten Gäste fest zugesagt haben, stellt sich die Frage nach der (protokollarischen) Rangfolge der Gäste. Bei einem offiziellen Essen haben Gastgeber die Verantwortung, eine gut durchdachte Sitzordnung auszuarbeiten und dieser zwar mühevollen, aber lohnenden Aufgabe die allergrößte Aufmerksamkeit zu schenken. Selbst wenn Gastgeber ihre festlich gedeckte Tafel nicht gern auf diese Art aufteilen wollen, wäre es viel zu riskant, zu erwarten, dass auch die Gäste es gutheißen, sich einfach irgendwo hinsetzen zu sollen.

Bereits im alten Europa teilte sich eine Tafel in Oben und Unten. «Oben, wo Gastgeber und Ehrengäste saßen, endete bei dem kostbaren Silberaufsatz, der das Salz enthielt. «Unterhalb vom Salz» saßen minder bedeutende Gäste» {**Kulturgeschichte des Essens und Trinkens, S. 323-324**}, heißt es im Buch zur *Kulturgeschichte des Essens und Trinkens.* Und sobald eine Platzierung der Gäste vorgenommen wird, ist das im Grunde – ob Gastgeber das wollen oder nicht – heute nicht anders. Jeder Gast weiß – wenn auch nur intuitiv –, wie viel sein Platz wert ist oder wie viel er den Gastgebern wert ist. Jeder Fehler, durch den sich Gäste herabgesetzt fühlen, führt unweigerlich zu Verstimmungen. Zwar wird sich kaum ein Gast sofort beschweren, doch vergessen kann er diese vermeintliche Missachtung womöglich auch nicht. Neben der Rangordnung ist nun ferner auf zahlreiche Gesichtspunkte, wie besondere Charaktere, Sprachkenntnisse und Hobbys, oder auf Ressentiments unter den Gästen Rücksicht zu nehmen, was Taktgefühl und diplomatisches Geschick verlangt.

Rein theoretisch müsste man sich also lediglich ganz genau an diese Vorgaben halten, um niemanden vor den Kopf zu stoßen – die Praxis ist jedoch diffiziler. Das ist im Privatleben nicht anders als im Beruf oder in Gesellschaft. Die Lieblingspatentante ans Ende der Tafel oder die geliebten Eltern so weit weg wie möglich zu setzen, auf den Gedanken kämen Gastgeber wohl kaum. Ebenso werden die wichtigsten Kunden als Ehrengäste dicht neben die Gastgeber platziert, und nicht der Trainee. Gewissenhafte Gastgeber prüfen: Wer sollte, dürfte, müsste weshalb wo sitzen?

Stehlen sich Gastgeber aus dieser Verantwortung, setzen sich Gäste wahrscheinlich mit ihren Partnern nebeneinander oder mit Freunden, Bekannten oder Menschen, die sie kennen, an denselben Tisch. Bei größeren Essenseinladungen ist ein Gedränge und *Ran an die Tische* vorprogrammiert, was immer dem gewünschten Stil der Veranstaltung sehr schaden würde. Somit würde man dem Gastgeber zwar keinen bösen Willen unterstellen, nichtsdestoweniger jedoch verärgert feststellen,

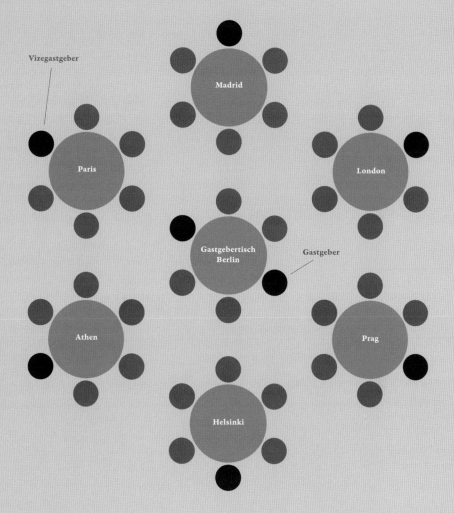

Tischordnung

Alle Gästetische wurden in gleicher Entfernung zum Gastgebertisch aufgestellt und nach Städten benannt. Die Gastgeber sitzen am Mitteltisch zentral, so dass sie jeweils zu einer Raumseite hin Blickkontakt zu Ihren Gästen herstellen können. Darüber hinaus wurden an jedem Gästetisch Repräsentanten der Gastgeber platziert. Sie fungieren als Vizegastgeber – sie sorgen beispielsweise bei Reden für Ruhe und ansonsten für eine gute Unterhaltung.

dass er keine Ahnung hat, keinen Stil und auch nicht weiß, was sich gehört. Diese Regeln der Etikette und des Protokolls sind so alt wie das gemeinsame zivilisierte Essen selbst. Wer sind die wichtigsten Personen an der Tafel? Für jeden unmissverständlich sind es diejenigen, die nahe bei den Gastgebern sitzen.

Um der notwendigen Einteilung in Oben und Unten bei einem offiziellen Essen ein wenig entgegenzuwirken, empfiehlt es sich – nach dem Vorbild von König Artus' Tafelrunde mit seinen zwölf treuen Rittern –, runde Tische anzuordnen. Werden mehrere Tische benötigt, sollten diese – wenn die Gegebenheiten das erlauben – in jeweils gleicher Entfernung vom Gastgebertisch aufgestellt werden und jeweilig von einem kommunikativ versierten Vizegastgeber dirigiert werden. Zudem sollten die Tische nicht durchnummeriert werden, sondern besser mit Namen bezeichnet sein, die in Verbindung mit dem Gastgeber stehen: Berge, die er bestiegen hat, Autotypen der gastgebenden Herstellerfirma, Lieblingsblumen oder Stationen in der persönlichen oder unternehmerischen Geschichte.

Ehrengäste rechts und links

Wie werden Ehrengäste bei einem offiziellen Essen platziert?

Aus der protokollarischen Grundfrage jeder nationalen und internationalen Steh- und Sitzformation *Wer hat die Ehre, an der rechten Seite der Gastgeber zu sein?* resultiert auch die Platzierung der Ehrengäste nach einer (protokollarischen) Rangfolge in *Oben* und *Unten*. Oben ist bei den Gastgebern, wobei traditionell gesehen *ganz oben* nicht etwa beim Gastgeber, sondern bei der Gastgeberin ist.

Davon ausgehend, dass nach klassischer Etikette ein Gastgeber und eine Gastgeberin einladen, sind für eine Platzierung nach den Regeln der Etikette einige wichtige Grundregeln Voraussetzung:

▶ Gastgeber und Gastgeberin (außer Jubiläumspaare) sitzen sich in der Mitte der Längsseite einer Tafel gegenüber. An einem runden Tisch setzen sie sich ebenfalls gegenüber.

▶ Kein Gast sitzt neben dem eigenen Partner, jedoch mit ihm an einem Tisch.

▶ Nach Möglichkeit werden Männer und Frauen abwechselnd platziert.

▶ Frauen sollen nicht am äußeren Rand einer langen Tafel platziert werden.

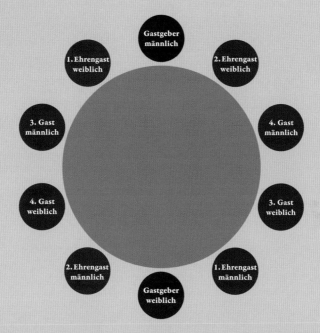

Ein Gastgeberehepaar und vier Ehepaare wurden nach internationaler Tischordnung an einem runden Tisch platziert.

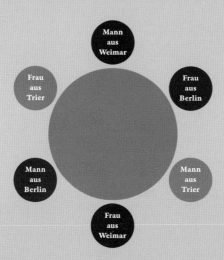

Drei befreundete Paare – aus Weimar, Trier und Berlin –
haben sich selbst an einem runden Tisch platziert.

In Deutschland hat man zwei Möglichkeiten, Ehrengäste zu platzieren:

Nach der deutschen und skandinavischen Tischordnung sitzt der ranghöchste männliche Gast links neben der Gastgeberin und ist somit auch ihr Tischherr. Er führt die Gastgeberin zum Tisch, wenn denn zum Tisch geführt wird – das kommt ja nur noch selten vor.

Die heute verbreitetere internationale oder diplomatische Tischordnung sieht dagegen vor, dass der ranghöchste männliche Gast die Gastgeberin zum Tisch führt und rechts neben ihr Platz nimmt – er hat dann die Ehre, an der rechten Seite der Gastgeberin sitzen zu dürfen. Das hat allerdings zur Folge, dass er nicht ihr Tischherr ist. Ihr Tischherr ist der in der Rangfolge an Nummer 2 stehende männliche Gast, der links neben ihr platziert wird. Nach neuesten Empfehlungen kann der ranghöchste Gast, der die Ehre hat, rechts neben der Gastgeberin platziert zu werden, ein Mann oder eine Frau sein. Ganz durchgesetzt hat sich die letztere Praktik, selbst wenn diese Frau aus eigenen Verdiensten heraus der ranghöchste Gast ist, jedoch auch international noch nicht. Von dieser avantgardistischen Empfehlung einmal abgesehen, ist der deutschen und der internationalen Platzierung die Platzierung des ranghöchsten weiblichen Gastes gemein. Der ranghöchste weibliche Gast hat die Ehre, üblicherweise rechts vom Gastgeber Platz nehmen zu dürfen, nachdem der Gastgeber sie zum Tisch führte – im Zweifel ist sie die Frau des ranghöchsten männlichen Gastes. Nach dieser Tischordnung ist der Gastgeber gleichzeitig ihr Tischherr. Der im Rang zweithöchste weibliche Gast sitzt an der linken Seite des Gastgebers.

Die Ehre, neben den Gastgebern sitzen zu dürfen, kann auch den Gästen zuteil werden, die zum ersten Mal eingeladen sind. Außerdem ist es neben der protokollarischen Ordnung nicht minder wichtig, eine harmonische Tischordnung aufzustellen, die die Wahrscheinlichkeit erhöht, dass sich die Gäste gut miteinander unterhalten werden.

Selbstverständlich gelten die Regeln für die Platzierung sinngemäß auch für allein Einladende oder für alle Gastgeberkonstellationen – beruflich, privat und in Gesellschaft. Und sie gelten auch dann, wenn keiner eingeladen hat und Freunde, mehrere Paare oder Gruppen gemeinsam essen gehen. Da müssen nur alle Bescheid wissen und sich ohne Aufforderung so platzieren.

Lange Rede, kurzer Sinn: Egal ob mit Ehrengästen oder ohne, eine gut durchdachte, die Kommunikation fördernde Sitzordnung ist für jedwede Tischgemeinschaft ein verlässlicher Erfolgsgarant.

Deutsche und skandinavische Sitzordnung: Der Gastgeber ist der Tischherr des ranghöchsten weiblichen Gastes, und der ranghöchste männliche Gast ist der Tischherr der Gastgeberin.

Internationale Sitzordnung: Der Gastgeber ist der Tischherr des ranghöchsten weiblichen Gastes, und der ranghöchste männliche Gast hat die Ehre, an der rechten Seite der Gastgeberin sitzen zu dürfen. Er ist nicht ihr Tischherr. Der im Rang zweithöchste Gast ist der Tischherr der Gastgeberin

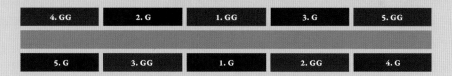

Geschäftsessen nach internationaler Sitzordnung: Fünf Gastgeber (GG) der Firma A und fünf Gäste (G) der Firma B wurden nach internationaler Tischordnung an einer Tafel platziert.

4. Gast männlich	1. Ehrengast weiblich	Gastgeber männlich	2. Ehrengast weiblich	4. Gast männlich

4. Gast weiblich	2. Ehrengast männlich	Gastgeber weiblich	1. Ehrengast männlich	3. Gast weiblich

Ein Gastgeberehepaar und vier Ehepaare wurden nach internationaler Tischordnung an einer Tafel platziert.

Tischkarten und Placement

**Wie findet jeder
auf einem großen
Fest mit einer
festen Sitzordnung
seinen Platz, ohne
dass es ein Durchei-
nander gibt?**

Bei Festen mit einer großen Gästezahl empfiehlt es sich unbedingt, vor dem eigentlichen Essen einen Empfang zu geben, bei dem die Gastgeber die Gäste begrüßen und gegebenenfalls miteinander bekannt machen.

Während dieser Begrüßungsphase informieren sich die Gäste mithilfe des im Foyer aufgehängten Sitzplans, dem sogenannten Placement, über ihre Platzierung.
Das Placement wird bei einer großen Gästezahl in zwei Versionen angefertigt, bei
einer überschaubaren Gästeliste von unter hundert Gästen reicht eine Variante.

1.   Placement, alphabetisch sortiert nach Familiennnamen
2.   Placement, sortiert nach Tischnamen oder -nummern

Das hat den Vorteil, dass die Gäste auf dem *Placement nach Familiennamen*
schnell ihren Tisch finden und anschließend auf dem *Placement nach Tischen*
schauen können, wer außerdem am Tisch sitzt. Bereits zu diesem Zeitpunkt können
sich die Gäste die Namen und vor allem die Titel der anderen Tischpartner einprägen, um sie später am Tisch korrekt ansprechen zu können. Nur auf dem Placement
werden nämlich die vollständigen Namen, also mit sämtlichen Titeln, geführt.

Auf den Tischen sind vor jedem Gedeck von Hand geschriebene Tischkarten aufgestellt, die – auf beiden Seiten (!) – nur noch den Vor- und Familiennamen (ohne
Titel) des Gastes tragen. Wurde wegen einer geringeren Gästezahl auf das Placement verzichtet, sind die Tischkarten mit dem vollständigen Namen und Titel zu
beschriften. Was allerdings nicht so edel aussieht.

Darüber hinaus werden den Gästen nur noch selten Hilfestellungen für die Platz-
findung gegeben, doch gibt es für ganz hochoffizielle Essenseinladungen, bei denen zum Tisch geführt wird, immer noch sogenannte Tischführkarten, die das
Placement ergänzen. Sie erleichtern insbesondere den Frauen die Suche nach dem
richtigen Tisch, denn Suchen und Führen ist in diesem Fall Männersache. Tischführkarten sind neben dem Placement aufgestellt und enthalten auf der Vorderseite den Namen der männlichen Gäste und auf der Innenseite den Namen ihrer
Tischdame, die sie zum Tisch zu führen haben. Jeder Mann sollte sich also zum
Ende des Empfanges hin zu seiner Tischdame begeben beziehungsweise, falls er
sie nicht kennt, sich eiligst mit ihr bekannt machen lassen. Sobald sich die Türen
öffnen und zu Tisch gebeten wird, formieren sich die Gäste paarweise. Als Erster
führt – traditionell – der Gastgeber seine Tischdame zum Tisch, danach folgen
die Gäste paarweise, und abschließend wird die Gastgeberin vom ranghöchsten

männlichen Gast zum Tisch geführt. Erst wenn die Gastgeberin an ihrem Platz ist, nehmen auch die Gäste Platz – zuerst die Frauen, und wenn sie (alle) sitzen, nehmen auch die Männer Platz. Bis dahin bleiben die Männer, nachdem sie den Frauen beim Hinsetzen behilflich waren, hinter ihrem Stuhl stehen. Gekonnt sieht das allerdings nur aus, wenn die Frauen nicht zögern und sich schleunigst hinsetzen wollen.

Am Ende des Essens, wenn die Tafel aufgehoben ist, verlässt in umgekehrter Reihenfolge zuerst die Gastgeberin mit dem ranghöchsten männlichen Gast den Saal, ihr folgen die Gäste paarweise und den Schluss bildet der Gastgeber mit seiner Tischdame. Heute werden die Frauen meist von ihrem eigenen Partner zum Tisch geführt, wo sie dann auf ihren Tischherrn warten müssen, was freilich weniger elegant ist.

Speisenvorschriften und Unverträglichkeiten

Während es für die meisten Gastgeber ausländischer Gäste ganz selbstverständlich ist, sich nach ihren Vorlieben und besonderen Essgewohnheiten zu erkundigen, besteht bei einheimischen Gästen die Gefahr, nachlässiger zu sein und davon auszugehen, dass die sich schon melden würden. Da ist ja auch was dran – doch nicht jeder sagt Bescheid, wenn er bestimmten Speisen aus Glaubens-, Gewissens- oder gesundheitlichen Gründen kritisch gegenübersteht. Daher ist die erste und wichtigste Empfehlung zu dieser Thematik: Gastgeber sollten ihre Gäste danach fragen, ob sie bestimmte Speisen nicht essen möchten oder dürfen, denn unzweifelhaft will jeder Gastgeber doch nichts lieber, als seine Gäste zufriedenzustellen – auch die Speisen und Getränke betreffend.

Auf welche Essgewohnheiten seiner Gäste sollte man sich als Gastgeber besonders vorbereiten?

Zwar wird nicht jeder Christ freitags auf Fleisch verzichten, nicht jeder Moslem dem Alkohol völlig abschwören und nicht jeder Hindu Vegetarier sein, doch Gastgeber, die internationale Gäste empfangen und bewirten, sollten die jeweils wichtigsten Speisenvorschriften kennen und bei der Menüauswahl im Voraus bedenken. Lebensmittelallergien oder Lebensmittelunverträglichkeiten sind so vielfältig, dass hier nicht differenziert darauf eingegangen werden kann. Doch wenn dem Gastgeber diesbezüglich eine Information gegeben wird, ist diese von ihm peinlich genau einzuhalten – ohne Wenn und Aber!

Eine verbreitete Lebensmittelunverträglichkeit soll hier doch hervorgehoben werden: die **Laktose-Intoleranz**. Davon sind über 80% der asiatischen und afrikanischen Bevölkerung betroffen. Sie können Milchzucker nicht richtig verdauen, was zu schweren Reaktionen führen kann. Europäer würden, wegen der Seltenheit dieser Intoleranz bei uns, schon darauf aufmerksam machen, wenn sie davon betroffen sind, doch ausländische Gäste kämen möglicherweise gar nicht auf diesen Gedanken, weil es Milchzucker in ihren Speisen grundsätzlich nicht gibt. Daher sollten Gastgeber entweder von sich aus nachfragen oder das Speisenangebot von vornherein danach ausrichten.

Die **koschere Küche** umfasst die in der jüdischen Religion geltenden Speisegesetze. Sie beziehen sich nicht nur auf die Speise selbst, sondern auch auf die Art der Zubereitung. Schwein, Hase, Fisch ohne Schuppen und Flossen sowie Meeresfrüchte werden gar nicht gegessen. Für die Zubereitung sämtlicher Speisen müssen Fleisch und Milch streng voneinander getrennt werden. Streng koschere Gerichte selbst zu kochen ist sehr schwierig. Für diesbezüglich ungeübte Gastgeber empfiehlt es sich daher, in ein schönes koscheres Restaurant einzuladen.

Die **muslimische Küche** verbietet Schweinefleisch, Blut und Alkohol ganz und erlaubt, wie die jüdische Religion, ansonsten nur Fleisch von Tieren, die geschächtet wurden.

Der **Hinduismus** und auch der **Buddhismus** achten sehr streng auf ihre Speisengesetze. Keinesfalls ist es erlaubt, Rind- oder Kalbfleisch zu essen. Da auch keine Speisen erlaubt sind, für die ein Tier getötet werden musste, spielt die vegetarische Ernährung eine entscheidende Rolle. Ansonsten sind die Regeln innerhalb des Buddhismus und Hinduismus zu vielschichtig, um hier erläutert werden zu können.

Gastgeber haben – egal, ob zu Hause oder im Restaurant – vor allem die Pflicht, diese Besonderheiten zu respektieren und vor Essensbeginn dafür zu sorgen, dass nicht doch einer der Gäste die falsche Speise bekommt.

Der gern gesehene Gast

Bei lockeren Einladungen unter Freunden wird es weniger problematisch sein, den richtigen Ton zu treffen, als bei einer offiziellen Einladung Ihres Chefs in ein Gourmetrestaurant oder wenn die Geschäftspartnerin Ihres Mannes zu sich nach Hause einlädt oder Sie zum Antrittsbesuch bei den potenziellen Schwiegereltern eingeladen sind. Dennoch, egal wo Sie hingehen: Sie befinden sich auf fremdem Terrain und da lauern Fettnäpfchen – überall. Sie sind nämlich als Gast jemand, der zwar mitisst, aber weder direkt noch indirekt für die Zubereitung des Essens verantwortlich zeichnet. Folglich haben Sie, falls Sie wieder eingeladen werden wollen, in solchen Situationen sogar eher Pflichten als Rechte. Sobald Sie die Einladung bekommen haben, erwartet man von Ihnen, dass Sie diese kurzfristig, doch spätestens innerhalb der angegebenen Zeit in der gleichen oder in der gewünschten Form beantworten. Sagen Sie zu, dann müssen Sie kommen. Sagen Sie ab, dann tun Sie das mit Stil und mit einem Ausdruck des Bedauerns.

Am Tag der Einladung kommen Sie pünktlich – in der gewünschten Kleidung – und zumindest dann, wenn Sie nach Hause eingeladen worden sind, sollten Sie ein passendes Geschenk dabei haben – Blumen vielleicht oder eine Flasche Wein. Im Eingangsbereich werden Sie von den Gastgebern begrüßt; so sollte es jedenfalls sein. In dieser Rolle ist es das Recht der Gastgeber, Ihnen zuerst die Hand zu reichen. Halten Sie sich daher etwas zurück und wenden Sie sich beim *Guten Tag*-Sagen zuerst der Frau zu, falls beide nebeneinander stehen.

Ihre Gastgeber wollen Ihnen zwar alles erdenklich Gute tun, doch auch sie selbst wollen den Abend in schöner Erinnerung behalten in der Gewissheit, ihre Gastgeberaufgaben gegenüber angenehmen Gästen erfüllt zu haben. Dabei ist Ihre Aufgabe als Gast vor allem, nicht ungebeten Gastgeberpflichten zu übernehmen – weder gegenüber dem Servicepersonal noch gegenüber den anderen Gästen. Sowohl für die Wahl Ihres Sitzplatzes und für die Auswahl der Speisen und Getränke als auch für die Eröffnung von Speisen und Getränken und das Aufheben der Tafel sind die Gastgeber zuständig. Selbst falls Sie eine Tischrede halten wollen, sollten Sie den Zeitpunkt mit den Gastgebern besprechen – nur das, was Sie sagen, ist Ihnen überlassen, solange Sie sich kurz fassen.

Selbstverständlich achten Sie auf die Tischmanieren und bemühen Sie sich darum, ein aufmerksamer und angenehmer Unterhalter zu sein. Doch sobald die Gastgeber den Abend beenden möchten, sollten Sie sich bald verabschieden. Dabei bedanken Sie sich nochmals für die Einladung und wiederholen diesen Dank am nächsten Tag erneut telefonisch.

Wie kann man als Gast zum guten Gelingen eines Essens beitragen?

Einmaleins des tafelnden Gastes

Wie verhält man sich als Gast am Tisch richtig?

Worauf Sie als Gast achten müssen, wenn Sie eine Einladung erhalten, und wie Sie sich am Tag der Einladung verhalten müssen, um einen guten ersten Eindruck zu machen, wissen Sie bereits. Nun kommt es auch darauf an, diesen guten Eindruck nicht im Laufe der Veranstaltung wieder zunichte zu machen. Dafür sollen Ihnen folgende Hinweise eine Hilfe sein.

Wer zum gesetzten Essen – ins Restaurant oder privat nach Hause – eingeladen ist, freut sich meist über die Einladung und auch manchmal über die Ehre. Allerdings lauern eine Menge Fettnäpfchen – und zwar überall. Besonders die Gäste, die alles richtig machen und den Gastgebern nur helfen möchten, sind besonders gefährdet. Gäste sollten nämlich vor allem wissen, was sie nicht dürfen. Nämlich Gastgeberaufgaben übernehmen. Und alles wird umso strenger gesehen, je offizieller der Anlass, je stilvoller das Haus und je fremder die Gastgeber sind!

Angefangen beim Aperitif. Wenn dieser im Stehen in einem gesonderten Empfangsraum eingenommen wird, sollten Sie das Glas nur dann mit zum Esstisch nehmen, wenn der Gastgeber direkt dazu auffordert. Ansonsten wird das leere oder noch halbvolle Glas an einem geeigneten Platz im Empfangsraum stehen gelassen, falls es Ihnen nicht von einer aufmerksamen Servicekraft abgenommen wird. Wird der Aperitif jedoch am Tisch eingenommen, was ja in kleinen Runden eher üblich ist, soll das Glas ausgetrunken sein bzw. es sollte nicht mehr weiter getrunken werden, sobald der erste Wein eröffnet wird – vielleicht nach der Begrüßungsrede, während der Sie natürlich nichts trinken.

Ist eine Sitzordnung vorgegeben – auch nonverbal –, dann ist diese zu respektieren und bis nach dem Dessert beizubehalten. Platz nehmen werden höfliche Gäste aber erst, wenn sie von den Gastgebern dazu aufgefordert werden – zuerst die Frauen, dann die Männer, zuletzt der Gastgeber. Meist wird der Service sofort, nachdem sich alle Gäste an den Tisch gesetzt haben, damit beginnen, zunächst Wasser anzubieten. Das gehört zu jedem stilvollen Essen und darf auch ohne Aufforderung von den Gästen getrunken werden, doch mit dem Wein warten Gäste, bis sie durch den Gastgeber dazu aufgefordert werden, den ersten Schluck zu nehmen. Und auch, wenn der Wein bereits warm zu werden droht, darf das Glas nicht vorher angerührt werden.

Nun wird wieder von dem Gastgeber und der Gastgeberin die Rede sein, doch Sie wissen ja bereits, wenn Sie die letzten Seiten gelesen haben, dass zwar die Aufgabenverteilung unter den Gastgebern traditionell geregelt ist, dass es aber heute viel wichtiger ist, dass die Aufgaben überhaupt einer übernimmt – allerdings muss es jemand sein, der dazu auch autorisiert ist. Auf dieser Grundlage dient hier wieder die traditionelle Form als Beispiel.

Erst in dem Moment, in dem sich die Gastgeberin die Serviette auf den Schoß legt, tun dies auch die Gäste, und erst wenn die Gastgeberin sich Brot und Butter nimmt, können auch Sie selbst sich bedienen, nachdem Sie Ihren Nachbarn davon angeboten haben. Und auch, wenn Sie bereits Ihren Teller vor sich stehen haben, dürfen Sie als Gast erst mit dem Essen beginnen, nachdem die Gastgeberin – nonverbal – dazu aufgefordert hat. Das nonverbale Signal zum Essensbeginn muss Ihnen reichen! Probieren Sie erst von den Speisen, bevor Sie eventuell nachwürzen; in Privathaushalten sollten Sie aus Höflichkeit überhaupt nicht nachwürzen. Halten Sie eine Tischrede nur zu dem mit den Gastgebern verabredeten Zeitpunkt – kurz und prägnant. Nach dem Hauptgang können Sie auch spontan eine kurze Dankesrede halten, weil das den Ablauf in der Küche nicht mehr stören würde. Und falls Sie Raucher sind: Ob Sie rauchen dürfen, dürfen Sie erst nach dem Dessert die Gastgeberin fragen. Ansonsten sollten Sie darum bemüht sein, unterhaltsame und interessante Tischgespräche zu führen und dabei auch ein guter Zuhörer zu sein. Doch niemals sollten Gäste die Gastgeber in lange Gespräche verwickeln, wobei es allerdings auch nicht höflich ist, mit anderen Gästen zu lange Zwiegespräche zu führen.

Irgendwann wird nun auch die schönste Veranstaltung beendet. Daher sollten Sie das Signal der Gastgeber zum Aufbruch verstehen und spätestens 10 Minuten danach gehen – allerdings nicht, ohne sich noch einmal für die Einladung und den schönen Abend zu bedanken. Während des gesamten Essens haben Sie nicht mit den Servicemitarbeitern verhandelt und selbstverständlich sämtliche Tisch- und Essmanieren eingehalten.

PS: Wenn Sie außerdem wissen, welche Pflichten die Gastgeber haben, wissen Sie gleichzeitig mehr darüber, was Sie als Gast nicht dürfen. Das zu wissen ist nämlich für Gäste besonders wichtig.

Was tun mit der Tischdame?

Nach dem aus unserer Kulturtradition stammenden Grundsatz *Rechts schützt Links* ergibt sich folgerichtig: Ihre Tischdame ist die Frau, die an Ihrer rechten Seite platziert wurde. Für den Verlauf der gesamten Veranstaltung ist das die Frau, um die Sie sich kümmern sollen – wenn Ihre Tischdame das wünscht. Sie sollten

Welche Aufgaben hat der Tischherrn bei sehr offiziellen Veranstaltungen?

sich dabei zwar durchaus Mühe geben, sich aber vor allem natürlich und souverän verhalten, so dass es nicht angestrengt wirkt und Ihrer Tischdame angenehm ist – und nicht so, dass sie ein schlechtes Gewissen bekommen könnte.

Bei einem hochoffiziellen Bankettessen werden Sie nach deutscher Sitzordnung Ihre Tischdame bereits zum Tisch führen; nach internationaler Tischordnung führen Sie dagegen nur dann Ihre Tischdame zum Tisch, wenn Sie an der Gastgeber-Tischseite platziert wurden. Sitzen Sie dagegen an der Gastgeberin-Tischseite, ist das nicht so; da die Gastgeberin von dem ranghöchsten männlichen Gast und nicht von ihrem Tischherrn zum Tisch geführt wird, führen auch Sie die Frau, die an Ihrer linken Seite Platz nehmen wird, zum Tisch, ohne ihr Tischherr zu sein. Falls Sie sich bis zu dem Zeitpunkt noch nicht kannten, haben Sie sich ihr vorgestellt und abgewartet, bis sie Ihnen zur Begrüßung die Hand reicht. Am Tisch werden Sie ihr, sobald die Gastgeberin am Tisch ist, den Stuhl zurechtrücken. Diese Kavaliersgeste stammt übrigens noch aus der Zeit, als Damen bodenlange, pompöse Röcke trugen, mit denen sie sich gar nicht allein hinsetzen konnten. Aber noch heute wünschen sich viele Frauen diese Kavaliersgeste – auch weil sie sich dank dieser Aufmerksamkeit mit Rock und Handtasche eleganter hinsetzen können.

Die alte Kavaliersgeste, dass kein einziger Mann sitzen darf, sobald eine Frau im Raum steht, gilt heute nur noch in reduziertem Ausmaß: Nur der Tischherr steht auf, sobald seine Tischdame steht. Höfliche Männer, die an der rechten Seite der betreffenden Frau sitzen, würden natürlich mit aufstehen – für sie ist das gewissermaßen ein Reflex. Verlässt also Ihre Tischdame zwischen den Gängen den Tisch, stehen Sie auf, schieben ihren Stuhl zurück, behalten den Eingang im Auge und wenn sie zurückkehrt, stehen Sie erneut auf und helfen ihr beim Hinsetzen. Ihre Tischdame wird Sie aber vorwarnen, falls Sie gerade im Gespräch mit der anderen Seite sein sollten *Ich verlasse jetzt gleich den Tisch.* Vielleicht sagt sie zusätzlich: *... aber bitte behalten Sie Platz.* Dann bleiben Sie sitzen, weil Ihre Tischdame offenbar kein Aufsehen wünscht. Früher hätten Sie ihr sogar nach draußen folgen müssen, aber das wünscht sich heute kaum eine Frau mehr.

Am Tisch reichen Sie Ihrer Tischdame das Brot, die Butter und gießen ihr Wein und Wasser nach, falls der Service sich nicht genügend kümmert. Sie achten darauf, dass Ihre Tischdame Unterhaltung hat; falls nicht, müssen Sie sich ihr wieder zuwenden oder sie in Ihr Gespräch mit einbeziehen. Bei einem hochoffiziellen Bankett-Essen, bei dem zu Tisch geführt wurde, müssten Sie, nachdem die Tafel aufgehoben wurde, Ihre Tischdame noch aus dem Saal oder zu ihrem Begleiter führen.

Ist die Veranstaltung mit einem Buffet organisiert, sollten Sie mit Ihrer Tischdame gemeinsam zum Buffet gehen und ihr dort beim Auftun der Speisen behilflich sein. Essen Sie mit ihr möglichst in einem Takt und einigen Sie sich auch mit den anderen am Tisch auf einen Essrhythmus – nonverbal, versteht sich.

Mehr ist's gar nicht, was Sie für Ihre Tischdame tun müssen, wenn Sie sich korrekt verhalten wollen. Und Sie werden sehen, dass sich Ihre Tischdame – obwohl sie das natürlich alles auch ohne Sie schaffen würde – selbstbewusst freut, weil sie sich wertgeschätzt fühlt. Auch und vielleicht sogar gerade die autarken, besonders erfolgreichen und selbstbewussten Frauen von heute – egal, wie alt sie sind – schätzen solche Kavaliersgesten, wenn sie souverän ausgeführt werden.

Noch ein Trost für diejenigen, die mit ihrer Tischdame nicht gar so zufrieden sind, von Freiherrn von Knigge: «[...] und wenn bei großen Tafeln mich als einen jungen Menschen die Reihe traf, neben einer dummen Schönheit Platz zu nehmen, so habe ich oft den Mann beneidet, dem sein Rang ein Recht gab, der Nachbar einer verständigen, muntern alten Frau zu sein.» {**Über den Umgang mit Menschen, S. 139**}

Hauptsache, es schmeckt!

Wer zum Essen einlädt – egal, ob ins Restaurant oder nach Hause –, wünscht sich vor allem, dass die Gäste sich wohlfühlen, weil sie an einem schönen Ort interessante Menschen kennenlernen oder wiedertreffen können, mit denen sie gern ihre Zeit verbringen. Das ist zwar das Wichtigste, doch darüber hinaus freuen sich Gastgeber, wenn ihre Auswahl von Speisen und Getränken geglückt ist, so dass die Einladung auch in kulinarischer Hinsicht ein Erfolg war. Vegetarier, Gäste, die nur auf Fleisch verzichten, nicht aber auf Fisch, und auch immer mehr Menschen, die unter einer Nahrungsmittelunverträglichkeit leiden, stellen sich die Frage: Wem, wann, wie und ob überhaupt sage ich es? Darf ich den Teller unangerührt stehen lassen? Oder gehe ich vielleicht gar nicht erst hin? Die Einladung abzusagen, wäre eine traurige Alternative. Viel eher ist es doch zu empfehlen, die Gastgeber recht-

Wie verhält man sich heute richtig, wenn man bei einer Essenseinladung bestimmte Speisen nicht essen möchte?

zeitig darüber in Kenntnis zu setzen – damit sie reagieren können. Aufmerksame Gastgeber werden ihren Gästen für einen solchen Hinweis in jedem Fall dankbar sein und sich gern darauf einstellen. Insbesondere bei einem gesetzten Essen zu Hause werden höfliche und rücksichtsvolle Gäste es sogar als ihre Pflicht ansehen, die Gastgeber beizeiten zu informieren. Sie vermeiden somit die Hektik in letzter Minute und unnötige Enttäuschungen auf beiden Seiten, vor allem aber verhalten sie sich fair. Gastgeber werten ihre Einladung nämlich unweigerlich als einen Misserfolg, wenn ihre Gäste nicht rundweg zufrieden sind.

Gastgeber sollten es, jedenfalls bei Einladungen ins Restaurant, als ihre zeitgemäße Gastgeberpflicht betrachten, bei einem vorbestellten Menü auch für kurzfristig verfügbare Austauschgerichte zu sorgen. Das ist bei einer frühzeitigen Absprache mit der Küche – spätestens beim Aperitif – meist noch problemlos möglich. Bei Einladungen nach Hause sollten Gastgeber die Gäste schon zur eigenen Sicherheit nach Ausnahmen und Besonderheiten fragen.

Bekommt der Tischnachbar ein anderes Gericht oder isst nur wenig davon, nimmt jemand Ergänzungsprodukte oder Medikamente am Tisch ein – so oder so, höfliche Gäste werden das nicht bemerken, nicht kommentieren und vor allem keine indiskreten Fragen stellen. Ein Tischgespräch zu diesem Thema wird schließlich nur in seltenen Fällen für alle unterhaltsam sein und im Übrigen dürfte allein die betreffende Person das Thema ansprechen.

Jeder Gastgeber wäre allerdings auch schlecht beraten, wenn er seine Gäste mit einem besonders exotischen Spezialmenü überraschen wollte. Monothematische Menüs, ausgefallene Speisen oder solche Speisen wie Eisbein, Haxe, Sülze, Krustentiere, Sushi etc. sind nur dann eine schöne Überraschung, wenn man als Gastgeber ganz sicher sein kann, dass sich die Gäste darüber auch freuen werden.

Noch etwas zu denen, die das auf ihrem Teller nur deshalb nicht mögen, weil es ihnen nicht so gut schmeckt und sie es daher nicht gerne essen. In einem solchen Fall ist einfach abzuwägen, was wichtiger ist – ihr Wohl oder das der anderen. Wohl auch aus diesem Grund befassten sich schon die ältesten Benimmbücher der Welt, ob arabische, chinesische oder abendländische, mit diesem Thema und legten den Mitgliedern einer Tischgemeinschaft ans Herz, nie und nimmer an dem angebotenen Essen herumzumäkeln. Wobei auch ein übertriebenes Lob problematisch ist, so als ob man etwa anderes erwartet hätte.

Zusammengefasst kommt es wie so oft darauf an, dass alle Beteiligten ihr Bestes dazu beitragen, dass die Veranstaltung gelingt – Gäste und Gastgeber gleichermaßen.

Bitte ohne *Guten Appetit*!

Richtig, und das ist keine neue Regel, das war noch nie richtig – jedenfalls nicht in der gesellschaftlichen Oberschicht und schon gar nicht in aristokratischer Gesellschaft. Auch bei allen offiziellen Essen wünschte man sich noch nie einen *Guten Appetit*.

Ist es tatsächlich nicht mehr richtig, vor dem Beginn eines (Geschäfts-) Essens allen einen *Guten Appetit* zu wünschen?

Bei Essenseinladungen ist es traditionell die Aufgabe der Gastgeberin, das Essen zu eröffnen. Sobald alle Gäste ihr Essen vor sich haben, gibt traditionell sie das Zeichen zum Essensbeginn. Das tut sie jedoch eben nicht, indem sie allen Gästen einen *Guten Appetit* wünscht. Jedenfalls dann nicht, wenn sie im gehobenen Stil zum Essen eingeladen hat und sie davon ausgehen darf, dass niemand am Tisch nur aufgrund seines Appetits gekommen ist. Vielmehr sollte es so sein, dass alle gern gekommen sind, um zusammen zu sein, um sich kennenzulernen, um Zeit miteinander zu verbringen, um gute Gespräche zu führen, um die Einladung wertzuschätzen – nicht wegen des Essens an sich jedenfalls. Daher nimmt sie mit einem Blick in die Runde und einem nonverbalen *Schön, dass Ihr da seid* das Besteck auf und beginnt zu essen.

Leider reicht das manchen Gästen nicht und oft fühlt sich einer berufen, doch noch *Guten Appetit* über den Tisch zu rufen. Dies ist jedoch schlicht unverschämt, zumal meist ein vorwurfsvoller Ton an die Gastgeber nicht zu überhören ist. Dass damit jedoch das festliche Essen auf Kantinenniveau gebracht wird, ist dem Besserwisser nicht einmal bewusst, weil die Gastgeberin ihn freundlich anlächeln wird und sogar etwas murmelt wie *Danke, ebenso*.

Selbstverständlich übernimmt die Aufgabe, das Essen zu eröffnen, auch der Gastgeber, wenn er allein einlädt, oder die ranghöchste Person der Tischgemeinschaft, falls nicht eingeladen wurde. Wenn alle gleichrangig am Tisch sind – Freunde vielleicht –, eröffnet einfach irgendeiner der Gäste das Essen mit der gleichen nonverbalen Geste, die ausdrückt: *Schön, dass wir heute hier zusammen sind*.

Besonders verpönt ist die weitverbreitete Sitte, beim Geschäftsessen *Guten Appetit* zu sagen. Selbstredend geht es da schließlich schon gar nicht um die reine Nahrungsaufnahme – so ein Geschäftsessen ist harte Arbeit. Da kann jeder Tritt ins Fettnäpfchen unerwünschte Folgen haben. Auch so mancher Bewerber wähnt sich der neuen Position schon sicher, wenn er zum Essen ins Restaurant geladen wird. Da kann der freundlich gemeinte Wunsch *Guten Appetit* schlimmstenfalls den ersehnten Arbeitsvertrag kosten.

Allerdings ist es nicht schlimm, wenn Ihnen der Kellner einen *Guten Appetit* wünscht, denn die Köchin oder die Dienerschaft sagte das auch früher schon in feiner Gesellschaft. Bedienung darf das also – allerdings ohne darauf eine Antwort zu erwarten.

Und wünschen Gastgebende ihren Gästen einen *Guten Appetit*, werden höfliche Gäste – auch wenn sie es besser wissen – mit einem freundlichen Lächeln angemessen darauf antworten. Jede neunmalkluge Miene wäre ausgesprochen ungezogen.

Restaurantregeln auf Schritt und Tritt

Welche Restaurant-regeln gibt es in Deutschland?

Selbstverständlich wird sich das Verhalten und auch das Aussehen (insbesondere die Kleidung natürlich) der Restaurantgäste nach dem Stil des Hauses richten. Schließlich wird sich jeder kultivierte Mensch in einem Gourmetrestaurant anders zu benehmen wissen als beim netten Italiener an der Ecke – allerdings nur um Nuancen, versteht sich. Man sollte auch in weniger feinen Restaurants die Regeln nicht außer Acht lassen, denn Höflichkeit ist, wenn sie denn ganz zu dem Menschen gehört, nirgendwo deplatziert. Restaurantregeln passen demnach in jedes Haus, wenn sie sinnvoll angewendet und möglichst von allen Beteiligten beherrscht werden.

Beispielsituation: In einer privaten Situation lädt ein Mann eine Frau ins Restaurant zum Essen ein.

In Deutschland betritt immer noch der Mann das Restaurant zuerst. Nachdem er die Restauranttür geschlossen hat, übernimmt er im Restaurant die Führung. Er verhandelt jetzt mit dem Oberkellner über den reservierten Tisch und nimmt dann der Frau den Mantel ab, bevor er seinen ablegt. Heute darf das Mantelabnehmen auch der Oberkellner übernehmen, was früher hinter dem Gedanken *Kein anderer Mann darf meine Frau anfassen* undenkbar gewesen wäre.

Falls beide vom Oberkellner zum Tisch geführt werden und der Weg zu schmal ist, als dass beide nebeneinander gehen könnten, geht der Kellner vorneweg, hinter ihm die Frau und der Mann folgt zuletzt. Gehen beide allein zum Tisch, dann geht der Mann vor und führt die Frau an den gewählten Tisch. Am Tisch nimmt er selbstverständlich erst Platz, nachdem sie sich gesetzt hat und er ihr vielleicht dafür den Stuhl zurechtrückte.

Wird à la carte gegessen und er bestellt nicht für sie mit, gibt zuerst sie die Bestellung beim Kellner auf, wobei er als Gastgeber unbedingt den Rahmen vorzugeben hat, insbesondere was die Anzahl der Gänge betrifft. Er bestellt und probiert den Wein, bezahlt stilvoll die Rechnung und war den ganzen Abend über ein angenehmer Gesprächspartner. Und: Der Mann steht immer kurz auf, wenn die Frau den Tisch verlässt oder wieder an den Tisch zurückkehrt, falls es sich nicht gerade um ein Bierlokal handelt.

Egal, ob er den Mantel von der Garderobe zum Tisch holt oder ob beide gemeinsam zur Garderobe gehen: Der Mann zieht zuerst seinen eigenen Mantel an und hilft erst dann der Frau in ihren Mantel (bitte geschickt und außerdem so, dass er nicht den Fußboden berührt!), damit sie nicht länger als er im warmen Mantel stehen muss. Beim Verlassen des Restaurants geht die Frau bis zur Restauranttür vor. Sie erinnern sich? Frauen und Gäste haben den Vortritt, wenn sie den Weg kennen und sich nicht verlaufen können. Am Ausgang jedoch tritt sie einen Schritt zur Seite, damit er die Restauranttür öffnen kann – sinngemäß in gleicher Weise wie beim Betreten des Restaurants.

Lädt eine Frau einen Mann ins Restaurant zum Essen ein, übernimmt sie selbstverständlich sämtliche Gastgeberpflichten. Ob sie ihm dann auch in den Mantel hilft sowie den Stuhl zurechtschiebt, wird sie situationsgemäß entscheiden müssen.

Hinein ins Restaurant

**Wie betritt man
heute korrekt
das Restaurant?**

In Deutschland und auch in den skandinavischen Ländern ist es nach wie vor üblich, dass der Mann ins Restaurant oder in eine Bar, auch ins Kino und überall, wo früher nicht ganz klar war, ob es auch ein Ort für Frauen ist, vorausgeht, um die terra incognita, das unbekannte Terrain, zu prüfen. Ob der Ort etwas für sie ist, können die Frauen heute zwar selbst entscheiden, doch die Regel ist geblieben.

Heute gilt diese Regel – situations- und rollenbedingt – allerdings auch für Frauen, wenn sie Männer und/oder Frauen ins Restaurant einladen. Dann nämlich, das wissen Sie bereits, übernehmen auch Frauen (fast) alle Gastgeberpflichten.

Beispielsituation: In einer privaten Situation lädt ein Mann eine Frau ins Restaurant ein und hält ihr folgendermaßen die Restauranttür auf.

Zwar soll der Mann das Restaurant zuerst betreten, doch da er zusätzlich die Tür aufzuhalten hat, wird's oft schwierig, wenn die Frau sich nicht auskennt. Die Restauranttür geht ja meist nach außen auf, und so kann der Mann nicht die Tür stilvoll aufhalten und gleichzeitig den ersten Fuß ins Restaurant setzen. Daher hilft er sich oft damit, dass er die Tür irgendwie aufmacht, vorgeht und sich dann wenigstens mit einem Fuß in die Tür stellt. Und so steht er dann mitten im Türrahmen. Die Frau soll sich dann an ihm vorbeizwängen, was zuweilen gar nicht so einfach ist und darüber hinaus sogar ihrem Distanzbedürfnis widerstrebt.

Besser macht der Mann es, wenn er kurz vor der Tür einen Schritt vorangeht, die Tür mit der linken Hand ganz und gar nach außen öffnet, sich mit dem Gesicht zur Frau dreht und sie passieren lässt. Egal, in welche Richtung auch immer die Tür geöffnet werden muss, soll die Frau beziehungsweise der Gast für den Moment, in dem der Mann die Tür schließt, im Eingangsbereich stehen bleiben und ihm danach wieder die Führung – zum Oberkellner beispielsweise – überlassen.

Gehen zwei Paare ins Restaurant, dann öffnet ein Mann die Tür (meist nach außen), geht hindurch und übergibt die Tür währenddessen dem zweiten Mann. Dann treten beide Frauen ein und der zweite Mann schließt die Tür hinter sich. Das ist wirklich weniger kompliziert, als es womöglich klingt.

Mit natürlichem Selbstverständnis wird der Auftritt im Restaurant erst dann souverän wirken können, wenn auch die Frau beziehungsweise der Gast die Regel kennt und solche Kavaliersgesten zu schätzen weiß. Weiß die Frau beziehungsweise der Gast zwar nicht Bescheid, freut sich aber offenbar über die Höflichkeit, kann der

Mann das Procedere immer mit den Worten *Darf ich vorgehen* oder *Bitte nach Ihnen* begleiten und ihr somit jeden Schritt ein wenig erleichtern. Andernfalls laufen Höflichkeitsgesten ins Leere und das wäre doch für alle Beteiligten sehr schade.

Alles wäre natürlich auch gar nicht so kompliziert, wenn Restauranttüren sich nach innen öffnen ließen. Dass das nicht so ist, liegt daran, dass Wirtshäuser, Bars und Kneipen früher zwar keine Sorge hatten, dass die vor allem männlichen Gäste beim Betreten des Schankraums die Tür problemlos würden öffnen können – was jedoch meist nicht mehr der Fall war, wenn sie das Lokal nach einem Weilchen wieder verlassen wollten. Daher kommt es, dass heute die Türen selbst der schicksten Gourmetrestaurants nach außen geöffnet werden.

Restaurantgäste helfen nicht

Sie gehen in ein Restaurant essen, und somit müssen Sie nicht selbst einkaufen und nicht kochen, den Tisch nicht decken und sich auch nicht um den Abwasch kümmern. Sie möchten sich verwöhnen lassen. Jedenfalls sollten Sie sich verwöhnen lassen und auch verwöhnen lassen wollen.

Nimmt man sein Glas mit, wenn man im Restaurant den Tisch wechselt?

Lassen Sie die Restaurantbrigade ihre Arbeit machen und helfen Sie ihr dabei nicht, weil Sie sie sonst eher in ihren Arbeitsabläufen stören und sogar – wenn auch ungewollt – dem Service damit signalisieren, dass er seine Aufgaben nicht zu Ihrer Zufriedenheit erfüllt, da Sie «mitarbeiten» müssen. Außerdem machen Sie als Gast dabei keine gute Figur, wenn Sie Teller und Gläser tragen oder unter dem Tisch nach der Serviette suchen. Möchten Sie, nachdem Sie bereits Platz genommen haben, Ihren Tisch wechseln, verhandeln Sie natürlich zuerst mit dem Restaurantmitarbeiter darüber. Wenn der Ihnen den gewünschten Tisch anbieten kann, nehmen Sie nur Ihre persönlichen Dinge mit. Alles andere, wie Serviette, Gläser etc., bleibt am Tisch, bis der Restaurantmitarbeiter es Ihnen nachbringt. So verhalten Sie sich auch, wenn Sie von der Bar zum Tisch wechseln.

Sie geben auch sonst dem Service keine Hilfestellung. Nehmen Sie ihm weder ungefragt einen Teller ab, noch reichen Sie ihm die Teller zum Abservieren. Keinesfalls stapeln Sie das Geschirr zusammen. Das ist so ziemlich der peinlichste Fehler, damit disqualifizieren Sie sich als Gast völlig – sogar in dem einfachsten Lokal. Heben Sie auch bitte nichts vom Fußboden auf, was Ihnen heruntergefallen ist und Ihnen nicht gehört. Bitten Sie dann vielmehr um eine neue Serviette oder um eine neue Gabel. Was sollten Sie auch mit der Serviette oder mit der Gabel anfangen, wenn sie bereits auf dem Fußboden lag? Auf den Tisch sollten Sie sie nicht legen, benutzen sollten Sie sie auch nicht mehr wollen. Bleibt nur, sie so lange in der Hand zu halten, bis ein Kellner sie Ihnen abnimmt und dann doch eine neue bringt. Dann müssten Sie sich streng genommen noch die Hände waschen gehen ...

Außer in Selbstbedienungsrestaurants ist das überall Usance. Kein qualifizierter Kellner im Gartenrestaurant wird etwas Merkwürdiges daran finden, wenn Sie für Ihr heruntergefallenes Messer ein neues möchten. Dagegen übernehmen Sie das Nachgießen von Wasser, Wein oder Kaffee aus dem Kännchen in einem einfachen Restaurant selbst, es sei denn, die Wein-, Sekt- oder Champagnerflasche ist im Weinkühler untergebracht. In diesem Fall sollten Sie das Einschenken dem Service überlassen. In einem Gourmetrestaurant wird der Restaurantmitarbeiter seine Aufgabe darin sehen, Sie niemals mit einem leeren Glas sitzen zu lassen und Ihnen rechtzeitig nachgießen bzw. ein neues Glas bringen, wenn der Wein gewechselt wird – falls er möchte, dass Sie noch bis zum Digestif bleiben.

Selbstverständlich werden Sie in einem ganz einfachen Restaurant oder in einer Studentenkneipe, auf der Skihütte oder im Biergarten dem Kellner den leeren Teller reichen, wenn er Sie darum bittet. Und in einem Selbstbedienungslokal holen Sie sich selbst neues Besteck, wenn es Ihnen auf den Boden fiel – den Tisch wischen Sie aber auch da nicht selbst ab, falls er noch schmutzig sein sollte ...

Restaurantgäste, die zu wenig oder zu viel Service erwarten, weil sie sich nicht über das Niveau des Hauses im Klaren sind, wirken immer besonders unangenehm – auch, weil sie Situationen provozieren, die für alle Beteiligten unnötig peinlich sind.

Restaurantempfehlung

Woran erkenne ich ein gutes Restaurant?

Freiherr von Knigge beschreibt in seinem Kapitel *Über den Umgang mit Wirt und Gast* seine Erfahrungen mit Gastwirten: «Es gibt aber auch Menschen, die einen so gewaltig hohen Wert auf die Gastfreundschaft setzen, welche sie uns erweisen, daß sie dafür gelobt, geschmeichelt, bedient, häufig besucht, und wer weiß was sonst alles sein wollen. Das ist nun freilich nicht billig. Ein mäßiger Mann verlangt doch nicht mehr, als sich satt zu essen, und das kann er ja leicht um geringern Preis. Das Mehr oder Weniger ist so viel nicht wert, und ich halte wahrhaftig meine Gesellschaft und meine verlorne Zeit ebenso teuer als Ihro Hochmögenden Dero Pasteten und Braten.» {**Über den Umgang mit Menschen, S. 241**}

Kochmützen, Kochlöffel und natürlich Michelin-Sterne sind Anhaltspunkte dafür, ob Gäste hohe Erwartungen mit dem Restaurantbesuch verbinden dürfen. Doch in vielen Gasthöfen, internationalen Restaurants und sowieso beim guten Italiener oder Griechen werden Sie nicht weniger zufrieden sein. Um allerdings Enttäuschungen zu vermeiden, sollten Sie sich Ihren eigenen Anspruch definieren.

So erkennen Sie, ob Sie sich in einem stilvollen Restaurant befinden:

▸ Wird Ihre Reservierung korrekt entgegengenommen und werden sämtliche Verabredungen berücksichtigt?

▸ Begrüßt Sie zwar der Oberkellner oder der Wirt persönlich mit Handschlag, jedoch keiner der Restaurantmitarbeiter?

▸ Nimmt ein Restaurantmitarbeiter Ihnen die Garderobe ab?

▸ Führt Sie ein Restaurantmitarbeiter zum Tisch und schiebt Ihnen, wenn Sie als Frau allein essen gehen, den Stuhl hin?

▸ Sind sowohl die Tischwäsche als auch der Stuhlbezug einwandfrei sauber?

▸ Stehen auf den Tischen weder Zahnstocher noch künstliche Blumen?

▸ Ist der äußere Gesamteindruck jedes Restaurantmitarbeiters tadellos?

▸ Sucht jeder Restaurantmitarbeiter, insbesondere jedoch Ihr zuständiger Kellner, im Vorbeigehen stets Ihren Blickkontakt?

▸ Wendet sich der Restaurantmitarbeiter mit seinen Angeboten immer zuerst an den Gastgeber, serviert ihm aber nach den Gästen die Speisen und Getränke?

▸ Verhält sich der Restaurantmitarbeiter ebenso korrekt, wenn der Gastgeber eine Frau ist?

▸ Serviert der Restaurantmitarbeiter Ihnen konsequent – auch wenn er einen Umweg machen muss – vorbereitete Teller und Getränke von rechts, Brot, Salat oder Gemüse dagegen von links?

▸ Wird Ihnen die noch geschlossene Weinflasche von links präsentiert, bevor Ihnen von rechts der Probierschluck eingegossen wird?

▸ Wird der leere Brotkorb ohne Fragen nachgefüllt?

▸ Werden Getränke zumindest dann fraglos nachgefüllt, wenn der Restaurantmitarbeiter gerade am Tisch ist und sehen müsste, dass die Gläser fast leer sind?

▸ Werden die Gänge für alle Gäste am Tisch gleichzeitig serviert?

▸ Wird kein leerer Teller abserviert, solange noch ein Gast am Tisch isst?

▸ Wird jedoch sofort abserviert, sobald alle am Tisch ihr Besteck in die *Ich bin mit dem Gang fertig, Sie können abservieren*-Position gebracht haben – ohne nachzufragen, ob Sie tatsächlich fertig sind?

▸ Wird Reklamationen selbstverständlich und ohne Debatte entsprochen?

▸ Bleibt der Restaurantmitarbeiter freundlich, auch wenn Sie wenig bestellen und beim Wasser bleiben wollen?

Beantworten Sie alle Fragen mit Ja, sind Sie bestimmt in einem Restaurant, dem das Wohl seiner Gäste am Herzen liegt. Wenn darüber hinaus die Speisekarte nicht zu lang ist, dafür die Weinkarte gut sortiert, die Teller nicht übervoll sind, auf den Tischen keine Aschenbecher stehen und im Wasser weder Eis noch Zitrone schwimmt, dann sind Sie sogar in einem Restaurant, das besonders vielversprechend ist.

PS: Taktvolle Kellner werden Gäste, die gerade etwas im Mund haben, außerdem natürlich nicht nach irgendetwas fragen – auch nicht nach der Zufriedenheit.

Gemeinsam essen

Sollte man mit dem Essen beginnen, wenn man sein Gericht bekommen hat, obwohl die anderen noch auf ihres warten?

Tischgemeinschaften mit einer klassischen Rollenverteilung – Gastgeber und Gäste – haben es ja leichter, da wird der Gastgeber als Regisseur Empfehlungen für die Speisenauswahl aussprechen. Höfliche Gäste werden dafür dankbar sein und sich daran orientieren (wollen), um mit allen am Tisch im gleichen Takt zu essen. Das betrifft sowohl die Anzahl der Gänge als auch die Menüfolge, die wiederum für die Auswahl der Weine entscheidend ist. Doch selbstverständlich kommt es mindestens ebenso häufig vor, dass Tischgemeinschaften ohne einen Gastgeber essen gehen. Dann ist es entweder an jedem selbst, für den Stil des gemeinsamen Essens zu sorgen, oder aber einer am Tisch lenkt die Speisenauswahl, damit die Tischgemeinschaft auch wirklich gemeinsam essen kann.

Welches Verhalten nun aber in der Situation tatsächlich angemessen ist, verlangt eine genaue Definition der Konstellation. Wer geht wo mit wem warum essen? Angenommen, sechs Freunde – gleichrangig, ohne eine konkrete Gastgeber- und Gastrollen-Verteilung – gehen in ein gehobenes Restaurant ohne einen besonderen Anlass à la carte essen. Die sechs freuen sich zwar darauf, gemeinsam einen schönen Abend mit dem, was Küche und Keller zu bieten haben, zu verbringen, aber sie setzen sich nicht an einen Tisch, nur um sich gemeinsam zu ernähren. Wie es Tradition ist, geht es ihnen beim Essen um Gemeinsamkeit und ums Teilen – um Geselligkeit.

Sie sollten sich unbedingt über die Menüwahl verständigen und sie möglichst so steuern, dass alle gleiche oder ähnliche Speisen wählen. Einer könnte dabei die Führung übernehmen und die Wahl ein wenig dirigieren: *Was haltet Ihr davon, wenn wir uns auf vier Gänge einigen? Wollen wir mit der Vorspeisenplatte des Hauses starten?* oder *Was denkt Ihr, wollen wir uns alle an das Überraschungsmenü wagen? Lasst uns doch heute vorahnungslos fünf Gänge genießen?* Eine solche Einladung werden zusammengehörige Tischgemeinschaften dankbar annehmen, weil sie wissen, dass nur so garantiert werden kann, das Bedürfnis einer Tischgemeinschaft nach Zusammengehörigkeit zu befriedigen.

In der gehobenen Gastronomie werden die Speisen nämlich individuell zubereitet, so dass es dort immer zu empfehlen ist, sich von der kleinen Karte auf ein gemeinsames Menü zu einigen. Falls bei dem vorgeschlagenen Menü einer einen Sonderwunsch hat, ist das für die Gourmetküche meist auch kein Problem. Dagegen sind die Speisen in einfacheren Restaurants bereits vorbereitet oder sogar zubereitet und müssen nur noch fertiggestellt oder aufgewärmt werden. Da sollte auch eine lange Bestellliste kein Problem sein. Unterschiedliche Speisen verlangen allerdings meist auch unterschiedliche Getränke, so dass auch daran gedacht werden sollte. Für jeden Einzelnen einer kleinen Tischgemeinschaft sollten beim gemeinsamen Essengehen die Interessen der Gemeinschaft weitestgehend über den eigenen Bedürfnissen und Wünschen stehen, damit die Zusammengehörigkeit im Vordergrund steht. Geht das nicht, dann ist es insbesondere in Restaurants ohne geschultes Personal unbedingt erforderlich, Wünsche dem Service zu kommunizieren: *Bitte bringen Sie uns die einzelnen Gänge so, dass wir gemeinsam essen können.* In manchen Restaurants gehört zu einzelnen Hauptgängen ein kleiner Salat, der, als Vorspeise gedacht, eine Extra-Vorspeise ersetzt oder, als Beilage gedacht, mit dem Hauptgericht zusammen serviert wird. Danach sollten Sie fragen und entsprechend das Menü zusammenstellen. Selbstverständlich können Sie auch auf diesen Salat verzichten und stattdessen eine andere Vorspeise wählen – was Sie wiederum dem Kellner gegenüber kurz erklären sollten. Sonst kommt möglicherweise alles durcheinander. Einzeln gebrachte Speisen bei einer einheitlichen Menüzusammenstellung von Essensgemeinschaften sind immer Servicefehler und müssen – zumindest, wenn man bereits bei der Bestellung deutlich gemacht hat, dass man Wert auf gleichzeitiges Essen legt – nicht akzeptiert werden. In einem gehobenen Restaurant weist man darauf natürlich nicht hin, dort darf man das erwarten und nötigenfalls den Teller zurückschicken. Keinesfalls ist es jedenfalls korrekt, mit dem Essen zu beginnen, bevor nicht jeder Gast am Tisch seinen Gang serviert bekam. Es geht, wie bereits betont, um Gemeinsamkeit und um Teilen!

So oder so sollten sich alle Gäste zumindest auf eine einheitliche Anzahl von Gängen einigen, ansonsten ist es tatsächlich eher eine gemeinsame Nahrungsaufnahme und nicht mehr.

PS: Bei einer Gästezahl von mehr als acht Personen empfiehlt es sich in einem Gourmetrestaurant, ein einheitliches Menü bereits bei der Tischreservierung zusammenzustellen.

Fettnäpfchengefahren

Welche Fettnäpfchen gibt es im Restaurant noch?

Fettnäpfchen lauern ja überall im Restaurant. Das soll nicht heißen, dass jeder Tritt in ein solches gleich schlimme Folgen hat und dass jeder Fauxpas in allen Restaurants gleich schwerwiegend wäre und schon gar nicht, dass ein Ausrutscher überhaupt von Gästen oder Restaurantmitarbeitern bemerkt werden muss. Sie finden hier Fauxpas, die zwar je nach Situation nur mehr oder weniger unangenehm auffallen, aber dennoch überall möglichst vermieden werden sollten und auch vermieden werden können, ohne dass es irgendwo ungewöhnlich wäre.

Der Umgangston mit den Restaurantmitarbeitern darf natürlich keinesfalls befehlend oder von oben herab, sollte aber auch nicht fraternisierend sein. Gäste sollten den Restaurantmitarbeitern nicht ungebeten bei der Arbeit helfen.

Es ist in den meisten Restaurants nicht erwünscht, dass Gäste sich einfach an einen freien Tisch setzen, ohne platziert zu werden.

Tische zusammenzuschieben und Stühle durchs Restaurant zu tragen, sollten Gäste unterlassen.

Nur dann, wenn keine Garderobe angeboten wird, sollten Mäntel, Jacken und Schirme über den Stuhl gehängt werden.

Außer ihre Hände sollten Gäste nichts auf den Tisch legen. Weder die Brille, der Fotoapparat, das Handy, die Zigaretten, noch der Kugelschreiber und schon gar nicht die Handtasche sollten auch nur kurze Zeit auf dem Tisch stehen oder liegen. Die kleine Handtasche kann hinter Ihnen auf dem Stuhl Platz finden oder über die Stuhllehne gehängt werden. Große Taschen stehen neben dem Stuhl auf dem Boden.

Schminken, Haare kämmen, Zahnstocher benutzen und telefonieren ist am Tisch unerwünscht.

Wer vom Nachbarteller probieren oder die Reste des Partners aufessen möchte, sollte wenigstens abwägen, ob in der Situation die Etiketteregel, dass Teller nicht bewegt oder verschoben werden und dass Gäste nicht über den Tisch greifen sollen, zu beachten ist. In einem noblen Restaurant ist ein solches Verhalten der Gäste mit dem Stil des Hauses nicht vereinbar. Gäste sollten dann besser den Kellner bitten: *Ich würde sehr gern von dem Dessert meiner Freundin kosten. Sind Sie mir bitte mit einem Extrateller behilflich?* Dennoch ist damit Vorsicht geboten, viele Esspartner mögen das nämlich gar nicht.

Ohne das Essen zu probieren, sollte nicht nachgewürzt werden. Erst nach einer Kostprobe wird ein stilvoller Gast eventuell zum Salz greifen. In einem Gourmetrestaurant ist auch das nicht empfehlenswert – zeugt es doch allein von der geringen Kenntnis des Gastes.

Manches schlechte Restaurantverhalten ist zwar dem unzureichend geschulten Service geschuldet, doch sollte sich kein Restaurantgast dadurch über die Maßen verführen lassen, sich danebenzubenehmen – etwa aus übervollen Cappuccinotassen trinken oder Löffel in Eisbechern ohne Untertasse stecken lassen. Vielmehr sollten souveräne Restaurantgäste selbst in einfachen Restaurants freundlich, aber bestimmt um eine Untertasse bitten und darum, den Cappuccinoschaumberg der Tasse anzupassen.

Ganz und gar unakzeptabel ist es, wenn Restaurantgäste gezwungen werden sollen, nicht gemeinsam oder dann eben kalt zu essen. Beim Essen in Gesellschaft geht es um Gemeinsamkeit und um Teilen, und Restaurants und deren Mitarbeiter, die das nicht verstehen, sind eine wirkliche Zumutung für ihre Gäste.

Menüreihenfolge im Wandel

Welche Reihenfolge ist bei einem Menü mit vielen Gängen richtig? In Deutschland wurde es zum Ende des 19. Jahrhunderts hin üblich, die einzeln aus der Küche in den Speisesaal gebrachten Gerichte als *Gänge* zu bezeichnen. Die Anzahl der Gänge reduzierte sich von eigentlich 12 Gängen – dreimal wurden vier verschiedene Speisen gleichzeitig aufgetragen – auf 5 bis 7 Gänge mit meist dieser Speisenfolge:

Suppe - Fisch - Fleisch - Braten - Nachtisch
oder
Kalte Vorspeise - Suppe - Fisch - Zwischengericht - Fleisch - Braten - Nachtisch
oder
Kalte Vorspeise - Suppe - Fisch - Fleisch - Zwischengericht - Braten – Nachtisch

Die schmalste Speisenfolge, die überhaupt die Bezeichnung *Menü* verdient, besteht aus drei Gängen: Vorspeise oder Suppe, Hauptgericht, Dessert. Dabei soll der Hauptgang eine warme Speise sein. Deshalb fällt eine Zusammenstellung wie: Kartoffelsuppe, Salat, Käseteller nicht unter den Begriff *Menü*. Wenn Sie zu weniger Gängen oder zu einer Zusammenstellung mit einem kalten Hauptgericht einladen wollen, bitten Sie besser zu *einem Abendessen*, zu *einem Imbiss* oder, wenn es Ihrem Speisenangebot entspricht, zu *einer deftigen Jause* oder *einem italienischen Abend*.

Nach modernen gastronomischen Regeln wird in Europa vorwiegend diese Menüfolge empfohlen, bei der leichte Speisen das Menü eröffnen, der Hauptgang den Höhepunkt bildet und wieder leichte Speisen zum Ausklang gereicht werden.

Einfaches Menü	**Erweitertes Menü**	
	Kalte Vorspeise	Kalte Vorspeise
Suppe	Suppe	Suppe
		warme Vorspeise
	Zwischengerichte	Zwischengerichte
		Fischgericht
		Sorbet
Hauptgang *	Hauptgang *	Hauptgang *
	Käsegericht	Käsegericht
Dessert **	süßes Dessert	süßes Dessert

* Fisch, Fleisch oder vegetarisch   ** Käsegericht oder süßes Dessert

Ein Menü zusammenzustellen bedeutet allerdings keine willkürliche Abfolge von Speisen, sondern ist vielmehr eine der schwierigsten Aufgaben von Küchenchefs und Restaurantbesitzern. Sie werden sowohl nach der klassischen wie auch nach der modernen Menülehre auf die Ausgewogenheit der Speisen achten, indem sie bestimmte Wiederholungen in Rohstoffen, Farbe und Zubereitungsart vermeiden oder aber absichtlich gerade solch ein Menü komponieren – beispielsweise ein monothematisches Menü.

Das Sorbet – Wassereis – ist bei einem Drei- oder Vier-Gang-Menü ganz und gar nicht notwendig, sondern wahrscheinlich sogar übertrieben und auch bei einem Fünf-Gang-Menü nicht zwingend. Es dient dazu, die Geschmacksnerven etwas zu neutralisieren. Daher ist es bei noch ausgedehnteren Menüfolgen durchaus üblich, ein Sorbet – das als vollwertiger Gang gezählt wird – dazwischenzuschieben. Dabei muss ein Sorbet nicht mehr ausschließlich zwischen einem Fisch- und einem Fleischgang serviert werden; man kann es auch zwischen zwei Fisch- oder Fleischgerichten einplanen, ebenso – falls erforderlich – zwischen zwei vegetarischen Speisen.

Ja, und gegen Ende eines ritualisierten Menüs gibt es – fakultativ – den Käsegang, aber er gehört nicht an den endgültigen Schluss. Zwar wird nicht nur in Deutschland hin und wieder das Käsegericht als letzter Gang nach einem süßen Dessert serviert – das ist jedoch nicht die klassische Version. Auch wenn sich der Satz *Käse schließt den Magen* allgemeiner Bekanntheit erfreut und so manchen Genießer zum Abweichen von der gastronomischen Regel verführt, ist er doch nicht richtig.

Erst nachdem der letzte Gang des Menüs (Hauptgang oder Käse) abserviert wurde, folgt der Schlusspunkt und Höhepunkt: das Dessert.

Wie auch immer Sie Ihr Menü zusammenstellen (lassen), es sollte von den passenden Getränken begleitet werden. Beispielsweise gehört zu einem perfekt zusammengestellten Gourmetmenü eine passende Getränkefolge aus jeweils zum Gang korrespondierenden Weinen, wofür umsichtige Küchen- und Restaurantchefs und Gäste gern die Kennerschaft eines Sommeliers oder einer Sommelière zurate ziehen. Ein deftiges Essen in einem bergischen Wirtshaus kann dagegen ein kühles Bier wunderbar vervollkommnen.

PS: Egal, wie viele Gänge Sie auch bestellen – seitdem die Küche nouvelliert wurde, werden Sie und Ihr Magen in einem Gourmetrestaurant niemals überfordert sein.

Menü mit Abweichungen

Wie es bei vielen Völkern der Welt bis heute Sitte ist, war es bis ins späte Mittelalter auch in Deutschland üblich, alle Speisen gleichzeitig aufzutragen *(französischer Service)*. Das hatte zur Folge, dass die Speisen, insbesondere der große Braten, kalt waren, bevor sie gegessen wurden. Offenbar fand man das bereits damals schade und war offen für eine Neuerung, die im 19. Jahrhundert aus Russland kam (auch wenn sie nicht von dort stammte; man kannte diese Art zu servieren bereits in der Antike, in Rom und Athen) – der *russische Service*. Der *russische Service*, nach dem die einzelnen Speisen aus der Küche frisch zubereitet auf Tellern angerichtet hereingetragen wurden, setzte sich langsam von Deutschland nach Westeuropa hin durch und löste den bis dahin üblichen und der damaligen höfischen Dekadenz geschuldeten *französischen Service* weitestgehend ab. Im heutigen Restaurantbetrieb wird das *Tellerservice* genannt.

Stimmt es, dass bei einem Menü immer nur einmal die gleiche Fisch- oder Fleischsorte sowie nur eine bestimmte Zubereitungsart vorkommen sollten?

Zum Ende des 19. Jahrhunderts bezeichnete man dann diese einzelnen Speisen als *Gänge* und stellte sie zu dem bis heute klassischen Menü zusammen:

Kalte Vorspeise
Suppe
Warme Vorspeise
Fischgang
Hauptplatte als großer Fleischgang
Warmes Zwischengericht
Kaltes Zwischengericht
Sorbet
Braten
Gemüsegang
Warme Süßspeise
Kalte Süßspeise
Käsegericht
Dessert

Nun sollten diese Gänge nicht willkürlich durcheinander gereicht werden, sondern in einer harmonisch aufeinander abgestimmten Folge und nach folgerichtigen Regeln, die im Wesentlichen bis heute gelten. Eine noch geltende klassische Regel verlangt, dass in einem Menü leichte Speisen am Anfang stehen, große Fleisch- oder Fischgerichte den Höhepunkt bilden, ein Sorbet neutralisiert und wieder leichte, kleine Speisen den Schlusspunkt setzen. Darüber hinaus soll nach der strengen klassischen Menülehre ein Menü so zusammengestellt werden, dass bestimmte Richtlinien zur Auswahl, Wiederholung und Abfolge in der Farbe, der Art der Zubereitung und der Rohstoffe bzw. Speisen Beachtung finden, wobei alle Überlegungen erst Sinn machen, wenn man zusätzlich die Jahreszeit, die Tageszeit, den Anlass, die Personen und auch das Budget berücksichtigt.

Übersetzt bedeutet das nichts anderes, als dass in einem Menü die gleiche Fisch- oder Fleischsorte nur einmal vorkommen und dass darüber hinaus die gleiche Farbe und Zubereitungsart innerhalb eines Menüs sich nicht wiederholen sollte – etwa sollte nach hellem Fisch, Geflügel oder Gemüse dunkles Fleisch bzw. farbiges Gemüse, nach einer gebratenen eine gedünstete, nach einer gebundenen eine klare bzw. ungebundene Speise folgen oder umgekehrt.

Zwar verharrt auch die Kochkunst nicht auf der Stelle, vielmehr entwickelt sie sich auf der Basis klassischer wie moderner, banaler wie origineller, regionaler wie exotischer Einflüsse weiter und verlangt Inspiration und Kreativität ebenso wie Professionalität. Doch selbst der hohen Küchenkunst gestatten Kenner und Kritiker nur bei einer harmonisch ausgewogenen Menüfolge Abweichungen von den klassischen Regeln.

So sind beispielsweise monothematische Menüs, die vornehmlich aus einer Zutat – Spargel beispielsweise – bestehen, oder solche, die ausnahmslos aus Schalen- und Krustentieren zusammengestellt sind, sowie rein vegetarische Menüs nicht nur beliebt, sondern auch vielversprechend, wenn sie mit viel Fingerspitzengefühl kreiert werden. Falls Sie sich als Gastgeber ob als Hobbykoch zu Hause oder im Restaurant für ein solches Einthemen-Menü entscheiden wollen, sollten Sie allerdings die Vorlieben und Abneigungen Ihrer Gäste für bestimmte Speisen genau kennen.

Kennen Sie jedoch die Vorlieben Ihrer Gäste nicht oder müssen Sie eine größere Gästezahl unter einen Hut bekommen, bleiben Sie besser bei den klassischen gastronomischen Empfehlungen für ein Menü. So mindern Sie die Gefahr, am Geschmack eines Gastes völlig vorbeizuplanen, und erhöhen die Möglichkeit dafür, dass jeder Gast wenigstens mit einem Gang richtig glücklich ist. Heute können Sie Ihre Gäste sogar mit einem Menü, das aus kulinarischen Einflüssen verschiedener Länder zusammengestellt ist, erfreuen. Zeitgemäß ist ein Menü, wenn es nicht nur leicht und klein, sondern auch stimulierend und sogar überraschend ist.

Zu einem solch hochwertigen Essen mit einem perfekt zusammengestellten Menü gehört selbstverständlich eine passende Getränkefolge. Weinkenner wählen (mit

Ausnahmen), um einen optimalen Genuss zu erzielen, zarte vor würzigen, leichte vor kräftigen und alkoholarme vor alkoholreichen Weinen. Wein, der entweder einen schönen Kontrast zum Essen bildet, oder Wein, der das Essen angenehm begleitet, dürfte einem stilvollen Essen das gewisse Etwas verleihen. Wasser ist selbstredend immer auch eine Alternative – stilles Wasser, ohne Eis und ohne Zitrone!

PS: Und wenn dann noch die Zutaten ganz frisch sind, ist ein liebevoll angerichteter Teller das Nonplusultra.

Gaumenkitzel als Menü

Appetithappen kennt man bereits aus der Antike; sie sind der Auftakt eines Menüs, seitdem es sich unter dem Begriff *russischer Service* durchgesetzt hat, beim festlichen Dinieren jede einzelne Speise – Gang für Gang – frisch zubereitet aufzutragen.

Was ist ein Amuse-gueule-Menü?

Amuse gueule ist das französische und daher schickere Wort für Appetithappen. Er soll wörtlich genommen (franz.: *amuser* = amüsieren, *gueule* = Maul) zwar das Maul erfreuen (es gibt auch den synonym verwendeten Begriff Amuse bouche, der es etwas netter sagt: *Mundfreude*), ist jedoch eher als ein Gaumenkitzel zu verstehen. In der Top-Gastronomie werden diese raffinierten Minimeisterwerke inzwischen sehr ernst genommen und wie selbstverständlich noch vor der Vorspeise, zum Aperitif gereicht. In einigen Häusern erfreuen Köche ihre Gäste auch noch einmal während des eigentlichen Menüs mit einem kulinarischen Gruß aus der Küche. Der Gast hat diese meist kunstvoll angerichtete Kleinigkeit nicht bestellt und findet sie auch später nicht auf seiner Rechnung.

Ganz anders verhält es sich jedoch mit dem Amuse-gueule-Menü. Zugegeben, diese Menüform ist noch äußerst selten, so dass der Name noch nicht einmal überall in der Gastronomie bekannt ist. Das ist auch kein Wunder, da diese fantasievolle und aufwendige Kreation nur von wenigen Küchenchefs und Maîtres angeboten wird. Wie der Name schon sagt, besteht das gesamte Amuse-gueule-Menü aus vielen kleinen Appetithappen, bei denen das Charakteristische eines Amuse gueule erhalten bleibt: Jede Köstlichkeit wird als Mini-Portion angeboten und entweder nur mit einem Besteckteil, von einem eigens dafür erfundenen Löffel, dem Happy Spoon, oder mit den Fingern gegessen. Als Gesamtwerk und als Ersatz für ein festliches, gesetztes Essen besteht ein solches Menü aus einer beträchtlichen Anzahl von Gängen, meist zwischen 10 und 20. Nichtsdestotrotz wird die Folge der Speisen dem Aufbau eines klassischen Menüs fast immer angepasst und nur besonders innovative Küchenchefs sagen, dies sei nicht nötig. Somit ist auch eine fantasievolle Komposition aus kalten und warmen Kleinigkeiten, Fisch-, Fleisch- oder vegetarischen Gerichten denkbar. Dann sollten indes kräftig gewürzte Häppchen nicht vor äußerst milden serviert werden und Desserts traditionell den Schluss bilden.

Wenn Sie nun in der Gastronomie ein Amuse-gueule-Menü bestellen wollen, um Ihre Gäste mit einer solch beachtenswerten Bewirtungsform zu verwöhnen, gehen Sie bitte von der Tatsache aus, dass nur Spitzenköche genug Erfahrung mit einem Amuse-gueule-Menü haben können und dass somit ein solches Menü ein kleines Vermögen kosten kann. Und überlassen Sie es dann diesen Künstlern, die einzelnen Gänge einer Amuse-gueule-Menükreation zu entwerfen – ebenso die Auswahl der dazu korrespondierenden Weine. Das Amuse-gueule-Menü kann ferner als Amuse-gueule-Buffet bei Steh-Empfängen gereicht werden. Dann wird es Flying Buffet genannt und stellt die Edelvariante dieser Servierform dar.

Einige Verwirrung entsteht manchmal durch die synonyme Verwendung des bereits erwähnten Begriffs Amuse bouche. Genau genommen, fällt ein Amuse bouche als Appetitanreger eher etwas größer aus (franz.: *amuser* = amüsieren, *bouche* = Mund) und wird ebenfalls als appetitanregendes Amusement zum Aperitif gereicht.

Buffet halb und halb

Ist die Kombination aus servierten und am Buffet angebotenen Speisen stilvoll?

Ja, und diese Variante von Speisenangeboten erfreut sich in den letzten Jahren sogar wachsender Beliebtheit. Einerseits ist diese Bewirtungsform eine schöne Möglichkeit, etwas Abwechslung in die Veranstaltung zu bringen, andererseits muss man zugeben, dass es auch eine rein pragmatische Lösung sein kann. Leider gibt es nämlich bei Veranstaltungen mit großem Gästekreis nach der Eröffnung des Buffets dort oft einen unnötigen und unschönen ersten Andrang, bei dem einige Gäste sogar ihre Kinderstube zu vergessen scheinen. Falls Sie so etwas für Ihr Fest befürchten, könnten Sie diese Gefahr verringern, indem Sie den ersten Gang – etwa eine kalte Vorspeise – zunächst servieren lassen. Dann ist schon einmal der erste Hunger gestillt. Und mit der Entscheidung, die Desserts schließlich von jedem selbst vom Buffet holen zu lassen, haben Sie einen guten Übergang zum lockeren Teil des Abends geschaffen.

Von solchen taktischen Manövern einmal angesehen ist es aber völlig Ihnen überlassen, welche Gänge Sie servieren lassen und bei welchen sich Ihre Gäste am Buffet selbst die Speisen auswählen.

So könnten Sie beispielsweise die Vorspeisen und Desserts als Buffet aufbauen, Suppen und Hauptgerichte lassen Sie dagegen servieren. Oder Sie bieten zum Selbstabholen eine Auswahl warmer Gerichte vom Buffet an – beispielsweise den Zwischen- und/oder Hauptgang – und lassen Vorspeise und das Dessert servieren. Nur die Desserts vom Buffet holen zu lassen und sämtliche vorangehenden Speisen zu servieren ist ebenfalls denkbar. Mittels solcher Menü-Buffet-Kombinationen wird zuweilen sogar die Atmosphäre der Veranstaltung etwas aufgelockert, und so manche zusätzliche Unterhaltung wäre bei einem allein gesetzten Essen am Tisch nicht möglich gewesen. Dort müssen sich die Gäste – ob sie wollen oder nicht – auf die daneben oder gegenüber sitzenden Gäste als Gesprächspartner beschränken und das ist immer nur dann eine Freude, wenn die Gastgeber sich mit der Platzierung die größte Mühe gegeben haben.

Und gaben sich die Gastgeber mit der Sitzordnung diese Mühe, erhalten sie meist zu diesem Zeitpunkt bereits den ersten Lohn dafür. Den lockeren Teil der Veranstaltung werden nämlich viele Gäste als Gelegenheit nutzen, um den interessanten Tischnachbarn auch ihrem Partner vorzustellen – und sich wiederum seinem Partner vorstellen zu lassen –, und wenn die Gespräche in diesem Kreis ähnlich unterhaltsam sind, wie sie es am Tisch waren, hat sich der Abend für alle gelohnt.

Hinzu kommt allerdings auch, dass einige Menschen das stundenlange (gerade) Sitzen als sehr anstrengend oder ermüdend empfinden, und wenn zwischen den einzelnen Gängen auch noch lange Reden gehalten werden, erleben viele Menschen dies sogar als Tortur. Die Kombination von Buffet und serviertem Essen ist somit sowohl im Restaurant als auch privat zu Hause eine empfehlenswerte und zeitgemäße Alternative zu einem komplett gesetzten Essen, mit mehr Vorteilen als Nachteilen.

Flying Buffet

Flying Buffets sind eine Stehbuffet-Variante, bei der kleine Portionen auf Platten angerichtet und zum Gast gebracht werden. Im Gegensatz zu einem fest aufgebauten Buffet, zu dem die Gäste anstehen müssen, fliegt das Buffet sozusagen an ihnen vorbei. Eigentlich ist es eine Kombination aus Service und Buffet, denn die Gäste nehmen sich die Speisen von Platten, die ihnen der Servicemitarbeiter darreicht. Für ein Flying Buffet werden Speisen bereitgestellt, die mit einem kleinen dazugereichten Besteckteil verzehrt werden können. Das kann sowohl eine Gabel als auch ein Löffel sein. Manch kleine Köstlichkeiten werden auch direkt auf ihrem

Was versteht man unter einem Gabel-Imbiss-Buffet und unter einem Fingerfood-Buffet?

eigenen Löffel, dem Happy Spoon, angeboten. Flying Buffets waren früher vollkommen unbekannt und sind heute nicht nur en vogue, sondern eine geschmackvolle Alternative zu den oft bei Steh-Empfängen angebotenen Kanapees. Da im Stehen auch warme Gerichte wie Suppen, verschiedene kleine Fisch-, Fleisch- oder Gemüsegerichte mit einem Besteckteil relativ gut zu essen sind – sofern bei der Zubereitung darauf achtgegeben wurde –, bietet das Flying Buffet viele unterschiedliche Möglichkeiten.

Neben den kleinen Speisen, die auf Tellerchen mit Besteck gereicht werden, eignen sich bei Steh-Empfängen mit informellem Charakter für das Flying Buffet auch kleine Fingerfood-Speisen. Das sind kleine Speisen, die mit der Hand gegessen werden können. Damit Fingerfood halbwegs stilvoll gegessen werden kann, ist es besonders wichtig, die Größe der kleinen Leckereien mundgerecht zu gestalten, so dass keine Schmiergefahr für die Finger besteht. Dazu eignen sich winzige, gut aufgespießte Kleinigkeiten: Mini-Quiches, Fisch-, Fleisch- und Gemüsebällchen (ohne Saucen) oder kleine Frühlingsrollen. Zum Säubern der Finger reicht dann eine Serviette.

Wichtig ist allerdings, den Gästen neben ausreichend Stehtischen auch genügend Abstellflächen für die Teller, Spieße und Papierservietten anzubieten oder – besser – entsprechend geschultes Servicepersonal zu engagieren.

Keinesfalls dürfen diese Überreste nämlich auf den herumgereichten Tabletts neben den noch angebotenen Häppchen abgestellt oder abgelegt werden. Und keinesfalls dürfen irgendwelche Abfälle in Aschenbechern entsorgt werden. Aschenbecher sind schließlich keine Abfallbehälter, sondern allein für Streichhölzer und Zigaretten vorgesehen.

Schließlich bleibt noch die Frage: *Wohin mit dem Glas?* Zwar gibt es heute Glashalter, die einfach an den Tellerrand geklemmt werden, oder sogar Teller, in die Gläser mit dem Stiel eingehängt werden können – doch stilvoll ist das alles nicht.

Ob ein Flying Buffet nun eine stilvolle Alternative ist oder nicht, hängt einerseits von der Qualität der Speisen und andererseits von der Umsichtigkeit des Servicepersonals ab. Letztlich muss diese Servierform vor allem zur Veranstaltung und zu den Gästen passen.

Wein probieren

Nach der traditionellen Etikette gehört es zur Pflicht des Gastgebers – in diesem Falle ist tatsächlich nur der Mann gemeint –, den Wein auszuwählen, ihn zu bestellen und gegebenenfalls auch den Probierschluck zu nehmen. Zwar hätte der Gastgeber diese verantwortungsvolle Aufgabe auch früher schon einem anderen männlichen Gast oder dem Sommelier übertragen können, aber der Gastgeberin? Niemals! Wein war reine Männersache.

Wie nimmt man stilvoll den sogenannten Wein-Probierschluck im Restaurant?

Zugegeben, die allermeisten Gastgeber werden diese schöne Aufgabe auch weiterhin gern selbst übernehmen, doch falls die Gastgeberin mehr vom Wein versteht, dann bestellt und probiert sie den Wein. Und wenn beide keine Ahnung haben, können sie den Wein auch einem, sogar weiblichen, Gast anvertrauen. So oder so bleibt allerdings die Verantwortung bei den Gastgebern.

Wer nun auch immer den Wein auswählt, bekommt, nachdem das Menü zusammengestellt wurde, die Weinkarte, zu deren Studium er sich ein kleines Weilchen aus dem Gespräch zurückziehen darf. Falls es eher eine inoffizielle Situation ist und insbesondere dann, wenn Weinkenner gemeinsam essen gehen, möchte er oder sie unter Umständen lieber demokratisch über die Auswahl des passenden Weines entscheiden lassen, und sicher wird niemand daran etwas Schlimmes finden, doch den Probierschluck nimmt immer derjenige, der bestellt. Obwohl heute in einigen Häusern bei einer kleinen Gästezahl sogar die gesamte Tischgemeinschaft den Wein probieren darf. Warum auch nicht? Dass ein Probierschluck natürlich überhaupt erst für den gehobenen Flaschenwein passend ist, sollte keiner besonderen Erwähnung wert sein, und dass er erst bei großen – teuren – Weinen sogar ein wenig zelebriert werden darf, ebenfalls nicht. Wenn Sie hingegen wünschen, vom offenen Hauswein einen Probeschluck zu nehmen, ist das ziemlich peinlich.

Der zelebrierte Probierschluck geht so: In einem gehobenen Restaurant präsentiert der Sommelier oder die Sommelière (vom altfranz.: *somme* = Amtspflicht; Weinkellner bzw. Weinkellnerin) dem Gastgeber die gewünschte Flasche von der linken Seite, damit er zunächst das Etikett danach prüft, ob es sich um den gewünschten Wein handelt. Der Sommelier öffnet am Nebentisch in Sichtweite des Gastgebers die Flasche, prüft den Korken nach Fehlern und übergibt ihn manchmal dem Gast auf einem Teller. Nun schenkt der Sommelier dem Gastgeber von der rechten Seite her einen kräftigen Schluck ein. Auf diese Weise kann der Gastgeber den Wein **mit den Augen** auf seine Klarheit prüfen. Dazu hält er das Weinglas – korrekt am Stiel – gegen eine Lichtquelle. Zeigen sich da schleierartige Trübungen, deutet das bereits auf Veränderungen in der Flasche. Nun wird das Glas vorsichtig gedreht und beobachtet, wie der Wein an der Glasinnenseite zurückläuft. Bei älterem, gehaltvollerem Wein läuft er eher ölig und bei jüngerem oder einfachem Wein wird er wie Wasser zurücklaufen. Ruhig das Glas haltend, riecht der Gastgeber kurz in das Glas hinein und schwenkt erst dann den Wein im Glas leicht. Dabei entfaltet sich der Wein und erhält mehr Duftintensität; fehlerhafte Details werden so besser wahrgenommen – der Gastgeber prüft so den Wein **mit der Nase**. Ist im Wein ein Korkton erkennbar, ist er nicht genießbar! Hat der Wein einen deutlich artfremden Geruch oder Geschmack, könnte man darüber diskutieren, riecht der Wein muffig, deutet das auf einen Fehler des Kellermeisters hin. Andere Weinfehler sind oft schon am Weinberg entstanden und für den Laien meist nur an einem *Der Wein gefällt mir nicht* erkennbar. Daher Vorsicht, allein Ihr Geschmack wäre kein akzeptabler Grund, den Wein zurückzugeben! Zum Abschluss wird der Wein **mit der Zunge** getestet, indem ein ordentlicher Schluck in den Mund genommen wird. Auf der Zunge werden die vier Geschmackskomponenten süß – sauer – salzig – bitter wahrgenommen und insbesondere unter der Zunge die Temperatur geprüft. Meist bestätigt sich das, was die Nase bereits festgestellt hat. Erlaubt die Qualität des Weines es nicht, dass der Probierschluck zelebriert wird, geht das alles ganz schnell – sehen, riechen, schmecken. Das Mitprobieren ist übrigens nur üblich, wenn ein Sommelier, der Oberkellner oder der Wirt persönlich den Wein serviert.

Der Wein kann beanstandet werden, wenn er korkt oder trüb ist, wenn er untypisch riecht oder schmeckt oder wenn der Kenner einen Weinfehler bemerkt hat. Zum Nachkühlen geht er zurück, wenn der Wein zu warm ist. Ansonsten akzeptiert der Gastgeber den Wein und befindet ihn für korrekt – auch dann, wenn er ihm geschmacklich nicht gefällt.

Nachdem die Weingläser der Gäste gefüllt sind, ist es Gastgeberpflicht, mit einem *Prosit* (lat. = möge es bekommen) oder mit einer deutschen Übersetzung wie *Wohlsein* oder *Zum Wohl* – aber bloß nicht *Prost* – den Wein zu eröffnen. Auf das Anstoßen sollte aus historischen Gründen in Gesellschaft verzichtet werden, jedenfalls darf niemals ein Gast damit beginnen. Wenn Gastgebende diese archaische Sitte schön finden und es einen besonderen Grund zum Feiern gibt, ist auch das einmalige Aneinanderstoßen der Gläser kein Zeichen für gegenseitiges Misstrauen. Im Mittelalter war das allerdings etwas anderes, da wurde mit kalten Getränken in Humpen so heftig aneinandergestoßen, dass sich die Getränke mischten. So konnte sichergestellt werden, dass keiner dem anderen Gift in das Getränk gegeben hatte.

PS: Bei dem Trinkspruch *Auf Ihr Wohl* trinkt derjenige, auf dessen Wohl getrunken wird, nicht mit.

Flaschenreste mit Depot

Ist nur noch ein halbes Glas Wein – rot oder weiß – in der Flasche, schenken Sie diesen Rest besser – wenn überhaupt – sich selbst ein, bevor Sie eine neue Flasche aufmachen. In dem letzten Rest einer guten Weinflasche befindet sich das Depot, das sich altersbedingt bildet. Das Depot ist keinesfalls ein Weinfehler, sondern das sind die harmlosen inneren Niederschläge der festen Bestandteile des Weins – bei Rotwein ist das die dunkel ausgeflockte Gerbsäure, bei Weißwein der Weinstein. Das Depot enthält Trübstoffe und wird, da es deutlich den Genuss mindert, nicht getrunken – an und für sich auch nicht von Ihnen. Wollen Sie sich beispielsweise mit Ihren Gästen einen älteren, schweren Rotwein gönnen, sollten Sie ihn schon einige Zeit vorher behutsam dekantieren, damit er, indem er mit Luft in Berührung kommt, sein volles Aroma entfalten kann. Dabei bleibt ein Rest mit dem eventuell vorhandenen Depot in der Flasche.

Wird der letzte Rest in der Weinflasche dem Gast eingeschenkt oder sollte der Gastgeber selbst die Neige trinken?

Dekantieren Sie den Wein aber bitte nur, wenn es sich wirklich um einen großen (teuren) Wein handelt, sonst wird es peinlich – im Zweifel lassen Sie das also besser bleiben. Oder benutzen Sie dafür dann einen Dekantierausgießer – das hat einen ähnlichen Effekt, beweist aber Understatement.

Sehr alte Weine überstehen manchmal diesen Sauerstoff-Schock gar nicht so gut, daher sollten sie – wenn überhaupt – immer ganz vorsichtig in eine Karaffe dekantiert werden. Der je nach Größe des Weines mehr oder weniger zelebrierte Probierschluck wurde natürlich bereits vor dem Dekantieren genommen, um zu entscheiden, ob sich die ganze Prozedur überhaupt lohnt. Korkt nämlich der Wein, kommt er weg, ist er zu warm, muss er nachgekühlt werden.

Nach einiger Zeit kann der Wein – egal, ob aus der Karaffe oder aus der Weinflasche – dann in die Gläser gegossen werden, wobei darauf zu achten ist, dass die Karaffe oder die Weinflasche, deren Etikett beim Eingießen zum Gast zeigt, nicht den Glasrand berührt. Der Wein soll langsam in das Glas fließen und es passend zum Glas und passend zum Wein füllen. Die passende Füllhöhe ist meist an der bauchigsten Stelle am Glas. Als Orientierungshilfe: Große Gläser sollten bis zu einem Drittel mit ungefähr einem Achtelliter Wein und kleinere Weißweingläser maximal zu zwei Drittel gefüllt werden.

Zum Eingießen bleibt im Übrigen das Glas normalerweise auf dem Tisch stehen. Der Kellner bzw. zu Hause der Gastgeber kann das Glas natürlich auch zum Eingießen ausheben, doch niemals sollte der Gast sein Glas (egal, welches) dem Eingießenden hoch- oder hinhalten.

Das Eingießen des Weins erfolgt nun wieder – wie sollte es anders sein – entsprechend der Rangfolge der Gäste. Zuerst wird dem wichtigsten Gast (Mann oder Frau), dann den anwesenden Frauen, dann den Männern und zuletzt dem Gastgeber der Wein eingeschenkt, stets von der rechten Seite her. Der Restaurantmitarbeiter hat die Aufgabe, den Wein nachzugießen, wenn das Glas leer zu werden droht. Falls Gäste keinen Wein mehr trinken möchten, müssen sie das

dem Kellner mitteilen. Allerdings ist es ja nicht selbstverständlich, dass man von geschulten Kellnern bedient wird, und falls Sie sich nicht gerade in einem Gourmetrestaurant befinden, kann dieses stete Nachschenken, das hier eine Selbstverständlichkeit ist, sowieso kaum noch erwartet werden. Da wird diese Kellnerpflicht zur Gastgeberpflicht, und ohne Gastgeber wird einer aus der Tischgemeinschaft reagieren müssen, falls man noch ein weiteres Glas Wein trinken möchte. Es ist dann nicht altmodisch, wenn diese Aufgabe ein Mann übernimmt, falls es eine gemischte Runde ist. Frauen könnten ihn sogar dazu auffordern, ohne dass das besonders antiquiert wirken würde. Wenn eine Frau einem Mann Wein nachgießt, ist das immerhin vergleichbar mit dem Zurechtschieben des Stuhls oder mit dem In-den-Mantel-Helfen. Doch meist werden sowohl junge als auch alte Kavaliere Frauen gegenüber sowieso zuvorkommend sein.

So oder so, während das erste Glas Wein getrunken wurde, ist der Wein in der Flasche ohne die richtige Kühlung zu warm geworden! Ist zudem nur noch ein kleiner, warmer Rest in der Flasche oder in der Karaffe, wird ein Sommelier das nicht mehr anbieten (wollen), und auch Sie sollten einen solchen Rest zu Hause lieber großzügig, nicht verschwenderisch, wegstellen. Damit erweisen Sie sich als Weinkenner und zollen nicht nur Ihrem Gast, sondern auch dem Wein Ihren Respekt – der will so nicht mehr getrunken werden. Oder nehmen Sie sich selbst den letzten Schluck und geben Sie dazu eine verbale Erklärung, indem Sie beispielsweise sagen: *Den Rest nehme besser ich ...* Für Ihre Gäste holen Sie eine neue Flasche. Damit zeigen Sie, dass Sie die Regel kennen, aber auch, dass Sie erkannt haben, wie man sie situationsabhängig anzuwenden hat.

Aperitif und Digestif

Ein großes Abendessen ohne etwas davor ist für mich nur die halbe Freude, und für andere wiederum ist es nur halb so viel wert, wenn kein Danach angeboten wird. Und diejenigen, die beides für wichtig erachten, liegen auch nicht falsch. Daher ist es umsichtigen Gastgebern nur zu empfehlen, an beides zu denken. Bestimmt wurde schon immer etwas Alkoholisches vor dem Essen getrunken, um den Appetit anzuregen, doch das Kunstwort *Aperitif* gibt es erst seit Ende des 19. Jahrhunderts. Ursprünglich genossen französische Geschäftsreisende nach ihrer Heimkehr in kommunikativer Bistrorunde ein gekräutertes Schnäpschen.

Was ist bei dem Vorher und Nachher, die ein perfektes Menü neben dem Wein begleiten, zu beachten?

Nutzen Sie den Aperitif auch heute als freundliche Willkommensgeste für Ihre Gäste. Der Aperitif ist als Eröffner (lat.: *aperire* = öffnen) des Appetits das dienlichste Mittel und wird demnach vor dem Essen getrunken. Er sollte weder süß noch hochprozentig sein, da das den Gaumen denaturiert, also die Geschmacksnerven abstumpfen lässt.

Champagner ist nach wie vor der Aperitif-Klassiker Nummer 1; er ist immer wieder vielversprechend – und erstaunlich verführerisch, wie Madame Lily Bollinger (Champagner Bollinger) es charmant-kokett gesteht: «Ich trinke Champagner, wenn ich froh bin, und wenn ich traurig bin. Manchmal trinke ich davon, wenn ich allein bin; und wenn ich Gesellschaft habe, dann darf er nicht fehlen. Wenn

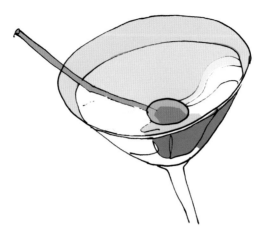

ich keinen Hunger habe, mache ich mir mit ihm Appetit, und wenn ich hungrig bin, lasse ich ihn mir schmecken. Sonst aber rühre ich ihn nicht an, außer wenn ich Durst habe.» Mit dieser Einstellung verleiht sie dem Champagner sogar wieder eine gewisse luxuriöse Einfachheit.

Geeignet sind generell kohlensäurehaltige, trockene Getränke wie:

Champagner, Rieslingsekt, Prosecco
trockener Weißwein
gekühlter trockener Sherry
dezenter Cocktail

Der Aperitif wird im kleinen Kreis üblicherweise am Tisch gereicht. Er soll ausgetrunken sein beziehungsweise nicht mehr weiter getrunken werden, sobald der erste Wein eingeschenkt und das dazugehörige Essen serviert wurde. Daher darf man sich an dem einen Gläschen gar nicht so lange aufhalten beziehungsweise man muss den Kellner anweisen, mit Wein und dem Essen doch noch ein Weilchen zu warten.

Bei größeren Essenseinladungen wird vor dem eigentlichen Beginn der Veranstaltung ein Empfang gegeben. Dabei trinken die Gäste den Aperitif stehend in einem separaten Raum, im Freien auf der Terrasse oder in der Lobby des Hauses. Danach darf das Glas keinesfalls mit zum Esstisch genommen werden, egal, ob es leer oder noch halbvoll ist. Wird zu Tisch gebeten, sollen die Gläser auf Tabletts oder Tischchen abgestellt werden; es sieht nämlich nicht elegant aus, wenn auf den liebevoll gedeckten Tafeln überall halbvolle Gläser zwischen den Gedecken stehen.

Zum Aperitif werden gern kleine Häppchen angeboten: gut sind Oliven, Kanapees aus weichem Brot – aber keine Erdnüsse (sie verkleben die Geschmacksnerven). Anstelle eines Aperitifs können auch andere Getränke gereicht werden, beispielsweise Wasser, Apfelschorle oder Bier.

Nach dem Essen beziehungsweise nach dem Kaffee (Espresso natürlich) sollten Sie Ihren Gästen einen Digestif anbieten. Franzosen sprachen davon, dass das hilfreiche – ursprünglich medizinische – Mittel nach der Völlerei der digestion (von lat.: *digestio* = Verteilung) auf die Sprünge hilft, weshalb es später den Namen Digestif erhielt. Das kann, als hilfreicher Klassiker, ein Kräuterlikör sein oder aber auch:

Cognac
Brandy, Armagnac
schottischer Whisky Single Malt oder ein milderer irischer Whiskey
Grappa oder Tresterbrände
diverse Obstbrände
Aquavit, Korn und Wodka

Zwar nicht die edelsten Sorten, aber doch einen angenehmen Bekömmlichkeitstrunk spendiert seinen Gästen hierzulande auch gern der südländische Wirt – er kommt dann meist zusammen mit der Rechnung.

Espresso, Mokka, Caffè oder Petit noir?

Cappuccino nach dem Essen? Auf gar keinen Fall! Wenn die Gastgeber nach dem Essen einen Kaffee anbieten, dann ist damit kein Cappuccino gemeint, den Italiener am liebsten zum Frühstück trinken, und auch weder ein Latte macchiato, der dem Cappuccino ähnelt, aber milder ist und raffiniert im Glas geschichtet wird und der selbst für italienische Schulkinder bereits zum Alltag gehört, noch ein Caffè latte, der in Deutschland der Milchkaffee und in Frankreich der Café au lait ist. Die Gastgeber denken an einen Espresso (ital. = ausgepresst) – einfach oder doppelt –, der hier früher Mokka hieß. Heute dient Espresso als deutsche Übersetzung für den italienischen Caffè solo oder Caffè doppio. Von den Franzosen wird er nach dem Menü als Petit noir – *Kleiner Schwarzer* ohne alles – getrunken.

Kann man statt des Espressos am Ende eines festlichen Essens auch einen Cappuccino bestellen?

Zwar wird der Restaurantmitarbeiter fragen: *Kaffee, Espresso, Cappuccino?*, doch das ist einerlei und lässt entweder auf seine geringen Kenntnisse, auf den mangelnden Stil des Hauses oder aber – das ist leider am häufigsten so – auf Erfahrungen mit weniger kundigen Gästen schließen. Stilvolle Gäste bestellen einen einfachen oder auch einen doppelten Espresso.

Ein Espresso ist wegen der enthaltenen Bitterstoffe ausgesprochen bekömmlich und wirkt ähnlich wie ein Digestif, der entweder zum oder nach dem Espresso getrunken wird. Weder der Espresso noch der Digestif müssen freilich bestellt werden, sollten aber immer angeboten werden, weil sie für viele Menschen schlichtweg zu einem großen Essen dazugehören. Als Alternative können Sie anstelle eines Espressos allenfalls einen schwarzen Kaffee oder einen entsprechenden Tee bestellen.

Im Buch der Etikette von 1957 heißt es dazu: «Der aromatische Abschluß. Ein französischer Aphorismus, im Zusammenhang mit Tafelfreuden geprägt, enthält die Forderung: Die Dame des Hauses sei die Göttin des Kaffees. Es ist dies eine recht verantwortliche Aufgabe, denn – auch das beste Mahl bleibt unvollkommen, wenn der Mokka kein Mokka, sondern das ist, was die Ostpreußen Plauzplärre nennen. Man sagt von einem guten Mokka bekanntlich, er müsse schwarz wie die Nacht, heiß wie die Hölle und süß wie die Liebe sein.» {**Das Buch der Etikette, S. 397**}

Damals wurde er keinesfalls am Esstisch, sondern immer im Empfangsraum gereicht – in hauchdünnen Porzellantässchen.

Einen Milchkaffee statt seiner zu bestellen, ist nicht nur stillos, sondern auch ausgesprochen unhöflich. Der feinfühlige Gastgeber interpretiert Ihre Bestellung so: *Mein Gast ist nicht satt geworden, er braucht noch etwas Sättigendes.* Auch wenn eine solche Bestellung keine beabsichtigte Unhöflichkeit ist, ändert das nichts daran, dass es nun mal eine ist – dazu eine, die unnötig ist. Doch leider bleibt es dann oft nicht bei dieser Unhöflichkeit, es folgt gleich hinterher ein weiterer Verstoß gegen die internationale Etikette: Der Cappuccino wird genüsslich mit dem Löffel «gegessen» oder – und das ist nicht weniger schlimm – der Löffel wird nach dem Umrühren in den Mund genommen – wahrscheinlich, um ihn zu säubern. Doch auch, wenn diese Unsitte inzwischen weitverbreitet ist: Der Kaffeelöffel ist nur und ausschließlich zum Umrühren von Zucker und/oder Milch gedacht – nicht zum Ablecken und auch nicht, um davon zu essen.

Selbst das Kaffeetrinken ist also aus Etikettsicht kein Pappenstiel, sondern mit einer Menge Regeln verbunden, die gar nicht so unbedeutend sind. Etwa führt es ferner zu großem Kopfschütteln, wenn man beobachten kann, dass die Kaffeetasse zum Nachschenken von Kaffee ohne die dazugehörige Untertasse gereicht wird. Untertasse und Tasse gehören nämlich zusammen, wie auch Kaffeepott und Untertassen.

Nur der Vollständigkeit halber: Tassen und Pötte werden nur am Henkel gehalten! Es sieht in Wahrheit gar nicht gemütlich aus, wenn man mit aufgestützten Ellenbogen beidhändig den Kaffeepott umfangen hält und mit eingezogenem Kopf trinkt, sondern eher scheußlich.

Essetikette gab und gibt es überall

Worauf kommt es bei guten Tischmanieren an?

Auch wenn sich im Gegensatz zu früheren Regelungen einige Ansichten in Bezug auf perfekte Umgangsformen deutlich gelockert haben, sind Kenntnisse der heutigen Etiketteregeln bei Tisch nach wie vor das sichtbarste Zeichen für persönliche Kultur und somit überall auf der Welt entscheidend dafür, ob jemand Karriere macht oder nicht – im privaten wie im beruflichen Leben. Zu sehr ist in den Köpfen der Menschen die Überzeugung verankert, dass derjenige, der sich am Tisch gut zu benehmen weiß, wohl auch sonst ein höflicher und gebildeter Mensch sein wird. Umgekehrt gilt dasselbe. Schlechte Tischmanieren sind der so ziemlich sicherste Garant dafür, im gesellschaftlichen Aus zu landen – und zwar ohne jemals die Gründe dafür zu erfahren. Tischsitten und Tafelgebräuche sind in allen Kulturen der Welt das Ergebnis einer dynamischen Verfeinerung von Geboten und Verboten, die allesamt von der jeweils herrschenden Oberschicht ausgingen, wobei für die Entwicklung der Esskultur auch immer das Verhältnis der Schichten einer Gesellschaft zueinander wichtig war. So gingen im Abendland sämtliche Neuerungen, die zur Verfeinerung der Tischmanieren führten, vom Adel – genauer vom französischen Adel – aus. Doch kaum hatte sich der Adel eine Regelung ausgedacht, wurde sie

– innerhalb einer Generation – von der niederen Schicht übernommen, «... und kaum hatten diese sie übernommen, hatten die Höfe neue Regelungen hinzugefügt, so dass der lerneifrige Bürger immer noch nicht auf der Höhe der feinen Leute war. Die wollten sich eben gern abgrenzen. Aber die Bürger wollten gern dabeisein und sich ihrerseits nach unten abgrenzen ...» {**Kulturgeschichte des Essens und Trinkens, S. 333**}

Heute ist das im Wesentlichen nicht anders. Die tonangebenden Kreise einer jeden Gesellschaft – im großen wie im kleinen Rahmen; hier und überall auf der Welt – bestimmen, was vornehm ist und wer mit welchem Verhalten dazugehört. Nun ist, seit Menschen Aufzeichnungen über das Verhalten beim Essen machen – die vermutlich ältesten Maximen findet man in den Lehren des ägyptischen Wesirs Ptahhotep von vor mehr als 4000 Jahren –, die Esskultur nie auf die reine Ernährung beschränkt gewesen. Auch daran hat sich rein gar nichts geändert, das sind die Grundgedanken jedes inoffiziellen und offiziellen Essens heute.

Norbert Elias' komplexe Theorie über die wichtiger werdende abendländische Etikette macht deutlich, dass darüber hinaus all das mehr und mehr tabuisiert wurde, was das zunehmend stärker werdende Gefühl für Peinlichkeiten verletzen konnte. Für die Verfeinerung dessen, was als peinlich zu gelten hat, dienten im Wesentlichen ästhetische Kriterien. Ästhetik wird nun nicht nur auf das bezogen, was man sieht, welchen Anblick ein Mensch beim Essen bietet, sondern auch auf alles, was man hört – Körpergeräusche sowieso, aber auch die Geräusche von Klappern mit dem Besteck und dem Geschirr. Und Ästhetik bezieht sich auch auf den Geruch – der Menschen, der Umgebung und des Essens. In der Kulturgeschichte des Essens wird deutlich, dass sämtliche Etiketteregeln heutiger Ess- und Tischmanieren auf der jeweiligen Definition von Ästhetik basieren.

Zusammengefasst: Es geht um das in Gemeinschaft eingenommene nahezu geräuschlose und ästhetisch anzuschauende langsame kommunikative Essen, das mit allen, die dazugehören, geteilt wird. Oder: Es ist nicht so wichtig, was auf den Tischen steht – es ist viel wichtiger, wer wie auf den Stühlen sitzt.

Viel geändert hat sich nicht!

Was hat sich bei den Tischmanieren geändert?

Mit den Tischsitten und Essgebräuchen unserer Vorfahren vor einigen Hundert Jahren würden wir uns heute nicht mehr zurechtfinden. Da wurde um 1200 in den unter dem Namen Tannhäuser überlieferten Tischzuchten etwa solches Benehmen an den Höfen bemängelt: «sich wie ein Schwein über die Schüssel hängen und schmatzend schnappen, so gierig essen, dass man sich in den Finger beißt, mit vollem Mund wie ein Vieh trinken, mit fettigem Mund aus dem gemeinsamen Glas trinken, sich ins Tischtuch schnäuzen, mit dem Messer in den Zähnen bohren, Nase mit Fingern schnäuzen und es in der Hand verreiben (mit der man ja in die gemeinsame Schüssel langt)» {**Kulturgeschichte des Essens und Trinkens, S. 331**}.

Doch soll es in den folgenden Ausführungen eher um Veränderungen in den letzten etwa 50 Jahren gehen. Studiert man Aufzeichnungen über die Esskultur, Etikettebücher und Benimmregeln zum Thema Essen, fällt auf, dass immer wieder betont wird, dass es nicht nur auf die Anmut beim Essen ankommt, sondern ferner auf eine kunstvolle Unterhaltung. Das wird zwar heute genauso gesehen, nur dürfen im Gegensatz zu früher heute auch Kinder mitreden – selbst wenn sie nicht gefragt werden.

Darüber hinaus werden heute Linkshänder toleriert. Zwar bekommen sie immer noch nicht ihr seitenverkehrt eingedecktes Gedeck und sie dürfen am Tisch sitzend auch immer noch nicht alles nach ihrem Gusto umbauen, doch Gang für Gang darf Messer und Gabel in der Hand gewechselt und dann linkshändig gegessen werden. Das ist aber auch das Einzige, was toleriert wird – nicht toleriert wird hingegeben, dass etwa auf der «falschen» linken Seite das Besteck zum Beenden des Ganges abgelegt wird und die Gläser dort abgestellt werden oder dass auf der «falschen» rechten Seite der Brotteller oder der Gemüse- beziehungsweise der Salatteller deponiert oder die Serviette platziert werden.

Als Messerklingen noch nicht anlaufgeschützt waren und in Verbindung mit bestimmten Säuren sofort hässlich blauschwarz anliefen und somit einerseits selbst unappetitlich aussahen, aber auch den Geschmack der Speisen beeinträchtigten, sollten Eier und Eierspeisen sowie Gemüse und Salat nicht mit dem Messer in Berührung gebracht werden. Dank dem Erfinder des Anlaufschutzes ist das heute überholt. Eier dürfen also heute sogar vorsichtig geköpft werden, große Salatblätter und Gemüse geschnitten werden. Erst seitdem mögen viele Menschen überhaupt erst Spargel essen; vorher war Spargel ein Halb-Fingergericht. Geblieben ist jedoch, dass das Schneiden bei Eierspeisen, für die die Verwendung eines Messers unnötig ist, und das Schneiden von Kartoffeln weiterhin nicht gerne gesehen wird. Kartoffeln sollten nach wie vor nur mit der Gabel gebrochen werden, so dass mit der porösen Fläche die Soße besser aufgenommen werden kann. Das ist bei einer glatten Schnittfläche nicht möglich, ein Gourmet würde die Kartoffel also nie schneiden.

Ein Anstandshappen muss nicht mehr auf dem Teller übrig bleiben und auch die (essbare) Dekoration auf dem Teller darf ebenfalls verzehrt werden. Solche überholten Etiketteregeln würden heute als Verschwendung angesehen werden.

Papierservietten werden seit der Mülltrennung nicht mehr zerknüllt auf den Teller gelegt, sondern wie eine Stoffserviette gehandhabt, also links neben dem Gedeck abgelegt.

Nicht geändert hat sich, dass ästhetische Tischmanieren nicht nur in bester Gesellschaft und beim Essen von Delikatessen notwendig sind, sondern auch für ein einfaches Essen. Man sieht einem Menschen, der stilvoll seine Bulette isst, an, dass er eine gute Erziehung genossen hat, während bei einem anderen, der Kaviar, Hummer und Champagner auf rohe Weise vertilgt, höchstens deutlich wird, dass Vermögen und gutes Benehmen nicht zwingend in einer Person vereint auftreten müssen.

Kopf hoch und Ellenbogen runter

Welche Sitzhaltung ist nach deutscher Tischsitte korrekt?

Egal, ob am Küchentisch, in der Kantine, im Gourmetrestaurant, beim netten Italiener oder bei einem festlichen Bankettessen:

Das auffälligste Kennzeichen für gute oder fehlende Tischmanieren ist die Art der Körperhaltung. Jemand, der beinahe auf dem Tisch oder auch auf dem Stuhl liegt, der beim Essen die Unterarme oder Ellenbogen auf den Tisch stützt, bietet einen solch unerfreulichen Anblick, dass es nun schon fast egal ist, wie derjenige denn mit Messer und Gabel umgeht. Eine Körperhaltung, die so aufrecht wie möglich ist, ist also in der europäischen Esskultur am Tisch das A und O.

Überall in Europa ist es richtig, sich gerade auf die Mitte des Stuhles zu setzen. Beide Füße sollen, ungefähr hüftbreit, auf dem Boden aufgestellt sein und beide Hände sollen bis zum Handgelenk auf dem Tisch liegen. Die Beine unter dem Tisch übereinanderzuschlagen ist zwar nicht vollkommen falsch, doch durch den ständigen Wechsel von einem Bein auf das andere sieht das oberhalb der Tischplatte nach einem ständigen Gezappel aus.

Gerade auf dem Stuhl sitzend, sollte man sich weder an die Rückenlehne anlehnen noch die Arme auf eventuell vorhandenen Armlehnen ablegen und sich auch nicht vorne an den Tisch lehnen. Zwischen Tisch und Körper sollte ungefähr eine Handbreite und zwischen Rücken und Lehne mindestens eine Faust Platz haben. Wer diese Sitzhaltung ausprobiert, wird schnell feststellen, dass sie ganz leicht bei einem 3- bis 4-stündigen Essen durchzuhalten ist – es klingt schwieriger, als es tatsächlich ist.

Die Arme sollen beim Essen und Trinken so dicht wie möglich am Körper bleiben. Gesten gehören zur Kommunikation, doch Gestikulieren wirkt am Tisch eher peinlich als temperamentvoll.

Diese aufrechte Körperhaltung bleibt auch beim Essen – egal, ob Suppe oder Braten – erhalten. Man soll sich generell bei keiner Speise über den Teller beugen, sondern Löffel oder Gabel zum Mund führen, nicht umgekehrt.

Am meisten in Vergessenheit geraten ist jedoch, dass, sobald man das Besteck in den Händen hält, auch nicht mal mehr die Handgelenke den Tisch berühren sollen. Die Unterarme schweben dann quasi kurz über der Tischplatte und dürfen erst wieder auf der Tischplatte platziert werden, wenn das Besteck aus der Hand gelegt wird. Dass die Unterarme oder gar die Ellenbogen beim Essen nichts auf dem Tisch zu suchen haben, muss somit gar nicht mehr betont werden, und schließlich hat das jedes Kind einmal gelernt.

Isst man Speisen nur mit einer Hand, dann wird die andere Hand in Europa auf den Tisch gelegt und nicht auf den Schoß. Woanders auf der Welt mag das in Ordnung sein, doch hier ist die Hand unterm Tisch unpassend.

In privaten Situationen darf die ganz aufrechte Haltung ein wenig weiter vorgebeugt sein, wenn sich zum Beispiel Partner oder Freunde im angeregten Gespräch – zwischen den Gängen und nach dem Essen – etwas mehr «entgegenkommen». Mehr Freiheiten oder mehr Strenge sind – was die Haltung betrifft – in keiner Situation notwendig, um sowohl bequem als auch stilvoll am Tisch zu essen.

Ästhetik für die Sinne

Welche Tabus deutscher Tischsitten sollte man kennen?

Tabu ist eine schlechte Körperhaltung. Das hatten wir schon. Dieses und auch die hier folgenden Tabus basieren auf der Grundforderung, dass das gemeinschaftliche Essen für die Augen, für die Ohren und für die Nase ästhetisch sein soll.

Daher ist es an allen Esstischen tabu,

▸ ungewaschen oder auch zu viel oder zu stark parfümiert zu speisen

▸ während eines Menüs zwischen den Gängen zu rauchen

▸ zu schmatzen, außer bei der Weinprobe

▸ zu schlürfen, außer beim Austernessen

▸ mit offenem Mund zu kauen

▸ mit vollem Mund zu trinken

▸ mit zu vollem Mund zu sprechen

▸ zu viel in den Mund zu nehmen

▸ noch während des Kauens schon den nächsten Bissen auf die Gabel oder den Löffel zu nehmen

▸ beim Essen nicht hochzuschauen und mit dem Blick auf den Teller fixiert zu verharren

▸ gierig zu essen

▸ im Essen lustlos herumzustochern

▸ Speisen kalt zu pusten

▸ Speisen durcheinander zu quetschen

▸ mit den Fingern Gräten oder Ähnliches aus dem Mund zu holen

▶ vor der Vorspeise den Brotkorb leerzuessen

▶ mit Brot den Teller abzuwischen oder Brot ins Essen zu tunken

▶ Kekse und Kuchen in den Kaffee oder den Kakao zu tunken

▶ mit großer Geste zu sprechen

▶ ausgiebig die Nase zu putzen und einen Hustenanfall am Tisch durchzustehen

▶ mit dem Besteck zu klappern oder zu gestikulieren

▶ die Serviette nicht zu benutzen

▶ Gläser, die einen Stiel haben, am Kelch zu halten

▶ Gläser, egal welche, zum Nachschenken hochzuheben

▶ Kaffeetassen zum Nachschenken ohne Untertasse zu reichen

▶ Tassen und Pötte nicht am Henkel zu halten

▶ Kaffee, egal welchen, oder Kakao zu «essen»

▶ Zahnstocher zu benutzen

▶ Make-up aufzutragen oder sich nur die Lippen nachzuziehen

▶ die Haare zu kämmen

▶ hitzige Diskussionen zu führen

▶ *Bin ich satt!* zu sagen

Sicher lässt sich die Liste noch erweitern, aber das sind die wichtigsten Tabus am Tisch – neben all denen, die in anderen Texten beschrieben werden. Auch wenn dem einen oder anderen bisher gar nicht bewusst war, was man alles falsch machen kann, sei er doch versichert, dass er eventuelle Fehltritte bisher nur aus Höflichkeit und nicht, weil es nicht bemerkt worden wäre, nicht erfahren hat.

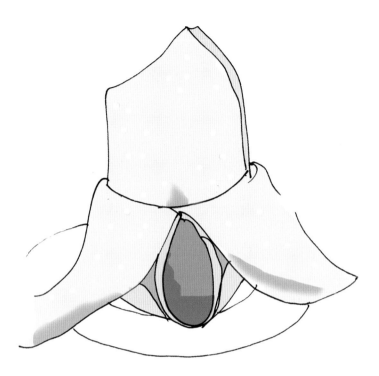

Serviette benutzen

**Wie wird die
Serviette richtig
benutzt, und
wo soll man sie
nach dem Essen
ablegen?**

Die Serviette hat eine sehr lange Tradition und ist heute keineswegs als Schutz für die Kleidung, sondern allein zum Abtupfen der Lippen gedacht. Wer sich mit ihr auskennt und den Umgang mit Servietten gewohnt ist, wird sofort nach dem Hinsetzen nach ihr greifen – insbesondere, wenn sie hoch drapiert vor einem steht. Ist man allerdings eingeladen, orientiert man sich an der Gastgeberin und nimmt die Serviette erst nach ihr; spätestens jedoch in dem Moment, wo das Essen serviert wird, legen Sie sich das Tuch auf den Schoß – auch dann, falls die Gastgeberin sich ihre Serviette noch immer nicht auf den Schoß gelegt haben sollte.

Dafür haben Sie mehrere Möglichkeiten, von denen ich Ihnen zwei vorstellen möchte. Meine Empfehlung ist diese: Falten Sie die Stoffserviette in der Hälfte zu einem Rechteck und legen Sie sie so auf Ihren Schoß, dass die Öffnung zu Ihnen zeigt. So können Sie die Innenseite der oberen Hälfte zum Abtupfen der Lippen benutzen – bitte tun Sie das auch vor jedem Schluck, den Sie trinken. Und legen Sie sie wieder genauso auf Ihren Schoß zurück. Der Vorteil bei dieser Version ist der, dass die Serviette von außen sauber aussieht, da die Flecken sich ja auf der Innenseite befinden.

Eine zweite Möglichkeit ist diese: Die Stoffserviette wird auf Zweidrittelgröße gefaltet und so auf den Schoß gelegt, dass die Öffnung von Ihnen weg zeigt und die größere Lage oben liegt. Benutzt wird dann die obere Seite der gefalteten Serviette. Diese Methode hat den Vorteil, dass die Serviette nicht so leicht vom Schoß rutscht, aber gleichzeitig den Nachteil, dass die Flecken außen sichtbar sind. Der richtige Platz, um die Serviette sowohl zwischen den Gängen, während des Menüs, wenn der Tisch kurz verlassen wird, als auch nach dem Menü, also nach dem Dessert, abzulegen, ist links neben dem Gedeck. Allerdings ist es unhöflich, die Serviette nach dem Essen dort hinzulegen, bevor dies die Gastgeberin getan hat.

Legen Sie bitte die Serviette immer nur locker zusammen und nicht ganz korrekt auf Bügelfalte. Da in Privathaushalten die Stoffserviette von den Familienangehörigen nicht nur einmal benutzt, sondern – auf Bügelfalte zusammengelegt – für die nächste Mahlzeit liegen bleibt, würde eine penibel gefaltete Serviette symbolisieren: *Ich bleibe noch bis zum nächsten Essen.*

Papierservietten werden in gleicher Weise benutzt wie Stoffservietten. Zwar ist es etwas schwieriger, die Papierserviette auf dem Schoß zu belassen, doch sie gehört dort hin. Nach dem Essen wird sie links neben das Gedeck gelegt und läuft doch Gefahr, von den Restaurantmitarbeitern auf den Teller geworfen zu werden. Doch das ist dann nicht mehr Ihr Problem, wie sie da wieder herausgeholt wird, falls das Restaurant den Müll trennen muss. Zu einem festlich gedeckten Tisch gehört allerdings sowieso immer eine Stoffserviette.

Nur der Vollständigkeit halber muss noch erwähnt werden, dass Servietten keinesfalls zum Schutz der Kleidung vor Spritzern oder Kleckern in den Kragenausschnitt gestopft werden dürfen oder dass es erlaubt wäre, sich damit die Stirn zu wischen oder überhaupt irgendetwas anderes daran abzutupfen als die Lippen. Dass vielleicht ein Spritzer der Bouillon auf die Krawatte kommt, sollte riskiert und, falls es passiert, tapfer und mit einem Lächeln hingenommen werden.

Erst im 14. Jahrhundert begann man, es als einen kulturellen Fortschritt anzusehen, sich selbst und den Gästen ein persönliches Mundtuch zukommen zu lassen. Vorher genügte den Griechen und Römern das Tischtuch oder der eigene Ärmel.

Bestecksprache von Messer und Gabel verstehen

Wie sieht die Bestecksprache für Messer und Gabel korrekt aus?

Ja, es gibt eine sogenannte Bestecksprache, die Gästen, Gastgeber und Service die Möglichkeit bietet, bei Tisch Anweisungen, Hinweise und Wünsche nonverbal zu kommunizieren. Nach der Grundregel, dass das Besteck ab dem Moment, da es von der Tischdecke aufgehoben wurde, nicht mehr mit dem Tisch in Kontakt kommen soll – auch nicht, indem es am Tellerrand angelehnt wird –, wird die Bestecksprache grundsätzlich nur auf dem Teller gesprochen.

Möchten Sie beispielsweise während eines Ganges, den Sie mit Messer und Gabel gegessen haben, eine Essenspause einlegen, um etwas zu trinken, dann werden Sie das Besteck in der *Ich mache eine Pause*-Position ablegen: Dann legen Sie das Besteck rechts und links auf dem Teller ab. Rechtshänder legen die Gabel links, mit den Zinken nach oben, und das Messer rechts auf dem Teller, mit der Schneide zur Tellermitte zeigend, ab. Für Linkshänder ist die Besteckablage entsprechend andersherum. Die Besteckgriffe ragen über den Tellerrand hinaus. Die Spitzen von Messer und Gabel dürfen sich in der *Ich mache eine Pause*-Position berühren oder kreuzen.

Die *Ich mache eine Pause*-Position

Legen Sie das Besteck so ab, dass es weder im Essen steckt noch unter dem Essen begraben ist. Wichtig ist, dass es ästhetisch aussieht, was – zugegeben – auf gut gefüllten Tellern gar nicht so einfach machbar ist ... Würde das Besteck von außen an den Tellerrand angelehnt werden, würde das den Tellerrand verschmutzen. Das sieht erstens nicht schön aus und ist zweitens für den Servicemitarbeiter beim Ausheben des Tellers nicht angenehm. Außerdem könnte das Besteck vom Tellerrand auf die Tischdecke rutschen, was dann meist auch nicht schön ausschaut. Den benutzten, jedoch gerade nicht benötigten Gourmetlöffel platzieren Sie vorübergehend oben quer auf den Tellerrand.

Sobald Sie mit dem Gang fertig sind, den Sie mit Messer und Gabel gegessen haben, legen Sie Ihr Besteck in die *Ich bin mit dem Gang fertig, Sie können abservieren*-Position: Sowohl Rechts- als auch Linkshänder legen dafür Messer und Gabel

Die *Ich bin mit dem Gang fertig*-Position

parallel auf der rechten Seite des Tellers ab, von rechts unten nach links oben zeigend. Wenn Sie sich den Teller als eine Uhr und das Besteck als Zeiger vorstellen, dann sollten sich Gabel und Messer ungefähr auf der Fünf befinden. Dabei liegt die Gabel, von der Sitzposition aus gesehen, dem Speisenden am nächsten, mit der Wölbung nach unten. Darüber wird das Messer positioniert, die Schneide zur Gabel zeigend. So kann das Servicepersonal den Teller samt Besteck leicht mit einer Hand greifen und ausheben – das ist gefahrlos für das Servicepersonal, aber vor allem auch ungefährlich für die Gäste. Ein eventuell gebrauchter Gourmetlöffel findet oberhalb des Messers seinen Platz.

Die *Ich bin mit dem Gang fertig*-Position – mit Gourmetlöffel

Nur der Vollständigkeit halber: Es gibt noch Gerüchte darüber, dass man mit dem Besteck auch mitteilen könnte, dass es einem nicht geschmeckt hat. Das ist Unsinn! Sie würden mit einem solchen Versuch nur zeigen, dass Sie keine Ahnung haben. Sagen Sie dem Kellner sofort, wenn etwas nicht in Ordnung ist – freundlich natürlich.

Bestecksprache des Löffels verstehen

Speisen, die nur mit dem Löffel gegessen werden: Möchten Sie beim Essen einer Speise, die nur mit dem Löffel gegessen wird, wie beispielsweise Suppe, Krabbencocktail oder Eis aus dem Eisbecher, eine Essenspause einlegen, gibt es für die *Ich mache eine Pause*-Position zwei Varianten – eine Variante für den Teller und eine Variante für Tassen, Gläser und Becher:

Wie spricht man die Bestecksprache mit dem Löffel auf dem Suppenteller?

– Auf einem Teller wird der Löffel von Rechtshändern rechts – von rechts unten nach links oben zeigend – und von Linkshändern entsprechend links auf dem Teller abgelegt – egal, ob der (Suppen-)Teller mit oder ohne Unterteller serviert wurde.
– Suppentassen, Cocktailglas, Eisbecher o. Ä. werden (stilvoll) immer mit einem Unterteller serviert; dann soll der Löffel ebenfalls während einer Essenspause in oben genannter Form auf dem Unterteller abgelegt werden. So kann er nicht aus dem hohen Gefäß auf den Tisch fallen.

Sind Sie mit dem Gang fertig und möchten nicht mehr weiteressen, dann legen Sie den Löffel in die *Ich bin mit dem Gang fertig, Sie können abservieren*-Position –

*Die Ich mache eine Pause-Position als auch
die Ich bin mit dem Gang fertig-Position*

egal, ob die Speise vom Teller oder aus Tasse, Glas oder Becher gegessen wurde: Rechts- und Linkshänder legen den Löffel auf der rechten Seite des Untertellers – von rechts unten nach links oben zeigend – ab. Wenn Sie sich den Teller als eine Uhr und das Besteck als Zeiger vorstellen, dann sollte es sich ungefähr auf der Fünf befinden. So kann das Servicepersonal problemlos den Unterteller und das daraufstehende Gefäß samt Löffel mit einer Hand ausheben.

Speisen, die mit Löffel und Gabel gegessen werden: Bei Speisen, die mit Gabel und Löffel gegessen werden (können) – Dessertvariationen beispielsweise –, werden Löffel und Gabel, so wie sie gerade gehalten werden, rechts und links auf dem Teller abgelegt. Die Besteckspitzen dürfen sich berühren oder kreuzen. Wollen Sie nur mit einem Besteckteil weiteressen, soll das benutzte, aber nicht mehr benötigte Besteckteil oben quer auf dem Tellerrand geparkt werden. Der Besteckgriff ragt dabei jeweils über den Tellerrand hinaus.

Die Ich mache eine Pause-Position

Sind Sie mit dem Gang fertig und möchten dies mit dem Besteck signalisieren, so legen Sie Gabel und Löffel in die *Ich bin mit dem Gang fertig, Sie können abservieren*-Position. Löffel und Gabel werden parallel auf der rechten Seite des Tellers – von rechts unten nach links oben zeigend – ungefähr in der Fünf-Uhr-Position abgelegt. Dabei liegt die Gabel dem Speisenden am nächsten, mit der Wölbung nach unten. Darüber wird der Löffel abgelegt.

Egal, ob Messer und Gabel, Gabel mit oder ohne Löffel oder nur Löffel: Die aufmerksamen Gastgeber – traditionell ist das die Aufgabe der Gastgeberin – bringen ihr Besteck gemeinsam mit dem langsamsten Esser in diese Position, womit dem Service signalisiert wird, dass mit dem Abräumen begonnen werden kann. Schön ist es immer, wenn sich alle dessen bewusst sind, dass es beim gemeinsamen Essen hauptsächlich um Gemeinsamkeit geht und sich daher die Tischgemeinschaft auf ein Esstempo einigt – nonverbal natürlich.

Die Ich bin mit dem Gang fertig-Position

PS: Für den Kaffeelöffel gibt es nur eine Ablagemöglichkeit: auf dem Unterteller!

Messer – Gabel – Löffel

Das Grundprinzip für den Gebrauch des Bestecks ist ganz einfach: Die *Von-außen-nach-innen*-Regel stimmt immer. Da traditionell das Gedeck nur nach den Bedürfnissen von Rechtshändern angeordnet ist, finden Sie auf der rechten Seite Ihres Gedecks maximal vier Besteckteile und auf der linken Seite maximal drei Besteckteile. Oberhalb des Gedecks kann außerdem das Dessertbesteck eingedeckt worden sein. Bei einem Menü mit sechs oder mehr Gängen werden dann zu einzelnen Speisen die entsprechenden Besteckteile nachgelegt. Allerdings ist es heute in den meisten Häusern üblich, nicht für mehr als zwei Gänge auf einmal das Besteck einzudecken, so dass Sie leicht die Übersicht behalten.

Speisen, die nur mit dem Löffel gegessen werden: Der Löffel wird in einer aufrechten Sitzhaltung zum Mund gebracht. Dabei wird der Löffel mit der Spitze von vorn in den Mund geführt. Nur in Großbritannien und der früheren Commonwealth-Staatengemeinschaft ist das anders. Da darf der rundere Löffel nicht im Mund verschwinden und wird auch nur seitlich an den Mund geführt.

Suppenteller sollen nicht gekippt werden, Suppentassen dürfen ein wenig gekippt werden und die ganz kleinen Suppentässchen dürfen sogar ausgetrunken werden.

Zu Kaffee, Tee und Kakao wird der Löffel nur zum Umrühren gereicht, daher wird er noch nicht einmal in die Nähe des Mundes bewegt.

Speisen, die mit Messer und Gabel gegessen werden: Rechtshänder halten die Gabel in der linken und das Messer in der rechten Hand. Sie benutzen das Messer lediglich zum Schneiden und allenfalls zum Gegen-die-Gabel-Halten, um Speisen leichter auf die Gabel befördern zu können. Die Gabel wird nach der ganz feinen, traditionellen Art mit den Zinken nach oben benutzt und nur zum Abschneiden gedreht – ohne die Gabel in der Hand umzugreifen. Um den abgeschnittenen Bissen in den Mund zu bringen, wird die Hand mit der Gabel wieder zurückgedreht und die Gabel, mit den Zinken nach oben zeigend, von vorn in den Mund gebracht. Das ist hierzulande immer noch die elegantere Version – auch wenn es heute kein schlimmer Fauxpas mehr ist, die Gabel wie die Angelsachsen nicht zurückzudrehen. Von ihnen wird die Gabel ausschließlich mit den Zinken nach unten zeigend benutzt, nicht aber so eingedeckt oder am Ende des Essens so abgelegt. Während die Angelsachsen die Ansicht vertreten, die Gabel sei als ein Spieß anzusehen, wird hierzulande und traditionell in der abendländischen Kultur die Gabel als eine Schaufel interpretiert. Traditionell decken Franzosen und Adlige anderswo die Gabel zwar mit den Zinken nach unten zeigend ein und legen sie

Wie werden die einzelnen Besteckteile heute richtig benutzt, und wie isst man Spaghetti korrekt?

auch so ab, damit das Adelswappen auf der Rückseite sichtbar wird, benutzen die Gabel (nach der feinen alten Art) so aber nicht.

Speisen, die mit Gabel und Löffel gegessen werden: Dessert kann mit dem Löffel oder mit der Gabel oder mit Löffel und Gabel gegessen werden. Es ist egal oder von der Speise bestimmt, in welcher Hand welches Besteckteil gehalten werden soll, doch es ist zu entscheiden, welche Hand das Besteck zum Mund führt. Wer beispielsweise rechts die Gabel hält und links den Löffel, soll nicht mal vom Löffel und mal von der Gabel essen.

Speisen, die nur mit der Gabel gegessen werden (sollen): Risotto, Knödel und Klöße sowie Rührei sollten nur mit der Gabel in Kontakt kommen, dürfen als Beilage aber dennoch gegessen werden, während das Messer in der anderen Hand gehalten wird.

Beim Spaghettiessen ist die Etikette-Fachwelt sich nicht einig. Da sind die einen der Meinung, dass die Spaghetti ausschließlich mit der Gabel zu essen sind, so wie es die Italiener machen. Das geht allerdings nur von einem dafür vorgesehenen großen, tiefen Teller, wobei mit der Gabel lediglich 2-3 Spaghetti aufgenommen und so lange flink gedreht werden, bis sie vollkommen aufgewickelt sind und kein Zentimeter Pasta mehr von der Gabel herunterhängt. Die andere Empfehlung ist, diese Technik zwar im Privaten zu üben, sie aber, bis sie zur Perfektion trainiert wurde, in der Öffentlichkeit den Italienern zu überlassen. In Gesellschaft darf – finde ich – von Nichtitalienern der Löffel zu Hilfe genommen werden. Wenige Spaghetti werden mit der Gabel aufgenommen und auf dem Boden des Löffels um die Gabel gewickelt, bis ebenfalls kein Zentimeter mehr herabhängt. Das sieht bei Ungeübten immer ästhetischer aus als öffentliches Ohne-Löffel-Training. Bei beiden Versionen wird jedoch darauf bestanden, dass keinesfalls ein Messer auch nur in die Nähe von Spaghetti kommen darf.

Fehler über Fehler

Worauf muss man noch bei der Benutzung von Besteck achten?

Weil es so wichtig ist, zur Wiederholung: Die Haltung ist entscheidend, und wichtig ist ein für alle Sinne ästhetisches Essverhalten. Darüber hinaus haben sich darauf aufbauend eine Menge Regeln durchgesetzt, die zum Teil logisch, zum Teil praktisch und zum großen Teil auch historisch bedingt sind. Ein Großteil der Etiketteregeln sind allerdings obendrein auch einfach Kodes, die anzeigen, welche Erziehung der Einzelne genossen hat oder wie es um seine persönliche Kultur steht.

Das ist die Art, wie man das Besteck anfasst: Messer, Gabel und Löffel sollen hauptsächlich zwischen Daumen, Mittel- und Zeigefinger gehalten werden, die Zeigefinger nicht allzu tief auf den Besteckteilen liegend. Die Zeigefinger sollen sich nicht in der Nähe der Gabelwölbung oder am Anfang der Messerklinge befinden. Besser ist es, die Besteckteile im oberen Drittel anzufassen und sie dabei nicht zu fest – etwa mit der ganzen Hand – zu halten. Alle Besteckteile – auch Sonderbestecke – sollen jedoch auch nicht zu zart, als wären es Stifte, gegriffen werden.

Was mit Bestecken nicht gemacht wird: Schaben, Kratzen oder Klappern ist mit dem Besteck generell zu unterlassen. Insbesondere das Zusammenkratzen von Speisen mit dem Messer ist sogar ein Doppelfehler, weil mit dem Messer überhaupt nichts geschoben werden soll und weil Geräusche beim Essen völlig tabu sind. Häufig kann der Fehler beobachtet werden, dass die Messerklinge vom Ansatz bis zur Spitze an einem abgeschnittenen Fleischstück oder an der Gabel entlanggestreift wird – oft sogar auch noch an beiden Seiten. Das Messer wird bei Tisch nirgendwo abgestreift oder sauber geputzt.

Gut möglich, dass viele Menschen es gar nicht bemerken, wie oft und wie viel sie mit dem Besteck gestikulierend sprechen: manchmal fast unmerklich und nur wenig hantierend, manchmal sieht das aber beinahe gefährlich aus. Wer nicht ohne Hände reden kann, sollte das Besteck aus der Hand legen. Es ist nämlich, ganz egal, in welchem Ausmaß mit dem Besteck in der Luft herumgefuchtelt wird, immer unfein. Es ist so oder so unschön.

Eigentlich nur der Vollständigkeit halber muss gesagt werden, dass es eine ganz schlimme Unsitte ist, irgendeinen Bissen vom Messer zum Mund zu führen oder das Messer abzulecken.

Was unhöflich ist: So schwerwiegend, ein echter Kode für mangelnde Manieren und dennoch so häufig zu beobachten ist der Fehler, Messer und Gabel bei einer Unterbrechung des Essens rechts und links mit den Griffen auf dem Tisch abgesetzt schräg an den Tellerrand zu lehnen. Die traditionelle Etiketteregel sagt, dass einmal vom Tisch aufgenommene Besteckteile nicht wieder mit dem Tischtuch in Berührung kommen sollen. Während einer Essenspause werden die Gabel und das Messer vielmehr in der *Ich mache eine Pause*-Position auf dem Teller abgelegt. Somit kann das Besteck nicht auf das Tischtuch fallen, der Restaurantmitarbeiter weiß, dass der Gast noch weiteressen möchte und – ganz wichtig – dem Restaurantmitarbeiter wird nicht der vom Essen beschmierte Tellerrand zum Abservieren zugemutet.

Buffet-Benimm

Am Buffet ist doch alles viel einfacher, da muss man nicht so viele Regeln beachten – oder?

Für die geltenden Etiketteregeln macht es keinen Unterschied, ob man sich am Frühstücksbuffet einer Pension oder dem eines Luxushotels, ob man sich am einfachen Buffet beim Vereinsfest oder am Dinner-Buffet bedient – mit einer Ausnahme. Der bezeichnendste und gleichzeitig häufigste Fehler ist der, dass Gäste mit ihrem bereits benutzten Teller erneut zum Buffet gehen und obendrein ihr benutztes Besteck mit sich herumtragen oder es für die Weile auf den Tisch, auf die Serviette oder sonst irgendwohin legen, wo es rein gar nichts zu suchen hat. Bei jedem Gang zum Buffet nimmt man sich einen neuen Teller und neues Besteck, gegebenenfalls auch eine neue Papierserviette. Teller und Besteck werden am Buffet nur einmal benutzt – mit einer Ausnahme. Denn in Privathaushalten kann und sollten Teller und Besteck noch einmal benutzt werden, falls sie andernfalls nicht in ausreichender Anzahl vorrätig sind. In dem Fall werden die Gastgeber darum bitten, dass jeder Gast seinen Teller und sein Besteck im Auge behält, um es erneut benutzen zu können.

Leider glauben viele, dass man am Buffet nicht viel falsch machen könnte, doch das ist ein großer Trugschluss. Ganz im Gegenteil! Und die Gefahr ist dann riesengroß, dass ein stilvoll gedachtes abendliches Dinner-Buffet zum Missgriff wird, wenn die Gäste ihre gute Kinderstube vergessen oder glauben, *erlaubt ist, was gefällt*. Disziplin ist hier in concreto die Regel Nummer 1.

Ein offizielles Buffet muss immer eröffnet werden. Meist wird der Gastgeber am Ende seiner Begrüßungsrede das Buffet eröffnen und (hoffentlich) dafür sorgen, dass seine Ehrengäste als Erste zum Buffet gehen können. Die Gastgeber selbst essen erst dann, wenn die meisten Gäste sich vom Buffet bereits bedient haben. Gehen Sie also nicht vor den Ehrengästen zum Buffet.

Wenn das Buffet als Ersatz für ein gesetztes Essen angeboten wird, soll es mindestens aus drei Folgen bestehen: Vorspeisen, Hauptgericht(e) und Desserts. Das bedeutet, dass der stilvolle Gast sich nur in dieser Reihenfolge vom Buffet bedienen wird. Es ist möglich, einzelne Gänge auszulassen, jedoch nicht richtig, gleich mit dem Dessert anzufangen, mehr als eine Suppe zu nehmen, drei Desserts zu essen oder nach dem Hauptgang noch mal eine Vorspeise zu nehmen. Außerdem soll auf eine harmonische Menüfolge geachtet werden, so dass die Gänge weitestgehend zueinander passen. Am Buffet ist das Vordrängeln eine fürchterliche Peinlichkeit, die dazu noch oft gesehen wird. Auch dann, wenn der Vordermann sich nicht entscheiden kann und vor ihm ein Lücke ist: Man geht nicht vor – auch dann nicht, wenn es die anderen tun!

Mindestens genauso peinlich wird es, wenn sich einer den Teller vollhäuft oder auch alles durcheinander auf den Teller lädt. Ob das noch damit überboten werden kann, dass manch einer etwas wieder aufs Buffet zurücklegt oder ein anderer sich die vermeintlich besten Stücke von unten oder hinten hervorzerrt? Das machen wirklich manche! Es ist auch nicht richtig, sich die Dekoration vom Buffet zu nehmen, da sie auch zur Freude der anderen Gäste gedacht ist. Das Vorlegebesteck soll nicht in den Speisen liegen gelassen, sondern zurück auf den dafür vorgesehenen Teller gelegt werden. Brot darf zum Abschneiden nur mit der darumliegenden Serviette angefasst werden, Brötchen werden mit der Zange gegriffen.

Darüber hinaus soll nicht bereits am Buffet oder auf dem Weg zum Tisch gegessen werden – wobei solch unbeherrschtes und unkultiviertes Verhalten nicht nur auf die Erziehung schließen lässt, sondern sogar tiefe Einblicke in den Charakter der Person gewährt. Es soll grundsätzlich nur am Tisch, der auch ein Stehtisch sein kann, gegessen werden – nicht mit dem Teller in der Hand frei stehend.

Man muss zwar nicht mit der Tischgemeinschaft in einem Takt essen, doch zumindest mit seinem Tischnachbarn sollte man sich auf einen Essrhythmus einigen und gemeinsam zum Buffet gehen. Bei einem offiziellen Dinner-Buffet soll der Tischherr immer mit seiner Tischdame gemeinsam ans Buffet gehen.

Um zu vermeiden, dass der benutzte Teller mit dem Besteck noch auf dem Tisch steht, wenn Sie vom Gang ans Buffet zurückkehren, sollten Sie immer erst erneut ans Buffet gehen, nachdem Teller und Besteck vom vorherigen Gang abserviert wurden.

Bestellen, essen und bezahlen – immer gemeinsam

Ganz früher war es ein Zeichen von besonders hohem Rang und von Würde, wenn einer das Privileg hatte, allein zu essen. Auch besonders hoch geschätzte Gäste bekamen ihr opulentes und luxuriöses Mahl separat angerichtet. Ungestört und unbeobachtet aßen sie allein und hinter verschlossenen Türen – in asiatischen, arabischen und afrikanischen Ländern. In Europa bevorzugten es die Herrscher, allein, aber unter Zuschauern in der Öffentlichkeit zu essen. Der vornehme französische König Ludwig XIV. perfektionierte diese Sitte, indem er den Zuschauern nach ihrem Rang die Erlaubnis erteilte, ihm beim Essen zuzuschauen. Dass dies zu Neid und Missgunst führte, ist nachvollziehbar.

Darf man an einer festlichen Tafel aufstehen, während andere noch essen?

Das ist alles lange her, doch dass in Gemeinschaft gegessen wird – mit Männern, Frauen und Kindern – kennt man noch nicht so lange. Davor war es über die Zeiten und über die Länder hinweg eher üblich, dass beim alltäglichen Essen die Männer allein und die Frauen zusammen mit den Kindern – nach den Männern oder von ihnen getrennt – aßen.

Ob nur unter den Männern oder ob in manchen Ländern, zu manchen Zeiten, bei gewissen Gelegenheiten ausnahmsweise auch die Frauen dabei waren: Es gab Regeln dafür, wer wie viel wann wovon bekommt. Heute ist Gemeinsamkeit die oberste Regel – für alle, die dazugehören, und insbesondere für alle an einem Tisch. Bereits bei der Bestellung sollten sich alle auf eine bestimmte Anzahl von Gängen einigen, besser noch auf eine Menüfolge oder auf ein Menü, so dass garantiert jeder Gast zur gleichen Zeit eine frisch zubereitete Speise zu jedem Gang bekommt. Aber auch, wenn das nicht so klappt, sollte niemand mit dem Essen beginnen (wollen), solange nicht jeder am Tisch seinen Teller bekommen hat. Gäste warten darüber hinaus mit dem Essensbeginn, bis die Gastgeberin oder die ranghöchste Person am Tisch das Zeichen dafür gibt. Auch der Wein wird erst dann getrunken, wenn alle Wein im Glas haben und der Gastgeber oder der Ranghöchste der Tischgemeinschaft das Glas erhebt.

Bei einem gesetzten Essen ist es immer schöner, wenn die Gäste sich nonverbal auf ein Esstempo einigen. Niemand darf den Tisch verlassen, solange noch Teller auf dem Tisch stehen. Zwischen den Gängen oder nach dem Menü darf man zwar den Tisch verlassen, aber niemals bevor nicht alle Teller vom Tisch abserviert wurden. Der geschulte Restaurantmitarbeiter wird jedoch erst mit dem Abservieren beginnen, wenn alle Gäste am Tisch ihr Besteck in die *Ich bin mit dem Gang fertig, Sie können abservieren*-Position gelegt haben. Dass jemand vom Tisch aufsteht, wenn andere noch essen, ist daher – außer im Notfall – völlig indiskutabel und gehört zu den allerschlimmsten Ungehörigkeiten bei Tisch.

Was nützt uns die Gemeinsamkeit, wenn sie nicht von interessanten und angenehmen Gesprächen begleitet wird? Die Unterhaltung bei Tisch spielt eine ausgesprochen große Rolle. Wer könnte das in Kürze besser ausdrücken als Freiherr von Knigge in seinem Kapitel über das Verhältnis zwischen Wirt und Gast? «Vieles trägt hierzu die Unterhaltung bei. Man muß daher die Kunst verstehn, mit seinen Gästen nur von solchen Dingen zu reden, die sie gern hören, in einem größeren Zirkel solche Gespräche zu führen, woran alle mit Vergnügen teilnehmen und sich dabei in vorteilhaftem Lichte zeigen können. Der Blöde muß ermuntert, der Traurige aufgeheitert werden. Jeder Gast muß Gelegenheit bekommen, von etwas zu reden, wovon er gern redet. Weltklugheit und Menschenkenntnis müssen hier in den besondern Fällen zum Leitfaden dienen.» {Über den Umgang mit Menschen, S. 238-240}

Alle Gäste sollen sich in die Tischgemeinschaft einbringen und an der Kommunikation beteiligen, jeder trägt seinen Teil dazu bei, dass das Gemeinsamessen ein gemeinschaftliches Erlebnis wird – vielleicht auch, indem die gemeinsame Rechnung durch die Anzahl der Esser geteilt wird. Dann aber bitte stilvoll und ohne größeres Aufsehen darum zu machen, was – wenn überhaupt – fast nur in Deutschland relativ unproblematisch ist.

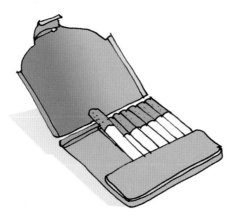

Zwischen den Gängen herrscht Rauchverbot

Oh nein, das dürfen Sie nicht – gar nicht. Allein bei der Frage wären unsere Vorfahren vor Empörung erstarrt.

Kann man eigentlich während eines langen Essens zwischen den Gängen rauchen?

Im 19. Jahrhundert durfte in der Gesellschaft von Damen überhaupt nicht geraucht werden, und Männer mussten sich vor dem Gang ins Raucherzimmer sogar komplett umziehen. Und es ist auch noch gar nicht so lange her, dass das Rauchen nach dem Essen zum gemütlichen Teil des Abends gehörte, aber während des Essens? Niemals.

Und heute? Bekanntlich gibt es seit dem 1. Januar 2008 in Deutschland das Gesetz zum Schutz vor den Gefahren des Passivrauchens. Doch es wäre gewiss übereilt, bereits gänzlich auf ein paar Tipps, wie sich Raucher beim Essen verhalten sollten, zu verzichten.

Die letzte stilgerechte Chance, während eines Essens zu rauchen, hat man beim Aperitif. Allerdings nur dann, wenn dieser im Freien oder in einem separaten Raum eingenommen wird und wenn dort Aschenbecher bereitstehen. Ansonsten soll während des gesamten Essens – egal, ob privat zu Hause oder anderswo – nicht geraucht werden, weder in einer schicken Smoker Lounge noch auf dem Gehsteig.

Erst nach dem Dessert darf dort, wo es erlaubt ist, wieder geraucht werden. Natürlich nicht, ohne um Erlaubnis zu fragen. Falls Sie eingeladen sind, fragen Sie bitte die Gastgeber und anschließend – wenn möglich – alle Gäste. Und selbst wenn Sie allein essen gehen und im Gartenlokal zum Kaffee rauchen wollen, wird heute gemeinhin erwartet, dass Sie sich an den Nachbartischen freundlich vergewissern, niemanden mit Rauch zu belästigen. Wer jedoch bei der Frage bereits die Zigarettenschachtel in der Hand hält, kann sich das Fragen eigentlich sparen, denn dann ist sein Verhalten so oder so unhöflich.

Langer Rede kurzer Sinn, wenn Sie auch nur zu überlegen beginnen, ob denn das Rauchen nun in einer bestimmten Situation akzeptabel ist oder nicht, sollten Sie es heute besser gleich lassen. Damit machen Sie jedenfalls nichts falsch.

Und obwohl höfliche Raucher freilich gar nichts verkehrt machen könnten, da sie sowieso alles vermeiden, was andere stören könnte, hier eine kleine Raucher-Etikette: Sie sollten nie einen fremden Raum mit brennender Zigarette betreten. Selbstverständlich dämpfen Sie die Zigarette aus, wenn Sie jemanden begrüßen, und erst recht, wenn Sie sich mit jemandem bekannt machen wollen oder bevor Sie eine Frau zum Tanzen auffordern. Wohlgemerkt, ausdämpfen und nicht nur in den Aschenbecher ablegen. Auch das Halten einer Zigarette bei gleichzeitigem Halten eines Glases sieht unmöglich aus.

Tabu ist das Rauchen in Kirchen, Museen, Krankenhäusern, Kinderzimmern und generell in Rauchverbotszonen. Auch im Fahrstuhl oder in anderen sehr engen Räumen haben Raucher besondere Rücksicht zu nehmen. Und noch etwas: Die Asche kommt nur in den Aschenbecher, und in den Aschenbecher kommen nur die Asche und die Zigarette. Kein Papier, kein Kirschkern, kein Kaugummi – gar nichts anderes. In Verbindung mit Glut könnten sich unangenehme Gerüche bilden oder es könnte sogar brennen; außerdem ist der Aschenbecher kein Abfalleimer.

Zum Zigarettenanbieten und Feuergeben muss unbedingt die alte Literatur zu Wort kommen, weil es so schön altmodisch klingt und gleichwohl nach wie vor gilt: «Das Anbieten von Zigaretten erfolgt nur aus dem Etui oder einer sauberen, ordentlichen Packung. Im Privathaus sollte man Zigaretten aus einem Silber-, Holz- oder Porzellankästchen oder aus einem Becher anbieten. Kein jüngerer Herr wird einem älteren seine eigenen Zigaretten offerieren, es sei denn, der ältere wäre ein Verwandter oder sonst mit ihm gut bekannt.» {**Das Buch der Etikette, S. 399**}

«Herren reichen Damen stets Feuer, sobald sie sehen, dass diese zur Zigarette greifen. Bei dieser höflichen Aufmerksamkeit kann der gut erzogene Herr getrost aufstehen, sobald es die Platzverhältnisse erlauben. [...] Ein gereichtes brennendes Streichholz wird sich der Reichende von einer Dame niemals und von einem Herrn nur dann abnehmen lassen, wenn dieser sich eine Zigarre entzünden will. Es empfiehlt sich jedoch, passionierten Zigarrenrauchern lieber die Streichholzschachtel mit einem darauf liegenden Zündholz zu reichen.» {**Das Buch der Etikette, S. 399**}

PS: Das Pfeiferauchen verträgt sich übrigens nicht mit einer größeren Gesellschaft.

Fischmesser und Gourmetlöffel

Ein perfekt gekochter Fisch zerfällt im Grätenabstand fast von allein in dünne Scheiben. Da würde eine scharfe Schneide die abzuhebende Haut und die von der Hauptgräte zu lösenden Filets nur zerstören. Und das wäre doch sehr schade.

Wie und wann werden Fischbesteck und Gourmetlöffel benutzt?

Fischmesser haben im Gegensatz zu Fleischmessern eine breitere (stumpfe) Schneide zum Heben und Teilen, wobei die Form ansonsten dem Fleischmesser nachempfunden ist. Fischgabeln sind gleichermaßen eher zum Heben als zum Spießen gedacht und weisen daher etwas kürzere Zinken auf als gewöhnliche Gabeln. Gekochte und gebratene Fische werden üblicherweise mit Fischmesser und -gabel serviert. Marinierte Fische und Räucherfische wie Rollmöpse, Matjeshering und Räucheraal, Räucherlachs oder Räuchermakrele werden nicht mit dem Fischbesteck, sondern mit Fleischmesser und -gabel serviert und gegessen.

Weil der Fischgang an sich schon Luxus ist, sind auch Fischbestecke oft besonders aufwendig verziert und werden sogar eigens für Linkshänder graviert angeboten.

Restaurants sollten ja genügend Fischbestecke besitzen, wenn in ihrem Hause Fischgerichte angeboten werden. Wer dagegen zu Hause (noch) nicht ausreichend Fischbesteck zur Verfügung hat, sollte zum Fisch eine zweite Gabel nehmen. Das ist allemal geeigneter als ein Messer mit einer scharfen Schneide, meinen die einen. Andere sind der Meinung, man könne auch einfach ein Fleischmesser nehmen. Entscheiden Sie selbst, immerhin ist das eine eher nebensächliche Streitfrage unter Fischessern und darüber hinaus Geschmackssache. In gehobenen Restaurants wird jedenfalls auf den Fischmesser-Luxus Wert gelegt und sogar zusätzlich zum Fleischbesteck oder als Ersatz für das Fischmesser oder auch als Dessertlöffel der Gourmetlöffel eingedeckt.

Genau genommen, ist der heutige Gourmetlöffel ja eine Wiederentdeckung des ursprünglichen Probierlöffels aus der Küche. Der Koch konnte über die kleine Einkerbung an der rechten Seite der leicht gehöhlten Laffe das Fett der Sauce abgießen und so den reinen Fond probieren. Nun ist der Probierlöffel zum Gour-

metlöffel avanciert. Der Gourmetlöffel wird gern als Zusatzbesteck eingedeckt und ist dann besonders für alle, die ungern die Sauce auf dem Teller lassen, eine Freude, da sie nun die Sauce über seine zierliche Einkerbung ausgezeichnet aufnehmen können.

Zwischen Gourmetlöffel und Messer kann dann nach Belieben gewechselt werden. Das gerade nicht benötigte Besteckteil – Messer oder Gourmetlöffel – wird auf dem oberen Drittel des Tellers mit der Spitze zur Tellermitte zeigend auf ungefähr Ein-Uhr-Position zwischengeparkt. Für die *Ich bin mit dem Gang fertig, Sie können abservieren*-Position wird das Besteck parallel auf der rechten Seite des Tellers – ungefähr auf Fünf-Uhr-Position – abgelegt. Dabei liegt die Gabel mit den Zinken nach oben und das Messer, mit der Schneide zur Gabel, darüber. Der zusätzlich benutzte Gourmetlöffel wird oberhalb des Messers abgelegt.

Wird der Gourmetlöffel zwar mit einer Gabel, aber jedoch ohne Fischmesser zum Fischgericht eingedeckt, dann fungiert er als Fischmesser und wird auch zum Zerteilen von Fisch benutzt, wobei in der abschließenden *Sie können abservieren*-Position dann alles bis auf das Vorhandensein des Messers genauso aussieht wie oben beschrieben.

PS: Übrigens will Fisch gerne dreimal schwimmen: im Wasser, im würzigen Sud und dann im passenden Wein ...

Brot ganztags stilvoll essen

Dass Jesus beim Abendmahl das Brot gebrochen hat – als Symbol für das Teilen – ist wahrscheinlich der Hintergrund dafür, dass es heute nur dann als stilvoll betrachtet wird, wenn Brot auf diese Art gegessen wird.

Wie wird Baguette, Ciabatta und Toast richtig gegessen?

Zu unterscheiden ist dabei allerdings, zu welcher Mahlzeit Brot gegessen wird. Zum Abendessen und zum Mittagessen wird Brot oft als Beigabe gereicht. Dann soll es Stück für Stück gebrochen werden. Dazu nimmt man sich aus dem gereichten Brotkorb eine Scheibe oder ein Stück Brot oder ein Brötchen, legt es auf den links neben dem Gedeck stehenden Brotteller – er wird in der Gastronomie auch Couvertteller genannt – und nimmt sich etwas von dem angebotenen Aufstrich ebenfalls auf den Brotteller. Dafür benutzt man entweder das Besteckteil, das extra dafür vorgesehen ist, und legt es dann wieder zum Aufstrichteller zurück oder man benutzt das eigene Buttermesser vom Brotteller. Nun bricht man sich ein mundgerechtes Stück Brot ab, bestreicht es mit ein wenig Aufstrich und bringt es so wie es ist in den Mund. Nicht bevor man es vollständig gekaut und heruntergeschluckt hat, darf man sich ein neues Bröckchen zurechtmachen oder auch pur essen. Sich dafür den Brotteller in die Mitte des Gedecks oder irgendwo anders hinzuholen oder ihn auch gar nicht zu benutzen und das Brot anderswo zu deponieren, ist tabu. In einfachen Restaurants und oft beim Italiener oder Franzosen ist kein extra Brotteller eingedeckt, dann bleibt es – auch ohne Belag – bei der Bröckchenmethode. Das Brot wird dann einfach auf das Tischtuch oder auf eine Extraserviette gelegt.

Es ist ein auffälliger und insbesondere in den Augen unserer südlichen Nachbarn eklatanter Fauxpas, sich die Scheibe Brot im Ganzen zu bestreichen und davon abzubeißen oder das Brötchen wie zum Frühstück zu essen.

Zum Frühstück ist es nämlich korrekt, Brötchen und Baguette in zwei Hälften zu schneiden, mit Marmelade, Wurst, Käse oder Ähnlichem zu bestreichen oder zu belegen und dann davon abzubeißen. Beim Durchschneiden soll das Brötchen unbedingt, mit einer Hand festgehalten, auf dem Teller liegen und nicht etwa hochgehalten werden. Wer zum Frühstück Brötchen zum Rührei isst, sollte das Rührei mit der Gabel essen, für das Brötchen einen Extrateller nehmen und es Bröckchen für Bröckchen in den Mund nehmen. Auch Schinken sollte zum Brötchen mit Messer und Gabel gegessen werden, während das Brötchen Stück für Stück vom Extrateller genommen wird. Zum Frühstück wird auch öfter eine Rosinenbrotscheibe gereicht; diese wird meist mit Süßem bestrichen und in der Hand gegessen. Dunkles Brot (Vollkorn- oder Mischbrot) wird allerdings zum Frühstück, zum Abend oder wann auch immer es gegessen wird auf dem Brett oder Teller mit

Käse-, Wurst- oder Schinkenaufstrich belegt und mit Messer und Gabel gegessen. Weder Brötchen noch Brotscheiben sollten jemals am Tisch zusammengeklappt gegessen werden. Das ist in der Schulpause, auf Wanderungen und auf der Baustelle oder in anderer rustikaler Umgebung in Ordnung, sonst nicht.

In Deutschland wird Brot darüber hinaus nicht als Schieber, um Speisen auf die Gabel zu befördern, nicht zum In-die-Sauce-Tunken und auch nicht zum Teller-Abwischen benutzt. Brotstücke werden weder in die Suppe geworfen noch in den Kaffee oder den Kakao getunkt.

PS: Brot ist eines der ältesten zubereiteten Nahrungsmittel und hat allein deshalb unseren Respekt verdient.

Spargel essen

Wie wird heute eigentlich Spargel gegessen, und welcher Wein passt dazu?

Jedes Jahr freuen sich viele Menschen auf diese Köstlichkeit, besonders zusammen mit einem guten und passenden Wein. Welcher Wein nun besonders gut zum Spargel passt, hängt allerdings vor allem von der Art der Spargel-Zubereitung ab. Darüber hinaus bestimmt eine gern dazu gereichte Béchamelsauce oder Sauce Hollandaise den Geschmack anders als zum Beispiel eine ebenso gut zum Spargel passende Vinaigrette oder sogar braune Butter.

Nicht geeignet sind jedenfalls Rotweine, weil sie zu gerbstoffreich sind, und Weine, die sehr stark im Geschmack oder zu schwer sind. Auch Weine mit starker Säurebetonung sind weniger geeignet. Klassische Spargelweine sind Weiß- oder Roséweine. Für den weißen Bleichspargel eignen sich junge, harmonische Weißweine mit milder Säure und nicht zu aufdringlichen Fruchtaromen. Beispielsweise empfehlen sich von den deutschen Weißweinen der Qualitätsstufen Q.b.A. Kabinett oder auch Spätlesen bis zu 12 Vol.-% mit der Geschmacksrichtung trocken, bei Rieslingen lieber halbtrocken.

Für den grünen Spargel darf es etwas voluminöser sein, da grüner Spargel auch kraftvoller und gemüsiger im Geschmack ist. Ein ganz dezenter Holzausbau kann gut passen, eine milde Säure ist durchaus vorteilhaft, doch etwas Restsüße verleiht dem Wein mehr Körper und kann daher zu grünem Spargel genau das Richtige sein. Also eignen sich beispielsweise Riesling Spätlesen halbtrocken aus der Pfalz, aus Rheinhessen oder aus dem Rheingau. Auch ein Mosel-Hochgewächs passt gut. Geeignete Rebsorten für Spargel sind Chardonnay, Grauburgunder, Gutedel,

Müller-Thurgau (Rivaner), Riesling, Silvaner und Weißburgunder. Doch lassen Sie sich von einem Weinhändler individuell beraten und probieren Sie dann einfach verschiedene Varianten aus, bis Sie den für Sie richtigen Wein zum Spargel gefunden haben. Selbstverständlich ist Spargel auch ohne Wein allein mit Wasser ein Genuss.

Allerdings wird Spargel von den allermeisten Menschen überhaupt erst gern gegessen, seitdem sein Verzehr auch problemlos möglich ist. Vor der Erfindung des anlaufgeschützten Messers wurde eine Spargelstange mit den Fingern der rechten Hand aufgenommen, mit der in der anderen Hand gehaltenen Gabel abgestützt und mit der Spargelspitze vorneweg langsam in den Mund geschoben. Das meist holzige Ende wurde dann auf dem Tellerrand abgelegt. Diese alte Art, Spargel mit den Fingern zu essen, ist ja – glücklicherweise – nur noch sehr selten zu sehen und durch die neue sauberere Art ersetzt worden.

Übergangsweise wurde der Spargel noch mit der Gabel geknickt, doch auch das ist heute Vergangenheit. Sie dürfen den Spargel einfach mit dem Messer zerteilen und wie ein Stück Fleisch essen, und niemand wird Sie mehr dafür schief ansehen – eher ist es heute umgekehrt. Geblieben ist jedoch, dass Spargel von Fachleuten mit der Spitze nach links auf dem Teller angerichtet wird und dass er von den Spitzen aus gegessen werden sollte.

Eier mit und ohne Kopf

Noch vor wenigen Jahrzehnten wurde gelehrt, dass man Eier nicht mit dem Messer schneiden darf. Diese Regel stammt aus einer Zeit, in der Messerklingen noch nicht anlaufgeschützt waren und in Verbindung mit bestimmten Säuren sofort hässlich blauschwarz anliefen. Das sah nicht nur unappetitlich aus, sondern beeinträchtigte auch den Geschmack von nachfolgenden Speisen. Eier und Eierspeisen wurden daher, wie auch Gemüse und Salat, nicht mit dem Messer in Berührung gebracht. Das ist aber überholt – dem Erfinder des Anlaufschutzes sei Dank.

Eier dürfen also heute mit einem Messerhieb geköpft werden. Der abgetrennte Eihut sollte dabei nicht über den Tisch kullern, und auch der Anblick des übrigen Dreiviertel-Eis sollte appetitlich und schön sein. Wem diese Methode jedoch zu grob erscheint, der bleibt bei der vorsichtigen Art: das gekochte Ei an der Spitze mit dem Eierlöffel leicht anklopfen und den oberen Teil mit dem Eierlöffel anheben. Einen oberen Teil der Schale abzupellen, ist genauso richtig.

Wie auch immer Sie nun Ihr Ei essen wollen – es bleibt bei der Empfehlung, dass ein weich gekochtes Ei mit seinem breiten Teil nach unten in den Eierbecher gestellt werden soll. Da sich im breiteren Teil, oft sogar direkt unter der Schale, das Eidotter befindet, reduziert sich auf diese Weise die Kleckergefahr deutlich.

Hart gekochte Eier sollten noch vor einigen Jahrzehnten nicht aus dem Eierbecher gegessen werden. Sie sollten in der Küche vollkommen abgepellt, der Länge nach durchgeschnitten und dann mit der Gabel gegessen werden.

Für andere Eierspeisen gilt: Nur für solche Speisen, die problemlos ohne Messer zu essen sind, wird die Gabel allein benutzt. Bei Spiegeleiern, die mit Schinken zusammen gebraten werden, ist es beispielsweise besser, das Messer zu Hilfe zu nehmen. Rühreier und Omelett, egal, ob süß oder würzig, werden dagegen – als Solist – allein mit der Gabel gegessen.

Auch Salate sollten früher, wie erwähnt, nicht mit dem Messer in Berührung gebracht werden. Und für viele Menschen ist das immer noch eine geltende Regel. Sie bemühen sich, große Salatblätter zu falten und auf diese Weise ohne einen Schnitt zum Mund zu führen. Da sich die Küche so manch eines Restaurants offenbar wenig Gedanken um solche Dinge macht und ihren Gästen riesengroße Salatblätter anbietet, die, mit größter Geschicklichkeit zusammengefaltet, manchmal doch noch kurz vor dem Mund aufspringen, sollte man bereits bei der Bestellung darum bitten, den Salat kleingeschnitten zu servieren. Natürlich muss man in einem Gourmetrestaurant und in besseren Häusern nicht extra darauf aufmerksam machen, da achtet man glücklicherweise auf so etwas.

Sushi essen

Sushi war in Edo, dem heutigen Tokio, bereits im 17. Jahrhundert als Schnellimbiss bekannt. In einfachen Straßenbuden saß der Sushi-Koch etwas erhöht und verkaufte seine Sushis den Passanten. Sie tunkten die Sushis in gemeinschaftliche Schüsselchen mit Sojasoße und Ingwer und aßen sie im Stehen. **Wie wird Sushi stilvoll gegessen?**

Sushi-Essen erfreut sich seit den Neunzigerjahren auch in Deutschland zunehmender Beliebtheit und das nicht nur bei jungen Leuten. Es ist also schön und angebracht, sich Gedanken darüber zu machen, wie man auch dieses Gericht stilvoll – auf japanische Weise – isst. Das ist ganz einfach und geht so: Zu jedem Sushi-Gedeck gehören immer Sojasauce, Wasabi (das ist die Paste aus grünem Meerrettich), eingelegter Ingwer und ein Schälchen. Hier in Deutschland werden Sushis zumeist mit den Stäbchen gegessen, obwohl Stäbchen in Japan nicht zu einem Sushi-Gedeck dazugehören. Wer nicht routiniert mit den Stäbchen umgehen kann, isst also einfach mit den Fingern, wie die Japaner. Es gibt ja ganz viele unterschiedliche Sushis. Die häufigsten Sorten: Maki sind die kleinen, in Algenblättern gerollten, Nigiri die mit Belag und Temaki die tütenförmigen. Obwohl sie Ihnen manchmal recht groß erscheinen, sollten Sie vom Sushi lieber nicht abbeißen. Maki und Nigiri steckt man sich im Ganzen in den Mund, nur von Temaki-Sushis kann und sollte abgebissen werden – die sind einfach zu groß.

Zuerst gießen Sie sich aber etwas Sojasauce in das Schälchen und rühren mit den Stäbchen nur ein bisschen Wasabi-Paste hinein. Bevor Sie ein Sushi essen, tunken Sie es ganz kurz in die Sojasauce. Nigiri-Sushi wird mit der Oberseite, also mit dem Fisch, eingedippt, da sonst der Reis, der heute leicht mit Essig gesäuert ist, nicht mehr zusammenklebt und alles auseinanderfällt. Am besten geht das, wenn Sie den Zeigefinger auf das hintere Ende des Belags des Nigiri-Sushis legen und mit Daumen und Mittelfinger von den Seiten zugreifen – so bleibt der Fisch da, wo er hingehört, wenn er mit der Fischseite nach unten in den Mund gebracht wird.

Falls man doch davon abbeißen möchte, ist das so zudem sauberer. Nachdem Sie das Sushi gegessen haben, empfiehlt es sich, ein kleines Stück Ingwer zu essen oder einen Schluck Miso-Suppe oder grünen Tee zu trinken, um den Gaumen für einen neuen Geschmack zu neutralisieren.

Keinesfalls sollten Sie Sushi aber mit Messer und Gabel essen. Das wäre ganz schlechter Stil. Darüber hinaus sollten Sie generell beim Essen mit Stäbchen wissen, dass damit eine Reihe von Beerdigungsritualen verbunden sind. Alles was mit Tod und Beerdigung in Verbindung gebracht wird, ist völlig tabu. Reichen Sie beispielsweise nie ein Sushi von Stäbchen zu Stäbchen an einen anderen weiter. Diese Art des Weiterreichens ist traditionell ausschließlich Beerdigungsritualen vorbehalten – auf diese Weise werden die Knochen der eingeäscherten Verstorbenen weitergegeben.

Sollten Sie hier einmal mit dem Sushiangebot nicht zufrieden sein, könnte es an der in Deutschland weit weniger gründlichen Ausbildung der Sushi-Köche liegen. Ein guter Sushi-Koch verbringt nämlich in Japan zunächst zwei Jahre mit einer Grundausbildung in der Küche. Anschließend lernt er so lange Reis zu kochen, bis er ihm jedes Mal perfekt gelingt – zwei Lehrjahre kann das dauern. Erst dann lernt er – meist drei bis vier Jahre lang – Fisch fachmännisch zu beschaffen, zu zerteilen und zuzubereiten sowie endlich auch die kunstvolle Sushi-Bereitung. So vergehen sieben bis acht Ausbildungsjahre, bevor ein Sushi-Koch in Japan als qualifiziert gilt.

Fingergerichte sind kein Fingerfood

Sind Fingergerichte und Fingerfood dasselbe?

Einige Menschen betrachten Geflügelkeulen als Fingergericht, das man einfach in die Hand nehmen kann. Vielleicht kennen Sie auch das Gerücht *Alles, was fliegt, kann man mit der Hand essen*. Das ist ebenfalls falsch. In der gepflegten Gastronomie – im gutbürgerlichen Restaurant wie in einem 3-Sterne-Restaurant – erwartet man von den Gästen, dass sie eine Hähnchenkeule mit Messer und Gabel essen, und darüber hinaus, dass Gäste ihre Entscheidung, ob eine Speise mit der Hand gegessen werden soll oder nicht, nicht davon abhängig machen, ob sie in lebendigem Zustand fliegen könnte oder nicht.

Auch wenn die Begriffe *Fingergericht* und *Fingerfood* umgangssprachlich synonym benutzt werden, bedeuten sie in der Gastronomie etwas ganz Unterschiedliches. Wer in einem Restaurant ein *Fingergericht* bestellt, wird dazu automatisch eine Fingerschale – etwas feiner auch Fingerbowle genannt – serviert oder nachserviert bekommen. In dieser Fingerschale aus Silber oder edlem Porzellan

befindet sich lauwarmes Wasser, meist mit einer Zitronenscheibe und manchmal hübsch mit zum Gericht passenden Blättern dekoriert. Darin soll man sich nach dem Essen oder auch einmal zwischendurch die Finger säubern. Zum Trockentupfen gedacht ist die Serviette, die mit der Fingerschale gebracht wurde – nicht die Serviette auf dem Schoß. Alternativ zur Fingerschale bekommt man in manchen Restaurants, meist mit ausländischer Küche, auch ein heißes, feuchtes Tuch gereicht. Es eignet sich – eher noch als die feine Fingerbowle – ganz hervorragend zum Säubern der Finger. Wohlgemerkt: der Finger, denn auch Fingergerichte werden nicht mit der ganzen Hand gegessen. Klassische Fingergerichte sind beispielsweise: Schalen- und Krustentiere, falls sie nicht bereits ausgelöst serviert werden; frische Muscheln und Austern; Spareribs; Wachteln und im Ganzen servierte Artischocken. Schalen- und Krustentiere sind heute kaum noch Fingergerichte, da sie in den allermeisten Restaurants und insbesondere in der Edelgastronomie nur noch auf besonderen Wunsch hin im Ganzen serviert werden.

Fingerfood ist dagegen ein neudeutscher Begriff für all die Häppchen und kleinen Köstlichkeiten, bei denen eine Serviette vollkommen ausreichend sein müsste.

Typisch für Fingerfood und ganz modern ist das sogenannte Flying Buffet. Das besteht dann aus kleinen Snacks, die entweder mit einem Spieß oder auf kleinen Tellern serviert werden und, wenn dazu kein Besteckteil gereicht wird, direkt mit der Hand gegessen werden können – oft in nur einem Bissen. Beispielsweise Kanapees, Mini-Quiches, Scampi, Pastetchen, Fleisch- oder Gemüsebällchen.

Falls der Service nicht aufmerksam arbeitet, stehen Gäste irgendwann vor der Frage, wohin sie das übrig gebliebene Spießchen oder die leeren kleinen Papiertaschen legen sollen. Auf keinen Fall gehören sie in Aschenbecher oder in leere Gläser oder Tassen und auch nicht auf Platten, von denen noch Speisen zum Verzehr angeboten werden sollen. Bitten Sie vielmehr einen Servicemitarbeiter darum, einen Teller oder Ähnliches zu bringen oder Ihnen diese Überreste abzunehmen.

Typische Gelegenheiten, bei denen Fingerfood angeboten wird, sind Empfänge oder Stehpartys – als Solo-Veranstaltung oder aber auch als Empfangssituation. Fastfood-Gerichte sind natürlich auch fast alle Fingerfood.

Alles auf dem Tisch

Wie sollte im Restaurant ein Gedeck richtig eingedeckt sein?

Als Gedeck bezeichnet man in Deutschland die Zusammenstellung von Geschirr, Besteck und Gläsern, die ein einzelner Gast im Restaurant für das bestellte Menü zum Essen benötigt. Wie das Gedeck konkret aussieht, ist also vor allem von der Speisenfolge und von den dazugehörigen Weinen abhängig, so dass hier keine allgemeinen Angaben gemacht werden können. 60 cm, im Idealfall 80 cm, sollten für ein Gedeck an der Tafel zur Verfügung stehen.

In der Mitte eines Gedecks wird der große Platzteller bündig mit der Tischkante aufgestellt sein. Er unterscheidet sich im Material vom Essgeschirr und ist meist aus Edelstahl oder Glas.

Auf der rechten Seite neben dem Platzteller sollen maximal vier Besteckteile und links neben dem Platzteller maximal drei Besteckteile eingedeckt werden. Es sollen nicht zwei haargenau gleiche Besteckteile nebeneinander platziert werden und jedes Besteckteil soll ungefähr zwei Fingerbreit von der Tischkante entfernt liegen.

Der *Couvertteller* (Brotteller) wird links neben oder über den Gabeln platziert, auf ihm – mit der Schneide nach links zeigend – liegt das kleine Couvertmesser (Brotmesser).

Das *mittlere Messer* wird rechts neben dem Tafelmesser eingedeckt und zeigt mit der Messerschneide nach links zum Tellerrand. Die *mittlere Gabel* soll neben der

Tafelgabel etwas in der Höhe versetzt eingedeckt werden. Der *Tafellöffel* wird parallel neben dem Messer auf einer Höhe platziert. Das *Fischmesser* wird rechts eingedeckt und zeigt mit der Kerbe nach rechts. Die *Fischgabel* – links eingedeckt – zeigt mit den Zinken nach oben. Das *Tafelmesser* wird rechts eingedeckt und zeigt mit der Messerschneide nach links zum Tellerrand. Die *Tafelgabel* – links eingedeckt – zeigt mit den Zinken nach oben. Das *Dessertbesteck* liegt quer oberhalb des Tellers. Dabei liegt die Gabel mit dem Griff nach links direkt über dem Teller und der Löffel mit dem Griff nach rechts über der Gabel.

Die *Tischkarte* mit dem Namen des Gastes hat ihren Platz oberhalb des Gedeckes. Die *Menükarte* steht oberhalb des Gedeckes hinter der Tischkarte. Je nach Servierart werden einzelne Besteckteile erst mit der entsprechenden Speise serviert oder nachgedeckt.

Spezialbestecke werden nachgedeckt. Links vom Gedeck werden Krebsbesteck, Schneckenzange und Hummerzange nachgedeckt. Rechts werden Gourmetlöffel, Hummergabel (-spatel), Schneckengabel, Austerngabel, Fonduegabel, Kaviarmesser und Kaviarlöffel nachgedeckt.

Höchstens vier Gläser gehören zu einem Gedeck, wobei das Richtglas (das Glas für den Hauptgang) direkt vor dem Messer für den Hauptgang stehen soll. Das Wasserglas steht praktischerweise ganz rechts und die anderen Gläser formieren sich heute nach Geschmack des Hauses um die beiden Gläser herum.

Fräuleins mit den Augen ansprechen

Die deutsche Sprache bietet eigentlich keine Möglichkeit, eine Kellnerin auf höfliche Weise anzusprechen oder zu rufen. *Fräulein* kommt nicht mehr in Frage, das ist längst verpönt, und seitdem dieser Begriff vollkommen aus unserem Sprachgebrauch verschwunden ist, würde es auch wie aus einer anderen Zeit kommend wirken, wenn man riefe: *Fräulein, zahlen bitte*. Diese Bezeichnung ist aber nicht nur aus der Mode gekommen, sondern wurde von jeher als diskriminierend empfunden. *Frau Kellnerin* ist keine stilvolle Alternative und *Frau Oberin* geht ebenfalls nicht, weil es anderweitig besetzt ist.

Wie spricht man im Restaurant eine weibliche Bedienung an?

Zeichensprachliche Strategien, wie Gebärden, Gesten und Winke, sind auch nicht erlaubt, um auf sich aufmerksam zu machen. Wildes Winken, mit dem Finger Schnippen, lautes *Hallo*-Rufen oder gar die Fingersprache nach der Rechnung ist ebenfalls blamabel. Die einzige stilvolle und höfliche Möglichkeit ist – früher genauso wie heute – das Rufen mit den Augen, möglichst wie nebenbei und ohne größere Anstrengung. Blickkontakt, lächeln und ein ganz leichtes Kopfnicken sollten einer geschulten Kellnerin, genauso wie einem geschulten Kellner, genügen. Damit ist jeder Gast darauf angewiesen, dass die Servicekräfte aufmerksam und ebenfalls ständig für einen Blickkontakt bereit sind – ab dem Zeitpunkt, wenn man das Restaurant betritt. Als Gast möchte man zumindest wahrgenommen werden, auch wenn es der Servicekraft nicht sofort möglich ist, sich um einen zu kümmern.

Wer mit den Augen nicht erfolgreich ist, geht notfalls zum Bezahlen zum Tresen und sucht sich beim nächsten Restaurantbesuch ein anderes Lokal. Immerhin möchte man nicht vom Service gezwungen werden, sich danebenzubenehmen – weder bei der Anrede noch sonstwie. Und das ist auch gar nichts Neues und hat auch nichts mit dem Verlust des *Fräuleins* zu tun. Seit eh und je und nicht erst seit 1956 empfiehlt der gute Ton: «Den Kellner holt man nicht durch Anrufe wie: «Hallo!» oder «Pst!» oder durch Klopfen an das Glas oder Teller herbei, sondern durch einen leichten Wink oder Heben der Hand oder eine andere entsprechende Geste bzw. Miene. Von einigermaßen aufmerksamem Personal wird dergleichen immer bemerkt werden.» {**Der gute Ton von heute, S. 78**}

In den USA stellen sich übrigens die Kellnerinnen und Kellner am Tisch vor, und das tun sie auch deshalb, damit sie mit ihrem Namen angesprochen werden können. Rufen kann man sie allerdings nicht mit ihrem Namen – nur so ansprechen. Die Restaurantmitarbeiter – auch Schwarze Brigade genannt – sind streng hierarchisch geordnet und es ist für Gäste hilfreich zu wissen, was man von wem erwarten kann und was nur an den entsprechenden Kollegen oder an die Kollegin weitergegeben wird.

In Restaurants, die mit der gesamten Restaurantbrigade arbeiten, wird der Augenkontakt meist ausreichen, da jeder Mitarbeiter eine hervorragende Ausbildung durchlaufen hat, doch in vielen anderen Restaurants muss ein Kellner sämtliche Aufgaben übernehmen. Dann kann es sehr hilfreich und charmant sein, wenn er oder sie trotzdem «umsichtig» arbeitet.

Maître (d'Hôtel), Directeur de restaurant (Direktor): Er hat die Gesamtverantwortung für den Empfang, den Service und das Niveau des Hauses.

Chefs de rang (Oberkellner): Sie sind für einen Bereich im Restaurant verantwortlich, bedienen mit und übernehmen das Tranchieren und Filetieren etc.

Serveurs de restaurant (Kellner): Sie arbeiten vor allem zwischen den Gängen unter Anweisung des Oberkellners.

Commis (Jungkellner): Sie müssen hauptsächlich helfen, Teller abräumen und Wünsche weiterleiten.

Sommelier/Sommelière (Weinkellner/-in): Sie sorgen dafür, dass Wein und Spirituosen fürsorglich ausgewählt werden.

Herr Ober. Bitte zahlen.

Das stilvolle Bezahlen der Rechnung steht am Ende eines Restaurantbesuchs und ist nach einer Essenseinladung die Aufgabe der Gastgeber. Nachdem die letzte Runde bestellt ist, kümmert sich der Gastgeber – respektive heute auch die Gastgeberin – um die Rechnung. Dabei hat er zwei Möglichkeiten:

Was ist mit dem stilvollen Bezahlen der Restaurantrechnung gemeint?

Bei einem hochoffiziellen Essen wird er in einem geeigneten Moment zum Tresen gehen und dort die Rechnung bezahlen, so dass seine Gäste nichts davon bemerken. Hier kann er den Rechnungsbetrag entweder mit der Kreditkarte oder in bar bezahlen. Das Trinkgeld wird er anschließend mit 3-10 Prozent oder sogar etwas mehr vom Rechnungsbetrag und ein paar freundlichen Worten des Dankes und der Anerkennung für die erbrachte Leistung in bar überreichen.

Bei weniger offiziellen Essenseinladungen kann er es auf die gleiche formvollendete Weise regeln oder aber die Rechnung am Tisch bezahlen. Der Restaurantmitarbeiter wird dann die Rechnung so, dass die Gäste sie nicht sehen können – und hoffentlich nicht solo als Bon –, in geeigneter Form übergeben. Der Gastgeber informiert sich über den Betrag, übergibt in der gleichen Form, wie die Rechnung ausgehändigt wurde, seine Kreditkarte zur Bezahlung und legt diskret entweder gleich (nur in Deutschland und in den skandinavischen Ländern) oder erst später, nachdem die Kreditkartenprozedur abgewickelt ist, das Trinkgeld in bar und mit einem *Dankeschön* dazu – möglichst so, dass die Gäste weder den Rechnungs- noch den Trinkgeldbetrag mitbekommen.

Möchte er den Rechnungsbetrag am Tisch in bar bezahlen, hat er auch dafür zwei stilgerechte Möglichkeiten. Entweder schlägt er, etwa bei einem Rechnungsbetrag von 165,00 €, wie es in Deutschland üblich ist sofort das Trinkgeld auf den Rechnungsbetrag drauf. Dann macht er das, falls er nicht passend bezahlen kann, nicht, indem er beispielsweise sagt *180,00 €*, sondern indem er *Bitte geben Sie mir 20 zurück* oder *Runden Sie bitte auf 80 auf* formuliert. Der Restaurantmitarbeiter wird die Botschaft verstehen und Ihre höflichen Gäste verstehen auch, was Sie damit bezwecken. Sie können sich aber auch zunächst das Restgeld zurückgeben lassen und so, wie es international üblich ist, den Tip liegen lassen – so oder so drücken Sie Ihre Zufriedenheit mit einem Dank an den guten Service, die exzellente Küche oder was auch immer mit einem angemessen formulierten Dankeschön und mit einem freundlichen Lächeln aus.

Nun gehen aber auch oft Freunde, Klubs oder Sport-Mannschaften gemeinsam essen – keiner hat eingeladen, jeder zahlt entweder für sich oder man legt zusammen. Wie verfahren werden soll, ist entweder bereits Tradition oder man sollte sich darüber am besten schon vorab einigen.

Wenn alle zusammenlegen, wird die Rechnung einfach durch die Mitglieder der Tischgemeinschaft geteilt und jeder legt den gleichen Prozentsatz fürs Trinkgeld drauf. Wer da eine Diskussion darüber anfängt, dass er ein Glas weniger getrunken hat als der andere, stellt sich nur selbst bloß – auch wenn man ihm das, aus Höflichkeit, nicht gleich klarmachen wird.

Hat man sich so geeinigt, dass jeder für sich bezahlt, empfiehlt es sich, den Restaurantmitarbeiter darüber zu informieren, damit er entsprechende Vorkehrungen treffen kann.

Wer das beispielsweise im Beisein von Franzosen oder Italienern macht, hat dann allerdings ihre Zuneigung verspielt. Die würden vor Scham im Boden versinken.

Diskretion ist in beiden Fällen nicht von besonderer Bedeutung, wohl aber der Dank und die Wertschätzung für die außer der Regel geleistete Dienstverrichtung des freundlich gebliebenen Kellners.

Trinkgeld ist keine Chefsache

Das ist nach wie vor richtig und gilt nicht nur für den Wirt im Restaurant, sondern auch für alle anderen Chefs (mit Ausnahme von Taxifahrern) – Männer und Frauen – in allen trinkgeld-typischen Branchen, wenn sie selbst kassieren. Richtig ist aber leider auch, dass viele Chefs von dieser traditionellen Regel gar nichts mehr wissen.

Chefs Trinkgeld zu geben, war bis vor gar nicht allzu langer Zeit eine grobe Unhöflichkeit, so dass ältere Benimmbücher dem Gast im Zweifel sogar empfehlen, nachzufragen, bevor er sich selbst blamiert und den Chef beleidigt. Das ist heute prinzipiell nicht anders. Immerhin müssen Gäste und Kunden über die Besitzverhältnisse informiert sein, um sich korrekt verhalten zu können. De facto beleidigt man ansonsten Haus und Inhaber, auch wenn der das gar nicht weiß und sogar vielmehr dann beleidigt ist, wenn er kein Trinkgeld bekommt. «Trinkgelder gibt man nur Angestellten, nicht dem Wirt oder der Wirtin selbst. Ist man im Zweifel, ob man etwa den Wirt persönlich vor sich hat, vergewissert man sich darüber durch eine höfliche Frage: «Sind Sie der Herr Wirt persönlich?» oder ähnliches.» {**Einmaleins des guten Tons, S. 293**}, schrieb beispielsweise 1955 Gertrud Oheim. Und auch ein Jahr später heißt es bei Walther von Kamptz-Borken: «Was das Trinkgeld anlangt, so sei noch an dieser Stelle als Richtlinie erwähnt, dass man nur Personen in dienender Stellung oder solchen ein Trinkgeld geben darf, die Gelegenheitsarbeiten verrichten; sonst würde man vielleicht verletzen. Man kann also etwa einem Kellner, einem Wagenlenker, einem Friseur, einem Briefträger, Geschäftsdiener, Hausdiener oder Stubenmädchen, einem Boten, Liftboy, Stiefelputzer u. dgl. Trinkgelder geben.» {**Der gute Ton von heute, S. 84**}

Dass Kunden oder Gäste, die sich – aus Respekt vor dem Unternehmer – daran halten wollen, Gefahr laufen, als knickerig eingeschätzt zu werden, ist leider auch wahr, und dass ihnen unterstellt werden könnte, sie seien mit der Leistung nicht zufrieden, ist hin und wieder noch schlimmer.

Wohl aus dieser Not heraus entstand ein allseits akzeptiertes Dankeschön-Hintertürchen: In der Gastronomie können Sie das Trinkgeld gern mit einigen begleitenden Worten *An Ihre Mitarbeiter (Servicekräfte, Team, Küchenbrigade) einen herzlichen Dank* überreichen. Im Friseursalon eignet sich auch ein kleines Geschenk – vielleicht zu Weihnachten oder zwischendurch an die Kaffeekasse. Sie können auch eine größere Summe übergeben und die Mitarbeiter am Empfang bitten, das Dankeschön aufzuteilen. Oft vermeidet es allerdings auch der wissende Chef, selbst abzukassieren, und Sie sind somit aus dem Schneider.

Ist es heute noch richtig, dass der Wirt im Restaurant, wenn er selbst bedient, kein Trinkgeld bekommt?

Ebenfalls kein Trinkgeld bekommen Stewards und Stewardessen der Airlines und selbstredend alle, die Ihnen lediglich einen Gefallen getan haben.

Das Trinkgeld gilt heute in fast allen Dienstleistungsbereichen als ein Zeichen des Lobes bzw. des besonderen Dankes. Daher ist es auch wichtig, sich über die Art der Übergabe des Trinkgeldes einige Gedanken zu machen. Stilvoll, und damit ohne den Annehmenden zu verletzen, wird das Trinkgeld immer mit ein paar Worten des Dankes, mit einem Lächeln und ohne großes Aufheben überreicht.

Zu guter Letzt soll über die Art des Trinkgeldgebens noch einmal Walther von Kamptz-Borken zu Wort kommen, weil er es so schön bemerkt, «dass Unauffälligkeit unbedingt erforderlich ist. Mit großer Geste gegebenes Trinkgeld verfolgt stets einen Zweck Dritten gegenüber und ist daher kein echtes Trinkgeld und ungehörig. Ein Trinkgeld ist es auch nicht, wenn man jemand eine Zuwendung macht, um sich einen Vorteil zu verschaffen. Das ist dann eine Bestechung.» {**Der gute Ton von heute, S. 85**}

Tip-Tipp: Dank und Anerkennung

Wie viel Trinkgeld ist in Deutschland angemessen?

Seit dem 14. Jahrhundert bereits ist es üblich, zusätzliche Dienstleistungen wie Freundlichkeit und besonderen Service mit einem Trinkgeld zu belohnen. Anfänglich war es tatsächlich so, dass dieser Extrabetrag dem Handlanger und Tagelöhner hingeworfen wurde, damit er sich davon betrinken konnte. Trinkgeld wurde jedoch auch im Voraus Halunken und Eckenstehern gegeben, um sich Unannehmlichkeiten, Grobheiten und Frechheiten zu ersparen, oder auch von Kaufleuten an Raubritter und Diebe gezahlt. Und auch sie betranken sich in der Regel von diesem Geld.

Das ist der Hintergrund dafür, dass es nach wie vor als unhöflich gilt, Trinkgelder an Chefs und Chefinnen zu zahlen, auch wenn das längst seine Berechtigung verloren hat.

Heute ist das Trinkgeld – der Name ist im Deutschen nun mal so erhalten geblieben – längst eine schöne Möglichkeit, sich für außergewöhnliches Engagement und für Leistungen, die im Preis nicht inbegriffen sind, zu bedanken. Das *Dankeschön* auch zu formulieren, ist nicht nur aufgrund des diffizilen Hintergrunds so besonders wichtig. Trinkgeld dagegen mit einer Geste der Geringschätzung wie Almosen zu zahlen, ist ganz schlechter Stil. Und bei berechtigtem Anlass für eine

Beschwerde sollte lieber ganz darauf verzichtet werden, Trinkgeld zu geben, als die Rechnungssumme nur um einige Cent aufzurunden.

Heute ist es in Deutschland kein Muss, aber Sitte, nach zur Zufriedenheit erbrachter Leistung eine Belohnung quasi als Bedienungsgeld an Taxifahrer, Mitarbeiter in der Gastronomie, in der Hotel- und Reisebranche, in Schönheitssalons wie Friseur und Kosmetikinstitut zu zahlen. Darüber hinaus freuen sich auch Personen, die über das ganze Jahr hinweg Leistungen erbracht haben, wie Brief- oder Zeitungszusteller, Müllmänner, Hausmeister oder Gärtner, wenn sie mit einem Weihnachtstrinkgeld oder einem kleinen Geschenk bedacht werden – wenn man sie persönlich trifft und kennt.

Generell liegt man in Deutschland – je nach Zufriedenheit und Leistung – mit einem Betrag zwischen 5-10 Prozent der Rechnungssumme richtig. Stewardessen und Stewards von Fluggesellschaften werden als Gastgebende angesehen und bekommen daher im Gegensatz zu Stewardessen und Stewards auf Schiffsreisen, die sogar eher 15 Prozent des Reisepreises an Trinkgeld erwarten, kein Trinkgeld.

Im Restaurant sind bei guter Leistung 7 bis 10 Prozent der Rechnungssumme als Trinkgeld üblich, wobei der Prozentsatz niedriger wird, je höher die Rechnung ausfällt. Bei größeren Summen, etwa von Gourmet- oder Sterne-Restaurants, genügen 3 bis 5 Prozent Trinkgeld, sonst erkennt man Sie leicht als Debütant. Restauranttrinkgelder wandern fast überall in einen gemeinsamen Topf, aus dem sie gerecht oder nach einem bestimmten Schlüssel geteilt werden. Der Barkeeper bekommt dagegen ca. 15 Prozent Trinkgeld.

Übergeben Sie das Trinkgeld möglichst immer in bar, auch wenn Sie mit der Kreditkarte bezahlen, und begleiten Sie Ihren Tip, wie das Trinkgeld international genannt wird, immer mit Worten, die Ihren Dank und Ihre Wertschätzung ausdrücken.

Literaturverzeichnis

Literaturverzeichnis

- *Alexander Freiherr von Fircks,* **Anreden und Anschriften**; Asgard-Verlag, 1997
- *Asfa-Wossen Asserate,* **Manieren**; dtv, 2005
- *Baldassare Castiglione,* **Der Hofmann. Lebensart in der Renaissance**; Verlag Klaus Wagenbach, 2004
- *Balthasar Gracian* (Deutsch von Arthur Schopenhauer), **Hand-Orakel und Kunst der Weltklugheit**; Diogenes Verlag, 2006
- *Bärbel von Schwertfeger,* **Die Macht ohne Worte. Wie wir mit dem Körper sprechen**; Heyne Verlag, 1988
- *Bernhard Roetzel,* **Der Gentleman. Handbuch der klassischen Herrenmode**; Ullmann/Tandem, 2004
- *Bundesministerium des Innern, Protokoll Inland der Bundesregierung,* **Ratgeber für Anschriften und Anreden;** www.protokoll-inland.de, 2004
- *Claudia Piras & Bernhard Roetzel,* **Die Lady. Handbuch der klassischen Damenmode**; Nebel Verlag, 2004
- *Dietrich Schwanitz,* **Bildung – Alles, was man wissen muß**; Eichborn, 2000
- *Elisabeth Bonneau,* **Stilvoll zum Erfolg**; Hoffmann und Campe, 2004
- *Erik Graf von Wickenburg,* **Der gute Ton nach Alter Schule. Ein Knigge für Leute von heute**; Molden, 1983
- *Eva Barlösius,* **Soziologie des Essens**; Juventa, 1999
- *Fernand Braudel,* **Sozialgeschichte des 15.-18. Jahrhunderts: Der Alltag**; Kindler Verlag, 1985
- *Freiherr Adolph von Knigge,* **Über den Umgang mit Menschen**; Freitag-Verlag, 1946
- *Freiherr Adolph von Knigge,* **Über den Umgang mit Menschen**; Insel, 2001
- *Gert von Paczensky & Anna Dünnebier,* **Kulturgeschichte des Essens und Trinkens**; Orbis, 1999
- *Gertrud Höhler,* **Herzschlag der Sieger. Die EQ-Revolution**; Ullstein Tb, 2004
- *Gertrud Oheim,* **Einmaleins des guten Tons**; C. Bertelsmann Verlag, 1955
- *Gunther Hirschfelder,* **Europäische Esskultur. Eine Geschichte der Ernährung von der Steinzeit bis heute**; Campus Verlag, 2005
- *Hans Kindermann & Abu-Hamid Muhammad Ibn-Muhammad Al-Gazzali,* **Über die guten Sitten beim Essen und Trinken**; Brill, 1964
- *Hugh Johnson* (Deutsch von Wolfgang Kissel), **Der große Johnson**; Hallwag Verlag, 2002
- *Ingo Hermann,* **Knigge. Die Biographie**; Propyläen, 2007

- *Karl Kleinschmidt & Reimar Dänhardt*, **Keine Angst vor guten Sitten**;
Das Neue Berlin, 1961
- *Karlheinz Graudenz & Erica Pappritz*, **Das Buch der Etikette**;
Perlen-Verlag, 1957
- *Karlheinz Graudenz & Erica Pappritz*, **Etikette neu**;
Deutsche Buchgemeinschaft, 1967
- *Kinjiro Omae & Yuzuru Tachibana*, **The Book of Sushi**; Kodansha
International, 1995
- *Konstanze von Franken*, **Der gute Ton**; Max Hesses Verlag, 1922
- *Michael Hartmann*, **Der Mythos von den Leistungseliten**;
Campus Verlag, 2002
- *Michael Hartmann*, **Elitesoziologie. Eine Einführung**; Campus Verlag, 2004
- *Niklas Luhmann*, **Soziale Systeme. Grundriß einer allgemeinen Theorie**;
Suhrkamp 2006
- *Nina Pohlmann*, **Krawattenknoten. Die besten Knoten für alle Fälle.
Mit Stilkunde und Pflegetipps**; Gräfe & Unzer, 2004
- *Norbert Elias & John L. Scotson*, **Etablierte und Außenseiter**;
Suhrkamp, 2000
- *Norbert Elias*, **Die höfische Gesellschaft**; Suhrkamp, 2003
- *Norbert Elias*, **Über den Prozeß der Zivilisation 1**; Suhrkamp, 1997
- *Norbert Elias*, **Über den Prozeß der Zivilisation 2**; Suhrkamp, 1997
- *Paul Watzlawick, Janet H. Beavin & Don D. Jackson*,
Menschliche Kommunikation; Huber, 2007
- *Peter Lahnstein*, **Report einer guten alten Zeit**; Kohlhammer 1970
- *Reinhold Metz, Hermann Grüner & Thomas Kessler*,
Restaurant & Gast; Fachbuchverlag Pfanneberg, 2005
- *Rosemarie Wrede-Grischkat*, **Manieren und Karriere. Internationale
Verhaltensregeln für Führungskräfte**; Gabler, 2001
- *Rupert Lay*, **Führen durch das Wort. Motivation, Kommunikation,
Praktische Führungsdialektik**; Ullstein Tb, 2006
- *Samy Molcho*, **Körpersprache im Beruf**; Mosaik, 2001
- **Stil&Etikette (Der große Knigge)**, lose Blattsammlung; Verlag für die
Deutsche Wirtschaft AG, Fachverlag für Kommunikation und Management
- *Thomas Fink & Yong Mao*, **Die 85 Methoden, eine Krawatte zu binden**;
Piper, 2002
- *Udo von Pini*, **Das Gourmet-Handbuch**; Könemann, 2000
- *Walter K. Schweickert & Gerd Noglik*, **Guten Tag, Herr von Knigge**;
Henschelverlag, 1969
- *Walther von Kamptz-Borken*, **Der gute Ton von heute. Gesellschaftlicher
Ratgeber für alle Lebenslagen**; Erwin Hagen Verlag, 1956

Register

Register